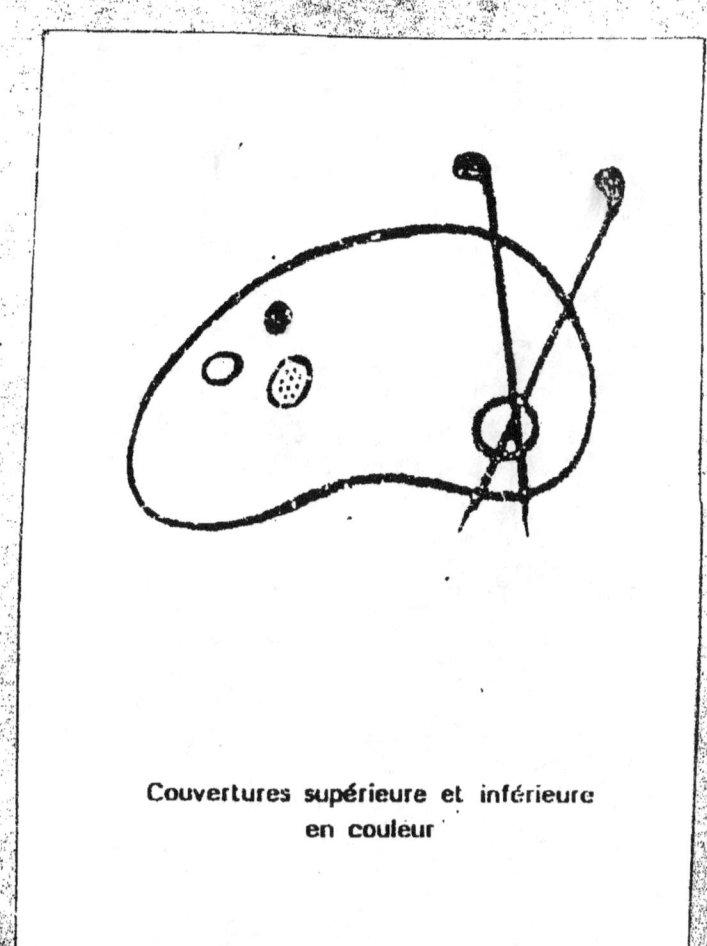

Couvertures supérieure et inférieure
en couleur

COUVERTURES SUPERIEURE ET INFERIEURE D'IMPRIMEUR.

LES
MARIAGES MAUDITS

DU MÊME AUTEUR

HISTOIRE DE LA MISÈRE OU LE PROLÉTARIAT A TRAVERS LES AGES.
PROPOS DE THOMAS VIRELOQUE.
MARIEN.
LES MYSTÈRES DE NEW-YORK.
LES LOUPS DE PARIS.
LE ROI DU MAL.
LA SUCCESSION TRICOCHE ET CACOLET.
LES MILLE ET UNE FEMMES.
TURENNE. — DRAME.

IMPRIMERIE D. BARDIN, A SAINT-GERMAIN.

LES
MARIAGES MAUDITS

PAR

JULES LERMINA

PARIS

JULES ROUFF, ÉDITEUR

14, CLOÎTRE SAINT-HONORÉ, 14

—

Tous droits de traduction réservés.

LES MARIAGES MAUDITS

PROLOGUE

LA NUIT TRAGIQUE

I

CAROLINE DE LUSTIN

La chambre à coucher de la vieille marquise de Lustin était plongée dans une demi-obscurité, que rendaient plus sombre des draperies de velours d'un rouge brun. Le lit se cachait dans une sorte d'alcôve sur laquelle retombaient les tentures lourdes.

Auprès de la fenêtre, une jeune fille était assise ; son teint pâle était encore blanchi par le reflet de la lune qui brillait au dehors.

Elle s'appuyait à un de ces petits meubles, bijoux de nos grands'mères et qu'on nommait Bonheur-du-Jour.

A droite de l'alcôve, une porte donnant sur l'escalier. A gauche, une portière cachant à demi la porte d'un oratoire.

La jeune fille, Caroline de Lustin, aux cheveux noirs, aux traits admirablement modelés, à la physionomie énergique, rêvait, le menton appuyé sur sa main.

Tout à coup, la portière de l'oratoire se souleva, et un personnage long, maigre, vêtu d'un long vêtement, ni redingote ni soutane, apparut, tendant avec précaution son visage en lame de couteau.

Il marcha — ou plutôt glissa — vers Caroline.

Celle-ci tressaillit et se tournant vers lui :

— Ah! c'est vous, mon père! fit-elle. Eh bien! a-t-elle parlé? Savez-vous enfin quelque chose?

Le personnage dont nous trahirons immédiatement l'identité, et qui n'était autre que le père Grapet, révérend adepte de la société de Jésus, avança les lèvres, en signe de regret, et répondit à voix basse :

— Rien! En vain j'ai employé tous les arguments que nous suggère notre sainte religion...

Caroline l'interrompit brusquement, et avec une colère non dissimulée :

— Et elle a refusé de parler! s'écria-t-elle. Je vous le dis, cette visite, que vous avez surprise chez Me Delorme, son notaire, cache quelque manœuvre hostile... à moi... hostile à vous-même, car vous le savez, nos intérêts sont liés...

— Je le sais, ma fille, reprit le révérend de sa voix de confessional. Mais peut-être ne faut-il pas s'exagérer le mal... elle peut être allée simplement consulter l'homme de loi...

— Le consulter! A quoi bon, je vous prie? Ne suis-je pas de droit héritière de tous ses biens? Ne suis-je pas sa seule parente? Je vous le répète... vous vous êtes laissé jouer... et après tout, fit la jeune fille avec un geste méprisant, tant pis pour vous! Je vous ai promis, au cas où les deux millions de ma tante m'appartiendraient, que je donnerais deux cent mille francs à l'œuvre des Fidèles du Purgatoire... mais si elle me déshérite...

— Oh! pouvez-vous croire!...

L'énergique visage de la jeune fille s'éclaira d'une lueur étrange :

— Je crois tout, je crains tout, fit-elle. Cette femme, qui m'a recueillie par charité après la mort de mon père... de son frère... cette femme me hait. Je le sais, je le sens... et depuis quelque temps surtout, j'ai été frappée de ses allures mystérieuses. Aujourd'hui encore, à son retour de chez Mᵉ Delorme, je l'épiais... elle a caché des papiers dans ce meuble.

Elle montrait l'élégant secrétaire, épave du siècle de Louis XV.

— Un nouveau testament peut-être! ajouta-t-elle d'une voix à peine perceptible! Oh! si je le savais!

Le père Grapet eut un frisson. Les cauteleux redoutent la violence.

— A quoi songez-vous donc, ma chère fille, marmonna-t-il; de la colère! Non! non! le monde est aux patients!...

— De la patience!... quand d'une heure à l'autre... je peux être ruinée!...

Nous l'avons dit, Caroline était belle, dans toute la plénitude de cette expression. Jamais buste plus nerveux, plus sculptural n'avait soutenu tête plus fine et plus régulière. Mais sur ses yeux noirs, ses cils longs jetaient des ombres, coupées de reflets étincelants. Sa bouche, ferme et rouge, avait des crispations haineuses. C'était une statue, mais statue de la colère et de l'énergie vengeresse.

Elle s'était tue, absorbée dans ses pensées, quand soudain la portière de l'oratoire se souleva une seconde fois, et la vieille marquise de Lustin entra.

C'était une grande femme, maigre. Son visage ridé, creusé par les ans, et peut-être par la douleur, était éclairé par deux grands yeux, pareils à des diamants noirs incrustés au front d'une morte.

Elle s'arrêta un instant, regardant le jésuite et sa nièce. Puis, secouant la tête, elle fit un pas dans la chambre, et d'une voix calme, s'adressant au P. Grapet :

— Encore là ! mon père, dit-elle. Il se fait tard... et le quartier est bien désert...

Le P. Grapet avait été surpris par cette brusque apparition qui avait un caractère presque sinistre, tant la silhouette de la vieille marquise se dessinait, solennelle, sur la draperie brune :

— Oh ! balbutia-t-il, que peut craindre un pauvre prêtre ? Mon couvent est à quelques pas de la rue de l'Ouest... et...

— Et vous y serez bientôt arrivé ! continua la marquise avec un calme qui ne se démentait pas. Adieu, mon père !

Le jésuite entr'ouvrit encore les lèvres. Mais sans doute il jugea le silence plus prudent, car, sans proférer un seul mot, il s'inclina et se dirigea vers la porte.

— Caroline, dit la marquise, reconduisez le révérend jusqu'à la porte de la rue et assurez-vous que tout est bien fermé... Catherine se couche sitôt qu'en vérité nous sommes seules comme si nous n'avions pas de servante... et le jardin pourrait si facilement servir de cachette à quelque malfaiteur !

Caroline avait gardé tout son sang-froid. Elle eut un sourire ironique :

— Qui donc songerait à menacer la sécurité de deux recluses? fit-elle. Ne vivons-nous pas comme si nous étions pauvres?

— Peut-être le sommes-nous plus que vous ne le supposez, interrompit gravement la vieille marquise. Mais allez, je vous prie, et faites comme je vous ai dit...

Encore une fois, un éclair jaillit sous les cils de Caroline. Puis brusquement elle adressa un signe au P. Grapet, toujours immobile, et le précéda vers l'escalier... la porte se referma sur eux...

Seule, la marquise laissa échapper un long soupir. Sur cette physionomie de marbre, il y eut comme une détente de lassitude :

— Oui! pauvres! murmura-t-elle. Nous le sommes. Qui donc peut se dire riche d'une fortune qui ne lui appartient pas?

Elle s'était approchée du petit meuble. Elle ouvrit un tiroir et prit une large enveloppe, posée sur une liasse de billets de banque :

— Heureusement... pour le repos de mon âme, continua-t-elle, se parlant à elle-même, j'ai trouvé enfin le moyen de réparer ma faute... mon crime; et dès demain, celui qui souffre par moi recevra une première et mystérieuse preuve de mon repentir! et quand je ne serai plus...

En bas du pavillon que les deux femmes habitaient dans la rue de l'Ouest, auprès du Luxembourg, un bruit mat avait annoncé que la porte s'était refermée... Et tandis que la marquise réfléchissait tout haut, tenant à la main l'enveloppe scellée d'un cachet, Caroline, étant remontée sans bruit, avait entr'ouvert la porte, et fixait sur la marquise ses yeux sombres.

Celle-ci tressaillit, comme par une secousse électrique. Elle devinait qu'elle était épiée.

Vivement elle rejeta l'enveloppe dans le tiroir, referma le meuble, puis se tournant vers Caroline qui entrait :

— Je me sens brisée, dit-elle. Venez m'aider à me mettre au lit.

En ce moment, du dehors, le timbre lent d'une horloge d'église sonnait minuit.

— Si tard, dit la marquise. Le révérend m'a retenue plus longtemps que je ne l'aurais voulu.

Disant cela, elle commença à se déshabiller.

Caroline l'aidait.

— Vous semblez préoccupée, ma tante, dit-elle tout en dégrafant le corsage de la vieille femme. Ne pourriez-vous me dire ce qui vous trouble?... Je serais heureuse de partager vos chagrins...

— Vous vous trompez, répliqua la marquise. Je suis calme... Jamais peut-être je ne me suis trouvée en un tel repos d'esprit...

Caroline sourit méchamment :

— Est-ce donc que vous avez fait aujourd'hui quelque bonne action ?

La marquise eut un mouvement d'impatience aussitôt réprimé :

— Peut-être ! fit-elle.

Caroline se tut... Mais tandis que, prêtant aide à sa tante, elle effleurait son cou, ses doigts tremblaient comme si elle avait eu la fièvre. Dans son cerveau en feu bouillonnaient des pensées de colère. Il y avait dans ses mains des tressaillements de crime...

La marquise semblait ne rien voir, ne rien comprendre...

Lentement, étant prête, elle se mit au lit.

— Caroline, dit-elle, emportez cette lampe, puis fermez hermétiquement les rideaux... le reflet de la lune m'empêcherait de dormir.

— J'obéis, madame, fit Caroline.

Puis, d'une voix sous laquelle on aurait pu deviner une menace inexpliquée :

— Je vous souhaite un bon et profond sommeil, ajouta-t-elle.

Elle emporta la lampe. La nuit et le silence régnaient dans la chambre.

Puis elle revint, et, immobile, elle se tenait debout, à demi enveloppée par la tenture de l'oratoire.

— Il n'y a plus à en douter, pensait-elle, tandis

que ses ongles se crispaient sur l'étoffe qu'ils déchiraient... Elle a fait un testament !... Il est là ! à quelques pas de moi. Si j'osais !... Pourquoi pas ?... Si elle se réveille, je suis jeune, et je suis plus forte qu'elle...

Livide, les dents serrées, Caroline, affolée d'ambition, sentait sur son front le souffle qui enivre les assassins... Mais soudain :

— Voler ce testament ! à quoi bon ! Tant qu'elle vivra, ne pourra-t-elle pas en faire un autre ? Ah ! malédiction sur elle ! Elle dort ! oui ; la respiration est devenue régulière !... Elle dort, et moi je veille, je souffre, j'ai la fièvre ! Ruinée ! non ! non ! je ne veux pas... je veux être riche... et...

Elle fit un pas en avant... A ce moment, un bruit sourd, à peine perceptible, résonna sur l'escalier...

Frissonnante, Caroline s'arrêta, écoutant.

Et il lui sembla entendre la porte glisser sur le tapis...

Oui ! là, dans l'obscurité, elle distinguait deux ombres noires.

Perdue dans l'épaisseur de la tenture, elle restait immobile, glacée de terreur.

Les deux ombres se dirigèrent vers le lit...

II

LE MEURTRE

L'un des hommes chuchota :

— Elle dort! cela va bien... Allons! encore un peu de courage... et c'est fait...

Il saisit le bras de son acolyte :

— Eh bien! tu hésites...

L'autre eut un frisson qui le secoua tout entier.

— J'ai peur! murmura-t-il.

— Bah! reprit le premier. Du reste, laisse-moi faire... Je sais où est le petit meuble... et grâce à l'empreinte, j'ai une bonne clef. Contente-toi de veiller sur la dormeuse...

— Mais... si elle s'éveille?

— C'est ton affaire...

Celui qui semblait le chef de l'entreprise criminelle marcha lentement vers le secrétaire. Là, tâtant, il trouva la serrure, et y introduisit une clef graissée; le tiroir s'étant ouvert, il y plongea la main et il murmura entre ses dents :

— Ça! c'est le testament! Je m'en fiche! Mais

les billets de banque... les voilà ! bravo ! ça marche comme sur des roulettes !...

Caroline n'avait pas fait un mouvement : la stupeur la clouait à sa place.

— Le testament ! pensait-elle ; il a dit : le testament !... Je ne m'étais donc pas trompée !...

Puis, saisie d'une terreur plus forte que sa volonté :

— Ah ! si ces hommes devinaient ma présence !...

A ce moment, l'homme refermait le tiroir... Il y eut un brusque craquement.

La marquise s'éveilla.

— Qui va là ? cria-t-elle. A moi ! Caroline !

Elle n'acheva pas... l'homme qui était auprès du lit s'était jeté sur elle et lui appliquait la main sur les lèvres.

Elle se débattait. On entendit des mots inarticulés...

Caroline ne bougeait pas.

La vieille femme avait mordu la main de l'assassin, qui la dégagea aussitôt.

— Misérable ! râla-t-elle. A moi ! au voleur ! à l'assas... !

Le mot s'arrêta dans sa gorge.

— Oh ! il m'a tuée ! fit-elle avec un rauquement effrayant.

Celui qui avait frappé se recula...

— Morte ! Fuyons ! cria-t-il d'une voix qui n'avait plus rien d'humain.

— Crédié ! fit l'autre. Ç'a été plus chaud que je ne croyais... Tant pis ! j'ai le magot ! et maintenant... Ouste !... Au large !...

En s'écartant du petit meuble, il entraîna avec lui les rideaux de la fenêtre qui, glissant sur la tringle, laissèrent passer les rayons de la lune.

Et à cette lueur subite, Caroline vit le visage de l'assassin... de celui qui avait frappé !... Une tête énergique, livide, belle d'une beauté sinistre...

L'autre l'entraîna... tous deux disparurent par la porte de l'escalier.

Caroline, le cou tendu, les écoutait. Puis.. elle courut vers la fenêtre ; mais soudain elle s'arrêta. Son pied avait heurté quelque chose. Elle se baissa... C'était l'enveloppe, sans doute, le testament !...

Elle le ramassa et le cacha précipitamment dans sa poche... puis elle arriva à la fenêtre...

Mais à peine avait-elle jeté un regard au dehors, qu'elle laissa échapper un cri rauque.

Voici ce qu'elle voyait :

La fenêtre donnait sur le jardin. Elle était garnie en dehors d'un balcon de fer ouvragé.

Or, à ce balcon, aux barreaux, une forme blanche était accrochée...

Sous les rayons de la lune, on eût dit un fantôme...

Non ! c'était une femme ! et cette femme était vêtue de la toilette blanche des mariées.

Elle était pliée à demi sur le balustre, inanimée, évanouie sans doute.

Caroline fit un mouvement pour ouvrir la fenêtre.

Mais, soudain, elle aperçut les deux hommes dans le jardin.

Celui dont elle avait vu le visage était grand, jeune et robuste.

L'autre était contrefait, bossu.

Ils s'approchaient du mur qu'ils s'apprêtaient à franchir, quand tout à coup le plus grand tourna la tête... Caroline suivait des yeux tous ses mouvements ; il parut apercevoir la forme blanche suspendue au balcon, et son bras dessina dans l'air un geste de surprise.

Il se pencha vers l'autre et lui parla à l'oreille.

Puis rapidement, tous deux revinrent sur leurs pas. Le grand, s'aidant d'un treillage posé au mur, se hissa agilement jusqu'au balcon, saisit la femme, la chargea sur ses épaules, puis sauta sur le sol.

Au lieu de revenir vers le mur avec son fardeau, sur un mot que son complice lui dit à l'oreille, il s'élança à travers le jardin.

Caroline les perdit de vue ; ils avaient tourné derrière la maison.

Pendant que la jeune fille, stupéfiée, contemplait cette scène étrange — qui s'était passée avec la rapidité de l'éclair — la vieille marquise, luttant contre l'agonie, s'était dressée sur son lit ; puis, par un effort convulsif, elle avait posé les pieds sur le tapis.

De ses yeux hagards, elle voyait la silhouette de Caroline découpée par la lueur de la lune...

Elle alla jusqu'à elle, chancelant... et lui posa la main sur l'épaule.

Caroline, encore absorbée dans ses réflexions, ne l'avait pas entendue venir... il lui sembla qu'une griffe de fer se posait sur sa chair... elle eut un épouvantable frisson de terreur et un cri rauque, guttural, s'échappa de ses lèvres...

Et la marquise râlait :

— Toi ! c'est toi qui m'as tuée !... Au secours ! à moi ! misérable ! Au secours !...

A ce moment on entendit dans le pavillon des pas précipités, et Catherine, la vieille servante, échevelée, pieds nus, s'élança dans la chambre, une lampe à la main...

La marquise, avec les hoquets de l'agonie, criait :

— Catherine, au secours ! je meurs !... Ah ! Vengée !... je veux être vengée.

Catherine l'avait saisie dans ses bras, sanglotant :

— Ma pauvre maîtresse ! Ah ! mon Dieu ! du sang !

A ce cri, Caroline se redressa comme si une secousse galvanique l'eût tirée tout à coup de son engourdissement... Saisissant la poignée de la fenêtre, elle ouvrit les deux vantaux largement, et se penchant au dehors :

— Au secours ! clama-t-elle à travers la nuit d'une voix vibrante. A l'assassin !

La marquise, s'accrochant à la servante, râlait encore :

— Il faut... que je parle... je veux... soulève-moi !...

— Qui vous a frappée ? demandait Catherine affolée. Oh ! le terrible coup !... que de sang ! parlez, chère maîtresse, parlez !...

— Oui, je veux !... Ah ! mes yeux se troublent... j'étouffe... à moi !...

Et la malheureuse, tournant sur elle-même, s'affaissa comme une masse...

Caroline restait penchée sur l'appui de la fenêtre.

— Ah ! on a entendu ! fit-elle. Voici du monde !... Par ici !... Catherine, allez ouvrir la porte... C'est la police... une ronde de nuit...

Une voix s'éleva du dehors :

— Qu'y a-t-il? pourquoi ces cris?

— Vite! venez! cria Caroline. Un crime! un assassinat!...

Catherine était rapidement descendue. Elle ouvrit la porte extérieure :

— Ma pauvre maîtresse! un coup de couteau!...

Deux sergents de ville s'étaient approchés. L'un d'eux portait les galons de brigadier.

— Voyons! ma bonne femme, fit-il, expliquez-vous!

— Mais dépêchez-vous donc, fit la servante qui se tordait les mains. Je vous dis que la marquise... a été assassinée.

Le brigadier avait le respect des titres nobiliaires :

— Une marquise! bigre! fit-il. Allons vite!...

Déjà Caroline — l'hypocrite infâme qui avait laissé tuer sa tante sous ses yeux, sans essayer de la défendre — accourait au-devant des agents :

— Ah! messieurs! c'est horrible! fit-elle. Ma tante! ma bienfaitrice! morte!

Les deux hommes montèrent en une seconde...

La marquise était sur son lit, se tordant dans les affres de la mort.

C'était Caroline qui, pendant la courte absence de Catherine, l'avait relevée dans ses bras nerveux...

— Oui, c'est un assassinat! fit le brigadier. Mais que s'est-il passé?

Caroline s'était jetée à genoux auprès du lit.

Et, secouée comme si elle pleurait :

— Je ne sais rien, gémit-elle. J'étais dans ma chambre... là, à côté... J'ai entendu des cris... je suis accourue...

Le sergent de ville avait regardé autour de lui :

— Mais on a volé! fit-il. Voilà un meuble ouvert, des papiers bouleversés...

— Ne pensez donc pas à cela! s'écria Catherine. Voyez! elle remue! elle n'est pas morte... Du secours... il faut la sauver...

— Hum! dit le brigadier hochant la tête d'un air entendu, ça me paraît difficile... Je connais ça, les blessures! Celle-là a dû atteindre le poumon...

— Qu'importe! répliqua Caroline jouant le désespoir. Vous pouvez vous tromper... un médecin! qu'on la sauve! qu'on prenne ma vie! mais qu'elle ne meure pas!...

Le brigadier, fin observateur, se dit à part lui :

— Voici une nièce qui aimait bien sa tante.

Puis à voix haute, s'adressant à son subordonné :

— Y a-t-il un médecin par ici? demanda-t-il.

— Oui, brigadier, le docteur Demory... il demeure dans le pavillon qui touche à celui-ci.

— Allez vite le chercher.

Le sergent de ville semblait hésiter.

— Mais, commença-t-il.

— Mais quoi ?

— C'est que, brigadier... C'est peut-être difficile de le déranger dans ce moment-ci...

Il souriait comme si quelque pensée gracieuse avait traversé son épais cerveau.

— Pourquoi cela ? fit le brigadier, qui commençait à s'irriter.

Cette fois, le sergent rit tout à fait et aussi niaisement que possible.

— Dame ! mon brigadier, c'est parce qu'il s'est marié aujourd'hui même. C'est sa première nuit de noces... et vous comprenez...

Le brigadier fronça ses sourcils sévères.

— Pas de plaisanterie ! fit-il. Allez, et quand vous l'aurez envoyé ici, vous passerez au poste, pour qu'on prévienne le commissaire, et rondement...

Le sergent, tout en obéissant, murmurait sous sa moustache :

— Ça ne fait rien... je vais peut-être arriver dans un drôle de moment...

Il sortit.

Catherine, le visage appuyé contre celui de sa maîtresse, sanglotait.

— Ah ! mon Dieu ! elle se refroidit... il viendra trop tard.

Et Caroline, toujours agenouillée, touchant du bout des doigts l'enveloppe qu'elle avait glissée dans sa poche, se disait :

— Du moins sa mort me sera-t-elle utile ?...

III

LE MÉDECIN

Cependant, sous le crâne lourd du brigadier, cette idée passait :

— C'est bien singulier tout de même, une femme qu'on tue comme ça, et personne qui n'entend !...

Et comme la vieille Catherine se lamentait toujours, le brigadier l'interpella brusquement :

— Vous feriez bien mieux — au lieu de pleurnicher — de chercher, avec moi, par ousque l'assassin il s'est introduit...

— Oui ! oui ! répondit-elle, il faut savoir...

Le brigadier se dirigea vers l'oratoire.

Mais Caroline, qui jusque-là était restée agenouillée, se redressa tout à coup...

— Pas là ! fit-elle, inutile... c'est l'oratoire, et au delà ma chambre...

Le brigadier prit l'air songeur.

— Alors, madame... mademoiselle... était couchée ?

— Qui vous a dit cela ? répondit brusquement Caroline... Je priais, je rêvais...

L'agent, qui sourdement éprouvait je ne sais quelle défiance inexpliquée, fit un pas.

— Alors, vous permettrez... commença-t-il.

Caroline eut un tressaillement de colère.

— Et si je ne permettais pas ?

— Je vous demanderais excuse, fit le brigadier.

Et, passant devant Caroline, en portant la main à son képi, il souleva la tenture et pénétra dans l'oratoire.

C'était une pièce sombre, toute en chêne, avec prie-Dieu et crucifix.

Catherine avait suivi, tenant une bougie allumée.

Le brigadier pensait, tout en examinant :

— Ça, c'est des conservateurs !... ça croit en Dieu... pourtant, faut voir.

Il s'arrêta devant une porte fermée :

— Qu'est-ce que c'est que ça?

Caroline, irritée, se contenant à peine, répondit :

— Je vous l'ai dit, c'est ma chambre.

L'agent de police s'inclina avec la grâce qui caractérise cette institution.

— Ouvrez, s'il vous plaît.

Perdant patience, Caroline se plaça devant la porte.

— Monsieur, dit-elle d'une voix brève, je ne vous connais pas, et je vous défends d'entrer chez moi. Vous semblez oublier que les assassins — puisque assassin il y a — sont venus du dehors. Vous vous conduisez d'une étrange façon, en voulant pénétrer sans raison sérieuse dans la chambre d'une jeune fille.

Cette fois le brigadier fut interdit.

— C'est vrai, balbutia-t-il. Je vous demande pardon... mais, vous comprenez ?

— Je comprends, reprit durement Caroline, que vous n'avez pas les idées très nettes... mais peut-être vaudrait-il mieux voir au dehors comment les assassins ont pu s'introduire ici ?

Le brigadier était visiblement ému.

Caroline était véritablement belle, avec ses cheveux noirs tordus sur sa tête, drapée dans sa longue robe brune, debout devant la porte de sa chambre, dans une attitude de colère et de défi.

L'honnête défenseur de la société ne savait — pour employer une expression familière — où se fourrer. Eût-il pu dire d'ailleurs quelle idée avait traversé son cerveau ? Il réfléchissait... autant qu'un brigadier de sergents de ville peut réfléchir.

— Sapristi ! pensait-il, la belle créature ! Elle a raison. Ça n'est pas par là...

Il se tourna vers Catherine :

— Ous qu'est l'escalier ? demanda-t-il.

— Par ici, monsieur, lui répondit la servante en le précédant.

— Parfait ! fit l'agent. Nous allons procéder à une enquête préparatoire.

Et tous deux disparurent par la porte de l'escalier.

Caroline était revenue à pas lents. Elle se trouvait devant le lit de sa tante.

La vieille marquise était renversée la tête pendante. Ses lèvres étaient mouillées d'une écume blanchâtre. Cependant elle n'était pas morte. Elle avait aux doigts, dans les muscles de la face, des tressaillements.

Caroline la contemplait. Sa pâleur devint plus blanche encore, et les traits contractés, elle murmura :

— Morte ! il faut qu'elle soit morte ! je préfère la réalité à un doute qui m'étreignait !... et le testament que je sens sous ma main !... qui sait ! c'était peut-être un projet seulement ! peut-être le notaire ne l'a-t-il pas encore entre les mains ! Ah ! si elle revenait à elle, elle pourrait prendre ses dispositions suprêmes... oui, il faut qu'elle soit morte !...

Elle s'était penchée sur la moribonde qui râlait.

— Ce n'est plus la vie... mais ce n'est pas encore la mort ! pensait-elle. Ah ! cette femme n'a pu me déshériter... et pourtant... je sais, je sens qu'elle me craignait, qu'elle me haïssait.

Soudain un murmure passa, dans un souffle, aux lèvres de l'agonisante :

— Ma sœur ! Pierre !

— Pierre ! fit Caroline en se redressant. Quel est ce nom ? C'est la première fois que je l'entends prononcer...

Des mots inintelligibles s'échappaient encore de la gorge de la marquise :

— L'assassin ! Ah !...

Caroline l'avait vu, cet assassin !... et cet homme lui avait paru doué d'une beauté splendide !... Lorsque le rayon de lumière était tombé sur son visage, elle s'était sentie secouée tout entière. Il tuait et elle le voyait beau... Pour cette criminelle d'intention, il y avait des splendeurs dans le crime !... Elle eût voulu revoir cet homme...

Catherine rentra avec le brigadier.

— C'est tout de même bien drôle ! dit l'agent. Cette satanée gelée empêche de suivre la trace des pas ; mais je jurerais qu'ils étaient deux... Et vous n'avez rien entendu ?

— Rien ! dit la jeune fille.

— Le commissaire tirera ça au clair ! murmura le brigadier ; c'est son affaire... Je n'y comprends rien !... et puis, je voudrais bien savoir ce que c'est que ce bout d'étoffe blanche que j'ai trouvé après le balcon.

Il montrait un lambeau de mousseline.

Caroline regarda et se tut.

— Trouvez-vous pas, mademoiselle, que ça ressemble à un morceau de voile, comme qui dirait d'une mariée !

A ce moment le sergent de ville envoyé en mission reparaissait.

— Eh bien ? demanda le supérieur. Votre docteur ?

— Il m'a fait assez poser, dit l'autre. Ça se comprend, une nuit de noces. Il n'en finissait pas de se lever... enfin je l'ai vu... il était pâle, crédié ! Il paraît qu'il avait eu des émotions.

— Enfin, va-t-il venir ?

— Eh ! le voilà !

En effet, sur l'escalier résonnait un pas lent et régulier.

Dans l'encadrement de la porte se dessina une silhouette, haute, hardiment découpée.

Le docteur Demory entra, correctement vêtu de noir, cravaté de blanc.

— C'est ici qu'on réclame mes soins ? demanda-t-il d'une voix grave et pleine.

— Tenez, docteur, fit le brigadier. Là, sur le lit, une femme inanimée.

— Ah ! pauvre femme. Voyons !

Il s'avança. Il arriva en plein sous la lumière de la lampe.

Et Caroline éprouva une commotion si violente, qu'elle faillit laisser échapper un cri... Mais elle se contint, quoique son cœur battît avec une épouvantable violence.

L'homme qui était là — courbé sur l'agonisante — qui lui touchait la poitrine, qui palpait les lèvres de la blessure...

Cet homme, le docteur Demory, Caroline venait de le reconnaître...

C'était l'assassin !

FIN DU PROLOGUE

PREMIÈRE PARTIE

LA FIANCÉE ROUGE

I

PROTECTRICE ET PROTÉGÉS

La comtesse de Jarménil était une petite vieille, active, trottinante, vrai type de douairière avec les cheveux blancs entourant de lourds bandeaux un visage qui, jadis, avait dû être gracieux, et était éclairé par un regard vif et intelligent.

Nous la trouvons dans son hôtel de la rue de l'Université, en conférence avec son intendant Jérôme, qui se tient devant elle, respectueusement, debout.

— Ainsi, disait la comtesse, cette horrible nouvelle était vraie! Quoi! ma pauvre et chère vieille amie, la marquise de Lustin!...

— A été assassinée cette nuit, dit Jérôme, par des malfaiteurs qui se sont introduits chez elle... pour la voler...

— Mais avez-vous des détails? demanda Mme de Jarménil. Les assassins sont-ils arrêtés!...

— Au moment où je suis arrivé, reprit l'intendant, le commissaire de police procédait à la première enquête; mais il sera bien difficile de découvrir quelque chose. La terre était durcie par la gelée, et on n'a pu retrouver aucune trace de pas. Cependant, il paraît qu'à certains endroits on a reconnu que les meurtriers étaient au nombre de deux.

— Et la pauvre femme a été tuée sur le coup? demanda Mme de Jarménil, qui frissonnait.

— Il paraît qu'elle a vécu encore quelques minutes... et Mlle Caroline, dont la douleur fait peine à voir, a pu recueillir son dernier soupir.

— Mais elle n'a pas parlé? elle n'a pu donner aucun renseignement?

— Aucun...

— Du moins, Caroline sait quelque chose... il est impossible qu'un si grand crime se soit accompli à quelques pas d'elle, sans qu'elle ait rien vu ni entendu...

Ici, le père Jérôme eut un moment d'hésitation.

On eût dit qu'il était surpris lui-même des paroles qu'il prononçait.

— Mlle Caroline affirme, dit-il d'une voix lente, qu'elle était dans sa chambre et que, lorsque les cris sont parvenus jusqu'à elle, les assassins avaient disparu... elle ne sait rien...

La vieille comtesse le regarda, étonnée.

— Pourquoi semblez-vous ainsi troublé? fit-elle. On dirait que vous avez quelque chose à me dire... et que vous n'osez pas. Voyons, ajouta-t-elle avec bonté, il s'agit de Caroline... Cette jeune fille ne m'a jamais été sympathique. Avez-vous entendu blâmer sa conduite ?

Jérôme parut plus embarrassé encore. Cependant, avec un geste de décision :

— Mon Dieu, fit-il, si madame la comtesse le permet...

— Parlez sans crainte... Je connais votre honnêteté, votre bonne foi, et j'ai toute confiance en vous.

— Madame la comtesse est bien bonne, reprit le vieil intendant. Mais, du reste, ce n'est rien de positif. Seulement, la vieille Catherine, la servante de Mme la marquise, qui est au désespoir de s'être couchée sitôt... c'est qu'elle est bien faible et bien cassée...

— Achevez !

— Eh bien, Catherine m'a dit qu'il y avait dans

la conduite de Mlle Caroline quelque chose qui ne lui semblait pas naturel...

— Il faut pourtant, dit gravement la douairière, se garder d'appréciations téméraires, surtout quand elles peuvent avoir des conséquences aussi graves. Voyons... continuez!

— Voici, reprit Jérôme. Donc, Catherine était couchée, comme je le dis à madame la comtesse. Quand elle a entendu des cris, elle s'est jetée au bas de son lit et a couru vers la chambre de sa maîtresse... mais comme elle descendait l'escalier aussi vite qu'elle le pouvait, elle a entendu des pas dans le jardin... Seulement, elle ne s'est pas arrêtée. Mais quand elle est entrée, elle a trouvé Mlle Caroline auprès de sa tante qui râlait.

— Eh bien! je ne vois pas jusqu'ici...

— Si c'était bien les pas des assassins que Catherine avait entendus, dit Jérôme avec plus d'assurance, c'est qu'ils venaient seulement de s'enfuir... Et Mlle Caroline, qui était là, devait avoir vu quelque chose.

La comtesse réfléchit un instant.

— C'est possible, fit-elle, mais cela ne paraît pas évident; et, je le répète, il faut être prudent et ne pas se laisser entraîner par des apparences.

Cette fois, Jérôme baissa la voix et interrompant la comtesse :

— C'est qu'aussi Catherine en dit plus que cela...
Je ne sais si j'oserai...

— Je vous le répète, je vous prie de parler...

— C'est bien grave, fit Jérôme en baissant la tête. La marquise, au moment de mourir, aurait tendu les mains vers sa nièce avec colère... en ayant l'air de l'accuser...

— Ah! assez, Jérôme. Il ne faut pas répéter cela... Je connais Caroline, c'est un caractère impérieux, il est vrai... Parfois aussi je n'ai pas trouvé qu'elle témoignât à sa tante les égards que méritait sa bienfaitrice... mais de là à une imputation aussi horrible!

— Oh! Catherine n'accuse pas, fit vivement le vieillard. Seulement, elle croit...

— Elle croit?

— Que Mlle Caroline aurait pu défendre sa tante, appeler... et qu'elle ne l'a pas fait...

— Ce serait grave... Mais, du moins, pourrait-on expliquer le fait par la terreur... Caroline est femme et, en face d'un danger, elle peut avoir été faible, lâche même, sans être pour cela criminelle...

— Mais madame la comtesse oublie, dit Jérôme d'un ton respectueux, que Mlle Caroline soutient n'avoir rien vu ni entendu...

Il y eut un long silence.

Peut-être les soupçons, à peine formulés par

Jérôme, pénétraient-ils dans la conscience de Mme de Jarménil plus profondément qu'elle ne voulait se l'avouer à elle-même.

Elle passa sur son front ridé ses doigts longs et fins. Puis :

— Du moins, reprit-elle, a-t-on tout tenté pour sauver ma chère et vieille amie?... A-t-on appelé un médecin ?...

— Immédiatement, dit Jérôme. Et celui qui n'a pu, hélas! que constater la mort, c'est quelqu'un que Mme la comtesse connaît...

— En vérité... et qui donc!

— Le docteur Demory...

— Quoi! lui! s'écria Mme de Jarménil. En effet, il demeure tout auprès de Mme de Lustin... alors, on est allé le chercher pendant la nuit! sa première nuit de noces! et sa chère femme, ma petite Claire bien-aimée! quelle secousse elle a dû éprouver!

— J'ai même entendu dire, ajouta Jérôme, qu'elle avait été si fortement frappée de cet événement, qu'elle est indisposée...

— Et vous ne me le disiez pas? s'écria la comtesse en se levant brusquement. Oh! je veux aller la voir sans perdre une minute! Ma chère Claire, moi qui ai fait ce mariage... qui, hier, ai assisté à la bénédiction nuptiale... Vite, Jérôme, faites atteler...

— J'y vais, madame la comtesse.

— Pendant mon absence, vous irez de ma part demander à Caroline si elle veut me voir ; je suis toute à sa disposition. Cependant, je l'avoue, il me serait trop douloureux d'entrer dans la maison où mon amie a trouvé une mort aussi affreuse... Vous lui direz que je l'attendrai ici toute la soirée...

Elle se hâtait, s'enveloppant d'une lourde pelisse de fourrure.

— Ah ! encore, ajouta-t-elle, vous irez chez M. Deparcet, le juge d'instruction, et vous le prierez de venir me voir. C'est un homme de bon conseil, il m'aidera à venger ma pauvre marquise.

Jérôme sortit, puis rentra quelques instants après, annonçant que la voiture attendait la comtesse.

Celle-ci descendit aussi rapidement que son âge le lui permettait, et se blottit dans un coin de sa voiture, après avoir donné l'adresse du docteur Demory, rue Notre-Dame-des-Champs.

Pendant qu'elle était rapidement entraînée au trot de deux chevaux aristocratiquement nourris, elle rêvait...

— N'est-ce pas une fatalité ! murmura-t-elle. Leur mariage, qui devait être si heureux ! débuter sous de pareils auspices ; un assassinat !... le mari appelé pour constater un crime ! Pourvu que cela ne leur porte pas malheur !... Je ne suis pas superstitieuse, et cependant je me sens toute troublée... Est-ce que Dieu blâmerait ce que j'ai fait ?...

Et pourtant, se rappelant le passé, elle se disait qu'elle n'avait rien à se reprocher, qu'elle avait bien agi en concluant ce mariage.

Claire Aubrun était orpheline. Son père, garde-chasse de la terre de Jarménil, avait été tué par accident. La comtesse avait accompli son devoir, en recueillant Claire auprès d'elle, et en lui donnant le titre de lectrice, pour sauvegarder son amour-propre. Elle la traitait comme une amie.

Elle était si bonne et si douce !... Parfois la comtesse, qui n'avait pas d'enfants, regardant cette charmante tête blonde, ces grands yeux bleus qui laissaient deviner toutes les pensées, se prenait à regretter que Claire ne fût pas sa fille !

« Sa fille, l'aurait-elle donnée au docteur Demory ? » se demandait-elle encore. Pourquoi pas !... Un jour, pendant une absence de son médecin, elle s'était sentie tout à coup indisposée : on courut au plus près, et ce fut le docteur Demory qui vint la secourir... Elle se souvenait encore de son entrée... Un beau garçon ! brun, avec des cheveux bouclant naturellement... des yeux noirs et vifs...

une mise sévère, mais qui témoignait d'une gêne noblement supportée ! Il l'avait intéressée tout de suite... et puis il paraissait avoir tant de foi en Dieu ! La comtesse aimait qu'on eût de la religion, et surtout quand on est homme de science !

Et Claire !... elle n'avait pu dissimuler la sympathie que le beau médecin — comme la comtesse disait en riant — lui avait tout à coup inspirée ! C'était bien naturel... Mme de Jarménil avait fait causer le docteur et avait trouvé en lui un esprit droit, un cœur honnête et un si grand respect des choses sacrées ! Une idée lui était venue... Il fallait songer à marier Claire... et elle pouvait faire deux heureux, donner à sa protégée un bon époux, d'une situation honorable, et en même temps aider ce jeune homme à se créer un avenir... En devenant le mari de Claire Aubrun, il devenait son protégé, et, par ses relations, elle lui faisait promptement une brillante clientèle... sans parler des mille écus de rente qu'elle assurait au jeune ménage, en attendant qu'après elle, elle lui laissât un capital assez important...

Oui ! tout cela était juste et elle avait agi avec toute raison... et son cœur ne lui reprochait rien... elle ne comprenait même pas pourquoi toutes ces idées revenaient en elle, comme si elle avait eu besoin de se défendre contre sa propre conscience... Ils s'aimaient... C'était évident... Le docteur trouvait vingt prétextes pour revenir chez elle, et dès qu'elle l'apercevait, Claire rougissait!...

Enfin elle les avait interrogés, séparément et prudemment. Claire n'avait pas hésité. Elle aimait! on ne pouvait pas l'en blâmer. Quant à Paul Demory, il s'était montré plus froid, plus raisonnable. C'était juste, après tout. Un homme doit penser à son avenir, à celui de ses enfants. Le mariage est chose grave, et la comtesse aimait qu'on ne le traitât pas comme une amourette.

Il faut ajouter que la résistance, — passive, — du docteur n'avait pas été de longue durée.

Les quelques avantages qu'on lui faisait entrevoir, — si modestes qu'ils fussent, — l'avaient aussitôt décidé à ouvrir son cœur et à avouer qu'il aimait, lui aussi, la douce et jolie Claire. Il se contentait du sort qu'on lui promettait : avec une femme aimée, tout lui semblait facile. Il paraît qu'il n'avait pas été heureux jusque-là!... Lui aussi était orphelin, et c'était par son énergie, par l'effort de sa volonté, qu'il était parvenu à faire ses études et à obtenir le titre de docteur!

Mais les clients ne viennent pas quand le médecin est pauvre!... il avait dû faire quelques dettes... une misère... un millier d'écus!... Eh bien! la comtesse avait arrangé tout cela. Claire était devenue hier même la femme de Paul Demory. Dans deux jours elle devait leur remettre une petite somme de 10,000 francs pour qu'ils s'installassent très confortablement. Déjà tous ses amis avaient inscrit le nom du docteur Demory qui, avant deux ans, serait le médecin le plus couru du faubourg Saint-Germain... surtout maintenant que la comtesse avait mis le bon P. Grapet dans ses intérêts !

— Allons, tout va bien, se disait-elle, et je suis folle de me créer des chimères !... Quant à ce petit accident... ce ne sera rien, c'est un mariage béni.

Le valet ouvrit la portière :

— Madame la comtesse est arrivée.

La voiture s'était arrêtée devant une petite maison de deux étages, sur le devant de laquelle un petit jardin s'étendait jusqu'à la rue. C'est le premier étage qu'occupait le ménage Demory ; le second servait d'atelier à un artiste. Au rez-de-chaussée, un encadreur-doreur remplissait en même temps l'office de concierge.

La comtesse s'adressant à lui :

— Mme Demory est-elle chez elle? demanda-t-elle.

— Oui, madame, dit l'ouvrier, mais elle est bien malade !

— Quoi ! serait-elle en danger?

— Je ne sais pas, mais depuis le jour je l'ai entendue pousser des cris... On dirait qu'elle est folle!

— Mon Dieu ! je monte vite !...

Et frissonnante, épouvantée, elle s'engagea dans l'escalier. Tout à coup elle tressaillit ; des clameurs douloureuses, qui paraissaient étouffées par l'épaisseur des murailles, parvenaient jusqu'à elle. C'était la voix de Claire ; elle la reconnaissait.

Elle se hâta ; mais s'arrêtant devant la porte, elle hésita à sonner, et se contenta de frapper doucement.

Pas de réponse.

Elle frappa une seconde fois. Puis elle se décida à toucher le cordon de la sonnette. Un léger tintement retentit.

La comtesse attendit ; puis elle entendit des portes se refermer. Elle frappa encore.

Cette fois, la porte s'ouvrit, et Paul Demory parut, très pâle.

— Vous, madame la comtesse ! s'écria-t-il... Ah ! entrez donc ? Que c'est généreux, à vous, d'être venue !

— Mais, vous semblez si troublé, fit Mme de Jarménil, tremblante. Ce qu'on m'a dit est donc vrai !... ma pauvre Claire ?...

Et, de l'autre pièce, une voix éclatante et rauque cria :

— Ah ! j'ai peur ! Du sang ! La fiancée rouge !

La comtesse alla vivement vers la chambre.

Demory se plaça devant elle.

— Je vous en supplie, madame, n'entrez pas!

La comtesse se recula, terrifiée.

— Mais qu'y a-t-il donc?... Parlez! s'écria-t-elle à son tour.

— Eh bien, madame, fit le docteur, c'est un grand malheur! Mais, je ne le crois pas irréparable... En ce moment, Claire, ma chère et bien-aimée femme, n'a pas sa raison...

Et la voix criait toujours :

— Du sang!... le couteau!... lui... assassin!...

Demory continuait, parlant haut :

— Ah! quel désespoir, madame!... et qui pouvait supposer cela!... Vous savez déjà, sans doute, ce qui s'est passé... Au milieu de la nuit, un agent de police est venu violemment sonner à ma porte, et comme il trouvait sans doute que je ne m'éveillais pas assez vite, il m'a crié : « Docteur! c'est pour un assassinat! une dame tuée à coups de couteau! »

A ce moment, la porte tourna sur ses gonds, et la jeune femme, enveloppée dans une robe de nuit, apparut, les cheveux dénoués, les yeux hagards. Et, des lèvres de ce fantôme, ces mots s'échappèrent :

— Le couteau! oui... j'ai vu!...

Demory alla vers elle.

— Rentrez dans votre chambre, dit-il rudement, je le veux !

Mais Claire s'était reculée avec un frisson d'épouvante et le bras étendu :

— Ne me touchez pas ! du sang ! du sang !...

La comtesse pleurait.

— Mon Dieu ! mais c'est horrible ! Claire, ne me reconnais-tu pas !...

Claire la regarda ; ses traits se détendirent et, d'une voix plus douce, elle murmura :

— Oui, je sais... Vous m'aimiez ! Vous n'avez pas de sang aux mains... vous ! Montrez-moi vos mains ! Elles sont blanches !... Oh ! ne vous approchez pas de moi... je suis la fiancée sanglante, je suis la mariée rouge ! Je souffre tant !...

Et sa voix faiblit, ses mains battaient l'air, elle chancela.

Rapidement, Demory la saisit dans ses bras et l'emporta jusqu'à son lit, sur lequel il l'étendit ; puis, revenant à la comtesse :

— Ainsi vous avez compris... dit-il. Le saisissement de la pauvre femme a été tel, quand elle a entendu ces mots d'assassinat, de coups de couteau, qu'elle en est devenue folle !

— C'est bien étrange... je ne lui croyais pas la tête faible à ce point... Mais vous la guérirez, vous la sauverez.

— Oui ! oui ! je le jure ! s'écria Demory, avec

une exaltation qui toucha sa protectrice. Quand je devrais consacrer toute ma vie à combattre ce mal horrible! Dieu m'aidera; et, je le sens, je triompherai de cette épouvantable crise.

— Quelle douleur pour vous! car vous l'aimez de tout votre cœur!

— Si je l'aime! ajouta-t-il en regardant Claire immobile. Voici un instant de repos, il ne faut pas le troubler. Dieu et la nature sont tout puissants et peuvent plus que la science.

— Vous ne la quittez point, n'est-ce pas? demanda la comtesse avec angoisse.

— Dieu m'en garde!

— Je ne veux pas risquer de l'éveiller... je pars... mais je reviendrai bientôt... ce soir.

Sur le visage pâle du docteur courut une légère contraction.

— Si madame la comtesse voulait bien ne revenir que demain... j'ai peur que le bruit seul des paroles échangées entre nous...

— Vous avez raison, dit-elle, ce soir, j'enverrai prendre de ses nouvelles... Ah! dites-moi! Avez-vous besoin de moi... de mes services?... traitez-moi en amie, en véritable amie!

Demory s'inclina.

— Madame la comtesse m'a déjà prouvé toute la bonté de son cœur. Au besoin j'y ferai appel, je vous le promets.

— J'y compte, dit la comtesse. Pauvre enfant ! comme elle est pâle ! Je vous la confie, monsieur, car en ce moment je sens plus que jamais combien je l'aime.

Demory reconduisit la comtesse jusqu'à l'escalier, puis il la salua et ferma la porte derrière elle. Alors il revint vivement vers le lit où gisait Claire. Il la contempla longuement. Puis, avec un geste de résolution, il ouvrit un petit meuble, y prit un flacon, l'ouvrit et versa quelques gouttes d'un liquide blanchâtre dans une cuiller dont il introduisit ensuite l'extrémité entre les lèvres serrées de la jeune femme. Sous l'action de la liqueur, le corps de Claire sembla agité d'un spasme violent, puis retomba inerte.

— Folle ! murmura Demory. Oui... aujourd'hui... et toujours !...

II

LA VISION D'UNE FOLLE

Claire Aubrun, c'est-à-dire Mme Demory, est étendue sur son lit, immobile. Sous l'influence de l'étrange liqueur que son mari a fait glisser entre ses dents, elle a éprouvé une atroce sensation. Ce fut comme si un courant de feu roulait tout à coup à travers ses veines; puis il lui a semblé que son cerveau, saisi dans des tenailles rougies, allait soudainement éclater.

Pendant quelques instants, elle ne pense pas... Elle souffre... Elle voudrait crier; mais les organes n'obéissent pas à sa volonté... Peu à peu, cependant, la douleur aiguë diminue et fait place à un engourdissement lourd, comme si elle s'endormait dans la mort... Non! elle vit; mais, pour ainsi dire, en dehors de la vie... Elle n'a plus la notion du présent, ni des personnes, ni des choses. Elle plane en quelque sorte au-dessus d'elle-même, et insensiblement cette sensation bizarre prend un tel accroissement, qu'elle donne les apparences de la réalité à un fait qui semble fantastique, et qui n'est pourtant qu'une des crises de la folie.

Claire se voit elle-même dans un rêve, recommençant son existence, comme si elle n'était que spectatrice de sa propre histoire... et elle parle tout bas, d'une voix si basse, que nul ne pourrait l'entendre :

« Oui, voilà la pauvre Claire, toute petite enfant! elle a dix ans à peine... Elle pleure! c'est que sa mère est morte! Voici au bout de la grande rue du village l'église tendue de noir... il y a des chants, il y a des pleurs aussi... parce que maman Aubrun a été emportée par une cruelle maladie et que tout le monde l'aimait.

« Un homme surtout sanglote : il est grand et vigoureux, son teint est brûlé par le soleil, ses grosses moustaches lui donnent un air terrible, et pourtant il est doux et bon!... Et aujourd'hui, courbé par le désespoir, il est plus faible qu'un enfant.

« Il prend la petite Claire dans ses bras, il l'embrasse à pleines lèvres et murmure à son oreille : « Toi! toi! tout ce qui me reste! »

« C'est père Aubrun, le garde-chasse du comte de Jarménil, dur aux braconniers et pourtant charitable aux malheureux.

« Sa femme — sa compagne — ne l'a quitté que pour s'en aller dans la mort. Lui se rattache à ce petit enfant, qui est maintenant toute son espérance... Claire sait-elle bien seulement quelle perte elle a faite... Elle est toute vêtue de noir; elle voudrait interroger, elle n'ose pas! Qu'est-ce donc que la mort? Qu'est-ce que cette idée de disparition, d'éternelle absence, de départ sans retour possible?...

« Les jours passent, puis les mois, puis les années... la douce figure de la morte ne lui apparaît plus que dans une vague auréole... mais sur ce visage aux traits effacés persistent toujours les lignes d'un sourire aimant.

« La petite a grandi ; elle a été malade, car elle n'est pas forte. Elle tient de sa mère qui n'avait point la rudesse et la vigueur paysannes. »

« Elle est dans son lit, et sur elle penchée, elle voit la douloureuse physionomie de son père qui tremble, lui qu'aucun danger n'a jamais effrayé ; mais que la mort — déjà entrée à son seuil — épouvante jusqu'au fond de l'âme...

(Soudain, dans la vision persistante, Claire, la folle, voit le père Aubrun faire un geste de résolution. Il murmure : « Le devoir avant tout ! » C'est que demain, de grand matin, il est de service. M. de Jarménil a invité de nombreux amis à chasser. Il y a de grands personnages, et bien qu'il sache les inquiétudes de son garde, cependant il a insisté pour que celui-ci soit à son poste. Le père Aubrun obéira, quoiqu'il ait le cœur bien gros. Il décroche son fusil, donne un dernier baiser à l'enfant, qui s'endort, et s'élance dehors. Tout à coup la scène change.)

« Sur un lit de feuillage, père Aubrun est étendu, la tête enveloppée de linges sanglants! Il ne remue plus! Claire a vu cela de la fenêtre auprès de laquelle on avait poussé son lit pour qu'elle pût regarder la campagne et rire au soleil!

« Elle s'est élancée à demi nue. Elle s'est jetée

sur le corps de son père dont les bras ne se sont pas refermés pour l'étreindre. Il est mort! Lui aussi! Accident! Des mots entrecoupés bourdonnent aux oreilles de l'enfant... Puis plus rien! La fièvre l'a ressaisie et la plonge dans l'oubli! Est-ce qu'elle ne va pas mourir, elle aussi!

« Non, car voici qu'elle se revoit... Elle est vêtue comme une demoiselle... Elle est auprès de Mme de Jarménil; elle comprend maintenant. L'orpheline a été recueillie. Le comte est mort, et, à sa dernière heure, se reprochant d'être cause du trépas de son garde, il a dit à sa femme de se charger du sort de Claire.

« La comtesse a consenti, car elle est bonne; mais elle n'est pas parfaite... Qui peut se vanter d'être sans défaut? L'excès des pratiques religieuses a aigri son caractère. Elle est capricieuse, tantôt affectueuse, tantôt despotique. Claire n'est pas très heureuse; mais elle ne se plaint pas. D'ailleurs elle n'est pas ingrate; elle comprend que, dans sa situation, elle jouit d'un bonheur inespéré... Elle pouvait n'être qu'une mendiante, elle vit dans l'aisance et ne manque de rien... Elle était ignorante... on l'a instruite. Pourtant ce bonheur lui pèse comme un esclavage. Ce n'est pas tout encore, il vient chez la comtesse des gens qui parlent toujours de Dieu et d'amour divin et dont les regards l'embarrassent... une fois

3.

même!... enfin, elle avait songé à s'enfuir...

« Mais Paul Demory lui apparaît... son cœur d'enfant, avide d'affection, jaloux de liberté, s'éprend tout à coup... elle n'aurait point parlé, elle aurait gardé au fond de son cœur ce secret qui lui était plus doux qu'ardent. Mais la comtesse a parlé la première... et Claire a rougi, et Claire n'a pas refusé...

« Voici que Paul lui parle à son tour... respectueusement, d'une voix qui la fait frissonner...

« Se marier! elle s'appellera Mme Demory.

« Voici sa dernière nuit de jeune fille! Oh! elle ne dort pas!... Appuyée sur son bras, elle songe... A quoi?... Elle est heureuse, n'est-il pas vrai? Elle ne regrette rien! Non, certes! et pourtant elle se sent troublée, inquiète!... C'est singulier! elle aurait voulu causer plus longuement avec son fiancé! Oui, elle avait des questions à lui adresser... Parfois elle l'avait surpris soucieux, ayant au front des plis profonds... Mais comment l'interroger? la comtesse ne les laissait pas seuls! Après tout, elle s'est trompée!... Non, il n'a pas dans le regard ces duretés que quelquefois elle a cru voir jaillir comme des éclairs noirs!... Il est ce qu'il paraît, froid, mais sincère, et puis il l'aime! il le lui a dit, ce matin encore, en effleurant sa main.

« A demain, donc! »

(Ici la vision à laquelle assiste *l'âme* de Claire Aubrun se fait plus nette. Elle revoit un à un les détails de cette journée qui a décidé de son sort... l'église blanche, les amis de la comtesse, un peu dédaigneux dans leurs complaisantes politesses... Elle entend l'orgue, les voix qui chantent... Elle sent l'anneau se glisser à son doigt... Elle le revoit surtout... lui!...)

« Pourquoi est-il si pâle! pourquoi ces contractions dans sa lèvre! pourquoi ce cercle noir sous ses yeux! Tout à l'heure, quand il a mis sa main dans la sienne, elle l'a sentie fiévreuse, brûlante comme un fer rouge...

« On dirait qu'il attend quelqu'un... A tout instant ses regards courent à travers la foule!... Ah! voici qu'il a aperçu sans doute celui qu'il cherchait... Il s'excuse brièvement et s'éloigne... Claire aperçoit celui qu'il est allé rejoindre... A peine a-t-elle le temps de distinguer ses traits... on dirait un masque de gnôme... Cet homme est hideux... il est bossu!... C'est ainsi qu'elle se serait figuré le Tentateur!...

« Paul est revenu, plus pâle peut-être!... Claire ose l'interroger... Est-ce qu'il souffre?... Il répond d'abord presque durement, puis il s'adoucit tout à coup... En effet, il éprouve un malaise... et puis l'émotion... des préoccupations sans importance d'ailleurs!... Il sourit, mais c'est par force de volonté... il parle, il parle trop. Il y a de la surexcitation maladive dans ses gestes, dans sa voix...

« Le soir est venu!...

« La foule s'est éloignée, ils sont seuls dans la voiture qui les ramène à leur logis! Comme le cœur de la petite Claire bat dans sa poitrine! elle lui appartient, à lui! Oh! elle est heureuse de s'abandonner... elle sera sa femme, son amie, et s'il a quelque chagrin, eh bien! elle en prendra sa part!...

« Bien tremblante, mais fière de se savoir épouse, Claire est entrée avec Paul dans le petit appartement qu'il doit garder encore quelque temps. Il ne lui parle pas! Pourquoi? Elle a tant de choses à dire qu'il doit bien, lui aussi, avoir quelque chose à lui répondre! Mais il devrait parler le premier... Si elle osait!

« Elle s'est assise, enveloppée dans sa robe blanche; elle a ramené son voile sur son front et le regarde à travers le fin tissu...

« Il est debout... immobile d'abord, puis il marche... Soudain il s'arrête, puis s'adressant à elle :

« — Mon enfant, vous devez me trouver singulier...; mais je vous l'avoue, maintenant que je ne dois pas avoir de secrets pour vous, j'ai des soucis assez graves... demain, demain ils seront dissipés...

« — Ne pouvez-vous me les confier!

« On dirait qu'il sourit, comme si cette prétention lui faisait pitié.

« — J'ai soif! dit-il brusquement.

« Il ouvre une petite armoire et en tire une bouteille et deux verres. Elle voit cela et le regarde avec stupeur. A quoi donc songe-t-il? Elle le regarde dans une glace... Il est effrayant; sa bouche est secouée par un frisson convulsif. Voilà qu'il verse la liqueur dans les deux verres.

« Mais est-ce une illusion horrible? dans un des deux verres, il a jeté quelque chose! et se tournant vers Claire, c'est ce verre-là qu'il lui offre, en lui disant avec un sourire... Quel sourire!

« — Buvez avec moi! et oubliez ma folie passagère!

« Son regard pèse sur elle, tandis que, fascinée, elle porte le verre à ses lèvres!... Quelle pensée!... du poison!... Il veut la tuer!... Que lui a-t-elle fait? Si elle criait! Si elle appelait au secours!... Non, il la regarde... il faut qu'elle boive!...

« Elle boit!... mais elle garde dans sa bouche une partie de la liqueur qui est douce et sucrée... puis, portant son mouchoir à ses lèvres, elle rejette ce qu'elle n'a pas avalé!

« Elle est sauvée! Non! une subite torpeur s'empare d'elle!... elle s'affaisse sur le divan...

« — Elle dort! dit-il... enfin !... Et, maintenant, là-bas !...

« Non ! elle ne dort pas ! cet engourdissement n'est que momentané ! le narcotique n'a pas été absorbé en quantité suffisante... elle l'entend qui se dirige vers la porte de sortie... il l'ouvre, il est parti !...

« Eh bien ! elle veut savoir ! elle saura ! il y a là un épouvantable mystère ! A quel homme son sort est-il donc à jamais lié ?...

« Elle se dresse, encore chancelante. Mais sa volonté la soutient... elle écoute, il a déjà franchi l'escalier, car elle n'entend plus rien... Il a une clef de la maison... si elle était enfermée !

« La voilà qui descend à son tour... elle parvient à la grille ! Il fait profonde nuit ! de gros nuages noirs courent dans le ciel, argentés aux contours par la lune cachée derrière...

« La grille est restée toute contre. Pourquoi ? elle ne se le demande pas... Elle est dehors, elle regarde ! elle reconnaît sa silhouette... Il est là, à quelques mètres d'elle... Il n'est pas seul !... Puis il tourne brusquement derrière le mur ; elle le suit... oui, la menât-il en enfer, elle ira ! elle saura !...

« Mais, tout à coup, plus rien !... il a disparu !... le mur s'étend long et nu. Donc il est entré... Elle court... Oui, voilà une porte... mais elle s'est refermée !... Rien ! impossible de pénétrer !... Que faire ? où aller !...

« Soudain, levant la tête, elle aperçoit une fenêtre... une lueur vague !... puis... c'est effroyable! des cris, des râles !... Elle bondit !... Comment, par quelle énergie nerveuse a-t-elle fait céder la porte !... Elle va à la fenêtre, s'aide des mains, des pieds, se déchirant, se brisant, elle parvient au balcon...

« Et, à ce moment-là, la lune se dévoilant, éclaire à travers la chambre deux hommes, dont l'un a du sang aux mains et au visage !... et un fantôme blanc qui se débat !

« Et l'homme sanglant... c'est Demory ! c'est son mari !...

« Elle tombe pliée sur le fer du balcon !...

« Tout s'efface, tout tourbillonne, tout est rouge comme du feu et du sang ! »

Et voilà les scènes horribles qui revivent dans ce cerveau de folle.

Et Claire Aubrun, étendue sur son lit, n'a plus un tressaillement...

On dirait qu'elle est morte !...

Paul Demory la regarde... son visage est impassible...

Tout à coup il entend, à la porte d'entrée, de petits coups frappés en cadence. Il a un geste de surprise joyeuse et court à cette porte.

III

LE FAUSSAIRE

Paul Demory ouvrit la porte. Entra un bossu, à faciès d'oiseau de proie, entre quarante-cinq et soixante ans, âge indécis, vêtu d'une houppelande qui tombait jusqu'à ses talons, chapeau graisseux. Cet être disgracié et disgracieux se nommait Vosset.

Demory l'attira vivement à l'intérieur, et refermant la porte, lui dit ce seul mot :

— Eh bien !

Vosset, avec une voix aigre et fausse, répliqua :

— Eh bien, ça y est ; mais ça n'a pas été sans peine.

— Comment cela ? fit vivement Demory : puisque tu avais l'argent, ce misérable ne pouvait faire aucune difficulté pour remettre la traite.

Vosset se campa sur sa cuisse droite, et d'un air malin répliqua :

— Ouais ! tu crois ça ! Puisque la traite était fausse, les billets pouvaient bien l'être aussi !

— C'est ridicule ! fit Demory en haussant les épaules.

Le bossu était très calme. Il ricanait ; mais à qui s'adressait ce sourire méchant ?

— C'est de la prudence, reprit-il après un silence ; mais ça n'a pas été gai. Le vautour a voulu avoir de l'or, du vrai et bon or... Il a fallu aller avec lui à la Banque et changer les papiers contre des espèces sonnantes, trébuchantes et ayant cours, comme nous disons à l'étude.

Demory réfléchit un instant, puis :

— Mais n'y a-t-il pas là un danger ? dit-il. Si la... si cette femme avait inscrit les numéros des billets de banque !

Vosset éclata de rire.

— Tu es bête ! Est-ce que Coco n'est pas là ? Coco, c'est moi !

Demory, impatienté, répliqua avec colère :

— En vérité, je ne comprends pas tes sottes plaisanteries... surtout (baissant la voix) quand nous avons joué notre tête !

— Bah ! fit Vosset en étirant ses longues jambes, voilà de bien grandes phrases de drame ! Enfin, puisque tu y tiens, soyons sérieux. Aussi, je voudrais bien savoir comment tu t'en serais tiré si je n'étais pas là...

— Passons ! fit le docteur.

— Bon ! ricana Vosset, de l'ingratitude maintenant! Enfin! (soupirant) ainsi va le monde! Je Je reviens à nos billets!... Or, la bonne vieille (Dieu ait son âme!) avait enveloppé les fafiots dans la note qui lui avait été remise à l'étude avec l'argent... si bien que cette liste des numéros a passé avec le magot dans ma poche...

— Soit pour celle-là, exclama Demory; mais l'autre, la liste restée à l'étude...

— Eh bien! cellà-là, fit Vosset d'un ton rogue, qui est-ce qui l'a faite? C'est moi; donc je pouvais la refaire.

— Et tu n'y as pas manqué.

— Mon cher ami, dit le bossu, qui se campa d'une façon solennelle, c'est par les détails que se perdent les plus grands capitaines. Moi, je soigne les détails... Voici la liste des numéros... la vraie. (Il tira un papier de sa poche.) Quant à celle qui reste aux archives, elle est d'une douce fantaisie..

— Allons! fit Demory souriant, je vois que tu ne négliges rien. Alors, maintenant, rends-moi cette traite maudite et le solde de l'argent.

Vosset le regarda un instant sans parler; puis, brusquement :

— Ah çà, dit-il, est-ce que tu crois, par hasard, que je ne suis pas doué, moi aussi, de ma petite dose de curiosité? J'ai répondu à tes questions; je pense bien que tu vas répondre aux miennes.

Demory le regarda avec surprise.

— Tu ne m'as encore rien demandé?

— Tu ne parles que de toi, continua Vosset; moi, je m'intéresse aux tiens, à ta femme particulièrement. Voyons, je vous ai laissés, moi, au moment où tu l'avais si bravement rapportée sur tes épaules ! Il a dû y avoir une jolie scène ; je vois ça d'ici. Mais je compte bien que tu l'as fait taire et que tu lui as prouvé...

Demory, se contenant, répondit froidement :

— Je n'ai rien eu à lui prouver.

— Et pourquoi? fit Vosset étonné.

— Parce qu'elle est folle! dit sèchement Demory.

Vosset tressauta.

— Pas possible ! s'écria-t-il. Ah çà ! tu es bien sûr de ce que tu dis là ? Si elle jouait la comédie, et qu'un beau jour où tu ne la surveilleras pas, elle allait causer?

— Je te répète qu'elle est folle, répéta Demory avec violence. Qu'a-t-elle vu? qu'a-t-elle compris? Je n'ose m'interroger moi-même. En vain, dans les paroles entrecoupées qui lui échappent, j'ai tenté de saisir toute la vérité. Ce qui est certain, c'est qu'elle a vu le fait, l'acte. Elle a vu le sang ! mais (frissonnant) a-t-elle vu l'homme, sait-elle le nom de l'assassin?

— A moins que tu ne le lui dises toi-même, fit Vosset, cela me paraît peu probable ! mais, en vérité, jamais je ne t'aurais cru si faible. Être énergique hier pour se montrer aujourd'hui si lâche ! C'est toi qui es fou !

Demory resta un instant sans répondre, la tête dans ses mains.

— C'est que tu ne sais pas tout !...

— Quoi ! qu'y a-t-il encore ?... fit Vosset avec un geste d'impatience.

— Il y a... continua le docteur, que j'ai subi déjà une épreuve terrible ! et que cette énergie, il m'a fallu la retrouver plus forte, plus durable que tu ne peux le supposer !

Vosset eut un geste d'ennui.

— Encore du sentimentalisme !... je le parierais !...

Demory se leva et saisit le bras de son complice.

— Eh bien ! cria-t-il, toi qui te dis inébranlable, écoute ceci... à peine m'avais-tu quitté, tremblant encore qu'on m'eût aperçu — car ce sera miracle que les gens de la maison n'aient rien entendu — à peine, dis-je, avais-je déposé la malheureuse sur son lit, évanouie, morte pour ainsi dire... comme j'essayais de la ranimer — craignant pourtant qu'elle revînt à la notion du présent — on a sonné violemment à la grille...

Vosset tressaillit.

— Bah !... fit-il, d'une voix étranglée.

— Je vois, reprit ironiquement Demory, que tu

commences à t'émouvoir... A ce moment précis, Claire balbutiait quelques mots... et quels mots ! Elle parlait de sang... de meurtre... Je courus à la fenêtre, et, à la lueur de la lune, je vis, quoi? le concierge qui, brusquement éveillé, ouvrait la grille à un sergent de ville...

Vosset se leva comme par la détente d'un ressort.

— Tonnerre, de la police !

— Tu me reproches, reprit Demory, de manquer d'énergie. Je crus que tout était découvert, qu'on m'avait suivi à la trace... Eh bien ! à ce moment suprême, un complet sang-froid succéda à mon agitation... Il fallait d'abord que cette femme se tût... que son égarement ne portât pas témoignage contre moi !... J'avais là, à portée de ma main, un opiacé d'une force terrible... J'eus la patience de le doser sans que ma main tremblât. On frappait à ma porte ; maintenant, comprends-tu cela ? C'était bien chez moi que la police venait !...

— Va donc, fit Vosset, dont la gorge sèche ne donnait plus passage à la parole, j'ai froid jusqu'aux moelles.

— Je laissai frapper. Je forçai Claire à absorber la dose préparée... Elle se tut !... Moi, j'écoutais toujours l'homme qui frappait ! Et enfin le visage calme, — pâle certainement, car l'homme n'est qu'un esclave de la nature, — j'allai ouvrir ! C'était bien un agent !... et cet agent me dit ; « Monsieur le médecin, mille pardons de vous déranger ! mais il y a urgence... une pauvre dame, votre voisine, la marquise de Lustin, vient d'être frappée d'un coup de couteau ; mais elle respire encore et peut-être pouvez-vous la sauver ! » Eh bien ! Vosset ! Tu m'entends ! c'était moi que cet homme venait chercher !

Vosset recula d'un pas.

— Effroyable ! Qu'as-tu fait ?

— J'ai obéi à la réquisition, dit froidement Demory.

— Tu y es allé ?...

— Oui !

Vosset, avec un élan, lui saisit les deux mains.

— Décidément, s'écria-t-il, tu es un maître !

— Oui, j'y suis allé ! reprit Demory d'une voix sourde... Quand tu m'as parlé de cette épouvantable affaire... au moment où je me savais perdu ; où, criblé de dettes, ayant fait un faux, je savais qu'aujourd'hui même, si je ne payais pas, c'était à jamais le déshonneur et la ruine !... De toutes les raisons que tu m'as données, une surtout m'avait frappé !... Ces trente mille francs, nous nous en emparerions... sans meurtre, car tu me l'avais affirmé... la nuit de mon mariage !... Jamais alibi n'était plus vraisemblable !... Soupçonner un mari de déserter la chambre conjugale pour aller commettre un vol... quelle folie !...

— Parbleu ! c'était bien raisonné !... fit Vosset avec un mouvement de vanité.

— Eh bien ! il fallait aller jusqu'au bout... Qu supposerait maintenant que l'assassin a eu l'audace d'aller... hardiment... au chevet de sa victime ?... J'avais tué ; il fallait nier le crime par la témérité, par le cynisme, si l'on veut... J'y suis allé !... et j'ai vu la morte... ma morte !

Vosset avait pâli.

— Elle était... morte ? demanda-t-il.

Demory, d'une voix à peine perceptible, répondit :

— Oui, le coup avait porté au sommet du poumon ! La science me disait que la vie n'était plus là, que je n'avais sous les yeux qu'un cadavre. Et pourtant, oui, il me semblait que ce cadavre allait se dresser pour me saisir et me jeter une malédiction.

Vosset cria brutalement :

— Les morts se taisent !...

Demory parlait maintenant comme dans un rêve :

— Oui, elle s'est tue... celle à qui j'avais imposé le silence éternel... mais une autre pouvait parler !

— Hein ! une autre... fit Vosset en frissonnant. Qu'est-ce que tout ce galimatias !

Demory lui saisit le bras :

— Ecoute... Auprès du lit de la morte... il y avait une femme... une jeune fille debout !... pâle comme je l'étais moi-même !... et si belle !... En vérité, je ne sais comment, dans un pareil moment, je pus être frappé aussi profondément !... Moi dont le cœur n'a jamais battu, je me sentis prêt à défaillir ! Les yeux de cette jeune fille me brûlaient jusqu'aux fibres les plus intimes ! Elle me regardait... fixement. On eût dit qu'elle me reconnaissait ! Où pouvait-elle donc m'avoir vu ? Quant à moi, ah ! si plus tôt je l'avais rencontrée... je ne serais pas aujourd'hui le mari de cette...

— Et parbleu ! fit Vosset en riant, tu aurais fait une belle affaire... A supposer qu'on voulût te donner une fille d'aussi haute lignée, car je comprends tout... celle que tu as vue, c'était la nièce de la marquise, Caroline de Lustin... une héritière à millions, rien que cela !... Mon cher, il est un peu tard... et à moins que tu n'aies l'idée de faire une nouvelle bêtise...

Demory, toujours pensif, continuait :

— Elle est bien belle ! Puis, quelle énergie sur ce visage ! Que de volonté dans ces lèvres fermes, sur ce front auquel des cheveux noirs faisaient une sorte de diadème !...

— Bravo ! de la poésie ! exclama Vosset, du *Roméo* tout pur.

— Ah ! ne raille pas, s'écria Demory ; je te dis que cette femme a pris possession de tout mon être... je te dis que, par je ne sais quelle influence fatale, je lui appartiens... (se penchant vers Vosset) je te dis qu'elle me connaît... et que peut-être elle sait... ce que je suis !

— Allons donc ! je ne suis pas venu pour entendre des roucoulements d'amour. Quoi qu'il en soit, elle ne t'a pas accusé, n'est-il pas vrai ?

— Des lèvres, non ! du regard... peut-être !

— Illusions ! fièvre ! fit Vosset ; mon cher, il faut te mettre à l'eau fraîche et te calmer ; tu as à t'occuper de madame ton épouse ! Te voilà tiré d'affaire, en somme... Sais-tu bien que tu reviens de loin ! Quinze mille francs de faux... et qui échéaient aujourd'hui même. Tu es marié, c'est vrai ; mais si ta femme est folle, elle ne te gênera guère... et puis, il est avec... la médecine des accommodements... et les transports au cerveau sont... quelquefois mortels.

Demory passa la main sur son front.

— Ne parle pas de cela, murmura-t-il ; je veux rentrer dans la réalité ; tu as raison : assez de folies, revenons aux faits... Donc, tu as les traites... rends-les-moi... et puis, il te reste quinze mille francs... donne...

Il tendit la main. Vosset resta immobile.

— Eh bien ! qu'attends-tu ?

Vosset restait immobile, sa face de bossu contractée par un mauvais sourire.

— Je me demande, fit-il d'une voix glapissante, qui est fou... de ta femme ou bien de toi !

— Qu'est-ce à dire ? s'écria Demory.

— Que je ne croyais pas, ajouta Vosset en haussant ses épaules contrefaites, t'avoir donné le droit de me prendre pour un niais...

Demory pâlissait.

— Je ne comprends pas... Ces traites ! cet argent ! Finissons !...

Vosset se leva.

— Tu as raison... finissons... je m'en vais !...

Et il se dirigea vers la porte.

Demory le saisit au collet.

— Misérable ! cria-t-il avec rage.

Vosset ricana.

— Tiens ! si tu me tuais, fit-il... pendant que tu es en train...

Demory le lâcha et recula, frissonnant.

— Mon petit, continua le bossu, il n'y aura pas de discussion entre nous... Dans tout... ceci, il n'y a qu'une question de conjonction... tu veux les traites *et* l'argent... moi, je donnerai les traites *ou* l'argent !...

— Mais c'est une infamie ! grinça Demory qui se tordait les mains. Les traites, il me les faut, puisque, pour les recouvrer, j'ai risqué l'échafaud !

— D'accord !

— Et cet argent, les quinze mille francs ! j'en ai besoin ! Je n'ai pas cent francs devant moi. Tiens, tu veux plaisanter ! Je suis bien fou de me fâcher ! Tu sais bien mes projets. Avec cet argent, j'exploite ma découverte, mes nouvelles liqueurs iodiques... c'est la fortune en un an, en deux ans tout au plus... et alors je te fais riche ! Mais parle donc !...

Vosset était calme.

— Mon vieux, fit-il, nous ne nous entendons pas... C'est moi qui ai monté l'affaire de la marquise... je n'avais pas besoin de toi... connaissant les êtres de la maison, parce que je suis clerc chez M° Delorme et que j'étais allé plusieurs fois chez elle ; j'ai cependant tout sacrifié à l'amitié !... mais, quelle garantie me reste ?... Je suis bossu, laid et vieux... je veux jouir avant de mourir... Si je te donne les traites, bon ! tu n'as plus d'épée de Damoclès suspendue sur ta tête... et tu es libre de m'envoyer promener. Je raisonne : les affaires sont les affaires... en ce cas, je garde les quinze mille francs, et j'ai six mois de bonne vie devant moi... mon rêve !... Si, au contraire, je te donne les quinze mille francs, alors je garde les traites, parce que pour les racheter, tu m'associeras à tes opérations. C'est un retard, mais je l'accepte... un an, deux ans, soit... Il est inutile de me regarder avec ces yeux menaçants... je suis très calme et je ne dis que ce que je veux dire, je n'en démordrai pas... Choisis : les traites sans argent... tu es libre moralement, mais tu n'as pas le sou... à l'exception de ce que te donnera Mme de Jarménil !... ou bien l'argent sans les traites... tu fais fortune et je suis tranquille, ayant barre sur toi... C'est bien simple !

Demory était livide ; tout à coup, passant derrière Vosset, il se jeta devant la porte :

— Et si tu ne sors pas d'ici !... cria-t-il.

— Allons ! tu es décidément un aliéné ! fit Vosset, qui tira un revolver de sa poche. Je ne suis pas une vieille femme, moi... et je ne dors pas !...

Demory blême, les dents serrées, crispa les poings et ne répondit pas.

Vosset, toujours railleur, continuait :

— Mais je n'ai qu'une parole !... Les traites ou l'argent... Choisis !

Demory regardait autour de lui comme s'il cherchait un moyen d'écraser son complice ; puis, voyant son impuissance, il eut un geste désespéré !

— L'argent ! donne l'argent !...

Vosset soupira.

— Allons ! c'est un crédit d'un an que je te fais, fit-il en lui tendant une liasse de billets de banque. Voilà ! ton compte y est !... Quant aux traites, sois tranquille, dans un an je te les remets pour trente mille francs, ou dans deux ans pour soixante mille !...

Demory lui arracha les billets.

— Infâme ! exclama-t-il d'une voix stridente,..

— Le fait est, dit Vosset en ouvrant la porte, que nous sommes deux gredins assez réussis.

Et la main sur la poche qui contenait le revolver et les traites, il sortit.

Demory tomba sur une chaise :

— Quinze mille francs ! murmura-t-il. Ah ! oui, il faut que je sois riche !...

Et il ajouta, en réfléchissant :

— Elle se nomme Caroline de Lustin !

IV

L'HABILE POLICIER

Il était quatre heures de l'après-midi. C'était chez la défunte marquise de Lustin.

La morte était étendue sur son lit ; la vieille Catherine pleurait à ses pieds.

Au rez-de-chaussée, une salle à manger très simple, garnie de meubles anciens, avait été transformée en une sorte de bureau d'instruction.

Un juge, un substitut, le commissaire de police et le chef de la sûreté achevaient de procéder aux premières informations.

Depuis le matin, on avait entendu des témoins, des amis ou des parents éloignés de Mme de Lustin. On s'était convaincu qu'elle n'avait pas d'ennemis.

Caroline assistait à l'enquête.

— Mademoiselle, lui dit le juge, vous vous êtes imposé une grande fatigue et une tâche douloureuse... Nous vous laisserons bientôt prendre le repos dont vous avez besoin.

— J'ai fait mon devoir, monsieur! répondit gravement la jeune fille, et plût à Dieu que vous ayez pu découvrir quelque indice qui vous mît sur les traces des assassins!...

Le policier crut devoir intervenir.

— Nous nous y emploierons de notre mieux! fit-il gracieusement, et je suis convaincu que la lumière se fera promptement!

— Puissiez-vous dire vrai!... mais avez-vous, du moins, quelques soupçons?

Le policier eut un sourire suffisant.

— Permettez-moi de vous répondre, mademoiselle, qu'il s'agit un peu en ceci du secret professionnel... cependant, si M. le juge m'y autorise, je vous ferai part de quelques-unes de nos observations.

— Parlez, monsieur, s'empressa de dire le juge. Je sais le zèle et l'habileté que l'administration se plaît à reconnaître en vous.

Le policier, que les lauriers de M. Lecoq empêchaient de dormir, se carra sur ses jambes et reprit :

— Tout d'abord, il est hors de doute que les assassins étaient au moins au nombre de deux. Les souliers ont laissé sur le parquet de la chambre deux traces absolument dissemblables ; de plus, — et je vous prie de croire que je ne joue pas au sorcier, — il est évident que celui qui a frappé était très petit et que celui qui a volé était très grand...

Caroline réprima un sourire. Elle ne croyait pas à ces admirables divinations. Et le fait allait lui donner raison.

— C'est en vérité de la magie, dit-elle. Ainsi, celui qui a frappé ma pauvre tante...

— Devait être un nabot, affirma l'agent ; cela se voit à la petitesse du pied qui serait à peine celui d'une femme ou d'un enfant. L'autre, au contraire, qui a piétiné auprès du petit meuble, a des pieds de géant.

Le juge secouait la tête d'un air satisfait.

Le policier continuait, fier de son succès :

— De plus, c'étaient des vagabonds, des coureurs de hasards criminels, qui ne connaissent en rien les êtres de la maison.

— Vous les connaissez donc? dit Caroline, qui le voyait se fourvoyer.

Le policier, de plus en plus satisfait de lui-même, s'inclina légèrement.

— C'est ce que nous appelons la déduction, mademoiselle, dit-il. Mais je tiens à m'expliquer... la preuve qu'ils ignoraient absolument où ils étaient, et je dirai plus, où ils allaient, c'est que, pour s'orienter dans la chambre, ils ont ouvert les rideaux afin de laisser passer les rayons de la lune.

Or, de tous ces détails, Caroline savait que pas un n'était exact.

— Cependant, dit le juge, la préméditation est évidente... ils se sont introduits dans cette maison pour voler, pour tuer...

— Pardon, monsieur le juge, interrompit le policier. Mais il y a à Paris nombre de rôdeurs de nuit qui, hantés par l'esprit du mal, se lancent à l'aventure... prêts à profiter de toute occasion, surtout lorsque, comme ceux-ci, ils sont ivres!

Ici, Caroline ne put réprimer un cri de surprise.

— Ivres! s'écria-t-elle; vous dites qu'ils étaient ivres!...

— Absolument!... et j'en ai la preuve!

— Voyons! dit le juge; en vérité, votre habileté me frappe plus que je ne saurais dire.

— Quoi de plus simple pourtant! déclama l'autre de plus en plus enchanté. Au pied de l'escalier, sous la marquise, la terre était moins sèche... les traces se croisent comme si l'un des deux hommes, le plus petit, l'assassin, perdait l'équilibre... puis, à quelques pas de là, le mouvement d'oscillation s'est accentué... il a mis le pied dans l'une des plates-bandes du jardin... et, lourd comme tous les ivrognes, il y a laissé un trou profond... enfin, je ne serais pas surpris qu'il eût failli tomber à terre, car les branches des arbustes verts, des fusins sont brisés, comme s'il s'y était raccroché... l'homme aux grands pieds marchait plus droit...

— Zadig n'eût pas mieux dit, opina le juge.. Mais ce morceau d'étoffe, qu'un agent disait avec raison ressembler à un morceau de voile?

Le policier, souriant :

— Monsieur le juge, quand un fait anormal se produit dans une maison, les gens superficiels veulent absolument que tout ce qui se trouve à la même heure dans la maison, auprès ou à côté, soit nécessairement, fatalement lié au crime... la manie d'observation gagne les plus sceptiques... On note les détails les plus minutieux... on se perd dans les enfantillages... comme si, même au balcon d'une maison où nul crime ne s'est commis, on ne trouverait pas aussi bien qu'ici un lambeau de tulle ou de mousseline... que le vent y aurait apporté... sans pour cela être complice d'un forfait quelconque...

— Très joli!... très fin!... pensa le magistrat.

Caroline ne quittait pas le policier du regard.

— Ainsi ce lambeau de tulle... commençait-elle.

— N'a, ni de près ni de loin, aucun rapport avec le crime... Les hommes sont-ils montés par le balcon? Non... il n'y a là qu'un treillis si mince qu'il ne pourrait supporter un être humain... J'ai mis le pied sur le barreau du bas, il a cassé sans effort, étant d'ailleurs vermoulu et presque pourri...

Caroline prenait un singulier plaisir à insister :

— Vermoulu peut-être plus encore dans la partie qui touche la terre... ce qui n'empêcherait pas que, plus haut, il fût plus solide...

Le policier releva la tête. On le discutait, ceci le blessait. Aussi reprit-il plus froidement :

— Votre observation est très juste, mademoiselle; mais alors, si ces hommes sont montés par le balcon, ils sont entrés dans la chambre par la fenêtre... Or, pour entrer par une fenêtre, il faut ouvrir cette fenêtre... Pour ouvrir une fenêtre du dehors, il faut ou que cette fenêtre n'ait pas été fermée, ou bien qu'on coupe ou brise un carreau, pour atteindre l'espagnolette... Or...

— Rien de tout cela n'existe, reconnut Caroline

en s'inclinant. Vous avez parfaitement raison, et je vous demande pardon de vous avoir interrompu...

Le policier, radouci, s'inclina à son tour très poliment.

— Que voulez-vous, mademoiselle, c'est une affaire de spécialité...

— C'est évident, fit le juge parfaitement éclairé ; le morceau d'étoffe n'a aucune signification.

— La vérité, dit le policier, la voici en trois mots : les misérables, ivres, cherchant fortune, ont pesé à tout hasard sur la petite porte du jardin, dont, par une déplorable imprudence — que je n'impute à personne, — la serrure ne tenait plus ; ils sont entrés, ont traversé l'escalier, sont montés à tout hasard ; ce qui prouve bien encore que la maison leur était inconnue, c'est qu'ils ne se fussent pas risqués ainsi s'ils avaient pu la croire habitée ; ils sont arrivés ici, ont essayé de se rendre compte du coup qu'il y avait à faire. Le grand avait de fausses clefs ; il a ouvert le petit meuble qui ne fermait guère, entre parenthèses ; ce qui s'explique, car il ne devait pas contenir de valeurs. A ce moment, la pauvre marquise s'est éveillée... vous savez le reste. Effrayés par les cris qui vous ont attirés, ils se sont enfuis, se bousculant l'un l'autre, et ils courent encore... mais la police à l'œil sur eux...

Le juge se leva.

— Ceci est admirablement expliqué... Monsieur le commissaire, achevez vos procès-verbaux et envoyez-les sans retard. Demain, on procédera à l'autopsie...

A ce mot, Caroline frissonna.

— Oh! monsieur, pourquoi? s'écria-t-elle.

— M. le docteur Demory, répondit le magistrat, — un homme d'un grand sens et d'un réel mérite, je le reconnais, — a affirmé lui-même que, pour se rendre clairement compte de la forme de l'instrument de mort, il le fallait; mais vous n'assisterez pas à cette douloureuse opération.

— Je ne le pourrais, d'ailleurs, dit Caroline.

Puis elle ajouta lentement :

— Ainsi, c'est le docteur Demory lui-même...

— J'ai là son rapport, très bien fait, et qui témoigne d'un calme et d'une absence de parti pris tout à fait dignes d'éloge...

Caroline ne répondit pas. Les hommes de loi mirent leurs papiers en ordre, puis adressant à la jeune fille quelques dernières paroles de condoléance banale, ils se retirèrent.

Caroline restait seule.

— Le docteur Demory! pensait-elle. Voyons! suis-je folle ou ai-je bien toute ma raison?... Ai-je été le jouet d'une hallucination?... Non! non! je vois encore, là, devant mes yeux, cette figure pâle, d'une énergie terrible : c'était le meurtrier. Il y avait dans ses yeux la fièvre de la colère assouvie. Point de terreur! Cet homme obéissait à une effrayante fatalité!...

Elle se laissa tomber sur un siège et porta la main à son front.

— Jamais je n'ai éprouvé une telle impression, murmurait-elle. Je ne craignais rien pour moi... le frisson qui m'a parcourue tout entière n'était pas celui de la peur... puis, quelques instants plus tard, lorsque le médecin est entré! Était-ce donc vraiment le même homme! Celui que j'avais vu auprès de la mourante?... Pas un muscle de son visage ne tressaillait, sa voix était claire et lente! Il avait tué, et pourtant il avait tout son sang-froid; aucune agitation ne pouvait le trahir. Pour moi, pour moi seule, sa pâleur le dénonçait... Je pouvais parler, je pouvais l'accuser... Pourquoi donc ne l'ai-je pas fait? Nos yeux se sont rencontrés, et j'ai ressenti une étrange commotion jusqu'au fond de mon être. Et ce n'était pas de l'horreur pour le criminel! ce n'était pas non plus de la pitié! Qu'était-ce donc alors?

Elle resta pendant quelques minutes absorbée, le front sur sa main. Puis, relevant la tête :

— En vérité, je suis insensée... il faut que je connaisse mon sort...

Elle porta la main à sa poitrine.

— Ce testament, je l'ai là, sur ma peau... il me brûle !... Tous ces gens ne m'ont pas laissé une minute de solitude... mais maintenant, suis-je riche ? suis-je pauvre ? Il faut que je lise cet écrit et que je connaisse mon arrêt. Allons m'enfermer dans ma chambre !

Elle monta à l'étage supérieur. Au moment d'entrer dans la chambre de la morte, elle eut un mouvement d'hésitation, puis, résolument, elle poussa la porte. Catherine, agenouillée auprès du cadavre dont le masque blême et sculptural se détachait sur la blancheur de l'oreiller, semblait ne pas entendre.

— Catherine, lui dit la jeune fille, allez-vous donc rester ainsi ?... Reprenez courage ! Vos pleurs, malheureusement, ne rappelleront pas à la vie ma pauvre tante !

Catherine répondit, sans la regarder :

— Puis-je donc la laisser seule, elle que je n'ai pas quittée depuis vingt ans...

Caroline eut un geste impatient.

— Le révérend P. Grapet a promis d'envoyer une sainte religieuse pour passer la nuit auprès du corps... je pense qu'alors vous prendrez un peu de repos...

— Je ne crois pas, répliqua doucement Catherine, que la bonne sœur me refuse de prier auprès d'elle.

Caroline alla vers le petit oratoire qui menait à sa chambre.

— A votre aise! dit-elle en passant.

Catherine regardait la porte par laquelle elle était sortie.

— Elle ne pleure pas, elle! songeait-elle. Elle ne prie pas!... elle haïssait sa tante! Pauvre dame! elle était pourtant bonne! Mais il y a des cœurs secs... elle va dans sa chambre. C'est là qu'elle était quand on a tué ma chère maîtresse; elle dit n'avoir rien entendu. Et pourtant, moi, je l'entends d'ici, elle marche!... Est-ce donc qu'elle dormait? pourtant elle était habillée... c'est bien singulier!... Allons, ne pensons pas à tout cela et prions pour celle qui n'est plus...

Et la vieille Catherine se remit en prières.

Caroline était entrée dans sa chambre. Elle ferma soigneusement sa porte. Le jour baissait.

Elle alluma une lampe dont la lueur était voilée d'un abat-jour. Puis elle s'assit dans un fauteuil, auprès d'une petite table, et, après s'être encore assurée d'un regard qu'elle était bien seule, elle dégrafa son corsage et en tira l'enveloppe ramassée par elle dans la chambre du meurtre; elle la regarda longuement.

Pas de suscription. Qu'y avait-il là dedans? Sa vie ou sa mort? Car la misère, c'est horrible, et elle ne l'accepterait pas!

Et la main sur le papier, elle rêvait.

— Il est une chose singulière, c'est que je n'avais qu'un pas à faire, qu'un cri à jeter pour peut-être empêcher ce crime ! Et je suis restée immobile, sans savoir à quelle influence j'obéissais. C'était plus fort que ma volonté ! Pourtant si, sous cette enveloppe, je trouve la preuve que je suis déshéritée ! Alors mieux eût valu qu'elle vécût. J'aurais pu, à force de soins, en pliant mon caractère à ses caprices, l'amener à modifier ces dispositions ; j'aurais pu reconquérir cette fortune... Mais me déshériter, en faveur de qui ?... Elle n'a que des parents éloignés, qu'elle connaissait à peine, qu'elle n'avait pas voulu revoir, et qui n'ont reparu qu'aujourd'hui, comme des corbeaux attirés par l'odeur d'un cadavre !... Non, elle ne peut avoir fait que des legs insignifiants... et puis, ce testament, il n'en existe peut-être pas de copie... donc, je suis maîtresse de l'anéantir... Assez de réflexions, lisons... ne tremblons pas ainsi, je dois être forte !

Elle déchira l'enveloppe et en tira un cahier couvert d'une écriture fine... Elle se mit à lire..

V

LE MANUSCRIT DE LA MARQUISE.

Voici ce qu'avait écrit la marquise :

« Ceci est mon testament et plus encore ma confession.

« Les résolutions que j'ai prises et dont je veux que tous respectent la teneur, doivent être expliquées de telle sorte que nulle obscurité ne reste dans l'esprit de ceux que je charge de les exécuter.

« Elles ont été mûrement et longuement réfléchies, et, sentant que l'heure approche où je devrai rendre des comptes à Dieu, je soulage ma conscience en avouant aux hommes le mal que j'ai fait.

« Puissé-je ainsi reconquérir le repos en ce monde et dans l'autre.

« J'avoue que l'éternité m'épouvante, et je ne veux pas mourir l'âme chargée de remords ; aussi dès aujourd'hui tenterai-je de réparer les injustices que j'ai commises.

« Mais je connais le caractère de ma nièce Caroline de Lustin, et je la crois capable de s'opposer à l'exécution de mes volontés.

« Elle est impérieuse, avide, dominatrice. Elle ne m'a jamais aimée et la reconnaissance qu'elle me doit est un lien qui lui pèse et qu'elle aurait déjà brisé si elle n'avait été retenue auprès de moi par l'espoir de devenir l'héritière de ma fortune. J'ai pensé que parfois elle a trouvé que la mort était lente à venir et à la mettre en possession de cet argent. Elle m'a fait souvent comprendre que mon avarice lui répugnait.

« Oui, je suis avare ; non par cupidité, mais par remords.

« Car cette fortune — qui se monte à trois millions — cette fortune NE M'APPARTIENT PAS ! J'en ai spolié ceux à qui elle était due, et si le courage me manque, ma vie durant, pour la restituer, du moins je veux qu'après ma mort elle retourne à celui qui seul y a droit.

« C'est pourquoi j'écris de ma propre main l'histoire entière de ma vie, qui expliquera les motifs de ma décision et détruira les objections que ma nièce Caroline pourrait opposer à son accomplissement : je la sais capable d'invoquer ma faiblesse d'esprit, au besoin de s'adresser aux tribunaux en donnant comme preuve de ma sénilité intellectuelle, la retraite dans laquelle je vis, la parcimonie de mon existence mise en opposition avec la fortune considérable que je laisse après moi.

« Ce que j'écris ici, avec calme, répond d'avance à toutes les calomnies.

« Je me nomme Louise-Adélaïde de Lustin, veuve du marquis Hector de Briais-Lustin, mon cousin.

« Je suis l'aînée de trois sœurs; la seconde, Thérèse-Caroline de Lustin, a épousé un autre cousin, Gaston de Lustin. C'est de ce mariage qu'est née Caroline.

« Quant à la troisième, Lucie de Lustin, j'en parlerai tout à l'heure.

« Notre père, Jean-Etienne de Rodat-Lustin, avait hérité de richesses considérables; car, en dépit du code civil, son père avait dénaturé sa fortune pour avantager l'aîné de ses fils; si bien que l'autre branche, celle des Briais-Lustin, avait été réduite à des ressources modestes.

« Le marquis de Rodat-Lustin était désespéré de n'avoir que des filles, et ce fut en grande partie les reproches et les mauvais traitements dont il accabla notre mère qui causèrent la mort de la pauvre femme, lors de sa troisième couche, à la naissance de notre sœur Lucie.

« Quant à moi, mon père m'avait prise en affection. Dur pour tous, il s'était singulièrement adouci pour moi; mais la raison de cette préférence n'est point telle que j'aie le droit de m'en enorgueillir.

« Par je ne sais quelle étrange prédisposition d'esprit bien rare chez une jeune fille, — et que les enseignements et les exemples de mon père développèrent de plus en plus, — j'eus, dès ma plus tendre enfance, la passion de l'argent.

« Je me souviens que, toute petite, rien ne me causait une plus grande joie que la vue d'une pièce d'or, et quand je lui avais donné quelque satisfaction, mon père, pour récompense, m'emmenait dans une des chambres retirées du vieux château de Lustin, et là, ouvrant devant moi de larges coffres, me permettait de plonger mes petites mains dans ses louis entassés.

« Je ne connus point d'autres passions, je n'eus aucun de ces rêves qui hantent le cerveau des jeunes filles, et quand je fus arrivé à l'âge de mariage, pas une fois je ne sentis mon cœur battre pour tel ou tel cavalier qui se présentait devant moi.

« Je calculais intérieurement — et comme à mon insu — la somme de richesses que chacun pouvait ajouter aux miennes.

« Aussi combien fut grande ma surprise lorsqu'un jour mon père m'annonça que son intention était de me donner pour époux Hector de Briais-Lustin, mon cousin, qui n'était qu'un petit hobereau, possédant à peine quelques acres de terre et un château qui, faute d'entretien, menaçait à chaque hiver de s'écrouler.

« Et comme je ne cachais pas à mon père que ce mariage ne satisfaisait point mes goûts, il me répondit froidement par l'exposé de son plan.

« Il avait hérité, ai-je dit, de la presque totalité de la fortune paternelle, et il avait l'intention d'imiter l'exemple qui lui avait été donné. La pensée que ses millions seraient partagés entre trois filles le rendait fou de colère.

« Il aliénerait et réaliserait la plus grande partie de ses biens pour les convertir en argent monnayé, et alors il me laisserait, sinon tout, au moins la majeure partie de ses richesses.

« Mais il craignait qu'un jour venu, par un mariage, une portion de cette fortune passât dans une autre famille.

« En choisissant le jeune Hector, dont l'esprit était faible (on avait craint longtemps qu'il ne devînt idiot) il m'assurait la direction des affaires et emporterait dans la tombe, autant du moins que les prévisions humaines le lui permettaient, la certitude que cette fortune entrerait intacte entre les mains de l'aînée des Lustin.

« Je dois ajouter qu'à l'exception de moi, tous ignoraient l'immense richesse de M. de Rodat-Lustin. Rien ne lui était donc plus facile que de se débarrasser — c'était son mot — de ses deux sœurs en leur donnant, à titre de dot, à chacune, une centaine de mille francs, et en criant bien haut qu'il se saignait aux quatre veines.

« Le plus étrange en ceci et ce qui prouve le mieux quelle était la perversion de mon intelligence — je veux dire de ma conscience qui ne s'était jamais éveillée — c'est que ces plans, si bizarres, si odieux qu'ils fussent, reçurent mon assentiment.

« Et je devins Mme de Lustin.

« On ne s'était pas trompé sur le compte de celui que j'épousais. C'était un pauvre être sans volonté, sans entendement, qui se laissait mener comme un enfant, n'ayant ni désirs ni besoins, sinon d'aller à travers les bois promener au grand soleil son corps endolori.

« Quant à la fortune de mon père, je m'occupais avec lui des moyens de la dissimuler. Oui, à vingt ans, je me réduisis à jouer la gêne, presque l'indigence, et pour ne pas entamer, pour toujours augmenter le monceau d'or qui apparaissait dans mes rêves avec des splendeurs éblouissantes, pour aussi tromper les intéressés qui, à mon sens, épiaient mes moindres actes pour acquérir la certitude de mes richesses et m'en dépouiller, je fus la femme avare comme j'avais été la vierge aride.

« De mes deux sœurs, l'aînée, Thérèse-Caroline, ne me ressemblait pourtant pas. Elle aussi aimait peut-être la fortune, mais c'était plutôt la conquête que la possession même qui la tentait.

« Dès longtemps mon père l'avait avertie qu'elle ne recevrait que cent mille francs de dot. Bien qu'elle eût été quelque peu surprise, alors qu'elle se croyait la fille d'un des plus riches gentilshommes de France, elle n'avait montré aucun chagrin. Elle aimait depuis longtemps son cousin Gaston, frère de mon mari, qui ne possédait lui-même que quelques milliers de francs de rente.

« Je dirai même — et combien cela me parut alors honteux et ridicule — qu'elle fut presque heureuse de cette ruine, car Gaston pouvait s'enhardir à demander sa main. Je poussai moi-même les deux amoureux à s'adresser à mon père. Par quel sentiment? J'ai honte de moi-même, mais il me plaît aujourd'hui de regarder jusqu'au fond de mon âme, dussé-je avoir le vertige.

« Je les pressai de se marier, dis-je, parce que j'avais hâte de régler cette affaire et de me débarrasser de toute réclamation possible en fixant leur sort. Mon père consentit à leur union. Mais ce que nous n'avions prévu ni moi ni lui, ce fut l'horrible souffrance que nous éprouvâmes en songeant qu'il fallait distraire de notre trésor ce chiffre de cent mille francs : cinq mille louis.

« Ce fut une scène grotesque à force d'odieux!

« Ce père et cette fille, courbés sur des piles d'or,

se lamentant comme si un Shylock coupait sur leur poitrine des lambeaux de chair. Non ! nul ne sait ce qu'a d'atrocement douloureux cet amour de l'argent. C'est une passion plus envahissante, plus desséchante que toute autre.

« Les assassins voient rouge, les avares voient couleur d'or, et pour les uns comme pour les autres, sous l'éblouissement de ces lueurs, se cache le crime.

« Cependant, — achetant par notre sacrifice le droit à la spoliation de la famille, — nous payâmes la dot promise. Gaston et Thérèse-Caroline, curieux d'aventures, ayant au cerveau une autre fièvre, — celle-ci non honteuse, — avaient rêvé de partir pour les pays ensoleillés de l'Amérique latine, pour le Brésil, le Pérou, et là, à travers mille aventures auxquelles leur imagination prêtait des charmes inconnus, conquérir une fortune, un trône peut-être. C'était folie, mais cette folie n'était-elle pas plus respectable que mon vice hideux ?

« Qu'on en juge. L'affaire — puisqu'en tout cela mon père et moi ne voyions qu'une opération financière — était réglée à notre gré, bien que la blessure infligée à notre avarice fût longtemps saignante.

« Nous nous sommes vus pleurer, au souvenir de cet argent perdu, comme s'il se fût agi d'un enfant bien-aimé.

« Mais quelqu'un devait porter la peine de notre insanité. Ici je sens ma plume trembler dans ma main, et je me demande si j'aurai le courage d'aller plus loin.

« Le crime passé laisse au cœur un cancer qui, pour rester latent pendant de longues années, ne s'en réveille que plus atrocement cruel quand la morsure se fait sentir.

« Ce que nous avons fait est horrible !

« Allons, marquise de Lustin, aie courage jusqu'au bout ! il le faut. C'est ton châtiment, et puis les souvenirs réveillés t'affermiront plus solidement encore dans ta volonté de réparation !...

« Pourtant pourrai-je échapper à la damnation éternelle ! Je suis épouvantée, et je crie à Dieu, je crie à ma victime de me pardonner... sans cependant sentir une espérance, si vague fût-elle, éclore en moi !...

« Je n'ai pas encore parlé de ma troisième sœur, de Lucie. Hélas ! aujourd'hui je me souviens d'elle, de son enfance, c'était la plus douce et la plus belle de nous.

« Pauvre petite ! par sa soumission, par sa bonté, elle semblait vouloir se faire pardonner d'avoir trompé l'espoir du marquis, désireux d'avoir un fils !...

« Elle avait coûté la vie à notre mère et, chose

étrange, elle seule, qui ne l'avait pas connue, rendait à sa mémoire un culte pieux.

« Je ne sais quelle idée était née dans ce cerveau d'enfant... Elle croyait réellement que sa mère vivait, invisible pour tous, mais perceptible pour elle.

« Quand elle croyait que nul ne l'observait, elle causait avec un être imaginaire auquel elle demandait conseil, gazouillant comme un oiseau qui entend peut-être des voix de la nature, inconnues de nous, et ne répondant qu'à lui.

« Mon père ne l'aimait pas. Pour moi, elle m'était indifférente. J'étais absorbée par un sentiment unique. Il n'y avait place en moi ni pour l'amour ni pour l'affection.

« Cependant elle grandissait, toujours modeste, jouant au château le rôle de Cendrillon, ne recevant jamais une caresse, souvent brusquée.

« Thérèse parfois la prenait sous sa protection. C'était pour Lucie des jours de fête; mais qu'ils étaient courts! Thérèse retournait à ses rêves, moi j'étais toujours possédée par les miens. Lucie était abandonnée à elle-même.

« Comment fit-elle pour s'instruire? Nul de nous ne s'en préoccupait. La bibliothèque du vieux château était à sa disposition : elle aurait pu également y trouver le bien et le mal. Son bon sens, sa conscience la guidèrent. Elle avait une honnêteté native qui la prémunissait contre le mal.

« Nous nous étions à peine aperçus, mon père et moi, que l'enfant était devenue jeune fille. Quant à sa beauté, qui était réelle, nous ne nous en préoccupions guère. Mais lorsque Thérèse fut mariée et dotée, ce fut pour nous une révélation !

« Lucie avait seize ans. Il faudrait bientôt, elle aussi, songer à l'établir.

« Cette pensée nous fit frissonner... Encore cent mille francs ! encore ces cent mille coups de poignard à recevoir en plein cœur ! C'était impossible. Cela ne serait pas !

« Mais que faire ? Jouer la ruine complète, inventer quelque désastre qui nous réduisît à la mendicité ? Nous y songeâmes, mais les moyens nous échappèrent.

« Et cependant, le temps marchait. Nous eûmes l'idée de forcer Lucie à entrer dans un couvent, mais — bien que mon père eût des idées religieuses très arrêtées — il se défiait des prêtres et disait souvent que les communautés flairent l'argent et le déterrent, à la façon de ces animaux qui sont employés à la recherche des truffes.

« Tout à coup, le hasard vint à notre aide.

« C'est-à-dire qu'il nous offrit les moyens de commettre une infamie, et que nous n'hésitâmes pas à les saisir.

« Voici ce qui se passait :

« Le pays où se trouve le château de Lustin, la vallée de Froidfont, abonde en paysages admirables, et il n'est pas d'année où ne viennent de Paris nombre d'artistes attirés par ces sites pittoresques.

« Or, depuis quelque temps, un jeune homme, peintre d'un certain mérite, était venu s'installer dans une sorte d'ermitage accroché aux flancs d'une des collines qui dominent le val.

« Lucie, délaissée, livrée à elle-même, passait la plus grande partie de ses journées à errer à travers la campagne, un livre à la main, étudiant ou rêvant.

« Naturellement, l'artiste l'eut bientôt remarquée et à dessein se trouva plusieurs fois sur son passage. Lucie, ignorant le mal, était sans défiance : puis l'artiste avait cet enthousiasme juvénile qui vibre si profondément dans les cœurs encore neufs.

« Dès leurs premières rencontres, j'en fus avisée par un vieux serviteur de la maison, qui crut de son devoir de nous mettre en garde. Je voulus m'assurer par moi-même de la réalité de ses affirmations, et j'épiai ma sœur.

« Bientôt j'eus la certitude que les deux jeunes gens se donnaient rendez-vous dans les bois et faisaient ensemble de longues promenades.

« J'en parlai à mon père, et, haïssant cette sœur

comme je haïssais tout et tous, j'essayai d'exciter sa colère contre Lucie...

« Lui, au contraire, m'écouta froidement, puis me répondit...

« Oui! oui! je frémis de terreur quand je me rappelle les termes de cet entretien! C'était un père et une sœur qui parlaient!... et ils se disaient — je n'oserais écrire les détails de ce hideux complot — ils se disaient :

« — Si elle se perd, elle sera chassée... et nous ne lui devrons rien. »

« Comprendra-t-on cela? Ne croira-t-on pas à quelque hallucination née des fièvres de mon cerveau? Je jure, — par mon salut éternel, — par ce que tous respectent et par mes remords, — je jure que ceci est vrai !

« Nous résolûmes de pousser ma sœur à sa perte, pour avoir le droit de la jeter à la porte, sans lui donner de dot... Elle perdue, c'était cent mille francs de gagnés pour nous ! C'est atroce et c'est vrai !...

« Ce qui devait arriver arriva. Lucie, la pure, la chaste enfant, cédant à l'entraînement de son cœur, devint la maîtresse de l'artiste...

« A la pâleur de Lucie, au jour de sa chute, je devinai tout et, loin d'éprouver quelque pitié, je courus dire à mon père :

« — L'heure est venue !

« Ce fut une chose infâme que la scène qui suivit. Devinera-t-on quelle put être cette comédie de l'indignation, de la fureur jouée par un père qui se réjouissait du déshonneur de sa fille ? Moi, j'étais là... et je feignais de la défendre...

« Il était minuit. Mon père, ayant contraint la pauvre Lucie à tout avouer, la prit par le bras, et, tragiquement, la jeta dans la nuit, errante, affolée !...

« Et la foudre ne nous écrasa pas ! et nous n'eûmes même pas le dégoût de nous-mêmes ! Nous avions réussi, nous étions riches de cent mille francs de plus ! Thérèse était partie avec son mari ; quant à M. de Lustin, mon époux, ce n'était plus qu'un ombre que le tombeau réclamait. Il ne restait debout que nous deux, trois ou quatre fois millionnaires !

« Pendant quelque temps, nous ignorâmes ce que Lucie était devenue. Ce silence nous était une inquiétude, non pas que nous craignissions qu'elle eût été victime d'un accident. Dans nos cœurs ossifiés, il n'y avait pas de pitié.

« Quelle ne fut pas notre surprise lorsque, après quelques semaines, nous parvint une lettre par laquelle le séducteur de Lucie demandait à son père l'autorisation nécessaire à son mariage.

« Ici je compris que ma haine pour Lucie n'était pas seulement née de ma passion d'avarice. Je croyais avoir abdiqué tout sentiment de jeune fille ou de femme ; un seul subsistait, le plus puissant de tous, la jalousie.

« Oui, je compris que si j'avais encouragé les projets odieux de mon père, si je m'en étais faite complice, c'était aussi, c'était surtout parce que, m'étant condamnée moi-même à n'être ni épouse ni mère, je ne voulais pas que cette Cendrillon jouît des bonheurs que je m'étais refusée

« Moi qui était riche, j'étais presque laide ; j'étais rivée à mon mari tombé en enfance ; je n'espérais ni ne désirais l'amour. Et voici que la déshéritée, que la chassée, la déshonorée était aimée. Voici que le bonheur venait à elle, et que notre cruauté, loin de lui nuire, avait peut-être assuré son avenir.

« Le jeune homme ne demandait rien... que l'assentiment légal.

« Je voulus persuader à mon père que ce qu'il convoitait, c'était une dot considérable. Cette conspiration d'argent — toujours redoutée — contre laquelle nous nous défendions sans cesse, éclatait maintenant ; et c'était celle dont nous nous étions le moins défiés qui en était l'instigatrice.

« Cependant, à mon grand étonnement, la colère de mon père prit une tout autre direction. Rien ne prouve mieux qu'il n'est pas de sentiment si absorbant qu'il ne laisse point place à quelque autre.

« Ce qui se révolta chez le marquis, ce fut l'esprit de caste. Quoi ! un misérable, un homme sans nom, une sorte d'artiste aspirait à devenir l'époux d'une fille des Lustin ! Il y avait là une insulte à tout un passé de noblesse ; jamais il ne consentirait à une union infamante.

« Je ne combattis point ces idées qui me paraissaient concorder trop avec la jalousie qui s'était tout à coup révélée en moi. Quelque chose me disait que cet amour, dont Lucie était l'objet, était un outrage et un châtiment pour moi.

« Je croyais qu'il allait refuser son consentement, exiger le retour de sa fille, menacer le séducteur d'une plainte en détournement de mineure...

« Non ! dédaigneusement il répondit qu'il ne connaissait plus cette fille qui rompait avec les traditions de sa famille, qu'il la maudissait, qu'il était absolument indifférent à son avenir, qu'il n'avait ni consentement ni refus à formuler, mais que seulement il était bien entendu que jamais, et en quelque circonstance que ce fût, il ne voulait se souvenir qu'elle existait.

« Selon moi, c'était la ruine des espérances de ma sœur. Son séducteur, frustré dans ses espérances, l'abandonnerait ; elle était à jamais perdue

Pouvais-je supposer, moi avare, que le désintéressement fût une vertu humaine ? J'en eus bientôt la preuve.

« Le jeune homme répliqua que lui et *sa femme* n'attendaient ni ne réclamaient rien de la fortune paternelle, et que s'ils sollicitaient un consentement, c'était uniquement pour se mettre en règle avec la légalité. Si ce consentement leur était refusé, il saurait honorer la maîtresse à l'égal de l'épouse, et tous deux attendraient l'âge des sommations légales.

« Mais si l'amant, comprenant le rôle que nous avions joué en tout ceci, témoigna d'une fierté sévère et d'une véritable noblesse, Lucie, elle, se montra ce qu'elle avait toujours été : dévouée, aimante et bonne.

« Elle vint au château, décidée à tout pour obtenir le pardon de son père, pour écarter d'elle cette parole de malédiction qui lui écrasait le cœur.

« Le marquis l'écouta sans lui répondre. Elle se traîna à ses genoux, pleurant, frappant le sol de son front. Alors, d'une voix dure, il lui ordonna de renoncer à ce mariage et d'entrer au couvent :

« — Au couvent ! s'écria-t-elle... Mais, je ne m'appartiens plus !... Je suis mère !...

« A peine avait-elle prononcé cette parole, que le marquis, en proie à un paroxysme de colère, dont les mots ne peuvent expliquer la violence, la frappa si rudement que la malheureuse enfant tomba sans connaissance.

« Alors, froidement, il appela ses laquais et ordonna qu'on la mît hors du château. Je n'intervins pas, je ne défendis pas ma sœur. Jamais elle ne m'avait paru plus belle que dans les angoisses de cette scène terrible : jamais je n'avais senti plus mordantes les rages de la jalousie ! Elle criait qu'elle aimait celui qui ne l'avait pas abandonnée, et je les haïssais d'autant plus...

« De long temps, nous n'entendîmes plus parler de Lucie.

« Un silence — lugubre — régna dans ce château, où moi et mon père nous étions seuls, avec un fou, mon mari. Thérèse s'était installée au Brésil et nous écrivait rarement. C'était l'isolement froid, lourd... Seulement, nous étions si riches !

« Cependant, au bout de quelques années, je m'aperçus d'un singulier changement dans les allures du vieux marquis. Son caractère sombre devenait plus inquiet, plus irascible, plus exalté.

« Il me sembla qu'une méfiance étrange se glissait entre nous. A mesure que le poids des ans courbait ses épaules, à mesure que blanchissaient ses cheveux, je croyais deviner dans ses regards ternis je ne sais quelles pensées vagues qui m'échappaient. Sa passion d'avare s'émoussait. Et quand je lui rendais compte des opérations financières qui m'absorbaient et dont les résultats augmentaient chaque jour notre trésor, je surpris ses haussements d'épaules et ses hochements de tête.

« Alors je me défiai de lui. Le châtiment des complices, c'est la crainte de la trahison. Que voulait-il ? que rêvait-il ? Je l'épiai ; le soir, tapie contre la porte de sa chambre, je l'espionnais.

« Parfois, il marchait une grande partie de la nuit et ne s'arrêtait que lorsque l'épuisement le renversait sur son lit. Il prononçait peu de paroles, et encore ne parvenaient-elles pas jusqu'à mes oreilles, assourdies par l'épaisseur du panneau.

« Une fois, je me glissai dans sa chambre et je me blottis derrière les rideaux.

« Savez-vous ce que j'entendis alors ?

« Cet homme maudissant sa fortune, maudissant son vice ! Ce père pleurait sa fille !... Et j'acquis la certitude qu'il songeait à réparer le mal qu'il avait fait. Tant il est vrai, que lorsque vous arrivez à la tombe, vous retrouvez, assis sur le bord, vos crimes qui vous y attendent et vous forcent, avant le repos, à les bien regarder en face... Je sais cela, parce que mon crime à moi est là, dressé comme un spectre, qui me fascine et m'épouvante !

« Ce crime... le voici :

« J'avais voulu savoir ce qu'était devenue ma sœur Lucie ! Hélas son bonheur, si jamais elle a été heureuse, — avait été de courte durée.

« Elle était veuve, pauvre et élevait à grand'-peine un petit enfant. Son mari était mort subitement, à la suite d'excès de travail. C'était la misère, c'était le désespoir amer. Or, dans un de ces jours où les mères jettent loin d'elles toute hésitation d'amour-propre, de ces jours où elles mendient pour sauver leur enfant, elle avait écrit à son père...

« J'avais intercepté la lettre et je l'avais brûlée !!

« Elle écrivit encore. C'étaient des supplications déchirantes... Je savais qu'à ce cri l'âme du père tressaillerait... je savais que remettre cette lettre à celui qu'elle implorait, c'était la sauver, c'était sauver son enfant ; encore je la brûlai !

« Je découvris que mon père voulait, par son testament, réparer les spoliations dont j'avais bénéficié : je le circonvins, je le séquestrai, et, un jour, il mourut entre mes bras, me repoussant, me jetant des regards d'épouvante, ayant sur ses lèvres un nom qu'il n'osait pas prononcer !

« Et je restai seule, marquise de Lustin, bientôt veuve, possédant trois millions ! J'avais triomphé ! Nulle puissance légale ne pouvait me dépouiller !

Depuis longtemps toutes précautions étaient prises.

« Voilà ce que j'ai fait... Depuis combien de temps le remords me hante, je ne le sais pas ! Cela sourd en vous comme une source, d'abord imperceptible, puis le flot grossit, s'étend, envahit, inonde... On perd pied et on crie : A l'aide ! se débattant jusqu'au jour où la vague, montant, montant toujours, vous étouffe et vous tue !

« Ma sœur Thérèse et son mari sont morts, alors qu'ils revenaient du Brésil pour rétablir en France leur situation perdue. Pourquoi ai-je recueilli Caroline, leur fille ? Était-ce déjà une pensée de rédemption ? Peut-être.

« Ç'a été le commencement du châtiment. Caroline, c'est le reflet de ce que je fus. C'est la sécheresse, la dureté, l'aridité. Ce sera la haine et le crime...

« J'ai beaucoup souffert ! j'ai eu des rages folles ! Chose inouïe, je demandais — dans mes nuits sans sommeil — comment racheter le passé, comment recouvrer le repos. Et l'idée la plus simple, la plus nécessaire, celle de la restitution, ne me vint pourtant que bien tard. Mais alors, je ne savais pas ce qu'était devenue ma sœur. J'ignorais si elle vivait encore.

« Un fils ! Elle avait un fils ! Où et comment le découvrir ?

« Puis, en face de moi-même, je dois être franche. Je n'osais plus toucher à cette fortune volée. On m'appelait avare, folle ; je laissais dire, et pourtant... je n'aurais pas voulu abandonner cette fortune de mon vivant.

« Contradiction effrayante ! de cet argent je n'ai jamais joui, je ne jouis pas. Et je me refuse à m'en détacher. Il m'est inutile, plus encore, il est mon désespoir, mon remords, je le garde. C'est une tunique d'or attachée à ma chair et que je ne puis arracher !...

« Pourtant, il le faut. Il y a trois jours que je sais ce que je voulais savoir.

« Je puis réparer mon infamie. Le fils de ma sœur est vivant !... elle... est paralytique et aveugle !... ils sont pauvres !... par testament, je leur lègue toute ma fortune, en exceptant seulement deux cent mille francs que je jette comme une aumône imméritée à ma nièce, Caroline de Lustin.

« Donc, ma volonté est formelle.

« Le mari de ma sœur s'appelait Pierre Sarlat et était peintre. Son fils se nomme Pierre comme lui, et, comme lui, est artiste. C'est à Pierre Sarlat, mon neveu, que je lègue la totalité de ma fortune, dont l'état est entre les mains de mon notaire, Me Delorme, et qui s'élève à quatre millions et demi.

« Je ne sais encore si j'aurai le courage de rénoncer, de mon vivant, à la possession de cet argent; mais, dès demain, j'enverrai mystérieusement à Pierre Sarlat une somme de trente mille francs. Plus tard, je verrai. D'ailleurs, je me sens si faible, qu'il n'aura pas beaucoup de temps à attendre...

« Que ma volonté soit respectée et que Dieu ait pitié de mon âme! »

Voilà ce que lisait Caroline, livide, les dents serrées...

Déshéritée!... On lui jetait deux cent mille francs comme une aumône.

Elle se dressa, et laisant tomber le manuscrit sur la table:

— Ah! sois maudite dans l'éternité, comme je te maudis ici!...

A ce moment, on frappa doucement à la porte:

— Ouvrez! c'est moi! le père Grapet.

— Lui! murmura Caroline... Ah! j'en suis certaine, il m'a trahie!

Elle jeta le manuscrit dans un tiroir, puis elle alla ouvrir la porte.

Le père Grapet, s'inclinant, entra.

VI

JÉSUITE ET JÉSUITESSE.

Caroline regardait fixement le jésuite, comme si, sans l'interroger, elle voulait deviner ses plus secrètes pensées. Lui, les bras croisés sur la poitrine, resta un instant immobile, puis :

— Ma chère enfant, dit-il doucement, j'ai conduit ici une bonne sœur, qui passera la nuit en prière auprès de la dépouille mortelle de votre pauvre et chère tante... C'est un horrible événement... Mais il faut espérer que la justice des hommes atteindra les criminels...

Jusque-là, Caroline s'était tue... Soudain elle regarda le jésuite en face et dit brusquement :

— Vous savez que je suis déshéritée ?

Le P. Grapet tressaillit imperceptiblement ; puis, du ton le plus calme :

— Dieu, dit-il, frappe durement ceux qu'il aime le plus...

Caroline, pâle, reprit avec une ironie mal contenue :

— Vous êtes résigné, mon père !

— Le chrétien courbe la tête sous la main du seigneur ! ânonna le jésuite.

Caroline, ne se possédant plus, s'écria avec colère :

— Assez d'hypocrisie ! Combien la marquise vous a-t-elle payé pour que vous l'aidiez de vos conseils ?

Le jésuite n'était pas des plus braves :

— Moi ! mais... ma fille ! balbutia-t-il en faisant un pas en arrière.

— Combien vous a-t-elle payé, vous dis-je, pour que vous soyez son complice ?...

— Je vous jure...

— Je ne crois pas à vos serments ! déclara la jeune fille ; donc abstenez-vous de parjures... Ah ! vous avez bien joué votre rôle, car ma naïveté a été singulièrement exploitée par vous. Mais je vous donne ma parole — et moi je ne jure pas en vain — que je me vengerai.

— De moi ?

— De vous et des vôtres... des captateurs d'héritage et des hypocrites... Ah ! vous avez cru que je me rendrais sans combattre... Vous avez cru qu'étant seule, étant femme, je courberais la tête et me contenterais de pleurer comme un enfant. Sachez bien, monsieur, que je n'ai pas cette admirable vertu du renoncement...

Le P. Grapet cherchait à l'interrompre; mais elle ne lui laissait pas placer un seul mot.

— Il est inutile de mentir, continua-t-elle, j'ai tout compris. Il y a de par le monde un niais qui est déjà sous votre tutelle, qui n'est entre vos mains qu'un instrument... et ne pouvant conquérir ouvertement les millions de la marquise de Lustin, vous lui avez désigné je ne sais quel personnage... qui n'est après tout que votre fidéi-commissaire. Ce sont là vos pratiques, hommes habiles ! mais Tartufe oublie toujours qu'il y a des tribunaux et des lois; et dussé-je perdre la misérable part qui m'est laissée, je vous affirme que je lutterai jusqu'à la dernière limite de mon droit.

Elle s'animait de plus en plus et marchait à grands pas dans sa chambre, tandis que le P. Grapet, silencieux, la regardait avec un étonnement croissant.

— Cette fortune ne m'appartient-elle pas de droit absolu ! Quoi ! pendant quinze années de ma vie, j'aurai souffert les caprices de cette femme, j'aurai imposé silence à mes rébellions, j'aurai mis un masque à mon visage !... et quand je touche au but, je serais dépouillée !... volée ! Non, cela ne sera pas !... et quels que soient mes ennemis, je leur prouverai ce que peut l'énergie d'une femme !...

Il y eut un moment de silence. Caroline s'était

jetée dans un fauteuil, et avait caché son front dans sa main. Le P. Grapet regardait autour de lui, cherchant les motifs de cette colère qu'il ne comprenait pas. Le silence se prolongeant, il se décida à le rompre,

— Dois-je me retirer? demanda-t-il.

Caroline haussa les épaules et se tut.

Le P. Grapet reprit timidement :

— Ainsi, il y a un testament?

Caroline releva brusquement la tête.

— Prétendriez-vous que vous l'ignoriez! s'écria-t-elle.

— Je m'en doutais... voilà tout ! dit le jésuite.

— En vérité... Et vous ignoriez sans doute aussi quel était l'héritier désigné?

— Pourquoi répondrais-je, puisque vous êtes décidée à ne pas me croire?...

— Répondez toujours... vous n'en êtes pas, je suppose, à reculer devant une affirmation inexacte...

— Vous jugez promptement, ma fille, fit le P. Grapet, en croisant ses mains sur sa poitrine.

— Est-ce d'aujourd'hui que je vous connais?

— Soit!... donc vous êtes convaincue que je vous ai trahie?

— J'en ai la preuve! fit violemment la jeune fille.

— Donc, vous savez, reprit le révérend, à n'en

pas douter, que j'ai engagé, contraint même la marquise à vous déshériter... et cela quoique vous ayez promis aux Fidèles du Purgatoire deux cent mille francs si la fortune vous appartenait ?

Caroline voulut parler. Le jésuite continua en élevant la voix :

— Donc il est de toute évidence que connaissant votre énergie, sachant que vous étiez femme à ne pas vous laisser dépouiller sans protestation, j'ai préféré à un résultat certain, connu (car moi j'ai confiance en vous) les chances d'une contestation qui peut nous livrer aux scandales d'un procès... étant jésuite, j'ai accepté, j'ai recherché, sans hésitation, l'éclat d'un débat judiciaire ?... Décidément vous avez raison, ma fille, et je constate que vous me connaissez bien.

Le jésuite avait parlé avec calme. Les quelques flatteries, habilement glissées dans son petit discours, avaient troublé Caroline malgré elle. Elle se sentit ébranlée. Il continua.

— Mais vous prouveriez encore mieux me connaître si, étant certaine de ma trahison, vous ne doutiez pas que j'eusse pris toutes mes précautions pour rendre inutiles vos résistances et vos revendications. Si tant est que nous soyons parvenus à trouver, — pour nous servir d'intermédiaire dans une cause de captation, — un fidéi-commissaire sûr, nous nous sommes certainement entourés de garanties sérieuses, et il vous sera — il vous serait impossible de prouver que quelque lien existe entre lui et nous... Vous voyez donc bien, ma chère fille, que si nous vous avons traitée en ennemie, quelle que soit votre énergie, vous êtes vaincue d'avance...

Caroline écoutait attentivement.

— Il y a dans vos paroles, dit-elle brusquement, une ironie qu'il ne me plaît pas de supporter. Si, en effet, vous avez agi en ennemi, il me reste toujours un droit, celui de vous chasser...

Le P. Grapet fit un pas vers la porte.

— Cela est vrai !... dit-il.

Caroline le saisit par le bras.

— Ainsi, vous avouez ! Ainsi, vous que je croyais mon allié, vous à qui j'avais livré ma conscience, mes pensées les plus secrètes, vous m'avez trompée ?

Le P. Grapet s'arrêta.

— Vous questionnez... est-ce que vous douteriez maintenant ?...

— Ah ! vos arguties me répugnent ! Une fois par hasard, répondez donc nettement, franchement. Je suis déshéritée, est ce par vous et pour vous ?...

Le P. Grapet la regarda en face.

— Non ! prononça-t-il sèchement.

— Mais, du moins, nierez-vous que vous ayez

été instruit des intentions de la marquise ?... que vous n'avez rien tenté pour l'en dissuader ?

— Je n'avais que des soupçons... et malgré mes efforts, malgré ce qu'il vous plaît d'appeler indulgemment mon habileté, je n'ai rien pu savoir de positif.

— Ah! si je pouvais vous croire? s'écria Caroline, à demi convaincue.

Le jésuite se rapprocha d'elle.

— Pourquoi non? dit-il à voix basse. Ou je sais aussi bien que vous ce que contient le testament de votre tante, et je n'ai qu'à me retirer... ou...

— Achevez donc !

Le P. Grapet se penchait vers elle.

— Ou, apprenant de vous ce qui a été décidé, j'étudierai s'il n'est pas quelque moyen de combattre... de vous sauver... de nous sauver avec vous... Dois-je partir? Dois-je rester?...

Caroline eut une dernière hésitation, puis :

— Restez !...

Elle ouvrit le tiroir où elle avait jeté le manuscrit ; elle le prit et le tendant au jésuite :

— Lisez ! lui dit-elle.

Le P. Grapet eut un geste de surprise.

— Quoi ! ce testament entre vos mains ! mais comment ?

Caroline répliqua avec embarras :

— Que vous importe ?

— Je n'adresse jamais de questions inutiles, dit le P. Grapet ; tant que ce testament est entre vos mains, il n'a de valeur que celle que vous voudrez bien lui donner...

— C'est-à-dire que je puis le détruire... et rester héritière de droit.

— Inutile d'insister... fit le révérend qui n'aimait pas qu'on mît les points sur les i.

— D'autant plus que vous pouvez vous convaincre combien cette... mauvaise action serait inutile... Voyez ces lignes...

Le P. Grapet lut à haute voix :

« Le double de cet écrit est déposé sous pli ca-
« cheté entre les mains de M⁰ Delorme, mon no-
« taire, qui l'ouvrira trois jours après ma mort,
« en présence de témoins et avec les formalités
« légales... »

— Eh bien ! continua Caroline, me conseillez-vous encore de détruire ce testament ?

Le P. Grapet ne répondit pas :

— Trois jours après sa mort !... murmura-t-il.

— Pourquoi répéter ces mots ?... s'écria la jeune fille... Aujourd'hui ou dans trois jours, que m'importe ?

— Qui sait ?... fit le jésuite... La loi dit : « Qui a terme, ne doit rien ! » Le temps est un auxiliaire précieux !...

— Je ne crois pas au hasard... s'écria impatiemment Caroline.

Le P. Grapet eut un étrange sourire.

— Non, je crois à l'action... dit-il.

— Que voulez-vous dire?

— Un mot, avant de vous répondre... Je veux savoir si sincèrement vous êtes revenue de vos préventions contre moi. Je vous le répète, la marquise était un femme d'un caractère étrange, et dont la fermeté était presque effrayante... Elle a agi à mon insu, contre vous et contre moi... Si vous êtes persuadée de ceci, alors je vous dévoilerai... toute ma pensée...

— Eh bien! je le sais, j'étais injuste, s'écria la jeune fille vaincue... et si je vous demande de me pardonner mes duretés, j'ai à cette amende honorable un mérite d'autant plus grand, que je ne crois pas qu'il soit en votre pouvoir de réparer le mal dont nous sommes victimes.

— C'est une erreur! dit le jésuite; et, en quelques secondes, vous allez me comprendre... Qui hérite des millions de la marquise?

— Eh! le sais-je! fit dédaigneusement Caroline... Un certain Sarlat, un artiste, un neveu oublié de la marquise repentante.

Le P. Grapet la regarda en souriant.

— Un artiste!... fit-il, un jeune homme sans doute?

— Quelques années de plus que moi... je suppose.

— Et vous jugez, s'écria le jésuite, que trois jours sont inutiles !... Allons, mon enfant, Dieu ne nous abandonne pas...

Caroline le considérait, surprise.

— En vérité, je me demande si vous jouissez de toute votre raison...

— Voulez-vous me confier ce manuscrit... continua le jésuite, demain matin je vous le rendrai.

Caroline hésitait encore.

— Je préfèrerais, je l'avoue, qu'il ne sortît pas de mes mains.

— Toujours défiante ? Eh bien ! soit... C'est un vice qui est une force. Je vais aller dans la chambre de la morte, et là, tandis que la bonne sœur croira que je m'unis à ses prières... vous comprenez ?

— Soit. Mais vous ne trouverez aucun moyen.

Le P. Grapet l'attira doucement devant la glace.

— Aucun moyen ! dit-il. L'héritier est un jeune homme, un artiste ; regardez-vous donc et dites-moi donc si votre beauté n'est pas une arme terrible qui peut le perdre et vous sauver.

VII

VINGT-QUATRE HEURES APRÈS.

Revenons dans la maison habitée par le docteur Demory, à l'étage au-dessus.

Là était un grand atelier à toit vitré, précédé d'une petite pièce formant antichambre.

L'atelier était divisé en deux parties par un rideau de serge verte.

Dans la plus petite des deux parties, on voyait deux lits, dont l'un d'acajou, à bateau, vieille forme, mais bien garni; l'autre était un lit de fer, d'apparence peu confortable. Ajoutez à ce mobilier une table, quelques chaises, un coucou suspendu au mur; dans un coin, un fourneau.

Dans la partie la plus grande de l'atelier, des ébauches de statuettes, de la terre glaise, des linges mouillés, des ébauchoirs, l'outillage élémentaire d'un statuaire... qui n'a pas de commandes.

Les murs étaient nus.

Sur un fauteuil formant chaise longue, une vieille femme était étendue, immobile; cependant les traits du visage, encore fermes, étaient d'une beauté que la vieillesse avait à peine altérée. Les yeux étaient fermés.

Pierre Sarlat, le sculpteur, était de l'autre côté du rideau, en train de faire cuire des pommes de terre. Une côtelette encore crue était à côté du poêlon.

La vieille femme, c'était Lucie Sarlat, la fille cadette du marquis de Lustin. Elle était paralytique et aveugle.

Lucie, qui parlait avec effort, dit tout à coup :

— Voyons, Pierre, tu te donnes trop de mal !

Pierre répondit d'une voix gaie :

— Ça marche, maman, ça marche !... Ah ! si tu pouvais voir quel joli petit plat je prépare là !...

— Gourmand ! va ! fit la malade en souriant.

— Que veux-tu ! c'est mon idée !

— A ce point que tu aimes mieux te donner la peine de préparer tes repas toi-même...

— Que de voir des domestiques stupides abîmer, détériorer ces admirables produits de la nature ! Certes, je suis né cuisinier.

— Mais si on te voyait !

— Eh bien ! vrai ! j'aurais le courage de mon infamie... Après tout, c'est de la délicatesse exagérée ; je n'aime pas que des mains étrangères touchent à ce que je mange.

— Tu as beau dire, insista sa mère... On te croirait avare ou pauvre.

Pierre, avec un élan comique, vint dans l'atelier.

— Pauvre, moi, qui est-ce qui a dit ça? quel est le malheureux qui s'est permis cette plaisanterie? Tiens, celui qui oserait proférer cette infamie, je le prendrais par la main... je le mettrais là, en face de moi.

Il montrait la muraille absolument nue.

— Et je lui dirais : Mon petit, un pauvre ne garde pas chez lui une esquisse du Titien dont il a refusé huit mille francs, un petit Gérard Dow, qui n'a pas de prix !... un Troyon !

— Bon ! fit Lucie. Est-ce que tu vas encore faire le catalogue de ton musée ?

— Eh bien ! oui, continua Pierre, car voilà mes vices. Oui, j'aime mieux faire cuire mes pommes de terre à la façon exquise dont j'ai le secret, et garder mon argent — cet argent que des domestiques me voleraient — pour acheter des chefs-d'œuvre.

— Artiste, va ! Viens m'embrasser.

Pierre courut à sa mère, prit la tête de la paralytique à deux mains et l'embrassa à pleines lèvres, puis s'écria vivement :

— Bon ! et mon petit plat! O Carême, pardonne-moi cet instant d'oubli...

Il retourna à son fourneau.

Sa mère continuait à causer :

— Pour revenir aux sujets sérieux, le ministre t'a bien reçu ?...

Pierre eut un geste de surprise involontaire.

— Le ministre! fit-il d'un ton étonné.

Puis, se reprenant, il dit d'un ton dédaigneux :

— Je suis blasé sur les audiences ministérielles... des commandes, toujours des commandes ! Ces êtres-là ne comprennent rien au grand art...

— Mais, en attendant, ils te comprennent, ils t'enrichiront, ils assureront ton avenir...

Depuis un instant, Pierre était resté immobile. Sa physionomie s'était attristée, et malgré lui, des larmes avaient monté à ses yeux. Mais il se redressa, et essuya ses paupières du revers de sa main. A-t-on compris la terrible comédie qu'il jouait, ce pauvre qui voulait que sa mère le crût riche, elle, l'aveugle?

— Encore un ou deux ans, dit-il tout haut, et j'ai mon affaire faite. Oh! alors... comme je les enverrai promener, les ministres, avec leurs saints Bernards, leurs saints Jacques et toute la kyrielle de bienheureux dont ils encombrent notre belle France !...

— Tu es ingrat !

Pierre avait mis la côtelette au feu et surveillait attentivement la cuisson.

— Ingrat ! pour qui, pour saint Bernard ?... dit-il de son ton rieur.

— Que ta gaieté me fait de bien ! murmura la malade.

— Te met-elle en appétit, au moins ?...

— Elle me donne le regret de mes tristesses... dit la mère. Je sais que tu es heureux ! Je sais que tu as l'atelier si longtemps désiré ! avec de vieilles tapisseries, de belles tentures, avec des tableaux des maîtres que tu aimes... Et je ne vois pas tout cela !... Et je ne te vois pas sourire.

— Madame maman ! s'écria Pierre, ne dites pas cela !... Vous m'entendez !... et je fais assez de bruit pour cela !

Il dressait la côtelette et les pommes de terre sur une assiette.

— Là ! voilà qui est fait ! Servez au cabinet numéro 7 ! Ça me rappelle mon dernier dîner au café Riche...

— Ne parlez pas de cela, monsieur ! vous êtes revenu un peu...

— Un peu agité ! Bah ! on n'est pas parfait...
Et il ajouta mentalement :
— Surtout quand on n'a pas mangé depuis quarante-huit heures !...

Il reprit tout haut :

— Ça, monsieur Pierre Sarlat, maître écuyer tranchant, faites votre office...

Il approcha une table du fauteuil de sa mère, puis il coupa la côtelette en petits morceaux et ouvrit les pommes de terre pour qu'elles refroidissent.

— Cher enfant !... J'abuse de ta complaisance !

— Et toi, maman, tu abuses de la répétition... dix fois par jour tu dis la même phrase...

— Je devrais la redire cent fois...

Pierre portait à la bouche de sa mère les aliments refroidis.

— Allons ! ne causons plus ! C'est l'heure des choses sérieuses. Hein ! c'est bon cela ! et crois tu que je m'y entends ! dégustez-moi cette côtelette, madame ! Côtelette première, s'il vous plaît, et choisie par votre fils. Ce n'est pas lui qui se laisserait tromper par les garçons bouchers... et un petit coup de vin, maintenant.

Il alla à un coin de l'atelier et prit une bouteille de bonne apparence. Il versa un demi-verre de vin et l'approcha des lèvres de sa mère.

— Voici notre ordinaire, à nous autres artistes... Messieurs les bourgeois n'en ont pas de meilleur en cave...

— Cela fait du bien ! Je me sens toute réchauffée...

Pierre tressaillit.

— Est-ce que tu avais froid ? demanda-t-il avec inquiétude.

— Non !... pourtant...

Pierre regardait le poêle, qui s'en allait mourant.

— Pourtant, dit-il, il y a un rude feu ici... mais je vais l'activer...

— Non ! je ne veux pas ! tu te feras mal à la tête...

— N'en crois rien !

Il jeta les yeux autour de lui... Que brûler ?... plus rien !... Ah ! une chaise...

— Ne t'étonne pas du bruit, mère ! dit-il. Il faut que je casse un peu de bois !

Il prit la chaise, la souleva, et, tordant le dossier sur son genou, il la brisa.

— De quel bois te sers-tu donc ? demanda sa mère ; on dirait le bruit d'un meuble qui se casse ?

— C'est parce que je ne prends que du bois très sec... Encore une de mes manies de sybarite.

Il fourrait les débris de la chaise dans le poêle, qui s'enflammait rapidement.

— Hein ! comme ça ronfle ! dit-il.

— Il fait bien froid dehors ? demanda la paralytique.

— On a vu des ours blancs dans le Luxembourg... dit Pierre en riant.

— J'ai déjeuné... A ton tour maintenant.

— Certes, dit Pierre, et je ne m'en ferai pas faute, car j'ai un appétit d'enfer... à supposer que l'enfer ait faim... Vous, madame ma mère, voici que votre tête se penche. Vous allez faire votre sieste ! Attendez ! l'oreiller de Capoue !

Il alla au lit, y prit un oreiller et revint le placer sous la tête de sa mère.

— C'est vrai, dit-elle, je m'endors ! Ah ! je me sens bien !

Pierre était debout auprès d'elle. Il la contemplait avec amour.

C'était un grand jeune homme de vingt-huit ans, mince, d'apparence un peu frêle. Ses cheveux étaient blonds, tirant sur le roux. Les yeux, d'un bleu grisâtre, avaient une expression de bonté et de probité fière qui commandait la sympathie.

Il approcha un escabeau — le dernier — de la table, et là, plaçant devant lui l'assiette, il posa dessus un morceau de pain, et le découpa avec la fourchette et le couteau.

— De cette façon, pensait-il, elle entend vaguement... l'écho de mon déjeuner... Voyons ! il faut pourtant sortir de cette situation. Je n'ai plus rien, que des dettes, et quelles dettes ! Chez le boulanger, le boucher ; demain, ils peuvent me refuser crédit. Pauvre femme ! si elle supposait qu'enchaîné auprès d'elle, je n'ai pas une heure de liberté pour chercher du travail ! Les commandes ! comme si elles venaient vous chercher ! Depuis

7.

trois ans que ma pauvre chère mère a été frappée de paralysie, j'ai épuisé toutes mes ressources... Pour comble de malheur, elle est devenue aveugle. Hélas ! de cette dernière infortune, je dois presque me réjouir, puisqu'elle m'a permis de lui laisser toutes ses illusions. Elle me croit riche, heureux ! Mon Dieu ! la vérité la tuerait ! Mais, que faire ? Pour ne la point quitter, j'ai même été contraint de négliger mes amis, mes camarades ! Ils me croient fier ! Ils sont irrités contre moi... Il faut que je leur avoue ma détresse... Je n'ai plus le droit à l'amour-propre !

Il se leva et allant vers la selle sur laquelle était dressée une statuette ébauchée :

— Et le travail ! murmurait-il. Je suis condamné à faire du métier... rien que du métier ! Je me gâte la main... et ces petites statuettes, on me les paye un prix ridicule... j'en inonde le marché... je me déconsidère ! Comment m'échapper de cette impasse ? Il faudrait que je misse une garde auprès de ma mère... mais il faut la payer, et pour cela de l'argent ? Cercle vicieux qui se resserre autour de moi, m'étreint et m'étouffe !... Si je quittais la chère femme, quelque indiscrétion lui apprendrait sa détresse, et cette révélation la tuerait ! Quand même, c'est impossible. Je dois rester là pour la défendre contre le hasard.

Il eut un sourire triste.

— Sapristi ! Je suis dans une fichue position...
et à moins que le diable ne vienne m'en tirer !...

A ce moment, on frappa à la porte.

Pierre haussa les épaules avec impatience.

— Peut-être quelque créancier, soupira-t-il.

Et sa mère qui était là, qui dormait... Il alla à la porte et l'entr'ouvrit, avec l'intention bien évidente de congédier l'importun.

Mais soudain, il poussa un petit cri de surprise, et ouvrit la porte toute grande, en s'inclinant.

Celle qui était là, inconnue de lui, c'était Caroline de Lustin !

VIII

COMÉDIE

Caroline, vêtue d'un deuil sévère, s'arrêta un instant sur le seuil.

Elle était pâle, mais cette pâleur même rendait sa beauté plus saisissante.

Malgré la rigidité de la coupe, ses vêtements moulaient son corps admirable.

De sa main longue et dont le gant accusait la

forme aristocratique, elle avait relevé son lourd voile de crêpe et se tenait les yeux baissés.

Pierre restait immobile, la contemplant.

— M. Pierre Sarlat ?... demanda la jeune fille.

— C'est moi, madame, madem..., balbutia l'artiste, troublé par tant de beauté.

Caroline, l'enveloppant de son plus profond regard, dit avec douceur :

— Je me nomme Caroline de Lustin, monsieur. Voulez-vous me permettre d'entrer chez vous ?

Pierre tressaillit.

— Ce nom... dit-il, ma mère l'a souvent prononcé...

— Je le crois... reprit Caroline, et peut-être ma présence ici vous est-elle pénible ?...

— A moi... certainement non !... je vous jure...

— Mais madame votre mère ? dit Caroline en hésitant.

— Elle est là !... elle dort, la pauvre femme, et je vous supplierai même de parler plus bas pour ne la pas réveiller...

Caroline sourit tristement.

— Vous avez peur qu'elle ne me voie !...

— Vous voir ! mais ignorez-vous donc, mademoiselle, que ma mère est aveugle ?

— Elle !... fit l'hypocrite, jouant l'ignorance, comme elle allait jouer la générosité... Ah ! monsieur, quelle douleur vous réveillez en moi! je devrais dire quels remords !

Elle regarda autour d'elle, et parlant à mi-voix comme à elle-même :

— Je comprends, murmura-t-elle, ce qu'a dû souffrir celle qui n'est plus !

— De qui donc parlez-vous ?

— Je vous le dirai tout à l'heure. Mais laissez-moi me remettre un peu ! Si vous saviez quelle émotion me trouble ! J'ai peur, oui, en vérité, j'ai peur que votre mère ne me chasse...

— Vous, mademoiselle ! Oh ! pouvez-vous prononcer ce mot ?... Oui, je sais que des dissentiments graves ont existé entre ma mère et sa famille !... Mais jamais une parole de haine ou de colère ne s'est échappée de ses lèvres... Quelles que soient les douleurs qui lui ont été infligées, elle les a depuis longtemps, sinon oubliées, du moins pardonnées...

Caroline s'approcha doucement du fauteuil sur lequel reposait l'aveugle, et la contempla avec une émotion trop visible pour qu'elle échappât aux regards de Pierre.

Pierre reprit avec embarras.

— Vous m'avez dit, mademoiselle, que vous portiez le nom de Lustin... Oserai-je vous demander quel degré de parenté vous unit à ma mère ?...

Caroline baissa les yeux.

— Je suis la fille de Thérèse de Lustin, sœur de votre mère... c'est-à-dire votre cousine... et puisque je dois vous avouer cela, voulez-vous me permettre de vous adresser une prière ?

— Une prière !... Vous !

Caroline sourit.

— Donnez-moi votre main, franchement, sans arrière-pensée !

Pierre saisit la main de la jeune fille dans les siennes.

— Du plus profond de mon cœur, je vous appelle mon amie, ma sœur !

— Oh ! je ne suis que votre cousine ! Mais cette affirmation me rassure... J'en avais besoin pour m'enhardir à parler...

— Suis-je donc si redoutable ! dit Pierre en souriant.

— Peut-être !... Ecoutez-moi cependant, reprit-elle d'un ton sérieux, et, je vous en supplie, ne m'interrompez pas ! Votre mère avait deux sœurs : l'une, ma mère, est morte il y a longues années, dans une terrible catastrophe... comme elle revenait du Brésil avec mon père. Le navire qui les portait a fait naufrage, et...

Elle s'arrêta et porta la main à ses yeux.

— Pourquoi rappeler ces douloureux souvenirs ?

— Il le faut, car je veux que vous sachiez tout. Restée orpheline, j'ai été recueillie par la sœur aînée de votre mère, par la marquise Louise-Adélaïde de Lustin, veuve elle-même. Vous savez sans doute le rôle pénible qu'elle a joué dans les péripéties du drame de famille dont votre mère — et vous-même — avez tant souffert...

— Je vous le répète, ma mère s'est toujours montrée d'une rigoureuse discrétion.

— C'est qu'elle est bonne et généreuse ! dit l'élève du P. Grapet. Ah ! si vous saviez comme moi de quelles trahisons votre mère fut victime !...

— Je vous en prie, interrompit vivement l'artiste, ne me dites rien de plus... je ne voudrais haïr personne qui porte... notre nom, ou plutôt le vôtre !...

— Vous aussi, vous êtes généreux... Vraiment, lorsque je me suis hasardée à venir ici, il m'a fallu un bien grand courage... Je croyais être à vos yeux solidaire du mal qui vous a été fait... et lorsque je vous suppliais de ne pas me chasser... ah ! sachez-le bien, ce n'était pas une vaine parole !...

Pierre s'était rapproché d'elle ; son cœur battait à rompre sa poitrine.

— En admettant même que j'eusse quelque colère au cœur, dit-il doucement, aurais-je pu ne pas l'oublier... en vous voyant ?

Caroline ne répondit pas tout d'abord, comme si l'émotion étouffait sa voix. Puis elle tressaillit soudain.

— Qu'avez-vous? s'écria Pierre. Vous ai-je blessée!

— Non! non! mais je ne sais quel sentiment m'oppresse. J'ai peur que votre mère ne s'éveille! J'ai peur qu'elle ne démente vos paroles! Ah! maintenant surtout, il me semble qu'elles me seraient plus douloureuses encore. Ne m'interrompez plus, je vous en supplie!

Elle s'arrêta un instant, puis reprit :

— Ma tante, la marquise de Lustin, est morte!

— Ah! ce deuil! Je comprends!

— Elle est morte dans d'horribles circonstances... Assassinée!...

— Assassinée!... s'écria Pierre. Mais quels sont les meurtriers?...

— Des malfaiteurs encore inconnus... reprit Caroline d'une voix qui tremblait admirablement, la police est sur leurs traces!... Ce fut une scène effrayante, et je ne sais pas comment je ne suis pas morte de terreur... mais tandis que cette nuit j'étais agenouillée auprès du cadavre de ma bienfaitrice, une pensée a tout à coup surgi en moi. Il m'a semblé, regardant la morte, que ses lèvres s'écartaient pour me rappeler des paroles naguère prononcées... pour me donner un ordre auquel je n'avais pas le droit de résister... C'est pourquoi, dédaigneuse des convenances pour ne me souvenir que de mon devoir, je suis venue, sans perdre une minute, auprès de vous... auprès de votre mère !

— Je ne vous comprends pas !

— Pouvez-vous donc me comprendre... vous que votre mère a laissé ignorant des intrigues honteuses, ourdies contre votre père et elle, vous à qui elle n'a jamais appris à maudire la marquise de Lustin... celle que j'ose à peine pleurer, ici, devant celle qu'elle a perdue.

— Encore une fois, de grâce, n'achevez pas ! fit Pierre dont la gorge se serrait.

— Je vous désobéis, continuait Caroline ; je le dois, parce qu'en faisant cela, je réalise le vœu suprême de celle qui n'est plus ! Il y a quelques jours à peine, la marquise de Lustin, hantée par un de ces étranges pressentiments qui, parfois, jettent sur l'avenir une lueur inexplicable, m'appela auprès d'elle et me dit : « Caroline, il me semble que je vais bientôt mourir. J'ai peur et je ne veux point comparaître devant mon juge éternel, l'âme chargée d'un crime ! oui, d'un crime et des plus affreux qu'ait pu commettre une sœur ! » Alors elle m'attira contre sa poitrine, appuyant ses lèvres à mon oreille comme si elle eût craint que quelqu'un surprît les aveux que son cœur, trop gonflé, laissait enfin échapper.

— Ces aveux, ne me les répétez pas !

— Non ! je ne le ferai pas ! Sachez seulement que je suis épouvantée ! Oui, votre mère, votre père, ont été les victimes du plus épouvantable complot. Quelle fut en ceci la part de culpabilité de chacun, je ne vous le dirai pas! mais ce fut avec des sanglots que ma tante m'avoua qu'elle avait dépouillé votre mère de la fortune qui lui appartenait, qu'elle avait excité contre elle la haine de son père, et — chose plus terrible encore! — lorsque le vieillard, à l'agonie, appelait sa fille Lucie pour lui demander pardon et lui ouvrir les bras, elle, la marquise de Lustin, brûlait les lettres de votre mère et disait au mourant qu'elle le haïssait.

— Ah! c'est une infamie! s'écria l'honnête homme.

— N'est-ce pas! ce père est mort, se croyant maudit par celle qu'il aimait, par celle dont il eût voulu implorer la miséricorde et la pitié! et c'est la marquise de Lustin, celle que la justice de Dieu a frappée il y a deux jours, c'est elle qui avait commis ce forfait!... Mais au jour dont je vous parle, elle se repentait et elle me disait: « Tant que je vivrai je n'oserai pas avouer mon crime. Mais, moi morte, jure-moi de le réparer!... » Vous voyez bien, Pierre, que j'avais reçu d'elle une mission de justice et que je ne devais pas y faillir.

Pendant ces dernières paroles, prononcées à voix haute, Lucie s'était éveillée; elle écoutait curieusement, puis :

— Qui donc est là? demanda-t-elle... et qui donc parle de justice?

Pierre fit un pas vers elle. Mais Caroline l'arrêta d'un geste, alla à l'aveugle et, s'agenouillant devant elle :

— Je viens, dit-elle, vous supplier de pardonner à celle qui n'est plus.

L'aveugle tressaillit.

— Cette voix... je ne la connais pas!

— C'est celle d'une fille respectueuse, qui vous demande d'oublier ce que vous avez souffert, et de la bénir...

— Mais qui êtes-vous donc? Votre nom?

— Je suis la fille de Thérèse de Lustin... votre sœur!...

— Vous!... s'écria la pauvre femme... mais, alors, que semblez-vous craindre de moi? Thérèse m'aimait... et j'ai pleuré lorsque j'ai appris sa mort... Ce n'est pas pour elle, ce n'est pas pour vous que vous avez à solliciter mon pardon!...

Caroline était toujours à genoux.

— Non! pour une autre... pour une coupable... qui, elle aussi, portait votre nom!

Lucie poussa un cri.

— Louise, Louise est morte!...

Caroline reprit à voix basse :

— Oh! ne la maudissez pas! Dieu pourrait vous entendre!

Il y eut un silence. Puis l'aveugle reprit :

— Non ! je pardonne... Je pardonne ma vie brisée, mon père abusé ; je pardonne mon mari — ton père bien-aimé, Pierre — se tuant de travail pour nourrir sa femme et son enfant ; je pardonne tout cela ! et je supplie Dieu de prendre en miséricorde celle qui tremble devant son tribunal.

Caroline poussa un cri de joie. Oh ! comme le jésuite l'avait bien stylée.

— Ah ! vous sauvez son âme ! Merci, merci !

— Mais vous, mon enfant, reprit l'aveugle, pourquoi êtes-vous venue ?

Caroline sembla hésiter.

— Je n'ose...

— Parlez sans crainte, fit la veuve de Pierre Sarlat, je n'ai rien à me reprocher ! Vous êtes femme, vous devez être bonne ! Dis-moi, Pierre ! ressemble-t-elle à sa mère ? Tu te souviens, je t'ai montré souvent le portrait de Thérèse ! Elle était bien belle !

Pierre soupirant :

— Mlle de Lustin, dit-il, est le portrait vivant de sa mère !

— Approchez-vous, mon enfant, continua l'aveugle ; vous voulez bien que je vous donne ce nom ? Vous êtes ma nièce, d'ailleurs. Je suis une vieille femme, moi, infirme et aveugle ; entre vous et mon fils, il me semble que j'oublie mes souffrances ! Oui, c'est comme un souffle de jeunesse qui passe sur mon front... Autrefois, là-bas, j'ai eu mes jours de bonheur... moi aussi... Comment vous appelez-vous, ma nièce ?

— Je me nomme Caroline.

— C'était le second nom de Thérèse... pauvre sœur ! elle si gaie, si vive, si énergique ! Quelle horrible mort ! Caroline, dites-moi pourquoi vous êtes venue ?

Caroline, sur un signe de Pierre, auquel elle répondit silencieusement, dit à voix basse :

— Ma tante, la marquise de Lustin m'a confié un mandat... et je viens le remplir...

— Et ce mandat ? demanda Lucie.

— Le voici. Ainsi que je l'expliquais à M. Pierre, à mon cousin, dans les derniers jours de son existence, mais sans que rien pût cependant lui faire prévoir une mort aussi prompte, elle a été saisie de remords et elle s'est confessée à moi... Je sais tout.

La paralytique secoua la tête

— Pauvre femme, murmura-t-elle. Si elle s'est sincèrement repentie, elle a dû bien souffrir.

— Mais, du moins, elle se consolait par une pensée de réparation...

— Que voulez-vous dire ?

— Le courage lui manquait — au moment de

mourir ! — peut-être lui serait-il venu plus tard — pour écrire cette confession... la marquise de Lustin était riche, très riche, possédant je crois deux millions !... et avant la crise morale qui modifia ses intentions, elle avait fait un testament par lequel elle me léguait toute sa fortune...

— Eh bien ! dit Lucie, n'étiez-vous pas en quelque sorte sa fille !

— Attendez ! reprit la jeune fille. Le jour où sa conscience la contraignit à parler, elle ajouta en s'adressant à moi : « Caroline, jure-moi, si je mourais avant d'avoir modifié mes dispositions testamentaires, de ne pas t'en prévaloir. Cette fortune ne m'appartient pas, je l'ai... dérobée à ma sœur Lucie. C'est à elle qu'elle appartient. Donne-moi ta parole — devant Dieu qui t'entend — de ne recevoir cette fortune que pour la lui restituer ! » Et j'ai juré, et si je suis venue, madame, c'est que je suis fière de tenir mon serment, et que je suis accourue pour vous dire : Vous avez souffert ! vous avez noblement supporté la misère ! vous êtes riche maintenant ! vous êtes l'héritière de la marquise de Lustin !...

Et elle se courbait sur les mains de la pauvre femme, en la couvrant de *vraies* larmes.

— Ah ! noble et pure enfant ! s'écria Lucie.

— Ma mère ! s'écria Pierre à son tour, ce sacrifice, nous ne pouvons l'accepter.

— Attends, mon fils, dit gravement la malade.

Elle réfléchit un instant; puis :

— Un mot prononcé par Caroline m'a frappée. Mon enfant, dites-moi, pourquoi donc parlez-vous de misère? Nous sommes heureux!

Pierre tressaillit, et adressant à Caroline un geste suppliant :

— Certainement. Mademoiselle se trompe, dit-il à sa mère.

Mais Caroline, sans tenir compte de ses signes :

— Non! je ne me trompe pas, dit-elle, et aujourd'hui, il faut que toute la vérité se découvre. Non, vous n'êtes pas riches! Que dis je! j'ai appris, pauvre mère, que votre fils, courageux, parvenait, au prix de quels miracles? Dieu seul le sait! à vous tromper généreusement!

— Au nom du ciel, s'écria Pierre, taisez-vous! je le veux!

— Et moi, interrompit sa mère, je veux qu'elle parle! Oh! j'avais déjà cru deviner cela!... Caroline, regardez les murs! Dites-moi quels tableaux y sont accrochés dans leurs cadres d'or!

— Caroline, je vous en prie, commença Pierre.

— Je ne sais pas mentir, dit Caroline en baissant les yeux; il n'y a pas de tableaux!

— Et autour de nous, continua Lucie, des tentures de soie! des statues!

— Rien, rien, que les murailles nues! rien que la pauvreté!

La pauvre mère sentit ses larmes jaillir de ses yeux.

— Pierre, menteur! menteur! s'écria-t-elle. Viens m'embrasser, je t'adore!

Pierre l'entoura de ses bras.

— Mère! elle se trompe, je te jure, balbutia-t-il.

— Je jure, reprit Caroline d'une voix grave, que vous avez, heureuse mère, le plus noble et le plus vaillant des fils! Oui, j'ai dit la vérité parce qu'aujourd'hui... cela est sans danger! Vous êtes riches, riches à millions!

Puis elle ajouta en souriant :

— Vous ne m'oublierez pas, n'est-ce pas? Je veux me retirer dans un couvent; vous me donnerez une dot! Vous voyez, je suis exigeante...

Lucie garda un instant le silence; puis :

— Caroline, dit-elle, écoutez-moi... et dans mes paroles ne supposez ni amertume contre celle qui est morte ni amour-propre ridicule! Cette fortune, au nom de mon fils, au mien, je la refuse!...

— Madame!...

— Je la refuse, reprit la paralytique avec fermeté, et nulle considération ne modifiera ma volonté!... Nous sommes pauvres, je le sais maintenant!... Qu'importe!... Pierre est là et je sais qu'il est courageux et travailleur... Du reste, nous n'avons aucun droit à cette fortune et nous n'en voulons point avoir... Ma sœur vous l'a donnée, elle vous appartient !

Caroline se dressa avec un élan que lui eût envié une actrice du boulevard :

— Mais l'accepter, s'écria-t-elle, serait de ma part un crime !

— Non ! dit Lucie, je vous le répète, elle est à vous !... Je ne puis m'expliquer, dans la crainte que mes paroles ne trahissent ma pensée et ne soient une insulte à une morte qui s'est, dites-vous, repentie !... Ces millions me brûleraient les mains, souilleraient celles de mon fils... Je n'en veux pas !...

— Ma mère dit vrai !... s'écria Pierre à son tour.

Caroline releva la tête avec fierté :

— Et vous voulez que, moi, je conserve cette fortune pour laquelle des crimes ont été commis ? Non, jamais !

— Enfant, dit doucement la malade, vous êtes jeune ! Votre conscience est droite et je vous aime comme si vous étiez ma fille. Vous pouvez purifier cette fortune en l'employant à faire du bien.

— Mais ce bien, aidez-moi à l'accomplir !...

— Oh ! dites-lui bien, ma mère, reprit vivement

Pierre, qu'elle sera toujours ici la bienvenue!

Caroline étendit la main vers Pierre :

— Acceptez la moitié de cette fortune... ou vous ne me reverrez pas.

— Oh! ne dites pas cela! s'écria l'artiste.

— Comprenez-moi bien, ajouta-t-elle avec dignité. Me contraindre à garder une fortune qui, dites-vous, souillerait vos mains... c'est presque m'insulter moi-même.

— Non, elle vous l'a léguée, dit Lucie, elle est à vous!

— Ainsi, reprit Caroline, si elle avait écrit les résolutions qu'elle m'a confiées?...

— Il eût fallu, pour que j'acceptasse ce legs, qu'elle osât écrire de sa main, que c'était une restitution!

Caroline réprima un sourire.

— Alors, votre résolution est inébranlable?.. dit-elle.

— Oui!...

— Adieu donc!... fit la jeune fille en se levant... Vous êtes cruelle pour elle, cruelle pour moi, et aussi... pour votre fils!...

Elle semblait prête à sangloter.

— Mon Dieu!... Mais que dire pour vous forcer à être heureux!

Elle chancelait... Pierre s'élança vers elle.

— Non! laissez-moi, s'écria-t-elle. Adieu, adieu pour toujours!...

Et, comme si elle était emportée par le désespoir, elle courut vers la porte et sortit.

Pierre s'élança vers l'escalier :

— Caroline!... Caroline!... Elle n'entend pas!... Elle fuit!... Ah! ma mère!... je suis bien malheureux!

— Toi? s'écria Lucie... Mon fils!... tu pleures! Pourquoi? pourquoi?

Pierre se laissa tomber à genoux auprès d'elle :

— Parce que c'est l'âme la plus pure, la plus noble! Parce que nous sommes séparés à jamais et que je ne la verrai plus!

La comédie avait été bien jouée. Pierre adorait Caroline de Lustin!

IX

QUELQUES PIÈCES

Tribunal de 1re instance du département de la Seine.

N° du P. 3725.
N° du G. 246.
N° du J. 32.

M. d'Aulnay de Wattelaar invite M. Paul Demory, docteur en médecine, à se rendre à son cabinet, au Palais de Justice, le ..., heure de ..., pour prêter serment en qualité d'expert, par nous commis cejourd'hui, aux fins des opérations dont il lui sera donné connaissance.

Le greffier,

(*Illisible*.)

Nous, d'Aulnay de Wattelaar, juge d'instruction près le tribunal de première instance du département de la Seine,

Vu les articles 32 et 43 du code d'instruction criminelle,

Et le procès-verbal dressé le... par M. le commissaire de police du quartier de Notre-Dame-des-Champs, constatant la mort de la dame veuve marquise de Lustin,

Commettons MM. les docteurs Hippolyte Blanchot et Paul Démory à l'effet de procéder à l'autopsie du cadavre, de rechercher les causes de la mort et de constater tous les indices de crime ou délit; de tout quoi ils dresseront procès-verbal, qui nous sera immédiatement transmis conformément à la loi.

Le juge d'instruction,

A. de W.

Par-devant nous, juge d'instruction près le tribunal de première instance du département de la Seine, assisté de Ernest Jardin, greffier assermenté, en notre cabinet, au palais de Justice, à Paris,

Sont comparus, sur notre invitation par écrit, MM. les docteurs Hippolyte Blanchot et Paul Demory, lesquels, après avoir pris connaissance de notre ordonnance en date d'hier, qui les commet à l'effet de procéder à l'autopsie du corps de la dame veuve marquise de Lustin, ont déclaré accepter la mission que nous leur avions confiée et ont, en conséquence, prêté serment entre nos mains d'en remplir l'objet en leur honneur et conscience.

En foi de quoi ils ont signé le présent avec nous et le greffier après lecture.

Signé : Dr H. Blanchot.
Paul Demory.

L'an mil huit cent soixante, le..., heure de..., par devant nous, d'Aulnay de Wattelaar, juge d'instruction près le tribunal de première instance du département de la Seine, assisté de Ernest Jardin, greffier assermenté, en notre cabinet, au palais de justice, à Paris, ont comparu les docteurs Hippolyte Blanchot et Paul Demory, lesquels ont déposé entre nos mains leur rapport en date de cejourd'hui, relatif à la procédure instruite contre Inconnu, inculpé d'assassinat sur la personne de dame veuve marquise de Lustin.

Après avoir déclaré y persister et en avoir affirmé le contenu sincère et véritable, ont signé avec nous et le greffier.

(Signatures.)

Extrait du journal L'Argus.

« Le Mystère de la rue de l'Ouest. — L'émotion causée dans le quartier du Luxembourg par le crime atroce dont a été victime la marquise de L..., loin de se calmer, augmente tous les jours. Rarement, il est vrai, il a été fait preuve d'une plus grande audace que par les misérables qui, pénétrant la nuit dans une maison habitée, massacrent impunément une pauvre femme, à quelques pas de deux personnes — sa nièce et sa servante — qui reposent et arrivent trop tard à son secours.

« L'affaire a été confiée aux soins éclairés de M. d'Aulnay de Wattelaar, dont la persévérance et l'habileté sont légendaires au palais. Ce magistrat s'est entouré de tous les témoignages qui pouvaient jeter quelque lumière sur cette effrayante énigme, et cependant ce matin encore aucun indice n'avait été recueilli de nature à mettre la justice sur les traces des assassins. Mais aujourd'hui, il semble que les investigations doivent être dirigées sur une piste toute différente de celle que suivait la police. Jusqu'ici, on avait supposé que l'assassinat avait été commis par deux de ces rôdeurs de nuit, le plus souvent forçats en rupture de ban et repris de justice, pour qui Paris est une forêt à travers laquelle ils cherchent les hasards d'une chasse fructueuse.

« Tout semblait se rattacher à cette hypothèse : et lorsque le juge d'instruction ordonna l'autopsie de la victime, nul ne doutait que les hommes de l'art n'eussent à constater que l'instrument du crime avait été un vulgaire eustache de bandit, de ceux que ces révoltés appellent un *surin*.

« Cette opération, dont la gravité et la délicatesse n'échapperont à personne, fut confiée à notre célèbre Hippolyte Blanchot. Mais le grand praticien, — avec une générosité qu'on ne saurait trop louer, — voulut s'adjoindre le confrère qui avait été appelé le premier à constater le crime, c'est-à-dire M. Paul Demory, un jeune savant auquel s'intéressent les plus grandes familles de France, car M. Demory n'est point de ces matérialistes qui, pour sauver l'homme, croient qu'il faut nier Dieu. C'est à la fois un dévoué de la science et de la religion.

« L'autopsie a eu lieu ce matin, et les deux

praticiens ont déposé leur rapport entre les mains du juge d'instruction.

« Or, — on nous pardonnera cette indiscrétion, — le coup, presque instantanément mortel, qui a frappé la marquise de Lustin, a été porté de haut en bas ; la pointe de l'instrument de mort, sous la violence de l'impulsion, a heurté une côte et s'est brisée, tandis que le corps de la lame atteignait et perforait le poumon.

« Les deux savants ont donc découvert dans la blessure environ un centimètre de la lame fatale. Et ici est le détail curieux : cette lame appartient, non pas à un couteau de rôdeur, mais à un bistouri dit droit et à la lame pointue. Ces bistouris, dont la lame est tranchante d'un seul côté, s'articulent au manche ou *chasse* de l'instrument, formé lui-même de deux plaques appelées *jumelles*, par un clou rivé. Comment cet outil médical se trouvait-il entre les mains de l'assassin ? C'est là un des points les plus singuliers que l'instruction s'efforcera d'éclaircir, et avec succès, nous n'en doutons pas.

« Nous nous abstiendrons, on le comprendra, d'insister sur les hypothèses que nous suggère cette découverte. L'homme habile qui dirige le service de sûreté n'est point de ceux auxquels il est nécessaire d'indiquer la voie à suivre ; et nous savons que déjà les soupçons les plus graves pèsent sur certains personnages faisant partie de la redoutable armée des déclassés de Paris. Dans quelques jours, il nous sera permis d'en dire plus long sans entraver les recherches de la justice. »

X

AU CAFÉ DE LA PORTE-MONTMARTRE

A l'estaminet, au premier étage. Vosset, seul, dégustait une absinthe épaisse comme de la boue verte. Aucun changement dans ses allures. Il était toujours laid, sale et misérable.

Il regardait continuellement l'horloge pendue au mur.

— Six heures et demie ! murmurait-il, et ce diable de Paul ne vient pas ! Sapristi ! il devrait pourtant bien comprendre que nous avons besoin de causer. Ce gredin de journal, ajoutait-il en montrant l'*Argus*, m'a fait tourner le sang. Oh ! ces sales journalistes !... Enfin, Paul !

Demory, correctement vêtu de noir, entra vivement, et apercevant Vosset, alla à lui.

— Ne restons pas là... dit-il vivement, allons dans un des petits salons.

— A ton aise ! fit le bossu... Je comprends toujours la prudence, moi !... Garçon, portez mon absinthe là-bas.

Ils s'installèrent.

— Et toi ? qu'est-ce que tu prends ?

— Moi, rien ! fit le médecin.

— Hein ?... Qu'est-ce que tu dis ?... reprit Vosset surpris... Sapristi ? tu n'es pas en public, ici... Nous sommes tranquilles... Allons ! l'absinthe des familles !...

— Non ! je t'assure !

— Et moi, je veux !... Comment, toi ! le maître de la purée ?... Faut pas se rouiller, que diable !... L'absinthe est une amie... donnée par la nature...

— Comme tu voudras ! fit Demory en haussant les épaules avec impatience... Mais quelle singulière idée de m'appeler ainsi d'urgence... Qu'y a-t-il de nouveau ?

Vosset le regarda avec étonnement.

— Ah çà ! mon petit, tu n'es pas aimable ! Et le plaisir de me voir, n'est-il rien pour toi ?...

— Nous aurions pu nous voir demain...

— Ouais ! tu me parais bien tranquille ! Réponds d'abord à une seule question... As-tu lu l'*Argus* ?

— Non !

— Eh bien, alors, lis !... dit Vosset en ouvrant le journal. Tiens, deuxième page, troisième colonne... Goûte-moi ça et dis-moi ton avis...

Demory faisait machinalement son absinthe ; il en but une large gorgée, puis il lut à voix basse l'article que lui a désigné Vosset. Puis le regardant :

— Eh bien !...

Le bossu tressauta.

— Comment ! Eh bien ! la chose te paraît-elle si simple que cela ?

— Je ne vois rien là qui me puisse étonner !...

Le bossu ouvrant de grands yeux :

— La chose est vraie ?

— Absolument vraie ! dit négligemment Demory.

Vosset but une gorgée d'absinthe et manqua d'étrangler.

— Mais alors... ce damné journal dit la vérité !... on est sur la bonne piste...

Demory haussa les épaules.

— Tu crois cela, toi !... Alors qu'ils la suivent... et qu'ils trouvent !

— Ton sang-froid m'exaspère ! fit le bossu. D'abord, il y a là un point qui me chiffonne : pourquoi ne m'as-tu pas dit que la lame de ton satané bistouri s'était cassée !...

— Par une raison fort simple... c'est que je l'ignorais moi-même...

Vosset devint très pâle.

— Voyons, ami, reprit-il d'un ton presque suppliant, ne te moque pas de moi. Parbleu ! je n'ai pas plus peur qu'un autre... et s'il fallait sauter le pas, ma foi ! je tiendrais mon bout comme les camarades ; mais j'aime les situations nettes... oui ou non, a-t-on la preuve que... l'affaire a été faite avec un bistouri ?

— La preuve complète, dit froidement le médecin, puisque c'est moi et mon collègue qui l'avons donnée.

Vosset bondit sur sa chaise.

— Comment, s'écria-t-il, tu n'as pas pu, toi, un malin, toi un savant, tromper l'autre médecin ?

Demory se mit à rire.

— Mais tu es un enfant ! C'est moi, au contraire, qui ai le premier attiré son intention sur le fragment de lame ; c'est moi qui lui ai prouvé que c'était bien un bistouri.

Vosset, ahuri, secouait ses grands bras :

— C'est de la folie !

Demory lui mettant la main sur l'épaule le contraignit au repos, puis :

— C'est un trait de génie, car tu ne sais pas tout.

— Ah ! quoi encore ? repartit le bossu avec découragement ; je m'attends à tout !...

— Ecoute, dit Demory, se penchant vers lui et parlant à voix basse ; ce que je ne t'ai pas dit, car je n'osais même pas me l'avouer à moi-même, c'est qu'après avoir frappé, après avoir senti le choc qui a brisé la lame, j'ai laissé échapper l'instrument...

Vosset poussa une exclamation rauque.

— Où est-il tombé, où a-t-il glissé ?... continua le médecin, je l'ignore...

— Si bien, compléta Vosset qui devenait vert, qu'on peut le retrouver... savoir qu'il t'appartient...

— Voilà où je t'arrête, interrompit Paul. On le retrouvera, ceci n'est pas douteux... Mais connaître son propriétaire, c'est plus difficile ! Je dis plus, c'est impossible ! Tu comprends bien que je ne suis pas assez riche pour avoir une trousse de luxe, à initiales d'or, incrustées dans l'écaille du manche. Et quand je parle de trousse, je n'en avais pas. Un bistouri dans la poche de mon gilet, voilà tout. Et quel bistouri ! Le premier venu, sortant de chez je ne sais qui. Donc, en attirant l'attention sur cette lame, j'ai prouvé, par cela même, qu'elle n'était pas, qu'elle ne pouvait pas être à moi... Qu'on retrouve ou non le manche, je m'en moque. Ah ! mon pauvre Vosset, ne comprendras-tu jamais ce que c'est que l'audace !

Vosset lui tendit la main :

— Ah! sacredié! Tu es fort!

— Je m'en flatte... et pourtant...

Il garda un instant le silence.

— Eh! qu'as-tu donc?... fit le bossu inquiet de nouveau.

— Garçon, une absinthe!... demanda le docteur à haute voix.

— Une seconde! fit Vosset. Prends garde!... Depuis que tu me parles, je devine sous ton calme apparent une fièvre... une exaltation! Je te le répète, prends garde à l'absinthe.

— Sois tranquille!... répliqua Demory qui, ayant versé l'eau goutte à goutte, but lentement, puis posant sa main sur le poignet du bossu :

— Vosset, reprit-il, tu es mon ami, n'est-ce pas?

— Drôle de question!... ricana Vosset.

— C'est parce qu'il faut que je parle; parce qu'il faut que je dise des folies... et que je te défends, entends-tu bien, de rire de moi!

Vosset l'enveloppa de son regard froidement railleur :

— Je ne vois en toi rien qui prête à rire... Tu es de ceux qui effraient, et qu'on ne raille pas...

— Je suis de ceux, s'écria Demory avec angoisse, qui se croient cuirassés d'énergie contre les sensations ; je suis un de ces imbéciles qui prétendent, en se dominant eux-mêmes, dominer le monde... et qui, au premier heurt, perdent l'équilibre et tombent...

— Voyons, Paul! pas de bêtises!... ne bois plus!...

Demory acheva son verre d'un seul coup, puis, brusquement :

— Je l'ai revue!... dit-il; oui, ç'a été comme une apparition fantastique... car il me semble parfois que je me débats dans un enfer!... Ma femme, cette maudite!... était en proie à une crise atroce... elle trouvait dans la fièvre même de ses hallucinations une force inouïe... elle s'était dressée devant moi et, comme je voulais la retenir, elle m'a écarté d'un geste auquel... j'ai honte de le dire... j'obéissais malgré moi... Alors elle me dit : Assassin! ouvrez cette porte!

— Pas si haut, sacré nom de... fit le bossu en tressaillant.

— Je me jetai au-devant d'elle, continuait Demory; il était trop tard, elle avait posé sa main sur la serrure, la porte s'était ouverte... Alors, fou de colère, de terreur (oui, de terreur, car j'oubliais qu'elle était folle!) je me jetai sur elle pour la tirer en arrière... Un nuage de sang passait devant mes yeux... une de mes mains s'était rivée à son cou! Elle se débattait, et avec une vigueur telle, que, dans cette lutte silencieuse, elle m'avait entraîné sur le carré... quand tout à coup passa devant moi celle dont, une fois déjà, le regard brillant, le pâle et admirable visage m'avaient fasciné... elle fixait sur moi ses grands yeux noirs... et, ne sachant plus ce que je faisais, je tenais toujours ma main serrée au cou de ma femme, qui s'abandonnait, suffoquée. Alors cette femme posa ses doigts sur les miens, et fermement, sans un mot, me contraignit à lâcher prise... Claire rouvrit les yeux... les deux femmes se regardèrent... et prise à son tour d'une folle épouvante, Claire jeta ses mains devant ses yeux et s'enfuit, éperdue, dans l'appartement... Nous restions, moi et cette... jeune fille, face à face, immobiles!... ma langue, collée à mon palais, se refusait à laisser échapper une parole... Alors — dis-moi que je n'ai pas ma raison! dis-moi que je suis un aliéné! — Il me sembla qu'elle faisait un mouvement comme pour se jeter dans mes bras... puis, si prompte que je n'eus pas le temps de ressaisir ma volonté qui m'échappait, — elle s'enfuit et disparut... Quand je revins à moi, je courus à la fenêtre de l'escalier; elle traversait la cour, enveloppée dans ses vêtements noirs... sans se retourner... calme! un instant encore, elle avait disparu!...

— Mais de qui me parles-tu donc?
— De celle qui, te dis-je, m'est déjà une fois apparue... au chevet de la morte.
— Caroline de Lustin!

— Oui, de cette femme, qui est maîtresse de ma destinée... de cette femme, que j'aime follement, que je veux, qui sera à moi!... Quand je devrais pour cela!...

Il s'interrompit, et son bras dessina dans l'air un geste de menace.

Il y eut un long moment de silence. Demory avait laissé tomber sa tête dans ses mains.

Vosset le considérait attentivement, puis il lui posa la main sur l'épaule :

— Paul, dit-il d'une voix lente, tu m'as demandé si j'étais ton ami. Je vais te répondre, et tu ne douteras plus de moi. Car je suis, avant tout, lié d'intérêts avec toi... Laisse-moi te rappeler nos conventions... J'ai pris hypothèque sur ton avenir, sur ton énergie, sur ton talent.

Demory haussa les épaules.

— Ouais, reprit le bossu, le moment te paraît mal choisi pour te parler d'affaires... mais tu te trompes, et d'un mot, je vais te le prouver!... Si tu aimes cette femme, tu es perdu...

— Folie!...

— Tu es perdu, ajouta-t-il à voix basse et à peine perceptible, parce que tu tueras ta femme pour être libre et pour épouser Caroline de Lustin!...

— Oh! malédiction sur ce lien qui me pèse! fit Paul en serrant les poings.

— Et qui te sauve! interrompit Vosset; car tu vois en Caroline de Lustin celle dont je t'ai parlé, l'héritière des millions de la marquise. Eh bien, sache-le, j'ai appris — en écoutant aux portes de M⁰ Delorme, mon honoré patron — que la marquise l'avait déshéritée!

— Eh! que m'importe!

— Ce qu'il t'importe? Ceci seulement : c'est que si, par hasard, par un de ces décrets de la Providence contre lesquels se brise la volonté humaine (tu vois que je suis orthodoxe), tu avais le malheur de devenir veuf... et d'épouser Mlle de Lustin, non-seulement tu traînerais la misère, mais de plus tu te serais rivé au pied un boulet dont tu ne soupçonnes pas la lourdeur... Je ne l'ai vue que deux fois. Oui, elle est belle! oui, elle appelle la passion! Cette femme, c'est l'ivresse plus terrible que celle de l'absinthe! C'est le caprice, c'est la volonté qui n'admet pas d'obstacles, c'est la fantaisie despotique, c'est l'avidité du luxe et de toutes les jouissances mondaines!... Que ferais-tu pour lui obéir?... Souviens-toi de ce que déjà tu as fait, et vois que la main de cette femme te jetterait dans un abîme dont nulle puissance humaine ne pourrait te retirer...

— Que m'importe, te dis-je! s'écria Demory avec exaltation ; je l'aime!...

Vosset, après avoir un moment réfléchi, reprit :

— Voyons donc d'abord! Dans ce que tu m'as raconté tout à l'heure, il y a un point obscur... Tu m'as parlé de l'apparition subite de Caroline, au moment où tu serrais le cou de ta femme... Ceci se passait dans ta maison, sur ton palier... Comment diable cette jeune fille se trouvait-elle là? Est-ce qu'elle était venue exprès pour assister à cette petite scène de famille?...

Demory eut un mouvement d'impatience.

— Le hasard a tout fait.

— Pardon. Encore faut-il qu'il soit un peu aidé par la volonté... on ne se rencontre pas dans un escalier comme sur un boulevard... Elle allait quelque part, elle venait de quelque part. Est-ce pour toi qu'elle se trouvait là? Etait-ce pour un autre? Je pense que tu as interrogé ton portier...

— Elle était venue apporter des secours à une femme infirme, aveugle et paralytique, qui demeure au-dessus de moi...

— Signe d'un bon cœur, ricana Vosset... Et cet intéressant débris vit seul?...

— Tu me fatigues avec tes questions.

— Réponds tout de même.

— Cette femme demeure avec son fils, un sculpteur.

— Et tout ce monde se nomme?...

— Sarlat, je crois.

Vosset eut un soubresaut :

— Sarlat!... un sculpteur!... mais... mais!...

— Eh! que peut te faire ce nom?...

Vosset reprit, après un instant de silence :

— Rien!... Revenons à toi... Mon petit, tu aimes Caroline de Lustin, et tu as cru remarquer que tu ne lui étais pas indifférent. On ne raisonne pas avec la passion, et je vois que tu es rudement pincé... Mais veux-tu écouter un bon conseil?... Ne pense pas à épouser cette femme... pour toutes sortes de raisons dont la plus grave est celle-ci : c'est que, fusses-tu veuf, elle ne voudrait pas de toi pour mari... mais...

— Achève...

— Aime-la à ton aise et fais-en... ta maîtresse... seulement attends un peu... dans ton intérêt et le mien...

Demory, sans l'écouter, murmurait, les dents serrées :

— Oh! pourquoi me suis-je enchaîné à cette femme!

— Ta femme, mon cher, dit sèchement Vosset, est ta sauvegarde... pas de sottises! et n'y touche pas... ou je te jure... moi, Vosset!... que tu auras affaire à moi!...

— On dirait que tu me menaces!

— Peut-être...

— Prends garde! fit le docteur qui était devenu plus pâle encore.

— A quoi ? riposta insolemment le bossu. Ah çà ! est-ce que tu te f... de moi ! Que peux-tu contre moi ! Je suis un avorton, un rabougri, un ratage de la nature... mais je ne suis pas un niais... et tu oublies trop que... tu ne me prendras pas sans vert !...

Demory lança un violent coup sur la table :

— Misérable ! s'écria-t-il.

Le garçon accourut.

— Ces messieurs appellent ?

Demory redevint tout à coup maître de lui-même.

— Voilà vingt francs, fit-il, payez-vous.

Plus un mot ne fut échangé entre les deux hommes.

Ils sortirent du café et se trouvèrent sur le boulevard. Ils marchaient côte à côte dans la rue Montmartre.

— Eh bien ! Paul, redeviens-tu raisonnable ? dit Vosset très calme.

Demory s'arrêta brusquement, et lui saisissant les deux poignets :

— Je l'aime, dit-il... et je veux qu'elle m'aime.

Et sans attendre la réplique de son complice, il s'élança sur la chaussée, se jeta dans une voiture qui passait et disparut.

Vosset, resté seul, réfléchissait :

— Est-ce que j'aurais fait un mauvais placement ?

se demandait-il. Heureusement je veille. Voyons! Ce nom de Sarlat, je l'ai parfaitement entendu prononcer par Mᵉ Delorme. Cette Caroline ne me paraît pas une niaise. Si la déshéritée est allée chez l'héritier, c'est qu'elle a inventé quelque truc ingénieux. Tout cela est à examiner. Allons, ami Vosset, tu as hypothèque sur Demory; il faut en tirer le plus fort parti possible. Ouvrons l'œil!

Et il s'en allait lentement, marmottant des mots confus.

XI

TOILE D'ARAIGNÉE.

Revenons dans la maison de la marquise de Lustin.

Caroline est assise. Le P. Grapet est devant elle.

— Ainsi, mon enfant, dit le jésuite, votre plan réussit à merveille... et, dès aujourd'hui, nous sommes certains du succès...

Caroline secouait la tête.

— Soit! je m'abandonne à vous!

— Mais, en vérité, je ne vous reconnais plus... d'où vous vient cette indifférence subite... il s'agit de quatre millions...

Caroline l'interrompit avec impatience.

— Laissons là... mon indifférence ou mon enthousiasme ; et racontez-moi votre entrevue avec ces vertueuses gens...

Le P. Grapet l'examina un instant avec une curiosité inquiète, puis :

— Ainsi que je vous l'avais dit, reprit-il, la position de ce Pierre Sarlat est désespérée. Il est criblé de dettes. Je n'ai pas eu de peine, en faisant agir un de nos affiliés, à décider un de ses créanciers, le plus important, à agir sans retard... Justement il avait obtenu un jugement et, ce matin, à la première heure, l'huissier s'est présenté pour saisir...

Caroline eut un mauvais sourire.

— Scène dramatique, je suppose !

— Vous comprenez bien, continua le jésuite, que je n'assistais pas au début... Je ne devais apparaître qu'après avoir laissé à la douleur le temps nécessaire pour qu'elle arrivât à l'état aigu... et j'ai si bien calculé mon entrée, qu'au moment même où je me trouvais à la porte, Pierre criait à l'officier ministériel : « Mais, vous voulez donc tuer ma mère !... » De fait, cet huissier est un homme précieux, et c'est plaisir que de lui confier des affaires délicates... Il était occupé à saisir le fauteuil sur lequel la paralytique est clouée depuis si longtemps et, en homme consciencieux, il avait passé la main derrière le dos de la malade pour s'assurer si le meuble était rembourré d'étoupe ou de crin...

— Passez sur ces détails, je vous prie, fit Caroline avec dégoût.

« J'entrai. Pierre, très pâle, semblait prêt à se jeter sur l'huissier. Quant à la mère, elle avait de grosses larmes qui coulaient sur ses joues ridées. A ma vue, l'huissier s'était brusquement arrêté et m'avait poliment salué. « Que se passe-t-il ici ? demandai-je. — Je remplis une des douloureuses missions de mon ministère... je saisis. — Pour une dette? — Pour un billet à ordre. — Que vous est-il dû? — Le capital est de soixante francs, les frais se montent à cent quatre-vingt-deux francs soixante-dix-huit centimes. » Je lui présentai un billet de cinq cents francs. « Payez-vous ! » dis-je froidement. Pierre s'écria : « Mais, monsieur, pourquoi ? » De mon meilleur sourire, je le rassurai en lui disant : « Occupez-vous d'abord de votre chère mère ; puis je vous expliquerai tout. Mon caractère vous prouve que je n'agis pas à la légère. » Pendant ce temps, l'huissier me comptait l'argent restant ; quand il me le remit, je le posai sur un escabeau : le seul siège d'ailleurs qui se trouvât dans l'atelier. Puis j'attendis que le praticien m'eût remis le dossier, après quoi il salua humblement et sortit avec ses acolytes.

« Pierre embrassait sa mère sans lui parler,

« — Monsieur, lui dis-je, pardonnez-moi d'être intervenu dans une circonstance aussi pénible. Mais c'est Dieu qui m'a conduit ici et je lui rends grâce.

« Pierre vint à moi.

« — Monsieur, me dit-il à son tour (remarquez qu'il ne dit pas mon père! — ce qui prouve que nous avons affaire à un libre penseur), vous venez de me rendre un de ces services qui ne s'oublient point, bien que je ne comprenne pas encore pourquoi vous avez agi ; croyez à ma reconnaissance. Quant à cet argent, si vous voulez bien m'accorder un délai, je vous le rendrai, soyez-en certain, je m'y engage d'honneur.

« Je lui tendis le dossier.

« — Vous ne me devez rien, monsieur.

« — Comment ?

« — De plus, je vous prie de prendre avec la petite somme que nous a rendue cet homme, ces cinq cents francs qui portent le chiffre reçu par vous à mille francs.

« Pierre semblait étourdi comme s'il eût reçu un coup violent sur le crâne. Il balbutiait :

« — Et ces mille francs, repris-je, ne sont qu'un acompte sur la somme dont je vous serai ou plutôt dont ma communauté vous sera redevable.

« Il se passa un fait singulier. Pierre, sans répondre, laissa tomber sa tête dans ses mains et pleura. Je repris :

« — Je m'explique, monsieur. Vous êtes sculpteur, et permettez-moi d'ajouter : vous êtes un homme de talent. Je suis le provincial de la maison des Fidèles du Purgatoire. Nous désirons pour notre chapelle un groupe de marbre dont le sujet vous sera amplement expliqué par notre P. supérieur, dès que vous lui aurez fait l'honneur de lui rendre visite. Vous le voyez donc, cette petite somme, qui, par la permission de Dieu, vous arrive, je crois, fort à propos, vous appartient et ma démarche vous est suffisamment expliquée pour que, je l'espère, elle ne vous blesse pas.

« Pendant que je parlais, Pierre Sarlat avait relevé la tête. Le visage de l'aveugle rayonnait.

« — Pour quel moment devrai-je annoncer votre visite au père supérieur? demandai-je.

« Pierre tressaillit comme s'il sortait d'un rêve.

« — Excusez-moi, monsieur, dit-il, si mon trouble me permet à peine de vous adresser les justes remerciements auxquels vous avez droit... Mais, dites-moi, je vous en prie, comment votre communauté a-t-elle songé à me confier cet important travail?

« — Rien de plus naturel de penser aux plus dignes !

« — Monsieur, j'ai le bon vouloir, la main sûre, la légitime ambition du travailleur convaincu... Mais je vous le dis franchement, je suis un inconnu... il faut, c'est évident, que quelqu'un... ait bien voulu me recommander à vous...

« — Je ne sais si je dois !...

« — Oh ! je vous en supplie ! Tenez, avec un homme de votre caractère, j'ai le devoir de la franchise... Je suis dans une crise douloureuse, et j'ai trop bien éprouvé que les malheureux n'ont pas d'amis pour ne pas vous supplier de me nommer le protecteur inconnu auquel je devrai... le salut de ma mère...

« — Je ne suis pas autorisé à parler !...

« Pierre se tut un instant. Puis, allant à sa mère, il lui dit quelques mots à voix basse, et revenant vers moi :

« — Si je nomme la personne qui a conçu cette généreuse pensée, vous ne refuserez pas de confirmer ma supposition ?...

« — Dieu nous défend de mentir, fis-je en souriant.

« — Et qui donc, s'écria-t-il avec élan, qui donc aurait songé à venir en aide au pauvre artiste, à lui tendre la main, tout en respectant sa dignité, sinon celle qui, hier même, venait généreusement lui offrir une fortune, à laquelle il ne se reconnaissait aucun droit... sinon cet ange de générosité, de noblesse, qui s'appelle...

« Il s'arrêta un instant ; mais sa mère acheva :

« — Caroline de Lustin !...

« Je tenais mes yeux fixés sur le visage de Pierre Sarlat... Je savais que ce nom allait être prononcé, et j'étudiais l'effet qu'il devait produire... Oh ! mon enfant ! comme il vous aime !... »

— Enfin... qu'avez-vous répondu ?... demanda froidement Caroline.

— Il est des moments, continua le jésuite, où le silence est la plus fine de toutes les réponses... je me contentai de m'incliner, en répétant ma demande au sujet du rendez-vous sollicité par notre supérieur... mais Pierre ne me tenait pas quitte. Il m'entraîna sur le palier, et là... mais à quoi bon vous répéter tout cela ! vous devinez, n'est-il pas vrai ? que, méconnaissant quelque peu mon caractère religieux, ce jeune homme qui croyait, bien entendu, conserver une parfaite discrétion, m'avoua qu'il éprouvait pour vous un respect qui touchait à l'adoration... En vain je cherchais à m'échapper, quand, par bonheur, un incident important vint me délivrer : le concierge montait une lettre à l'adresse de M. Pierre Sarlat. D'un coup d'œil je découvris sur l'adresse ces mots timbrés à l'encre bleue : « Étude de M⁰ Delorme, notaire. »

Je me hâtai de m'esquiver! Donc, mon enfant, Dieu bénit nos efforts et...

Depuis un instant, Caroline s'était levée et était allée à la fenêtre dont elle avait soulevé un rideau. Tout à coup elle tressaillit.

— C'est bien ! je n'oublierai pas mes promesses, dit-elle vivement. Maintenant... laissez-moi seule.

Le père Grapet parut piqué d'un congé si brusquement donné.

— Au moins, dit-il, n'oubliez pas que l'ouverture du testament a lieu demain chez Me Delorme...

— Je n'oublie rien, dit Caroline impatiente, Mais allez! allez donc!

— Ouais ! Que se passe-t-il, se demandait le jésuite, et qui donc attend-elle?

Il eût voulu temporiser; mais Caroline le conduisit à la porte, qu'elle ouvrit. Il s'inclina et sortit; il descendit lentement l'escalier.

A ce moment, on sonnait à la porte extérieure. Catherine ouvrit.

Paul Demory parut sur le seuil. Le jésuite passa devant lui en le saluant.

— Cet homme ici! murmura-t-il. Que vient-il faire! Oh! qu'on n'essaie pas de me jouer... car alors!

Il n'acheva pas sa pensée et sortit.

XII

DEUX FORCES

Au moment où Paul Demory entrait dans la pièce où se trouvait Caroline, il s'arrêta. La jeune fille, protégée par l'ombre des rideaux, semblait, dans ses vêtements noirs, une forme mystérieuse. Tous deux étaient pâles comme des statues de marbre. Ils restèrent ainsi pendant quelques instants, immobiles et silencieux.

Demory s'inclina respectueusement.

— Mademoiselle, dit-il, vous m'avez fait l'honneur de me mander auprès de vous.. Je me suis hâté de me rendre à vos ordres...

Caroline s'avança et lui désigna un siège :

— Dites à ma prière... rectifia-t-elle.

En prononçant ces quelques paroles banales, il semblait qu'ils eussent épuisé toute leur énergie. Paul restait debout, le chapeau à la main, appuyé au fauteuil. Et toujours ces deux êtres tenaient leurs yeux rivés aux yeux de l'autre. On eût dit un croisement de rayons.

Enfin Caroline s'assit la première, en engageant Paul Demory à l'imiter. Il parut n'avoir pas compris.

— Je vous dois cependant des excuses, monsieur, ajouta Caroline, et peut-être ma demande vous a-t-elle paru bien étrange...

— Non, certes! dit Demory, d'une voix mal assurée. N'ai-je pas été mêlé à de tristes événements, dont vous avez cruellement souffert... Bien que je ne devine pas de quelle utilité peut vous être ma présence, cependant j'ai cru comprendre que vous aviez quelque renseignement à me demander...

Caroline étendit la main, prit l'*Argus* et le lui présenta.

— Avez-vous lu ce journal, monsieur?

Demory réprima un léger tressaillement, puis, avec l'allure la plus naturelle, il s'assit à son tour :

— Vous voulez sans doute parler de l'article relatif à l'opération médicale dont j'ai été chargé, avec un de mes collègues ?

— En effet, monsieur.

Demory avait repris tout son sang-froid.

— J'attends vos questions, mademoiselle, et me déclare prêt à y répondre.

— Vous me pardonnez donc d'avance mes curiosités ? dit la jeune fille. Hélas! bien naturelles;

car, plus que personne, je désire, je veux que la mort de ma bien-aimée tante soit vengée!

— Ah! fit Demory vivement.

Caroline baissa à demi les yeux.

— Fut-il jamais crime plus infâme!... car je n'en puis douter, il avait le vol pour mobile... en fut-il jamais de plus lâche !

Demory, au mot « infâme » avait frémi, au mot « lâche » il se dressa comme sous la détente d'un ressort.

Caroline, feignant de n'avoir rien remarqué, parlait à voix basse.

— Oui, bien lâche! tuer une pauvre femme à qui Dieu mesurait la vie... qu'avaient-ils à craindre d'elle?

Demory s'oublia.

— Mais ses cris pouvaient attirer...

Il s'interrompit brusquement.

Caroline continuait, dans la même attitude :

— Defendez-vous donc ces assassins?

— Moi!... s'écria Paul ; je ne puis avoir cette pensée! Cependant, plus d'un criminel a prouvé, devant l'échafaud, qu'il n'était pas un lâche!...

— Je ne discute pas... Ce n'est ni mon droit ni ma volonté... Vous permettez pourtant à celle dont on a frappé la bienfaitrice, la meilleure amie... de mépriser et de haïr les meurtriers... Mais j'abuse de vos instants, et je me hâterai de vous adresser les quelques questions que vous avez bien voulu autoriser...

— Je suis à vos ordres, fit le médecin en s'inclinant.

Caroline leva sur lui ses grands yeux noirs.

— Dites-moi, franchement, je vous prie, répondit-elle, si les renseignements donnés par ce journal sont exacts.

— Il est des points sur lesquels je ne pourrai point vous répondre, n'étant pas dans le secret de l'instruction.

— Aussi ne parlé-je pas que des constatations médicales. Est-il réel que, selon vous, selon votre savant confrère, le coup ait été porté avec un bistouri?

— C'est en effet la conclusion de notre rapport, dit Paul avec sang-froid, croisant son regard avec celui de la jeune fille.

— Alors, selon vous, le crime a été commis par un médecin ?

— La conclusion n'est pas obligatoire.

— Si je ne me trompe, cependant, le... bistouri appartient spécialement aux médecins...

— Mais celui qui en était porteur ne peut-il l'avoir trouvé... volé ?

Caroline sourit.

— C'est tout au moins invraisemblable, du moins à mon humble avis.

Demory ne put réprimer un léger mouvement d'impatience.

— Encore une fois, mademoiselle, dit-il, les déductions à tirer du fait rentrent dans la spécialité des policiers et des magistrats. L'homme de l'art se borne à constater et ne se permet aucune hypothèse.

— Je le comprends, interrompit Mlle de Lustin. Mais, revenant à ce que dit ce journal, la lame de l'instrument se serait brisée, si bien...

Elle parlait lentement et en pesant sur les mots.

— Si bien, acheva-t-elle, que l'autre partie de la lame, celle qui est adaptée à un manche, a dû être emportée par l'assassin, à moins que...

Demory, les yeux grands ouverts, la regarda fixement.

— A moins que ?... demanda-t-il d'une voix brève.

— A moins que, dans le trouble, l'arme de mort ne se soit échappée de ses mains... qu'elle ne soit tombée... dans les draps, auprès du lit.

Demory sentait son front se glacer. Cependant il reprit d'un accent qu'il s'efforça de garder calme et froid :

— Tout est possible.

— Et la découverte de cette arme, continua la jeune fille, serait une preuve terrible contre l'assassin.

Était-ce une attaque directe, ou bien la jeune fille parlait-elle au hasard ?

Demory attendait.

— Votre désir de vengeance, dit-il, vous suggère une illusion que j'ai le regret de vous enlever, mademoiselle. Tous les bistouris se ressemblent.

— A moins, reprit-elle vivement, qu'ils ne portent quelque signe. Par exemple, des initiales gravées dans l'écaille.

Demory encore une fois parla malgré lui.

— Il n'y avait pas d'initiales... laissa-t-il échapper.

Caroline parut n'avoir pas remarqué l'étrangeté de cette affirmation.

— Sur la partie de lame que vous avez recueillie dans la blessure, je n'en doute pas, dit-elle... je parle de la poignée de l'arme... Supposons qu'elle se retrouve... Supposez que, par un hasard imprévu, par une de ces circonstances qui défient toute précaution, on reconnaisse à qui appartenait ce bistouri. Alors ne pensez-vous pas que la victime soit vengée ?

Demory se mordait les lèvres jusqu'au sang.

— Je suis médecin, mademoiselle, dit-il durement, et non juge instructeur ! Qu'on arrête l'assassin et qu'on le tue, que m'importe, à moi !

Il était livide. Il se sentait faiblir. De larges gouttes de sueur roulaient sur son front blême.

Caroline, impassible, semblait se faire un jeu de ses angoisses.

— Eh bien, reprit-elle d'un ton ironique, voici que, comme moi, vous êtes sans pitié pour lui.

— Sans pitié! s'écria Demory avec force, non, ne dites pas cela! Qui sait de quelle somme de souffrances, de tortures se compose le crime commis! Qui sait par quelles angoisses, par quelles fatalités celui que vous appelez un infâme a été poussé violemment sur la voie terrible!... qui sait même si ce n'était pas un de ces vaillants qui renversent l'obstacle, quel qu'il soit, pour atteindre le but qu'ils se sont fixé!

A cette voix qui vibrait, Caroline s'était levée à son tour. Qu'allait-elle répondre? Tout à coup, Catherine entra vivement.

— Madame, dit-elle, c'est la police!

— La police! s'écria Caroline, que veut-elle encore!... Ne suis-je donc pas chez moi!

Un commissaire de police, suivi de deux autres personnages et de son secrétaire, parut sur le seuil. Ce n'était pas celui qui avait procédé aux premières constatations. Celui-ci gras, rose, à la calvitié luisante, s'inclina avec un doux sourire.

C'était le commissaire aux délégations judiciaires.

— Mademoiselle, dit-il avec une exquise politesse, en vertu d'une commission rogatoire de monsieur le juge d'instruction, je viens procéder, dans la chambre de feu M*me* la marquise de Lustin, à une perquisition jugée indispensable... Veuillez excuser le dérangement que je vous cause... et assister à cette opération.

Demory se tenait debout, impassible en apparence.

— Je suis à votre disposition, monsieur, répondit Caroline... mais, à votre tour, voudriez-vous me faire savoir quel est le but de cette perquisition?

Le commissaire, avant de répondre, se retourna vers Demory, et, d'un ton interrogatif :

— Monsieur est de vos parents? demanda-t-il.

— Le docteur Paul Demory, fit la jeune fille avec un geste de présentation.

La figure du magistrat s'éclaira :

— Ah! docteur, dit-il, très heureux de faire votre connaissance... C'est votre rapport si lumineux, si remarquable qui a décidé monsieur le juge à me confier cette mission.

Demory s'était avancé :

— Ainsi.... vous venez rechercher..., commença-t-il.

— Si l'assassin n'a pas laissé tomber le manche de l'instrument chirurgical dont vous avez retrouvé la pointe.

Caroline intervint vivement.

— La chambre, dit-elle, est encore dans l'état où elle se trouvait dans la nuit du crime.

Demory la regarda.

Une pensée subite venait de traverser son cerveau.

— Alors, fit-il lentement, si le fait supposé s'est produit, il y a toute espérance de réussir...

Caroline détourna la tête et, s'adressant aux magistrats :

— Veuillez donc procéder, messieurs... dit-elle de sa voix la plus calme.

— Quoi que cet effort doive vous coûter, dit le commissaire, je vous demande — ainsi que je vous l'ai dit — d'assister à cette perquisition... ainsi que monsieur le docteur.

Demory s'inclina pour toute réponse. Mais quelles terribles réflexions surgissaient en lui.

— Allons! pensait-il, c'est l'épreuve décisive. Que pas un muscle de mon visage ne tressaille, que pas un tremblement n'agite mon corps... Nature! obéis-moi!

Ils passèrent dans la chambre de la marquise. Un couvre-pied de soie noire avait été jeté sur le lit, mais rien n'avait été changé, le *bonheur du jour* lui-même n'avait pas été refermé. Le commissaire et son secrétaire procédèrent méthodiquement à leurs recherches. D'abord ils soulevèrent les rideaux en les secouant ; puis ils suivirent attentivement le pied de la muraille. Les inspecteurs dérangeaient un à un les divers meubles. Le secrétaire prenait des notes.

— Rien, jusqu'ici, dit le commissaire. Du reste, c'est évidemment sur le lit ou auprès de ce meuble que serait tombée l'arme, si tant est que le fait ait eu lieu. Soulevez les matelas un à un avec précaution, ajouta-t-il en s'adressant à ses hommes.

Demory comprit qu'il fallait parler à tout prix.

— Le manche du bistouri, dit-il, est fait le plus souvent de corne ou d'écaille. La teinte peut facilement se confondre avec celle du meuble.

— Mais, monsieur le commissaire, fit Caroline à son tour, quand vous le retrouveriez, est-ce que tous les bistouris ne se ressemblent pas ?

Le commissaire interrompit un instant ses recherches, étant trop galant homme pour ne pas répondre :

— En effet, dit-il, nous le croyions aussi ; mais une circonstance insignifiante en apparence donne le plus grand intérêt à cette recherche...

Demory sentit un frisson le secouer tout entier :

— Que voulez-vous dire ? demanda-t-il, en conservant cependant son calme.

— Le fragment de lame, dit le commissaire, a été représenté ce matin à trois grands fabricants de Paris... et l'un d'eux l'a reconnu pour sortir de ses magasins...

— C'est impossible ! s'écria Demory, s'oubliant.

Le commissaire pinça les lèvres.

— En thèse générale, oui, reprit-il avec dignité... Dans le cas particulier, non... Et ici, monsieur le docteur, je vais vous révéler un secret de fabricant qui a son importance : le fabricant en question avait eu l'idée — que je constate, sans la discuter — d'essayer un alliage nouveau pour l'acier de la lame de ses instruments... Ses expériences, croyait-il du moins, lui avaient prouvé qu'ils joindraient à des qualités de bon marché exceptionnel une solidité plus grande... Mais, craignant de se tromper, il n'en a lancé dans le commerce qu'un petit nombre. Dans l'intérieur du manche, il a inscrit un numéro d'ordre, et ce numéro se retrouve sur son registre, à côté du nom de l'acheteur.

Cette fois, Demory eut peur... Etait-il donc perdu ?... Cependant énergique jusqu'au bout :

— Et vous avez vu le registre ?... demanda-t-il.

— Il y a une centaine de noms. Et tenez, il me semble que j'ai vu le vôtre, docteur.

Demory, dont le palais sec avait peine à laisser passer les mots, reprit :

— Je possède une dizaine de bistouris... il m'est impossible de deviner le nom de ce fabricant... à expériences.

— C'est Léotaud. (A ses hommes.) Maintenant, démontez le lit... et attention.

On entendait le grincement des vis qui tournaient dans leur alvéole.

Demory, le cœur serré, les joues blanches, s'appuyait au dossier d'une chaise, songeant :

— Le bistouri est là... c'est ma dénonciation ! Si je fuyais... Comment m'échapper ? Non ! il est mieux de rester, de faire face à l'attaque... De l'audace, donc ! Non, j'ai peur... j'ai peur !...

A ce moment, Caroline était devant lui, lui tournant le dos. Tout à coup il vit qu'elle plaçait derrière elle sa main ouverte, et dans cette main... Demory vit... le manche du bistouri !

Elle l'avait trouvé, elle ! et elle ne l'avait pas dénoncé !

— Décidément, nous ne trouvons rien, dit le commissaire. Aussi bien, c'eût été un hasard trop grand... J'avoue que je n'y comptais pas... (A ses hommes.) Remettez toutes choses en état. Mademoiselle, il me reste à m'excuser de ce dérangement... et vous, docteur, n'oubliez pas le renseignement que je vous ai donné, un de vos bistouris n'est pas à l'épreuve d'un choc violent.

— Merci, dit Demory d'une voix étranglée. Je m'en souviendrai.

Le secrétaire avait achevé ses notes. Le commissaire aux délégations s'inclina devant Caroline et Demory, puis il donna le signal du départ. Un instant après, Mlle de Lustin et le docteur se trouvaient seuls.

Demory était debout, livide. Cependant, peu à peu, l'audace lui revenait. Il contemplait Caroline, qui, elle aussi, le regardait en face.

Alors il s'inclina devant elle, disant :

— Que m'ordonnez-vous, mademoiselle ?

— De vous confesser à moi... sans une hésitation, sans une réticence...

— J'obéis. Qu'ai-je à vous apprendre, d'ailleurs... Je suis... l'assassin !

— Je le savais, dit la nièce de la morte, depuis le moment où vous m'êtes apparu... ici même... au chevet de la morte !...

— Mais comment !...

— Un rayon de lune avait frappé le visage de l'assassin !...

— Ah ! malédiction ! fit le médecin les poings serrés.

Caroline montra la fenêtre.

— Alors qu'à ce balcon, continua-t-elle, une femme, vêtue en robe de mariée, épiait son mari, qui tuait...

— Vous savez !

— Tout !... Parlez, maintenant !... pourquoi avez-vous tué ?

Demory parla d'abord d'un accent désespéré. Puis, peu à peu, sa voix s'affermit ; il s'exaltait, il s'emportait.

— Pourquoi ?... Le sais-je moi-même ? Est-ce que l'homme qui fait... ce que je faisais alors, n'est pas en proie à une fièvre plus puissante que sa volonté ? J'avais aux paupières des étincellements rouges ! Elle a crié ! j'ai frappé !... voilà tout...

— Je le sais, dit froidement Mlle de Lustin, puis que j'étais là !

— Vous... mais où donc ?

— Ici, cachée dans les replis sombres des rideaux... J'ai tout vu...

Demory, stupéfait, se demandait s'il ne devenait pas fou à son tour.

— Et vous n'avez pas appelé ! Vous n'êtes pas intervenue !...

— Vous m'auriez tuée !...

— Non ! oh ! non, je vous le jure ! s'écria Demory.

— Continuez... je veux savoir pourquoi le docteur Paul Demory s'était allié à un misérable qui crochetait une serrure... pourquoi, devant sortir d'ici meurtrier, il était entré voleur !

Demory eut un tressaillement violent.

— Voleur, soit... Aussi bien, tout à l'heure, vous avez dit que l'assassin était un lâche! Cet assassin, c'est moi!... Vous pouvez me livrer, je me livre moi-même. Pourquoi j'étais entré ici?... Parce que depuis dix années, je luttais contre la plus épouvantable des fatalités; parce que je jetais mon honneur et ma vie sur le tapis vert du hasard; parce que la misère m'était horrible et que j'avais juré d'y échapper... parce qu'enfin mon passé était là qui m'avait saisi à la gorge et qui me criait de choisir entre le crime... ou le suicide!... Les faibles se tuent, désertent! Les forts... attendez, voici ce qu'ils font :

« C'est ce passé que vous voulez savoir. Il faut que vous me connaissiez tout entier. Je suis un orphelin. Je n'ai pas connu mon père. Ma mère qui m'a élevé, était de caractère énergique, ambitieux; elle n'avait rien, pas de ressources... mais elle avait mis en moi toutes ses espérances, toutes ses passions d'avenir. Comment elle parvint à m'élever! Comment elle m'inocula la volonté qui soutenait son corps débile et devant laquelle si longtemps la mort recula, je n'en sais rien... je ne le comprends pas! Mais quand un jour elle tomba, vaillant soldat de la maternité, elle me léguait son esprit de persévérance... elle me disait à son lit de mort : « Il n'y a pas d'obstacles, il n'y a que des lâches! » Et je me mis à l'œuvre... Je voulais être, je voulais dominer, je voulais surtout, ô folie de jeune homme!... dominer le monde; la science m'attirait!... non que je fusse un de ces sentimentaux qui veulent sauver l'homme! je me souciais bien de lui... mais la science me semblait le levier qui peut soulever l'univers... Oh! que de nuits passées dans le froid, sans un morceau de pain! Tenaillé par la faim, torturé par la fatigue, entraîné par le sommeil, à ces ennemis ligués contre moi et qui voulaient me faire plier, je répondais fermement : Non! et je me redressais!

« Je n'ai pas crié grâce, j'ai lutté... et un jour vint où je crus que j'avais vaincu. Paul Demory avait conquis le titre de docteur. (Eclatant de rire.) Stupide ironie!... j'étais proclamé savant entre tous! Oui, ma thèse avait obtenu un éclatant succès! En me conférant mon titre, on m'avait félicité; j'étais appelé au plus admirable avenir! et le lendemain j'étais seul, dans ma chambre où le papier pendait aux murailles, où le vent pénétrait par les carreaux brisés... J'étais là, la tête bourdonnante de projets, d'espoir amer... et n'ayant pas un sou!...

« Cependant j'avais une arme, la science! la Société me devait une place! De la hardiesse et j'avais la gloire, la fortune! Ah! qui donc soufflettera un jour, en pleine face, ces égoïstes et ces hypocrites qui écrasent la jeunesse sous le poids de leur malveillance !... J'étais docteur ! oui... mais qui donc songeait à moi !... qui donc m'eût prêté quarante sous pour m'aider à vivre ! Pour ceux qui me connaissaient, j'étais un rival dangereux, un épouvantail ! Devant toutes les portes où je frappai, il y avait une sentinelle dressée, qui me criait : Halte-là ! ceci est à moi ! on ne passe pas. Pour qui ne me connaissait pas, qu'est-ce que j'étais ? un misérable, un pauvre. Pauvreté n'est pas vice ? C'est pire !... Pauvre on meurt, vicieux on vit. Je voulais vivre.

« Ah ! quelle révélation ce fut pour moi, quand j'entrevis que tout, autour de moi, n'était qu'aprence ! qu'il n'y avait ni justice, ni humanité, ni vérité !... Quand je constatai que les plus ignorants étaient riches, comblés d'honneurs, estimés ! La poudre aux yeux ! Paris charlatan n'aime que les charlatans. Il faut la voiture constellée de clinquant, le casque de Mangin, la grosse caisse de Vert-de-Gris !... Eh bien ! j'aurai tout cela ! de l'argent ! de l'argent ! et je prouverai à tous que je suis ce que je suis !

« Un de mes plus atroces déboires fut celui-ci : j'allai trouver un de nos maîtres et je lui demandai son appui. C'était un stupide, ayant conquis sa notoriété par des moyens inavouables. Il me proposa d'être son second, son aide, son valet de science ;

cet homme consentait à me nourrir, et je le nourrirais, moi, de ma cervelle et de mon sang ! Quand je sortis de chez lui, ma résolution était prise.

« Seul j'avais lutté, seul je lutterais encore ! Je me jurai qu'avant cinq ans j'aurais, moi aussi, un cabinet lourdement sévère, aux murs la bibliothèque, à la cheminée les groupes de bronze... le salon où l'attente insolente se subit avec résignation... le laquais gourmé, la voiture arrogante... et je cherchai de l'argent !... Comment ! Peu vous importe. Je creusai tous les filons, je cherchai avec acharnement la mine d'or... Tout échoua. A quels Shylokes n'ai-je pas offert des livres de ma chair ! Ils auraient pu fouiller ma poitrine ! Si j'avais eu les mains pleines d'or, je n'aurais pas crié !... Rien... Alors je jouai... Quelles furent ces fièvres, devinez-le si votre âme est assez forte. Ceux qui me voyaient, impassible en apparence, jeter devant moi les cartes du baccarat, pouvaient-ils deviner que l'enjeu pour moi ce n'était pas quelques louis, mais la domination orgueilleuse qui était, qui est, qui sera demain mon rêve affolé !... »

Il s'arrêta un instant. Puis, froidement :

« J'ai perdu, continua-t-il. J'ai fait des faux !... Ici j'ai été lâche !... Je me suis marié pour avoir de quoi manger... J'en étais venu là... Les faux que j'avais souscrits étaient à prochaine échéance...

Quinze mille francs!... J'allais perdre même le morceau de pain pour l'achat duquel j'avais vendu ma liberté, mon être, ma vie! C'en était trop!... Je me révoltai!... et je suis venu ici!... et j'ai tué! Voilà!... Vous savez tout!... »

Caroline ne l'avait pas interrompu. Plusieurs fois ses yeux avaient brillé d'une lueur étrange :

— Et si je livre à la justice, dit-elle, cette preuve qui vous condamne?

— Je pourrais vous dire que nous sommes seuls, que vous êtes femme et que je suis fort... Vous menacer!... non!... Dénoncez-moi, peu m'importe!...

— Vous ne vous révoltez plus?

— Non! parce que j'ai un véritable crime à expier!

— Quoi! fit Caroline ironiquement, vous vous repentez?

— Oui, je me repens..... savez-vous de quoi? Je me soucie bien d'avoir volé, je me soucie bien d'avoir tué! Ce qui me fait honte, c'est d'avoir aliéné ma liberté, de m'être enchaîné... Ah! c'est ce jour-là que j'ai été lâche, trois fois, cent fois lâche!

— Mais, cette femme! vous l'aimiez?... demanda M{llr} de Lustin.

— Ah! perdez-moi, mais ne me raillez pas!... Aimer!... est-ce que ce mot-là ne signifie pas alliance, fusion, pénétration mutuelle de deux énergies qui se comprennent et se complètent? Moi! aimer! Oui, peut-être! Mais écoutez-moi... Celle à qui je dirai : Je t'aime! me connaîtra tout entier, et elle ne frissonnera pas! Celle-là aura, elle aussi, au plus profond de l'âme, la volonté irrésistible, le désir âpre, l'énergie violente!... Celle-là...

Il fit un pas vers Caroline et plongea son regard dans ses yeux noirs.

— Celle-là me sachant criminel, voleur, assassin, celle-là me tendra la main en me disant : Je t'aime!...

— Et à celle qui vous dira cela, fit lentement Caroline, que direz-vous, à votre tour?

— Je lui dirai : Te sens-tu les appétits larges, les désirs sans bornes?... Le monde est grand, te semble-t-il trop petit pour toi?... La société est puissante, veux-tu être plus forte qu'elle?... Écrase-tu sous tes pieds, avec mépris, tout ce qui est préjugé, ridicule morale, routine absurde?... Conquérante intrépide, veux-tu marcher à travers la vie, sans souci des ruines que tu laisseras derrière toi?... Si tu es ainsi, répète le mot... et je t'appartiens!... et nous serons unis par des liens si solides que rien ne pourra les briser?... Deux volontés en une seule! deux audaces sœurs!...

— Et si cette femme vous disait : « Je suis celle que vous attendiez!... Ce levier d'or que vous avez cherché à conquérir, je vous le donne ; mais j'exige de vous, pendant quelque temps du moins, la soumission la plus absolue... Je vous ferai maître ; mais d'abord je vous veux esclave !... Roi pour tous, sujet pour moi !... » que lui répondriez-vous ?

— Je lui répondrais !... s'écria violemment Demory : « Fallût-il, pour être aimé de vous, aller moi-même m'accuser de vol et d'assassinat, je le ferais !... »

— Le sacrifice exigé peut être plus pénible ! dit Caroline, qui le regardait en face.

— Quel qu'il fût, je l'accepterais !...

— Même si elle vous déclarait, reprit Caroline d'une voix sourde, qu'elle ne peut être à vous... et qu'elle va se donner à un autre ?

Demory poussa un cri furieux.

— Cela, non ! non !... plutôt l'échafaud !...

— Alors, fit Caroline avec calme, reprenez ceci ! (elle lui tendait le bistouri) et partez !

Demory recula.

— Je ne veux pas ! clama-t-il. Livrez-moi ! dénoncez-moi !

Il revint brusquement vers Caroline et, lui saisissant les poignets :

— Aussi bien, fit-il, j'ai trop parlé pour me taire maintenant !... Oui, elle existe, la femme que j'aimerais, à laquelle je me donnerais tout entier, corps et âme, comme aux temps de légende on se donnait à Satan !... et, cette femme, c'est vous !...

— Alors, obéissez-moi ! s'écria Caroline.

— Vous obéir ! quoi ! vous donner à un autre !... Jamais !...

— Même si la réalisation de nos rêves est à ce prix !

— Ah ! qu'osez-vous dire ?...

— « Ecrase sous tes pieds, criiez-vous tout à l'heure, tout ce qui est préjugé, morale, routine... » Vous mentiez donc ?

Demory se tordait les mains :

— Mais... je vous aime ! je vous aime !...

— A Caroline de Lustin, il est interdit d'aimer... mais...

— Achevez...

— Mais à celle qui portera le nom d'un autre, qui, par le sacrifice apparent de sa liberté, aura conquis le levier d'or dont vous parliez tout à l'heure... à celle-là ; il sera permis d'aimer !... N'avez-vous donc rien compris !... J'ai vu le crime et je n'ai pas crié... j'ai reconnu l'assassin et je ne l'ai pas dénoncé ! Je tiens là, dans ma main, la preuve qui peut envoyer un homme à l'échafaud... et je la rejette !... Et vous ne sentez pas, vous ne devinez pas que, moi aussi, je joue une rude et dure partie... et que je suis prête à y jeter mon enjeu !... Libre, je ne suis rien !... Mariée, je suis tout!... Libre, je vous dis : « Je ne vous connais plus!... » Mariée, riche, puissante, je vous dis : « Comme tu as voulu être aimé, je t'aime!... »

Demory la saisit dans ses bras.

— Répète, répète ce mot qui me rend fou! cria-t-il.

Caroline se dégagea.

— Maintenant, partez... mais songez-y bien... nous signons aujourd'hui un pacte que nos fermes volontés devront respecter... pendant une année tout entière, vous ne me verrez plus!

Demory disait vrai. Il était fou; il était vaincu. Il s'inclina :

— Soit, j'obéirai... murmura-t-il.

— Et souvenez-vous encore que je veux... je veux que votre femme vive!...

Demory la regarda avec surprise. Mais, dompté encore une fois :

— Elle vivra! dit-il.

On frappa à la porte. Ils s'éloignèrent l'un de l'autre. Catherine parut.

— Je demande pardon à mademoiselle de la déranger, mais c'est une lettre pressée...

Caroline prit le pli, l'ouvrit et lut à voix basse.

— Répondez au clerc de M⁰ Delorme, dit-elle, que je serai exacte.

Puis, regardant Demory, elle ajouta, s'adressant à Catherine :

— Reconduisez M. le docteur.

Demory fit un geste de protestation. Mais sur un signe de Caroline, il s'inclina et sortit.

Caroline, seule, réfléchissait.

— Un an! murmurait-elle. Allons, il le faut!

XIII

LE TESTAMENT

Le lendemain, chez M⁰ Delorme, notaire à Paris, se passait la scène suivante :

M⁰ Delorme dit à son premier clerc :

— Tous les actes sont prêts?

— Il n'y manque que les signatures, répondit l'autre.

— C'est bien. Dès que les personnes convoquées se présenteront, vous les introduirez.

— C'est-à-dire, je crois, Mlle de Lustin et un certain Pierre Sarlat.

— C'est cela même. Il est dix heures; je crois qu'ils seront exacts.

— Oh! fit le clerc en riant, quand il s'agit de la lecture d'un testament!

A ce moment la porte de l'étude s'ouvrit et

Pierre Sarlat parut. Derrière lui un commissionnaire portait Lucie dans son fauteuil.

— Maître Delorme? demanda l'artiste.

— C'est moi, monsieur, dit le notaire.

— Je suis Pierre Sarlat... Ma mère, qui est paralysée, a désiré m'accompagner. Elle peut entrer, n'est-ce pas?

— Certainement, dit l'officier ministériel. Toute personne appartenant à la famille... et justifiant de ses titres, peut assister à la lecture d'un testament.

Pierre fit un signe. Le commissionnaire s'avança avec le fauteuil. M. Delorme, qui était un petit homme sec et d'allures peu engageantes, regarda le visage de Mme Sarlat. Frappé de la suprême distinction de ses traits altérés par la maladie, il alla vivement à la porte de son cabinet et l'ouvrit toute grande. Le commissionnaire entra, déposa le fauteuil sur le tapis, puis se retira. Pierre le suivit pour le payer et lui donner des ordres pour le retour.

— Vous savez qui je suis, monsieur? dit Lucie au notaire.

— M. Sarlat me l'a dit... Sa mère...

— Je suis née de Lustin; je suis la sœur de celle qui est morte...

— Quoi! dit le notaire avec surprise : la sœur! Ah! je comprends tout maintenant.

— Que voulez-vous dire? demanda la malade.

— Rien!... Mais souvent Mme la marquise m'avait parlé en termes vagues de torts qu'elle avait eus à l'égard d'une personne de sa famille.

— Ah! fit Lucie tristement, si elle voulait parler de moi, je ne puis le savoir, car j'ai tout oublié! Un seul mot, monsieur, avant que mon fils ne soit présent.

— Interrogez, madame.

— Mlle Caroline de Lustin est-elle convoquée aussi?

— Oui, madame.

— Voulez-vous me répondre franchement, comme un honnête homme que je vous sais. C'est à elle, je le sais, que la marquise, que ma sœur a laissé la totalité de sa fortune.

Le notaire eut un geste de surprise :

— Je le sais, vous dis-je. Alors pourquoi avez-vous invité mon fils à assister à cette lecture?

— Parce que c'était la volonté formelle, et formellement exprimée, de celle qui est morte...

— C'est bien étrange... est-ce donc une dernière souffrance qu'elle a voulu m'infliger? Encore un mot, je vous prie. Vous voyez que je suis aveugle! Caroline de Lustin, ma nièce, est-elle belle?

— Oui, répliqua le notaire assez froidement.

D'une admirable beauté... du moins autant qu'un vieillard comme moi a le droit d'en juger

— Et elle paraît bonne, douce, généreuse? demanda vivement Mme Sarlat.

— Vos questions sont délicates... cependant...

Au moment où il allait parler Pierre entra.

— Nous voici tout à vos ordres... et prêts à écouter ce testament... qui nous déshérite.

Me Delorme le regarda.

— Vous me paraissez accepter philosophiquement ce malheur... à supposer qu'il soit réel.

— N'est-il pas juste, dit Pierre, que la marquise — ma tante — ait laissé sa fortune à celle qu'elle considérait comme sa fille?

Et il ajouta en baissant légèrement la voix :

— Et qui était si digne de ses bontés...

La porte s'ouvrit de nouveau.

Caroline parut. Elle était accompagnée du P. Grapet.

Me Delorme les invita à prendre place.

Caroline se trouvait auprès de Pierre.

Elle lui tendit la main.

— Mon cousin!

Puis elle se leva et alla à Lucie et l'embrassa.

Puis, à voix basse :

— Dites! est-ce qu'il refuse toujours? demanda-t-elle.

— Toujours! c'est son devoir!

— Oh! fit Caroline avec une mutinerie charmante, je saurai bien briser ce méchant orgueil!

Elle revint prendre sa place, et, en passant, son pied effleura — par hasard — le pied de Pierre, qui frémit et tressaillit.

Pierre se pencha vers elle.

— Merci, mademoiselle, d'avoir sauvé ma mère en vous montrant si délicate pour l'amour-propre de l'artiste!

Caroline mit son doigt sur ses lèvres.

— Taisez-vous! Moi aussi je sais ce que c'est que le devoir.

Elle regarda Pierre. Leurs regards se croisèrent. Pierre, qui était pâle, sentit tout son sang affluer à son visage. Tous deux baissèrent vivement les yeux.

Et Pierre pensait :

— Oh! Elle riche! et moi pauvre! Je n'ai pas le droit de l'aimer!

Le notaire, assis devant son bureau, avait pris un dossier qu'il feuilletait. Il en tira deux enveloppes. L'une était semblable à celle que Caroline de Lustin avait trouvée dans la chambre de la vieille marquise. L'autre était plus petite et moins épaisse.

Me Delorme prit la parole.

— Je dois donc faire connaître les dernières volontés de Mme la marquise de Lustin, dont la mort épouvantable était si peu prévue, mais qui cependant avait pris les dispositions de prévoyance que justifiait sa grande fortune. Cette fortune s'élève à quatre millions et demi.

Il s'arrêta un instant sur ce chiffre, comme pour permettre le développement complet de l'effet attendu. Caroline et Pierre semblaient n'avoir pas entendu. Alternativement ils se regardaient et détournaient la tête. Le notaire répéta :

— J'ai dit quatre millions et demi en terres, propriétés, valeurs de premier ordre, espèces sonnantes et ayant cours, ainsi qu'il appert de l'état dressé il y a justement huit jours, et qui est joint aux pièces...

— Mais, fit Lucie doucement, monsieur le notaire, ces détails ne me paraissent intéresser que fort peu ceux qui n'ont aucun droit à cette fortune...

Me Delorme leva la tête avec un mouvement indigné ; mais, se calmant aussitôt :

— Madame la marquise, reprit-il, m'a remis ces deux plis... L'un doit être ouvert trois jours après sa mort ; quand au second, il ne doit être ouvert que dans certain cas, spécifié explicitement dans le premier pli. Donc, si vous le voulez bien, nous allons procéder à l'ouverture de cette enveloppe.

D'une main délicate, il brisa les cachets. Méthodiquement, il tira une feuille de papier qu'il déplia et qu'il frappa du dos de la main pour l'étendre. Il affermit ses lunettes sur son nez.

— En voici le contenu, dit-il.

« Je soussignée, Louise-Adelaïde de Rodat-
« Lustin, veuve du marquis Hector de Briais-
« Lustin, en pleine possession de mes facultés et
« dans le calme de ma conscience, écris ici, de
« ma main, mes dernières volontés.

« Si, par quelque cause ou par quelque per-
« sonne que ce soit, ces volontés étaient mécon-
« nues et que leur exécution subît quelque opposi-
« tion, alors et dans ce cas seulement, sera ouverte
« l'enveloppe jointe au présent testament, ce que
« je désire n'être pas fait pour ma mémoire et le
« nom que je porte. J'espère donc que nul ne
« s'opposera à ce que mes volontés soient respec-
« tées.

« Je lègue la totalité de ma fortune, sans en rien
« distraire à quelque titre que ce soit, à Pierre
« Sarlat, fils de Pierre Sarlat et de Lucie de Lus-
« tin, ma sœur ; je le désigne formellement pour
« mon légataire universel et prie Mᵉ Delorme de
« prendre toutes les mesures légales pour qu'il
« soit mis sans retard en possession de toute ma
« fortune. »

Pierre se dressa.

— Moi ! son héritier !... s'écria-t-il. Non ! c'est impossible !

M⁰ Delorme reprit avec le même sang-froid :

— Le testament olographe, c'est-à-dire écrit tout entier de la main de la testatrice, est conforme à la loi ; il est daté, sans surcharge d'aucune sorte. Il est donc valable sans conteste...

— Mais. s'écria Pierre, sa nièce ! Mlle de Lustin ! déshéritée ! quand elle-même, se croyant héritière, était venue...

— Ah ! taisez-vous, par grâce, interrompit Caroline. Croyez-vous donc que je ne conserve pas pour ma bien-aimée tante les sentiments de gratitude que je lui ai voués ? Et après tout, que me devait-elle ? Rien ! rien !... Et, avec ce que je tiens de ses bienfaits, en me défaisant de quelques bijoux qu'elle m'a donnés, n'ai-je pas une dot suffisante pour le couvent ?... Dites, mon père ! ajouta-t-elle en se tournant vers le jésuite.

— Vous ensevelir dans un cloître, vous ! reprit Pierre d'une voix fiévreuse. Je ne veux pas ! Monsieur le notaire, on a le droit de refuser un héritage ?...

— Sans aucun doute, mais...

— Ecrivez, écrivez que je refuse... Je signerai, et si quelque autre formalité est nécessaire...

— Monsieur Pierre, dit Caroline d'une voix grave, vous n'avez pas le droit de refuser...

— Allons donc ! moi être l'auteur de votre ruine ? jamais !

— Vous n'en avez pas le droit, vous dis-je. Monsieur, reprit-elle en s'adressant au notaire, n'avez-vous pas lu tout à l'heure quelques lignes dont voici le sens : en cas de refus d'obéissance aux volontés de ma chère tante, il vous est enjoint d'ouvrir la seconde enveloppe...

— C'est exact, confirma le notaire.

— Et elle ajoute : « Ce que je désire n'être pas fait pour ma mémoire et le nom que je porte. »

Ella alla vivement à Lucie et se penchant à son oreille :

— Cette enveloppe contient certainement la terrible confession du passé. Voulez-vous donc qu'il soit connu !... et que le front de la morte rougisse dans sa tombe ?

— Non, non, murmura Lucie.

— Alors, dites à votre fils d'accepter sans hésitation, au nom de celle qui n'est plus.

— Vous dites vrai ! Et pourtant... Du moins, monsieur le notaire, rien ne s'oppose à ce que mon fils fasse de cette fortune l'usage qui lui semblera juste et légitime ?

— Rien, sans doute.

— En ce cas, Pierre, dit gravement l'aveugle, ton droit est tout tracé... accepte... Ton cœur et ton honneur te dicteront ta conduite.

— Ah! merci, ma mère! s'écria le jeune homme, je vous ai compris! Caroline, cette fortune, je la reçois, mais pour vous la restituer.

— Pas un mot de plus, fit Caroline avec dignité, je vous en supplie. Quelles que soient vos intentions, je ne veux point les connaître. Epargnez-moi donc le regret d'un refus! Mon père, dit-elle au P. Grapet, retirons-nous, je vous prie. Dès demain je me présenterai aux saintes sœurs du Purgatoire, et je ne songerai plus qu'à Dieu.

Mais Pierre courut à elle.

— Cela ne sera pas! s'écria-t-il; je ne le veux pas! Et puisque vous me forcez à parlez, sachez tout : Caroline! je vous aime d'un amour respectueux et profond ; ce que vous refusez de l'ami, du parent, dites-moi, ne l'accepterez-vous pas de l'époux?

Caroline frissonna et ferma à demi les yeux.

— Oh! taisez-vous! murmura-t-elle.

— Oui, de l'époux, reprit l'artiste. Hier, je pleurais aux genoux de ma mère, lui criant que je vous aimais et que je ne vous reverrais plus, parce vous étiez riche et que j'étais pauvre! J'étais désespéré... Aujourd'hui je renais, je revis, car j'espère, car j'ai le droit de vous dire : Caroline de Lustin, voulez-vous être ma femme?

Le P. Grapet, essuyant une larme (!!) dit à mi-voix :

— Ces enfants sont des anges de Dieu !

Caroline semblait prête à défaillir.

— Ne me contraignez pas à répondre, soupirait-elle ; tant d'émotions me brisent !

Pierre lui saisit la main.

— Un seul mot ! un seul ! implorait-il.

Caroline parut pleurer.

— Demain, dit-elle d'une voix à peine perceptible, j'irai parler à votre mère... Promettez-moi de me laisser seule avec elle.

— Oh ! merci !... s'écria le jeune homme.

M⁰ Delorme était fort calme.

— Monsieur Pierre Sarlat accepte l'héritage ?.. demanda-t-il.

Pierre alla vers Caroline.

— J'ai mis à cette acceptation une condition... Caroline, dictez-moi ma réponse...

Caroline marchait vers la porte, suivie du P. Grapet.

Là, sur le seuil elle se retourna en souriant au milieu de ses larmes.

— Acceptez d'abord, dit-elle.

Et elle s'élança dehors.

— Ah ! ma chère mère ! s'écria Pierre, c'est trop de bonheur. Il me semble que je rêve !

XIV

SIX MOIS APRÈS.

Première lettre.

« Mme veuve Sarlat, née de Rodat-Lustin, à l'honneur de vous faire part du mariage de M. Pierre Sarlat, son fils, avec Mlle Louise-Caroline de Lustin.

« Et vous prie, etc. »

Deuxième lettre.

« Paul, aie patience !... J'ai dit un an et déjà six mois sont passés.

« Je t'aime !

« CAROLINE. »

FIN DE LA PREMIÈRE PARTIE.

DEUXIÈME PARTIE

L'EMPOISONNEUSE

I

CONFESSION D'UN FILS A SA MÈRE

Presque une année s'est écoulée maintenant depuis le jour où Caroline de Lustin, aujourd'hui Mme Sarlat, a pris l'engagement de devenir la maîtresse de Paul Demory.

En apparence, rien n'est changé dans la situation du docteur.

Il occupe toujours, ostensiblement, son appartement dans le pavillon de la rue Notre-Dame-des-Champs.

Et, chose singulière, Sarlat, le sculpteur, quoique

quatre fois millionnaire, a conservé son atelier, au second étage de la même maison. C'est là que demeure sa mère, Lucie, veuve de Sarlat, qui n'a pas voulu quitter ce logement où tout est plus familier à sa mémoire d'aveugle, et où aussi elle se complaît à vivre au milieu des souvenirs laissés par son fils si bon, si aimant.

Seulement, la vieille Catherine, l'ancienne servante de Mme de Lustin, assassinée, a accepté avec bonheur la mission de veiller sur la sœur de sa maîtresse, qu'elle a tant aimée.

C'est dans ce pavillon que nous allons nous arrêter quelques instants, désireux que nous sommes de savoir ce qui se passe chez nos deux personnages.

Nous commençons par l'atelier.

C'est bien toujours la même vaste pièce, aux hautes fenêtres. Seulement, maintenant de riches tentures ont remplacé le maigre rideau de cretonne qui le séparait en deux parties. La chambre à coucher de la mère a pris une apparence confortable. Des tapis couvrent le carreau, le lit est haut et doux; la malade y doit dormir à l'aise.

Plus de fourneau modeste caché dans un coin. C'est Catherine qui fait la cuisine de sa maîtresse dans une pièce qu'on a louée à côté. Et ce jour-là, comme elle est coquette de son talent de cordon bleu, elle s'en donne à cœur joie.

Car Sarlat, le fils aimé, a fait avertir sa mère qu'il dînerait avec elle.

C'est fête au logis de l'aveugle. Non que son fils d'ordinaire l'abandonne. Au contraire, il vient presque tous les jours l'embrasser, et, de plus, c'est dans cet atelier — où se sont passées pour lui des heures si douloureuses — qu'il aime à travailler à ses œuvres d'inspiration.

Il y a là, sur un socle, une statue de la Liberté, modèle en terre glaise, et dont l'attitude est superbe.

Mais enfin, le plus souvent, il quitte sa mère dès que le jour baisse, pour retourner à son hôtel de la rue Duphot, auprès de la Madeleine, où sa femme l'attend pour le repas du soir.

C'est donc fête, parce que, par hasard, il va rester et passer une bonne partie de la soirée auprès de l'aveugle.

Celle-ci appelle Catherine qui, dans son coup de feu, s'égaye au pétillement des fourneaux.

— Eh bien, Catherine, êtes-vous contente et certaine de faire oublier à mon Pierre les délicatesses de son intérieur?

— Madame, je tiens un certain pigeon aux petits pois dont vous me direz des nouvelles.

— Je compte sur vous, et, d'ailleurs, cela embaume déjà.

A ce moment, un pas rapide retentit sur l'escalier. La bonne mère tend l'oreille. Catherine tisonne avec animation.

La porte s'ouvre et Pierre paraît.

D'un seul élan il est auprès de sa mère, il l'entoure de ses bras. On entend deux bons baisers sonores, deux baisers d'enfant. Et la vieille femme a des larmes aux yeux.

Quelle mère ne pleure pas un peu quand son grand garçon l'embrasse!

— Toi! Ah!, que je suis contente de te sentir auprès de moi! s'écria l'aveugle.

— N'avais je pas promis, et doutais-tu de moi par hasard?

— Non... mais...

— Mais quoi? Allons, parlez, madame ma mère. J'aime la franchise, vous le savez.

Il s'est agenouillé auprès d'elle et, dans ses mains vigoureuses, presse les doigts longs et fins de la paralytique.

La malade se penche contre lui, tout près.

— C'est que tu comprends, j'ai toujours peur que tu sois retenu... là-bas, par elle.

A ces derniers mots, une singulière contraction passe sur le visage de Pierre. Et malgré tout l'empire qu'il exerce sur lui-même, le frisson qui le parcourt n'échappe pas à sa mère. Quoique aveugle, elle est clairvoyante. Elle a deviné quelque chose.

Et pour tout dire, ce n'est pas la première fois qu'un étrange soupçon la saisit.

Mais avant tout, elle est prudente. Elle sait combien il est dangereux de placer le doigt entre l'arbre et l'écorce.

Aussi elle paraît n'avoir rien remarqué. Elle se tait.

Du reste, Pierre a bien vite repris son sang-froid et s'écrie d'une voix joyeuse :

— Eh bien ! et ce dîner !... Sapristi ! je meurs de faim !

— Voilà, voilà ! répond Catherine, qui accourt.

— Attendez ! je vais vous aider à mettre la table...

— Oui, comme autrefois, ajoute Lucie, quand nous étions pauvres...

Et puis, plus bas, elle dit :

— Pauvres et heureux !

Pierre ne semble pas avoir entendu. Il aide la vieille Catherine qui, ayant tant aimé la marquise de Lustin, est tout heureuse d'avoir trouvé encore à se dévouer. Encore, c'est qu'elle se reproche sa paresse, alors qu'elle se couchait si tôt, au pavillon de la rue de l'Ouest, de telle sorte qu'elle n'a pas veillé sur sa bonne maîtresse.

La table est mise, avec du linge bien blanc, de la porcelaine bien fine. Au moins, l'aveugle en y touchant peut se convaincre que la misère est passée.

Et Pierre, regardant tout cela, pense :

— Ah ! chère mère, au moins j'ai cette joie que tout ce que je vous donne a été acheté... de mon argent, à moi ! C'est avec mon ébauchoir que je gagne les quelques louis qui te donnent ce peu de bien-être !

Il dit vrai. Pour sa mère, il ne touche pas à cette fortune qui lui est tombée de façon si singulière.

C'est par son talent de sculpteur, talent aujourd'hui apprécié et reconnu, qu'il subvient à tous ses besoins. Pourquoi agit-il ainsi ? Il n'en sait rien.

Il est pour lui bien d'autres choses qui restent obscures, mais que l'avenir, hélas ! se chargera d'éclaircir.

— Là ! voilà qui est fait ! dit Catherine... Et j'espère que monsieur et madame seront contents de moi...

— Oh ! cela regarde Pierre, dit Lucie... Moi, je ne suis pas gourmande.

— Est-ce à dire, reprend Pierre, que tu m'accuses de ce vilain défaut ?

— Non pas ! mais enfin... maintenant que tu es choyé... soigné comme un enfant...

Elle insiste sur les mots. On pourrait deviner qu'elle les souligne avec une intention spéciale.

Encore une fois, Pierre n'a pas répondu.

Il frappe l'assiette de la fourchette et du couteau,

faisant semblant de manger comme autrefois... Mais, autrefois, c'était parce qu'il n'y avait rien sur son assiette... Aujourd'hui le mets est là, excellent, succulent, et il n'y touche pas.

Catherine, qui n'a pas, comme on dit, les yeux dans sa poche, s'est aperçue de ce manège, et elle est sur le point de parler. Mais Pierre, qui a remarqué sa curiosité, la supplie du regard, en posant son doigt sur ses lèvres.

Tout semble aller au mieux. Le repas s'est passé gaiement. Pierre a fait sourire sa mère. Elle semble si heureuse, la pauvre femme! Seulement, sous ses paupières à jamais baissées, elle cache des pensées que Pierre ne devine pas.

Catherine a servi le café.

Alors M%me% Sarlat lui adresse un signe que la vieille servante comprend. L'aveugle veut rester seule avec son fils. Catherine n'est pas surprise. Oui, dans le triste regard de Pierre, dans ses sourcils froncés, dans la pâleur de ses joues, elle a — elle aussi, — deviné un secret. La mère veut le connaître, elle a raison. C'est son rôle, c'est son devoir

Lucie et Pierre sont seuls...

— Pierre, dit tout à coup M%me% Sarlat, m'aimes-tu bien?

— Quelle question, ma mère, ma bien-aimée mère!

— C'est que, vois-tu, ajoute l'aveugle en hochant la tête, l'amour ne va pas sans la confiance !...

— Que veux-tu dire ?

— Donne-moi ta main.

— Mère !

— Donne-moi ta main, te dis-je !

Pierre, obéissant, pose sa main dans celle de sa mère.

Alors, Mme Sarlat reprend gravement :

— Pierre, il y a bien longtemps que j'ai appris à tout deviner... Sans rien voir, il y a bien longtemps qu'étudiant le son de ta voix, j'ai pu comprendre si tu étais heureux ou si tu souffrais. J'ai ta main dans les miennes ; eh bien ! Pierre, mon fils chéri, je te dis que ta main tremble... je te dis que tu es brûlant de fièvre... Pierre, Pierre ! je te dis que tu es malheureux !...

Vivement Pierre retire sa main. Il se lève.

— Tu te trompes ! réplique-t-il d'un ton presque dur.

Mais chez Mme Sarlat, il y a résolution prise. Elle veut savoir. Elle saura. Son cœur de mère a éprouvé une atteinte profonde, quelque chose comme le heurt d'une blessure. Elle ne s'y trompe pas. Entre mère et fils, il y a le vrai magnétisme — en vain cherché par les savants. Leurs deux âmes sont liées, et l'étincelle qui brûle l'une torture l'autre.

— Je ne me trompe pas, reprend-elle... Ecoute-moi, Pierre, je suis ton amie... Pas une de mes pensées n'a d'autre but que ton bonheur. Si, pour te rendre heureux, il me fallait donner ma vie, j'irais à la mort en souriant. Eh bien ! je sais, je sens, je comprends, qu'il y a en toi un mystère que tu me caches. Pourquoi ? Crains-tu donc que je ne sois, comme certaines belles-mères, jalouse du bonheur que te procure ton intérieur ? Non pas. Si tu me réponds nettement, franchement, que je me trompe... je te croirai, car tu n'as jamais menti ! Si, au contraire, j'ai deviné la vérité, eh bien, à qui dois-tu te fier, sinon à moi, qui ne vis que par toi, qui n'ai que toi au monde, et qui sacrifierais, pour t'éviter une douleur, les quelques jours de vie qui me restent...

A mesure qu'elle parle, Pierre la contemple. Peu à peu son visage contracté se détend. Les pleurs montent à ses yeux. Tout son corps est agité d'un tremblement qu'il ne peut réprimer.

Puis, pas à pas, tout doucement, il s'approche de sa mère, s'agenouille, appuie sa tête sur ses genoux, et, en dépit de toute sa force, sanglote comme un enfant.

— Pierre, mon Pierre, s'écria la pauvre femme, en lui prenant la tête dans ses mains et embrassant ses cheveux à pleines lèvres.

Et comme il ne parle pas, elle continue :

— Tu pleures! Et moi qui avais espéré que le temps des épreuves était à jamais passé. Je t'en supplie. Dis-moi toute la vérité, et je te jure que je saurai te consoler, te guérir... Fils de mon cœur, n'hésite plus, parle! parle!

Pierre se redresse. Oui, il parlera! Aussi bien son cœur est gonflé à lui arracher des cris de désespoir. Et de ses lèvres s'échappe cet aveu effrayant:

— Mère! je suis le mari de Caroline de Lustin... et Caroline me hait!

— Elle te hait! toi! Oh! c'est impossible!

— Je t'affirme que cela est vrai...

— Mais alors c'est donc une méchante femme?

— Je n'ai pas le courage de l'accuser; car, en vérité, je me demande si ce n'est pas moi qui suis fou...

— Je t'en supplie, calme-toi! Voyons, il y a des querelles de ménage... Prends garde, on attribue souvent une grande importance à des détails qui sont sans gravité... Moi, ta vieille mère, je serai calme. Dis-moi tout; tu peux te tromper, avoir tort... Je jugerai avec impartialité... Voyons, quand tu as épousé Caroline, tu l'aimais?

— Oui, ma mère, je l'adorais! Tu te souviens, alors qu'elle était venue ici offrir volontairement de renoncer à une fortune qu'elle croyait la sienne... Ah! si tu avais pu la voir! Jamais beauté plus splendide ne s'était offerte à mes regards. Et moi artiste, moi sculpteur, je n'aurais pas rêvé création plus parfaite.

Il s'arrête et reprend d'une voix sourde :

— C'était une statue... et je ne me suis pas demandé si elle avait une âme !

— Continue, Pierre ; ne te contiens pas, dis-moi tout, entends-tu ! sans réticence, sans hésitation.

— Eh bien ! ma mère, dans cette statue il n'y avait pas le souffle divin... Cette femme, je te le dis bien haut, cette femme n'a pas de cœur !

— Encore une fois, prends garde ! Il est facile d'accuser...

— Mère, que dirais-tu de la jeune fille, de la vierge qui, seule pour la première fois avec son mari, avec l'homme qu'elle semble avoir choisi entre tous, vers lequel il semble qu'elle ait été entraînée par une force plus puissante que sa volonté, que dirais-tu de cette femme qui n'a pas un cri de chasteté troublée, par un effroi de pureté surprise, et qui, froidement, se livre comme ferait une courtisane ?

— Pierre !

— Je te dis que cela a été ainsi. Cette femme — cette vierge — m'a épouvanté. Quand je songe que moi, je tremblais... que moi, j'osais à peine la regarder... et qu'elle, ayant aux lèvres le sourire ironique — que j'ai trop bien appris à connaître depuis cette nuit fatale — raillait mes hésitations et mes pudeurs...

— Ah! je te le répète!... A trop analyser ses sentiments, on se trompe soi-même... N'était-ce point, au contraire, une sorte de terreur qui la glaçait?

— De la terreur, elle! Ah! tu ne la connais pas, pauvre mère! Tu n'as pas, comme moi, étudié, jour par jour, heure par heure, ce masque impassible sur lequel ne passent d'autres impressions que celle de la colère ou de la haine... oui, de la haine! Cette femme me ferait douter de tout... de la chasteté... de la vertu... de la conscience! Tu te rappelles, n'est-ce pas! Comme j'avais plaisir à causer avec toi de toutes ces idées grandes et nobles qui sont l'essence même de l'art. Ah bien, oui! j'ai voulu, elle aussi, l'initier à ces admirables jouissances de l'imagination et de l'intelligence! Elle s'est oubliée, riant et haussant les épaules!

— Tu m'épouvantes!...

— Nous sommes riches... tu le sais... riches à ne pouvoir dépenser notre fortune... Eh bien j'ai voulu lui enseigner les joies de la charité!... j'ai voulu ouvrir devant elle les demeures du pauvre où il y a tant de peines à soulager, tant de misères à adoucir... je l'ai vue froide et railleuse, se moquer de ces misérables qui mouraient sur leur grabat... et elle me disait : « Quel plaisir trouvez-vous donc à me traîner au milieu de ces guenilles ? » Elle ne comprenait, ne devinait rien ! Les cris des mères, les sanglots des enfants n'éveillaient pas un écho dans ce cœur de pierre... Voilà ce que j'ai vu, ma mère ! Défendez-la donc, maintenant, si vous en avez le courage !...

Mme Sarlat reste un instant silencieuse.

— Mais du moins, reprend-elle, si elle n'a pas de sympathie pour ceux dont le sort ne la touche pas directement... toi, son mari, elle t'aime !...

Pierre éclate d'un rire nerveux :

— Elle songe bien à moi !... Pourvu qu'elle donne des fêtes, pourvu qu'elle reçoive et qu'elle soit reçue, pourvu qu'elle compte autour d'elle une vingtaine d'adorateurs qui la courtisent... et dont les propos feraient rougir toute autre qu'elle... elle se soucie bien de son mari !... Ecoute, mère, ajoute-t-il plus bas : cette femme m'effraye. Il y a en elle des pensées inavouées qui déroutent mon observation... Tu me demandes si elle m'aime ! Depuis le jour de notre mariage...

Il s'arrête, comme s'il n'osait pas achever :

— Eh bien !...

— Depuis ce jour-là... Tu es ma mère, tu connais la vie... à toi seule je puis dire ce que je n'oserais confier à nulle autre... depuis ce jour, nous sommes étrangers l'un à l'autre...

— C'est impossible !

— C'est vrai !... Pourquoi cette séparation ? Je ne pourrais le dire. C'est comme un mur de glace qui s'est élevé entre nous... elle ne se refuse pas... je ne la sollicite pas... nous nous redoutons l'un l'autre... elle, toujours froide, toujours polie, paraît aux heures des repas. Là, sous l'œil des domestiques, elle est et elle reste femme du monde, avec son éternel sourire, sous lequel se cache je ne sais quelle ironie féroce... moi, la regardant, me demandant si je ne suis pas le jouet d'un épouvantable cauchemar ! Puis nous nous séparons... elle va dans le monde... parfois je l'accompagne... et là, dans les bals, dans les soirées. . en vérité, devant tout autre que toi je rougirais... il me semble que tous me raillent, et qu'elle-même excite les autres à me mépriser... Pourtant, mon Dieu ! qu'ai-je fait de mal ? quel crime ai-je commis ? N'ai-je pas voulu lui restituer, en enchaînant ma liberté, cette fortune dont elle me semblait spoliée ?... C'est atroce ! Et quand je pense que pour toute ma vie je suis rivé à cette femme !...

Mme Sarlat est immobile. Elle écoute, et encore elle ne parvient pas à comprendre. Elle connaît trop son fils pour supposer qu'il obéisse à un mauvais sentiment. Il est bon, il a toutes les délicatesses, toutes les générosités... et aussi tous les courages. C'est-à-dire que, s'il se plaint ainsi, c'est que les douleurs ressenties sont au-dessus de la résistance humaine.

Il y a un long silence. Pierre, très pâle, les yeux fixes, semble regarder un spectre qui le hante et ne lui laisse pas de répit.

Enfin, Mme Sarlat reprend doucement :

— Est-ce tout ? Tu n'as plus rien à me dire ?

Ici Pierre a un geste de soudaine énergie.

— Non, s'écria-t-il, non, mère, ce n'est pas tout !

— Ah ! tu me fais bien mal, mon fils ! De grâce, explique-toi.

— Oui, je m'expliquerai... oui, je plongerai jusqu'au fond de cet abîme où je suis entraîné. Mère, tu me demandes si je n'ai plus rien à te dire... eh bien, écoute ceci : j'ai toute ma raison, je n'ai point la fièvre, je m'interroge avec tout le calme d'une conscience qui n'a jamais failli...

— Eh bien ? dit Mme Sarlat.

— Eh bien, je te dis que cette femme n'est pas seulement haineuse, cruelle, qu'elle n'a pas seulement le mépris de tout ce qui est bon, de tout ce qui est beau, mais encore...

— Achève !

— Je te dis, moi, fait Pierre en se levant, que cette femme est une femme adultère !

Mme Sarlat pousse un cri :

— Oh! par grâce! tais-toi, Pierre!... Tu profères un sacrilège!

— Oui, adultère! je le répète. Comment ai-je deviné cela? Comment, sur ce front impassible, ai-je lu le crime? Je n'en sais rien! Il est des pressentiments que rien n'explique, que rien ne semble justifier!... Et pourtant, regardant ces yeux noirs et profonds, j'ai saisi dans leurs reflets la lueur de la faute commise... Sur ces lèvres rouges et sensuelles, j'ai deviné les baisers coupables!

— Pierre! tu deviens fou!

— Eh bien! oui, fou de colère, fou de désespoir!

— Et tu l'aimes toujours?

Pierre se tord les mains avec désespoir:

— Je n'en sais rien! Les tortures que je ressens, je ne sais s'il faut les attribuer à la passion ou au mépris irrité!... Mais je te dis que cette femme me trompe, qu'encore un peu et elle traînera mon nom dans la boue!...

—Fils, accuser injustement est un crime.

— Je lui ai jeté cette accusation en face, et elle n'a pas nié.

— Et elle n'a pas avoué! Il est des calomnies qu'une femme doit mépriser...

— Eh! ne comprends-tu pas qu'il est de ces cris de l'âme auxquels on ne peut se méprendre!

Lorsque n'étant plus maître de moi, je lui ai crié qu'elle était femme adultère, pourquoi n'a-t-elle pas été entraînée par un de ces élans qui sont une révélation?... Oui, je lui ai dit cela, en face, et elle ne m'a pas crié, elle, que j'en avais menti!... Sais-tu ce qu'elle a fait?... Elle m'a regardé en plein visage, de ses yeux où parfois passe une lueur sinistre de crime... et elle m'a répondu : « Je ne vous reconnais pas le droit de m'interroger. » Ah! comment ne l'ai-je pas tuée!... En vérité, je crois que j'ai été lâche!... Et maintenant, mère, comprends-tu pourquoi je pleure, pourquoi je souffre, et pourquoi, à tout prix, je voudrais pouvoir briser le lien qui, pour mon existence entière, m'attache à cette criminelle?...

Mme Sarlat lui tient les mains :

— Mon enfant, dit-elle d'un ton presque solennel, tu viens de proférer de graves paroles!... Songes-y bien... tu n'as aucune preuve!

— Oh! si j'en avais!..

— Que ferais-tu? Tu t'arrogerais le droit de faire justice!... Crois-moi, ce sont là des décisions telles que, fussent-elles justes, on n'a pas, au reste de sa vie, assez de larmes pour les racheter... Tu as bien fait de tout dire... j'y penserai, et nous en reparlerons... Je t'en supplie, sois calme... défie-toi des chimères... et...

A ce moment, un cri terrible traversa l'air.

On dirait qu'il s'échappe de la muraille, du plancher.

C'est un cri de femme.

— On assassine quelqu'un ! s'écrie Pierre.

Et d'un bond il s'élance dans l'escalier.

Mais avant de raconter les scènes qui vont suivre, il nous faut remonter en arrière et dire ce qui se passait à la même heure à l'étage inférieur, c'est-à-dire chez le docteur Demory.

II

INSTRUCTION OFFICIEUSE

La vieille comtesse de Jarménil, en dépit des plaidoyers continuels qu'elle s'adressait à elle-même, n'avait pas la conscience tranquille. En vain, le P. Grapet, son directeur, s'efforçait de la rassurer et de lui prouver qu'elle avait bien agi en mariant Claire Aubrun au docteur Demory.

— De quoi vous effrayer d'ailleurs ? disait le révérend. Cette jeune femme a subi, il est vrai, une crise terrible. En êtes-vous responsable ? Elle a perdu la raison... mais Dieu n'a-t-il pas dit que le royaume des cieux appartient aux innocents ?...

Ces vendeurs de patenôtres ont toujours ainsi dans leur besace de parfaits arguments qu'ils débitent à tout venant.

— Quant au docteur, ajoutait le jésuite, c'est une âme droite, qui marche dans la voie du Seigneur... il est assidu au service divin, et dernièrement encore il s'est approché de la sainte table pour recevoir le doux corps du crucifié... J'ai la conviction qu'il demandait à Dieu de faire un miracle en faveur de sa chère épouse...

Mme de Jarménil n'eût pas osé contredire en face son confesseur.

Mais elle doutait.

Et en voici la preuve. C'est que le jour même où Sarlat devait faire à sa mère de si douloureux aveux, nous la trouvons chez elle, vers cinq heures du soir, en grande conférence avec un vieil ami, dont elle a prononcé le nom, M. Deparcet, ancien juge d'instruction.

— En résumé, et dans toute la sincérité de votre conscience, lui demandait-elle, quelle est votre opinion sur le docteur Demory ?...

M. Deparcet était un vieillard qu'un long et honorable exercice des fonctions judiciaires avait rompu à l'étude des hommes. Hâtons-nous d'ajouter — de crainte qu'on s'y méprenne — que c'était un parfait honnête homme qui avait renoncé à sa carrière, au moment du coup d'État, contre lequel il avait protesté par une lettre indignée.

A la question nette et précise de son amie, il hocha la tête :

— J'ai vu votre protégé, j'ai causé avec lui, dit-il.

— Eh bien?...

— Eh bien!... j'ai bien peur qu'en lui accordant votre confiance, vous ne vous soyez fourvoyée...

— Ah! mon Dieu! et pourtant mon confesseur...

— Prenez garde, reprit M. Deparcet en souriant, que je ne vous blâme encore de croire à ce personnage...

— Pourtant, je vous affirme que le P. Grapet...

— Est un saint homme, c'est convenu... seulement, quand j'étais juge d'instruction, j'en ai vu passer beaucoup, dans mon cabinet, de ces saints hommes... et j'obtenais d'eux de très singuliers aveux...

— Ceci ne veut pas dire que tous les prêtres soient des criminels...

— Point. Seulement, certains ont une morale à eux, qui n'est point celle de tout le monde... mais ce n'est pas de ce « serviteur de Dieu » qu'il s'agit, mais bien du docteur Demory.

— Parlez!... je suis d'une impatience!...

— Ma chère amie, lorsque vous verrez un homme très brun, très vigoureux, un beau garçon dans toute la force du terme, aux lèvres rouges, aux yeux brillants, affecter la pruderie, baisser la tête en passant à travers le monde, comme si tout ce qu'il voit froissait sa pudeur, quand — pardonnez-moi l'expression un peu vive — il a toujours à la main le mouchoir de Tartufe pour cacher... ce que le plus souvent on ne songe guère à lui montrer...

— Mon ami, vous avez des comparaisons...

— Un peu hasardées, soit, mais justes. Nous n'avons plus vingt ans, et nous pouvons nous expliquer franchement. Je dis donc que votre docteur Demory est — physiquement — un sanguin, un passionné : — moralement, un ambitieux, un avide de jouissances, et que — voilà le grand mot lancé — c'est purement et simplement un hypocrite.

La vieille comtesse soupira et ne répondit pas.

— Avouez, dit l'ancien juge, que vous vous en doutiez bien un peu...

— Hélas!

— Je n'ai contre ce jeune homme aucun motif d'animosité personnelle, vous le savez. C'est donc en toute impartialité que je l'ai étudié. Je me résumerai par un mot familier. Je le crois capable de tout, sauf le bien.

— Oh! vous allez bien loin!

— Mon amie, j'ai vu dans mon cabinet des assassins qui avaient tué dans un moment de violence, qui avaient obéi à un accès subit de fièvre cérébrale... Ceux-là s'accusaient, pleuraient, auraient voulu donner leur vie pour racheter celle de leur victime... et j'avais pitié d'eux... Au contraire, j'ai vu des hommes patelins, doux, protestant contre l'accusation qui les écrasait, luttant pied à pied par le mensonge... Ceux-là avaient longuement préparé leur crime, avaient entouré l'acte infâme de toutes les circonstances mystérieuses qui pouvaient dérouter la justice... Eh bien! quant à ceux-là, je pouvais jeter en pleine face la preuve qui les réduisait au silence, j'éprouvais pour eux le mépris le plus profond... Demory est de la race des derniers. A-t-il commis un crime? Je n'en sais rien. De fait, non peut-être, d'intention, oui. S'il n'en a pas commis, il en commettra. Voici mon opinion franche et nette telle que vous me l'avez demandée. Ne m'en veuillez pas et croyez-moi...

La comtesse avait laissé tomber sa tête dans ses mains et ses larmes filtraient entre les doigts.

— Ma pauvre Claire! murmurait-elle.

— Pardon! pardon! fit M. Deparcet, en tapant d'un coup sec sur le couvercle de sa tabatière, il ne s'agit pas de se désoler... Voyons, vous avez bien autant de confiance en moi qu'en votre saint homme de jésuite ?...

— Oui, je vous le jure !

— Eh bien alors, écoutez-moi... Je sais que vous êtes bonne, je sais que vous aimez profondément cette jeune fille, Claire Aubrun, dont votre mari vous a légué la protection. C'est d'elle seule qu'il convient de se préoccuper... Dites-moi, y a-t-il longtemps que vous ne l'avez revue ?

— Hier encore, j'ai passé quelques heures auprès d'elle...

— Dans quel état se trouvait-elle ?

— Hélas ! toujours le même !... Elle n'a pas sa raison !...

— Hum ! expliquons-nous... Souvenez-vous que mon métier, chère madame, est de ne me pas payer de mots. Elle est folle, dites-vous, soit, je le crois ; mais quel est le caractère de cette folie ? Est-elle violente ?

— Oh ! non ! la pauvre enfant était si douce !

— Je vous en prie, donnez-moi des détails... précis...

— Je le veux bien. Lorsque j'arrive, je la trouve toujours de même, étendue dans une chaise longue, pâle comme un spectre... toujours vêtue de blanc. Il y a même là quelque chose de singulier. En vain, paraît-il, son mari a voulu lui faire porter d'autres couleurs, elle s'y est toujours refusée. Et s'il a profité de son état pour jeter sur elle un manteau d'une teinte différente, à peine s'en aperçoit-elle qu'elle l'arrache et le déchire.

— Je note ce détail : et à ce sujet, je vous adresserai une question... Le lendemain de la nuit fatale où la crise s'est déclarée, lorsque vous êtes allée chez elle, comment était-elle vêtue?...

— De sa robe de mariée...

— Ne vous êtes-vous jamais demandé comment il se faisait qu'étant rentrée chez elle le jour de son mariage, à dix heures... elle eût encore sa robe de mariage à minuit passé, lorsque le sergent de ville s'est présenté?

— Non! je n'avais pas songé à m'adresser cette question. Mais que concluez-vous de cette circonstance?

— Rien! Seulement je note toujours... Continuez, maintenant.

— Je ne sais en vérité ce que je vous pourrais dire, et si vous voulez m'adresser des questions...

— Volontiers. Donc vous arrivez, vous la trouvez étendue... Son mari est-il là?

— Rarement...

— Mais quand vous le rencontrez auprès de sa femme, quelle est son attitude?

— Oh! excellente! Je le surprends toujours occupé à lui donner des soins, à relever l'oreiller qui soutient sa tête, à l'envelopper dans la crainte qu'elle n'ait froid...

M. Deparcet eut un sourire non dissimulé.

— Si bien que, — voyez le hasard ! — c'est toujours au moment même où vous ouvrez la porte que la malade se trouve avoir la tête trop basse ou bien avoir besoin d'être réchauffée...

— Il est vrai que...

— Il est vrai que... Molière a écrit Tartufe et n'a pas encore tout dit. Je note. Passons. Cet excellent mari, vous dit-il quelque chose ?

— Il me fait comprendre qu'il n'a pas grand espoir de guérison. Quoiqu'il soit médecin de premier ordre et qu'il soigne lui-même sa femme...

— Voilà un — quoique — que je serais tenté de remplacer par un — parce que...

— Je ne vous comprends pas...

— Qu'est-ce que cela fait, pourvu que je me comprenne... Ne vous dit-il rien de plus ?

— Non, rien... Ah ! un détail insignifiant...

— J'aime beaucoup les détails insignifiants... c'est étonnant tout ce qu'ils signifient...

— Il paraît que ma pauvre Claire a toujours grand'soif, et il me recommande de lui donner à boire toutes les fois qu'elle me le demande.

— Et que devez-vous lui donner ?

— Une boisson qui est toute préparée dans une théière.

— Chaude... froide ?...

— Froide.

— Mais est-ce du thé... des quatre fleurs... quelque tisane que vous connaissiez ?...

— Non, c'est clair comme de l'eau... sans odeur sans goût.

— Bien. C'est de la médication facile à prendre... Après ces belles recommandations, le mari s'en va...

— Après avoir embrassé sa femme au front...

— Naturellement... Vous voilà seule avec elle.... que faites-vous ? que dites-vous ?...

— D'abord, elle est silencieuse, absorbée... comme si elle se trouvait accablée par le sommeil...

— Ah ! ah ! je note... Alors, vous causez, vous vous efforcez de l'éveiller, de la distraire...

— Oui... et, tenez, j'avais trouvé un moyen qui souvent déjà avait produit, à mon avis, d'excellents résultats...

— Et ce moyen ?

— Vous savez qu'au temps jadis j'avais une assez jolie voix...

— Dites que vous étiez une vraie chanteuse !

— Flatteur ! toujours est-il que si j'ai perdu les notes fraîches de la jeunesse, j'ai au moins conservé la science du chant .. alors, je lui dis de mon mieux des romances du vieux temps de Masini, de Romagnesi, de Loïsa Puget...

— Oui, le *Soleil de ma Bretagne;* c'était votre triomphe. Et alors la malade...

— Se redresse doucement, m'écoute avec une attention des plus flatteuses... je la vois sourire... on dirait qu'elle rentre dans la vie...

— Bien! Bien! continuez!...

— Par malheur, il paraît que, sans le vouloir, je lui faisais beaucoup de mal...

— En vérité! Et qui vous a dit cela?

— M. Demory...

— Ah bah! Cet excellent docteur n'aime pas la musique. Cependant, à la dernière soirée de Mme Sarlat de Lustin, je l'ai vu très attentif à certaine romance, — des plus passionnées, — que chantait la maîtresse de la maison.

— Voici ce qui c'est passé. Supposant — à tort — que la musique faisait du bien à ma pauvre Claire, j'ai demandé un jour à son mari la permission d'envoyer un piano chez elle... Je lui ai raconté ce qui se passait quand je chantais... Alors, pour la première fois de ma vie, j'ai vu M. Demory en colère... il m'a dit que je tuais sa femme, qu'il me défendrait de venir la voir, qu'il m'interdisait de lui causer de pareilles excitations. J'avais bonne envie de me fâcher. Mais, après tout, il avait sans doute raison, et je ne pouvais lui en vouloir de défendre sa femme... et j'ai renoncé à la musique...

— Ouais !... C'est surprenant le nombre de notes que je prends...

— Mais que trouvez-vous donc de si curieux dans ce que je vous raconte ?...

— Moi ! Oh ! rien ! vieille habitude de juge d'instruction !... Savez-vous que c'est un bien brave homme que votre docteur Paul Demory ?

— Comme vous me dites cela !...

— Comme je le pense, allez. Mais voyons, cherchez bien. Vous devez bien avoir encore quelques détails à me faire connaître ?

— Je cherche... Ah ! oui ! ceci ensuite. Une fois, oubliant les prescriptions de son mari, j'ai négligé, pendant les trois heures que je suis restée là, de lui donner à boire.

— Et alors ?

— Elle s'est tout à coup agitée... son visage s'est coloré... elle s'est dressée sur ses pieds, et, comme au jour de la première crise, elle s'est écriée : — A moi ! du sang ! la fiancée rouge !

— Et vous, pour la calmer. vous vous êtes empressée de lui donner à boire...

— Certainement... et elle s'est aussitôt apaisée...

M. Deparcet se leva.

— Allons !... j'en sais assez..,

— Que voulez-vous dire?

— Je m'expliquerai plus tard. Pour l'instant, ma chère amie, je crois que voici l'heure où vous vous rendez chaque jour chez Mme Demory...

— En effet.

— Eh bien! donnez ordre d'atteler. Maintenant, prenez ceci.

M. Deparcet avait tiré de sa poche une petite fiole de verre bouchée à l'émeri, et il la présenta à la vieille comtesse.

— Qu'est-ce que cela? demanda-t-elle.

— Pardon! ma vieille amie, c'est bien facile à voir... une bouteille vide.

— Eh bien?

— Vous allez avoir la bonté de la prendre et de la glisser dans votre sac.

— C'est fait...

— Maintenant, quand vous serez chez M. Demory, et dès que vous serez bien certaine de n'être pas vue, vous remplirez cette fiole de la boisson — semblable à de l'eau — qui, au dire de M. le docteur Demory, est si nécessaire à la santé de sa femme.

Mme de Jarménil était devenue toute pâle...

— Mais que soupçonnez-vous donc? s'écria-t-elle.

— Moi!... rien!... Seulement je suis curieux. Promettez-moi de m'obéir...

— Je vous le promets...

— Vous remplirez la fiole... Vous veillerez à ce que le contenu ne se renverse pas pendant votre retour... et vous me le rapporterez... Est-ce convenu?

— C'est dit.

Quelques minutes après, Mme de Jarménil montait l'escalier du pavillon de la rue Notre-Dame-des-Champs...

III

L'AMOUR D'UN MONSTRE.

Combien Claire Aubrun était différente de Caroline de Lustin!

La descendante de la race orgueilleuse était brune, ardente, audacieuse. La fille du garde-chasse était blonde, chaste, timide. L'une avait emprunté à la noblesse féodale ses violences que rien ne rebutait, l'autre avait conservé du peuple la bonté profonde et la douceur trop résignée.

Et quoi de plus charmant que ces traits doux et fins, que cet ovale virginal encadré par d'admirables cheveux à la teinte d'épi. Sous le tissu de la peau, le sang coulait doucement, tandis qu'aux tempes, de légers traits bleuâtres semblaient tracés par le patient pinceau d'un peintre japonais.

Hélas! elle était cependant bien pâle et, sous les paupières inférieures, une teinte bistrée prouvait des souffrances qui ne cessaient pas.

Tandis que sa protectrice, celle qui, par insouciance, par ignorance, avait brisé tout son avenir, interrogeait le vieux magistrat, elle était, comme toujours dans sa chambre, étendue dans un fauteuil, la tête reposant sur un oreiller. Ses grands yeux bleus regardaient le vide où elle ne voyait rien. Et parfois, comme sous un poids trop lourd, sa tête se baissait. Puis, sur sa robe blanche, les mains longues s'étendaient, ayant parfois aux doigts les crispations inconscientes des mourants.

Elle vivait; car son sein se soulevait sous l'action de la respiration, tantôt douce et régulière, tantôt haletante, comme si une masse de plomb l'avait oppressée.

Le docteur, son mari, était auprès d'elle, se préparant au départ.

Il n'était pas changé. C'était toujours ces traits beaux, mais durs. Seulement lui aussi était plus pâle qu'autrefois.

Soudain un soupir — presque un gémissement

— s'échappa de la poitrine de Claire. Paul tressaillit, se retourna brusquement et la regarda, de haut, pesant de son regard — aux reflets d'acier — sur le crâne de la pauvre femme.

Et comme malgré lui sa main se leva.

Il était derrière elle. Elle ne le pouvait apercevoir.

Et lui pensait, les lèvres blanches et les dents serrées :

— Ah! ne la tuerai-je donc pas! Pourquoi hésité-je!... Pourquoi donc obéis-je à Caroline qui veut qu'elle vive!... et pourquoi m'a-t-elle imposé cet ordre!...

Il passa fiévreusement la main dans ses cheveux :

— Car ce que j'éprouve ici est une abominable torture. Cette femme (et toujours il regardait Claire plus menaçant) je la hais... oh! oui, de toute la force de mon âme! Je la hais, car elle est mon crime, elle est mon remords... et je n'étoufferais pas à la fois et crime et remords! Incroyable lâcheté! quand il me suffirait... mais non, Caroline me l'a défendu. Elle me quitterait! elle me chasserait... Allons, n'y pensons plus ; partons!

Il fit alors un pas vers la porte, et se tournait encore une fois vers Claire.

Leurs yeux se rencontrèrent, et, dans tout le corps de la malade, il y eut un tressaillement violent qui le secoua.

Et de sa gorge, ces mots s'échappèrent, à peine inarticulés :

— Lui ! le meurtrier !... A moi !...

Demory bondit vers elle, les poings levés. Ah ! pourquoi ne l'écrasait-il pas ?

Mais, soudain, une autre pensée traversa son cerveau...

Il revint sur ses pas, alla à un petit meuble qu'il ouvrit, et y prit un flacon... Puis, soulevant le couvercle d'une théière qui se trouvait à portée de la main de Claire, il y secoua quelques gouttes d'un liquide incolore.

Il remplit à demi une tasse ; puis, la laissant sur le guéridon, il se contenta de la pousser vers la malade.

Celle-ci, machinalement, obéissant à une habitude contractée depuis longtemps, étendit la main et prit la tasse.

— J'ai soif, fit-elle. Et elle but.

Demory la regardait, ayant aux lèvres un sourire. Elle but, jusqu'à la dernière goutte, mais la tasse s'échappa de ses mains et roula sur le tapis. Demory la ramassa et la porta sur la table, considérant sa femme...

Oh ! elle dormait de nouveau, et encore une fois les traces fugitives du souvenir s'effaçaient de son cerveau... non, il ne la tuait pas, le misérable ! mais il l'avait dit :

— Folle aujourd'hui... et toujours...

Et, tranquille, il sortit.

Claire restait seule.

Le concierge de la maison avait la clef. Il avait mission, pendant l'absence du docteur, de monter de temps à autre pour voir si la folle était calme... et pour lui donner à boire. Il ne devait laisser entrer personne, à l'exception de la comtesse de Jarménil.

Pourquoi Demory ne l'avait-il pas chassée comme les autres ? C'est qu'il avait peur d'elle ; c'est qu'elle s'était déclarée sa protectrice et qu'il craignait de perdre ses bonnes grâces. Mais, un jour, il se réservait de lui faire payer cher les inquiétudes qu'elle lui causait.

Pendant qu'elle était là, il était possible que Claire secouât la torpeur qui pesait sur son cerveau; il était possible qu'elle parlât...

Car Demory savait la vérité. Non, ce n'était pas la folie réelle !... Depuis la nuit tragique, il avait empêché la pensée de s'éveiller, la mémoire de se faire nette, la parole de vibrer ! mais sa science ne pouvait-elle le tromper ? Et alors !...

Il avait raison. Il fallait en finir, et, que Caroline y consentît ou non, il était décidé maintenant... Les morts seuls se taisent...

Mme de Jarménil arrivait un quart d'heure à peine après le départ de Demory. Comme à l'ordinaire, elle demanda la clef au concierge, qui la lui donna.

— Rien de nouveau ? demanda-t-elle.

— Mon Dieu ! non, madame... C'est bien terrible de voir une si gentille femme dans un pareil état.

La vieille comtesse monta. Depuis que M. Deparcet avait parlé, elle se sentait au cœur d'horribles angoisses. Quelles accusations formidables cachaient donc les paroles mystérieuses de l'ancien magistrat ! Quel danger menaçait Claire ?

Elle hâta et entra.

Tout était comme d'ordinaire. Maintenant Claire avait les yeux fermés. Elle parut même ne pas entendre le pas de la comtesse, ne pas sentir le baiser qu'elle lui mit au front.

Mme de Jarménil avait été retenue longtemps par M. Deparcet ; elle n'avait que quelques moments à donner à la jeune femme.

Mais elle n'oubliait pas qu'elle avait une mission à remplir.

Elle prit une lampe, la monta et l'alluma, la plaçant de façon à ce que la lueur ne troublât pas le sommeil de la malade. Car, de bonne foi, Mme de Jarménil respectait un repos qu'elle lui croyait salutaire.

Donc elle était bien seule et personne ne la pouvait voir.

Elle tenait la théière, et, ayant débouché son flacon, elle l'emplit rapidement. Cependant, il lui sembla qu'une odeur assez forte la surprenait. C'est que la main de Demory — qui pensait à tout — avait été plus lourde qu'à l'ordinaire. Mais, après tout, c'était un parfum assez doux et qui n'avait point cette âcreté que le vulgaire croit inhérente à tous les poisons.

La fiole était pleine. Mme de Jarménil la ferma soigneusement, puis la glissa dans son sac, d'où elle tira une broderie.

Elle allait rester une heure environ, silencieuse comme cela lui était si souvent arrivé, veillant sur sa filleule endormie, travaillant tout en rêvant.

Cependant elle était un peu bavarde, la bonne vieille dame, surtout quand elle avait de nombreuses pensées dans la tête. Et aujourd'hui surtout elle eût bien voulu que Claire parût l'entendre.

Si bien qu'à tout instant elle se levait et venait auprès d'elle, lui parlant doucement, l'appelant des noms les plus affectueux.

Claire ne remuait pas. Jamais Mme de Jarménil ne l'avait vue si insensible. Elle commençait à être effrayée.

— Veux-tu boire? lui demanda-t-elle, heurtant la tasse contre la théière.

Rien. Pas de réponse. Pas un mouvement. Elle eut peur.

Elle lui prit les mains, et il lui sembla qu'elles étaient froides comme celles d'une morte.

Mais non. Elle respirait ; son cœur battait.

— Je suis folle, pensa la comtesse. C'est mon ami Deparcet qui m'a mis ces sinistres idées en tête. Le mieux est de l'installer le mieux possible pour qu'elle dorme et de la laisser tranquille.

Ayant ainsi décidé, Mme de Jarménil alla vers la porte extérieure et sortit, descendant l'escalier pour appeler le concierge, pour qu'il plaçât Claire sur son lit.

Elle laissa la porte ouverte, n'ayant pas d'inquiétude.

Mais ce qu'elle ne vit pas, c'est que, tandis qu'elle descendait, une forme sombre qui se tenait blottie dans l'escalier s'était glissée vers la porte, était entrée et, avec une netteté d'allures qui prouvait une parfaite connaissance des êtres, s'était blottie dans un étroit cabinet attenant à la première pièce.

Mme de Jarménil remonta, accompagnée du concierge, qui, lui obéissant, prit Claire dans ses bras et la posa doucement sur son lit.

La comtesse l'embrassa encore une fois au front. Puis, rassurée, — on ne sait pourquoi, — elle sortit avec le concierge qui tira la porte derrière lui.

. . . .

Une demi-heure s'est passée.

D'un côté, il y a engourdissement, prostration, demi-mort.

De l'autre, il y a patience — pareille à celle de l'animal qui guette...

D'un côté, il y a Claire Aubrun qui, sous l'action du narcotique, est anéantie, ne vit ni ne souffre.

De l'autre, derrière la porte du cabinet qui l'écrase, un être hideux, haletant, difforme... le bossu Vosset, le complice de Demory, assassin et voleur comme lui...

Vosset! Pourquoi? Que fait-il là? Pourquoi s'est-il tapi dans un coin comme le fauve qui guette sa proie?...

Pourquoi? Parce que ce misérable, ce hideux, cet infâme est amoureux...

Est-ce bien ce mot qu'il faut employer? Est-ce bien amour qu'il faut dire? Non; la vérité, la voici :

Vosset, contrefait, laid à horreur, a des appétits féroces, des appétits de prêtre, des appétences de prisonnier. Car, en vérité, il est prisonnier... captif de sa laideur, de sa difformité. Jamais cet être n'a entendu une voix franche, émue, murmurer à son oreille des mots d'amour vrai.

Il se sent raillé, méprisé, haï. Il a payé des maîtresses. Elles se sont laissé adorer, et pas une n'a eu pour lui un sourire qui ne fût dédaigneux.

Et cet homme — car c'est un être humain ! — a des folies de désir... il veut surprendre, il veut posséder ; il l'a dit à Demory : il veut jouir...

Voici pourquoi il a aidé au mariage de son ami. Voici pourquoi il lui a conseillé un vol, pourquoi il l'a poussé au meurtre...

C'est que Claire est jeune, est belle, est fraîche... que c'est du fruit nouveau, plus savoureux à la bouche de ces désireurs furieux. Il aime — c'est-à-dire qu'il convoite — la femme de Demory. Plus celui-ci a été cruel, plus Vosset a espéré.

Certes, il a dû être patient.

Car, depuis longtemps, il a mangé les restes du festin où s'était délecté le beau garçon. Demory avait des maîtresses. Il dépensait avec elles tout ce qu'il possédait. Venait le jour de la misère.

Alors, Demory les abandonnait...

Vosset — araignée tapie dans un coin de mur — accourait... La femme était délaissée, mourait de faim, sanglotait et se lamentait...

Vosset offrait un louis... pour obtenir ce que Demory avait payé dix mille francs...

C'étaient les triomphes de ce disgracié...

Il s'était résigné à ne jamais s'asseoir le premier à la table. Il attendait les dessertes.

Et quand Demory avait conduit à l'église

Claire — la pauvre Claire — si aimante, si tremblante sous ses voiles de fiancée...

Là-bas, dans l'église, tassé contre une colonne, il y avait Vosset qui, les narines ouvertes, aspirait ce parfum de vierge et se disait qu'un jour il l'aspirerait tout entier.

Mais voici ce qui est singulier :

Vingt fois Vosset a tenté de faire comprendre au docteur qu'il le tiendrait quitte de toute dette s'il consentait à lui livrer sa femme. Demory a semblé ne pas comprendre.

Est-ce par probité que le médecin a fait cela? Non... Mais il y a, dans la pureté de certaines femmes, une domination qui courbe les plus cyniques. Claire, innocente, a fait reculer le marchand de son honneur.

Claire appartenant à Vosset! Demory — qui la hait — sent, à cette seule pensée, le dégoût qui lui crispe les lèvres. C'est comme une amertume qui lui soulève le cœur.

Mais le bossu ne se paye pas de ces délicatesses.

— Ah! tu fais le dégoûté! Ah! tu ne veux pas me céder ta Claire!

Et voici déjà une semaine que, chaque soir, le misérable, ayant les yeux humides, les lèvres moites de salive, le corps tremblotant de désirs inassouvis, s'est glissé dans l'escalier du pavillon...

Oui, c'est bien l'araignée... Elle attend... Quoi? une occasion... il sait ce qui se passe... Il sait qu'en réalité Claire n'est pas folle; mais que, pour la retenir dans cet état de prostration qui enchaîne sa mémoire et sa volonté, Demory lui donne et lui fait donner, continuellement, des boissons opiacées... Il sait que le corps devient insensible, que la résistance est impossible... Eh bien, demande-t-il rien de plus?

Est-ce que cette brute veut que des baisers répondent aux siens, que des étreintes se nouent à ses étreintes?

Non! ce qu'il cherche c'est la satisfaction sauvage, malpropre, brusque...

Enfin, il est dans la place.

Demory, qu'il a interrogé adroitement, lui a dit que, depuis quelque temps, sa femme semble avoir des réveils d'intelligence, et que, pour sa sécurité, il a, lui, médecin, doublé la dose des anesthésiques...

S'il savait que, cette nuit, Demory les a quintuplées!...

Il compte sur son étoile... Cette femme, il la veut... il l'aura!...

Et, une demi-heure s'étant passée, alors qu'aucun bruit ne se fait entendre, alors que le bossu se croit seul, bien seul, avec une femme quasi morte...

Il pousse lentement la porte du cabinet où il s'était blotti...

Oh! si lentement, que pas un craquement ne peut le trahir...

Le voici à la porte de la chambre à coucher... Il y a de la lumière... la lampe brûle... Si elle allait l'apercevoir?...

Tant pis!... la porte tourne sur ses gonds et glisse sur le tapis avec un bruit de papier froissé.

Et, il la voit!... Oui, elle est là... étendue... immobile... belle!... belle à enivrer!

Pauvre Claire!... Tout naturellement, de par la poésie des vierges, elle s'est posée de façon charmante... Ses bras sont relevés au-dessus de sa tête... et son buste... ce corsage que nul baiser n'a froissé... se tend, rigide comme la poitrine d'une statue...

Il voit cela, le bossu, l'être rabougri... et, dans toutes ses fibres, il sent l'éréthisme qui le secoue et l'enivre... Enfin! il peut la prendre, la serrer entre ses bras... il peut...

Et cette sorte de crabe humain s'avance vers le lit... Il hésite un moment, comme si beauté et jeunesse lui semblaient effrayantes... et tout à coup ses tentacules de pieuvre s'abattent sur ce corps...

Il a saisi Claire... Il est fou! il la prend! il la tient!...

Mais, sous cet attouchement hideux, l'endormie, la malade, la folle, la morte s'est redressée... Elle a encore les yeux fermés, mais elle a la perception de l'épouvantable... car elle est vierge... car jamais des mains ne l'ont touchée... et ce sont ces ventouses de poulpe qui la saisissent...

Effet monstrueux !

Elle ne comprend pas, mais elle devine...

Et, sous l'étreinte de ce cauchemar vivant, elle crie... Oh! oui, elle crie à pleine poitrine :

— A moi !... au secours !...

Lui, n'entend rien, ne sait rien... sinon qu'il l'a saisie et qu'il ne la lâchera pas... effet d'étau !...

Elle crie encore ! ne sachant pas à quoi elle résiste... Elle se sent faiblir... et, alors une clameur qui n'a plus rien d'humain, rauque, atroce, éclate hors de sa gorge...

C'est ce cri que Pierre a entendu.

. . . .

Il avait bondi sur l'escalier, n'hésitant pas, devinant un péril atroce.

Et il n'avait pas hésité... C'était à l'étage au-dessous de lui que se passait une scène de meurtre.

Alors, sans raisonner, il s'était rué contre la porte, qui avait cédé.

Encore des cris... encore un râle...

Et il s'était trouvé, lui, l'honnête homme, en face de cette chose hideuse.

Un ignoble personnage déchirant à pleines griffes les vêtements d'une femme qui se débattait...

Oh! ce ne fut pas long!

Ses deux mains s'appliquèrent à la gorge du misérable.

Il était fort, le sculpteur, habitué à creuser la pierre et à combattre le marbre.

Il tenait Vosset par le cou, comme les marchandes de la halle tiennent un lapin.

Et il l'enlevait à bras tendus.

Il le porta jusqu'à la porte, qu'il ouvrit d'un coup de pied.

Et là, sans brutalité, mais aussi sans soin, il laissa tomber le bossu contre la rampe.

Vosset, ayant chu à faux, roula comme une masse, hurlant et essayant de se rattraper. Tout autre se serait brisé; lui arriva au bas, et, se retrouvant, comme un chat, sur ses pieds, il cria:

— Monsieur Sarlat! avant de vous occuper de la femme des autres, occupez-vous donc de la vôtre! vous, mari d'une courtisane!

Pierre avait à peine entendu. Il avait saisi la jeune femme dans ses bras; elle était presque nue et si belle dans sa virginité que Pierre se sentit troublé:

— Que s'est-il passé? demanda-t-il d'une voix étranglée.

— Ah! sauvez-moi! Emportez-moi d'ici! J'ai peur! Je meurs!...

Le concierge était accouru au bruit.

Il avait vu la chute du bossu, qu'il connaissait, et il avait deviné une partie de la vérité...

— Conduisez cette femme auprès de ma mère, dit Pierre, Catherine la soignera...

IV

CAUSERIES D'ASSASSINS

Paul Demory, la tête en feu, le sang aux tempes, s'était éloigné rapidement de sa demeure.

— Ah! cette femme! murmura-t-il. Pourquoi ai-je été assez fou pour unir à jamais son sort au mien... et pourquoi ai-je commis cette lâcheté?... Je me suis vendu pour les quelques billets de mille francs que la Jarménil m'a jetés comme une aumône... et maintenant je suis rivé à cette créature que j'exècre!... Je la tuerai... Oui... je veux être libre!... libre pour être tout entier à Caroline.

Il marchait droit devant lui, insouciant des passants qui le heurtaient.

Qui se serait douté, examinant ce visage pâle et calme, aux favoris corrects, que sous ce front blanc bouillonnaient des pensées de haine et de meurtre ?

Il avait traversé le Luxembourg, puis s'était engagé dans la rue Garancière, auprès de l'église Saint-Sulpice, rue calme par excellence, et où semble descendre le froid glacial qui tombe des murs du séminaire.

Arrivé là, Paul regarda autour de lui. Personne.

— Pourvu qu'elle vienne ! murmura-t-il.

Il s'approcha d'une petite maison basse, à porte étroite, et, après avoir jeté un coup d'œil aux deux extrémités de la rue, introduisit une clef dans la serrure.

La porte tourna sur ses gonds. Paul entra.

C'était un pavillon de quatre pièces qu'il avait loué récemment pour ses entrevues avec Caroline de Lustin, devenue la femme du sculpteur Sarlat ; il avait épuisé toutes ses ressources pour faire de cette retraite un logis digne de ce qu'il appelait son amour.

Il entra dans une pièce peu spacieuse, mais meublée avec luxe. Des tentures de soie couvraient les murailles; mais, en vérité, un goût étrange avait présidé à l'arrangement de cette chambre :

Les rideaux, les lourdes portières étaient noirs, brochés de dessins de couleur feu... Les meubles, le sofa bas, les fauteuils confortables, tout était de ces mêmes teintes criardes, bizarres, et comme Paul avait allumé les bougies de candélabres à cinq branches, la lumière jetait sur les tons fauves de la soie des reflets presque fantastiques.

Puis, comme si les deux êtres qui venaient en ce lieu avaient été soumis à une sorte de passion de l'excentrique, tous les ornements, les bibelots, les bronzes étaient de provenance japonaise, chimères aux gueules béantes, dragons de bronze aux yeux de jade. On eût dit un pandémonium de monstres.

Sur le plancher des peaux de tigre s'étendaient épaisses et moelleuses.

Paul était seul. D'un mouvement violent il jeta son chapeau sur un meuble. Puis, un instant, il resta immobile, les yeux fixés sur un vase aux formes singulières, aux flancs duquel se tordait un serpent dont la gueule ouverte lançait un dard menaçant.

Il consulta sa montre : il était six heures.

— Elle ne viendra pas avant une heure, pensa-t-il. Dans mon impatience, je me suis trop hâté ! c'est qu'aussi il me tardait si fort de m'arracher d'auprès cette femme... Voyons, travaillons !

Certes, en un pareil lieu, le mot pouvait paraître étrange. De quel travail voulait donc parler le docteur? Il s'approcha d'une des murailles, à laquelle s'appuyait une armoire de bois de fer, sculptée, fouillée d'admirable façon, et dont les planchettes, garanties par une feuille de cristal, étaient encombrées d'armes de toutes sortes.

Il poussa un ressort, l'armoire s'ouvrit. Paul écarta des kris, des tomahawks, des arcs, et faisant jouer une détente d'acier, il mit à découvert un tiroir secret, dont il eût été impossible de deviner l'existence.

Puis, y plongeant sa main, il en retira divers objets.

C'étaient d'abord des fioles de diverses grandeurs, puis un réchaud d'argent, avec lampe à esprit-de-vin, puis un objet de soie tressée qu'il déplia: c'était un masque qu'il s'appliqua au visage. Ceci fait, il approcha un guéridon et posa sur le bois les divers ustensiles.

A quelle œuvre diabolique se livrait-il? Il avait allumé le réchaud, et, dans une coquille d'argent, il jetait une à une des gouttes de divers liquides, essayait des réactifs, s'intéressant aux teintes diverses que prenaient ses préparations.

Enfin, il laissa échapper une exclamation joyeuse:

— Oui! oui! murmura-t-il. Pour la vingtième

fois, l'expérience réussit, je touche au but. Voici bien le poison qui ne laissera nulle trace dans l'organisme. Oh! je défie bien toute la Faculté de découvrir un seul vestige de cette liqueur dans le cadavre... mais il faudra tenter une épreuve suprême. Est-il certain que le poison agira sur le corps humain comme sur les animaux?... c'est que la moindre imprudence pourrait me perdre!

Et approchant de ses yeux la coquille d'argent dans laquelle roulaient quelques gouttelettes incolores, il les examina avec un soin minutieux.

Tout à coup le misérable tressaillit. Une main venait de se poser sur son épaule. Un cri rauque s'échappa de sa poitrine, et il se retourna brusquement, laissant échapper le récipient qui roula sur le tapis avec son contenu.

— En vérité, dit une voix railleuse, est-ce pour vous-même que vous préparez du poison?

— Caroline! s'écria Demory en arrachant son masque.

— Eh oui! Caroline!... Savez-vous bien, mon ami, que je vous surprends en singulière occupation... Les lauriers de Castaing ou de Lapommeraye vous empêchent de dormir.

Elle avait aux lèvres un sourire sardonique.

Le médecin avait peine à recouvrer son sang-froid.

14.

— Du poison! qui vous a dit que cela fût du poison?

— Personne... mais, je l'ai deviné...

— Vous vous trompez... je vous jure!

— Vraiment! Ainsi, c'est par amour de la science que vous charmez les loisirs de l'attente...

Tout en parlant, Caroline avait retiré son chapeau, et, rejetant son manteau, elle se montrait vêtue d'une robe de satin noir qui moulait ses formes admirables.

Plus belle encore paraissait-elle au milieu de cette chambre aux tentures bizarres, dont elle avait imité l'étrangeté dans sa parure. Dans ses cheveux, d'un noir de jais, un ruban d'un rouge feu soutenait un diadème de brillants. Elle était pareille à une de ces sagas antiques qui, la nuit, allaient par les forêts, obscures, appeler les démons par des incantations magiques. Dans ses grands yeux, il y avait des reflets brillants comme ceux d'une fournaise. Et sur ses lèvres rouges, on eût dit l'éclat d'un charbon incandescent.

Paul la regardait maintenant, ébloui, fasciné, subissant lui aussi une fois de plus l'influence de cette créature effrayante...

Elle se laissa tomber sur un sofa:

— Venez ici... à mes pieds, dit-elle. Et faites-moi votre confession...

Il était tombé à genoux, obéissant à sa voix comme s'il n'eût pas eu la force de lui résister.

Et il restait là, lui tenant les mains, la contemplant, aspirant par tous les pores les effluves magnétiques qui s'échappaient du corps de cette femme...

— Eh bien, fit-elle, j'attends...

— Que voulez-vous savoir? demanda-t-il.

— Pour qui ce poison? répéta-t-elle en désignant de la main la flamme de l'esprit-de-vin qui vacillait, bleuâtre, prête à s'éteindre.

— Encore une fois, je vous jure...

— Encore une fois, reprit-elle d'une voix brève, vous allez mentir...

— Moi!...

— Vous allez mentir, vous dis-je, c'est-à-dire oublier le pacte conclu entre nous...

Demory se tut et baissa la tête.

— Quelles que soient vos pensées, quels que soient vos désirs, quelles que soient vos tentations, vous avez juré de ne me rien cacher... vous avez juré de me parler comme si j'étais un autre vous-même... et aussi vous avez juré de m'obéir... oui ou non, tenez-vous votre parole... ou dois-je croire que notre traité d'alliance est rompu?

— Non! s'écria Paul violemment, en se relevant d'un seul élan. Aussi bien, il faut que je parle, il faut que je vous dise tout ce que je sens, que j vous fasse pénétrer dans les secrets les plus intimes, les plus effrayants de ma conscience... Oui, vous avez deviné, ceci est du poison...

— Enfin! vous daignez avouer, alors que toute dénégation est devenue inutile. Et ce poison... Est-ce pour moi que vous le préparez?... est-ce pour vous?

Depuis un instant, Demory, plus pâle à mesure qu'elle parlait, la considérait attentivement.

— Et si ce poison vous était destiné? fit-il en croisant ses bras sur sa poitrine.

Elle eut un petit rire dédaigneux.

— Je me demanderais en vérité en quoi j'ai démérité à vos yeux... et de quel crime vous me voulez punir!

— De quel crime! s'écria Demory. Eh bien, je vais vous le dire!...

Elle restait penchée en arrière, la tête renversée sur le sofa, faisant saillir les merveilles de son buste, posée dans une telle attitude de provocation et d'abandon, que Paul, s'oubliant tout à coup, l'enlaça dans ses bras, criant:

— Ton crime, c'est d'être belle à damner! Ton crime, c'est de me mettre le feu aux veines, le sang au cœur, la folie au cerveau! Ton crime! c'est que je t'adore... et que tu n'es pas à moi!

D'un geste lent, sans violence, sans effarouchement de pudeur, elle s'était dégagée des bras de Demory.

— En effet, dit-elle de sa voix calme et grave, vous êtes fou !

Paul eut un mouvement de rage.

Sous ce regard froid, il se sentait lâche, il reculait.

— Oui, je suis fou, reprit-il d'une voix saccadée. Ah ! quel terrible jeu vous vous faites de moi, de mon amour, de l'infernale passion qui me torture !... Je me demande comment vous êtes encore vivante, comment je ne vous ai pas encore tuée !

— Savez-vous que vous n'êtes point galant, aujourd'hui ?

— Trêve de raillerie !... expliquons-nous ! Un jour, nous nous sommes trouvés face à face : moi, l'assassin ; vous, la nièce de la victime... Vous saviez qui j'étais, ce que j'avais fait ; vous pouviez me livrer, m'envoyer à l'échafaud !... Vous n'aviez qu'un mot à prononcer, et l'assassin, le faussaire, le criminel était à jamais perdu ! Ce mot, vos lèvres ne l'ont pas proféré.

— M'en faites-vous reproche ? interrompit Caroline en souriant.

— Ah ! je vous en supplie ! ne vous moquez point de mes tortures... car, assassin j'ai été, assassin je pourrais être encore !...

— Des menaces!... Décidément vous oubliez trop à qui vous parlez...

Elle s'était levée à demi, et plongeant son regard dans les yeux de Paul :

— Je ne connais pas la peur... et à vos menaces, prenez garde que je ne réponde par le mépris !

— Eh bien, non ! Je ne menace pas! C'est qu'en vérité, c'est moi qui tremble devant vous ! Je me sens plus faible qu'un enfant !... Eh bien, ce jour-là où je vous ai avoué toute ma vie, je me suis donné à vous, sans hésitation, sans faux-fuyant, tout entier, corps, âme et honneur! Mais en échange de cet abandon de moi-même, ne m'avez-vous pas dit, vous, que vous m'aimeriez? Ne m'avez-vous pas dit que vous vous donneriez, vous aussi? Eh bien, voici tantôt trois mois que je souffre, que j'endure des tortures telles que les chrétiens n'en ont pas inventé de plus atroces pour leur enfer... Je vous vois, vous êtes là près de moi, resplendissante de cette beauté fatale qui m'enivre, qui m'affole, et toujours... comme tout à l'heure encore... vous vous refusez à moi !...

Caroline avait repris sa pose renversée et elle écoutait, souriant toujours.

Demory grinçait des dents :

— C'est que vous ne savez pas combien je vous aime! Vous ne savez pas quelle épouvantable fièvre de désirs brûle mes veines, enflamme mon sang!... Pour qui ce poison?... Non, il n'est pas pour vous!... mais qui vous dit qu'il ne soit pas pour moi, pour moi qui ne peux résister plus longtemps à mes souffrances, pour moi enfin qui vous crie : Donnez-vous à moi! sinon je me tue!...

Et, saisissant une des fioles, il en avait fait sauter le bouchon et l'avait approchée de ses lèvres; Caroline ne dit pas un mot, ne fit pas un geste...

Faiblesse orgueilleuse! lâcheté du criminel qui tue mais ne sait pas mourir! La fiole s'arrêta à un centimètre de la gorge de Demory; son bras ne se leva pas; il n'avait qu'un piètre mouvement à faire, et c'était vrai... il se tuait... il laissait à Caroline le remords de ne s'être point donnée...

Quelques secondes s'étaient passées.

Demory sentit l'horrible ridicule qui s'attachait à lui. Et doublement furieux, — et par son désir inassouvi et par la couardise dont il donnait une si plate preuve, — il jeta le flacon sur le tapis et l'écrasa sous son pied.

Puis, obéissant à l'explosion désespérée qui éclatait en lui, il s'abîma contre la muraille, les bras croisés sous son front et sanglotant...

Caroline le regardait. Pendant qu'il ne la voyait pas, une singulière expression anima ses yeux.

Ce n'était pas du dédain, ce n'était pas du mépris, non, c'était de la passion, profonde, aiguë.

— Paul! dit-elle.

Il ne bougea pas.

— Paul! venez à moi!...

Il se retourna et, la regardant en face, rassemblant encore une fois toute son énergie :

— Ah! tenez! cria-t-il, prenez garde! Vous vous dites que je suis lâche! que je vous menace de ma mort, et que je n'ai pas le courage de me tuer!... Eh bien, non, je ne veux pas mourir... parce qu'avant tout, je veux que vous soyez à moi, je veux sentir palpiter entre mes bras le corps que j'adore, qui me rend fou...

— Ai-je donc refusé de me donner à vous? fit Caroline, dont les paupières battaient comme des ailes de papillon.

— Osez-vous dire... commença Demory.

Elle se leva, superbe, imposante.

En vérité, ce Paul Demory était un être infâme, et de ses passions, il n'en était pas une qui pût excuser ses vices. Il était bassement ambitieux; de l'amour, il ne connaissait que les appétits brutalement fous.

Eh bien, qu'en face de cette femme, de Caroline de Lustin, le plus sage, le plus honnête, le plus vertueux, le plus philosophe, eût été subitement glacé; qu'il eût contemplé ce visage d'une régularité implacable, ce nez aux ailes palpitantes, ces yeux où étincelait... l'amour sensuel, ces lèvres qui semblaient écraser de rouges baisers... il eût été lâche, plat et rampant comme l'assassin Demory...

Elle était plus que belle, plus que séduisante... C'était la charmeresse dans le déploiement absolu de sa puissance fantastique et inexpliquée.

Demory tomba à ses pieds, entourant de ses bras ses genoux et ses reins...

— Paul! dit-elle, je t'aime!... Tu te crois faible, je te sais fort... Devant moi seule, tu trembles et tu t'abaisses! je sais que, devant tous, tu resteras impassible et énergique!... Je t'aime!...

— Mais, alors, prouve-moi que je suis aimé!...

— Pas encore!...

— Toujours ce mot!... Demain, toujours demain!...

— Ai-je dit demain? non pas!

— Ne jouons pas sur les mots, dit encore Demory en se plaçant devant elle. Une dernière fois, je vous adjure de ne pas me désespérer. Car, je vous le dis, si je n'ai pas voulu mourir, c'est parce que, si je meurs, je ne serai pas seul.

Elle lui posa la main sur le front.

— Tu es fou, enfant! Voyons, redeviens calme... Que t'ai-je dit?... Dans un an, je t'appartiendrai... Je te disais cela, là-bas, dans la maison de celle que tu avais assassinée, de ma tante, la marquise de Lustin. Eh bien, cette année est-elle donc écoulée ?...

— Mais...

— Nieras-tu les termes de l'engagement pris... Dans un an, te disais-je ?...

Elle mit ses deux bras autour de son cou :

— Dans un an, je te le répète... et de cette année, trop longue à mon gré comme au tien, onze mois seulement se sont écoulés... Donc je ne t'ai pas trompé ! et si quelqu'un manque à sa parole... c'est toi ! c'est toi seul !...

Et comme Demory se taisait, interdit, dompté :

— Paul, continua-t-elle en faisant autour de son cou la pression plus douce et plus séduisante, je t'ai demandé un premier sacrifice : c'était de me permettre de devenir la femme de cet homme, de ce Sarlat...

— Oh! ne parle pas de lui !

— Pourquoi donc ? Toi et moi ne devons-nous pas regarder la réalité en face ? Toi, tu as épousé cette Claire Aubrun pour gagner dix mille francs...

— Tais-toi !...

— Moi ! j'ai épousé Sarlat pour gagner quatre millions.

Demory crispait ses doigts dans ses cheveux.

— Faiblirais-tu ? N'es-tu plus l'homme qui me disait naguère : Foulons aux pieds tous préjugés, toutes croyances... soyons puissants, soyons riches, soyons maîtres du monde !... Oh! je n'ai pas oublié une seule de tes paroles... moi aussi, je veux tout cela. Cette fortune perdue, je l'ai retrouvée. Elle m'appartient maintenant, car deux millions m'ont été restitués par Sarlat; et quant au reste... encore quelques jours, et je posséderai tout... mais, je te le dis, il faut que l'année soit écoulée... et alors...

— Alors, plus d'obstacles entre nous, prétends-tu dire !... Mais cet homme, ton mari, nieras-tu qu'il ait sur toi des droits auxquels tu ne peux te soustraire ?...

— Mon mari ! fit Caroline en haussant les épaules. Quand je le voudrai, cet obstacle disparaîtra.

— Que veux-tu dire ?

— Rien. Mais écoute-moi... il est vrai que moi, j'ai manqué à ma parole. Je t'avais dit que pendant l'année d'épreuves que je t'imposais, tu ne me reverrais plus. J'ai cédé à tes demandes, je suis venue. Mais du moins n'exige rien de plus... et d'ailleurs tu me parles de mon mari; es-tu libre, toi-même?

— Moi !

— N'appartiens-tu pas à une femme?...

— Oh ! celle-là, fit Demory avec un geste effrayant, elle n'est pas à craindre !

Caroline lui saisit la main :

— Donc, c'était non pour moi, non pour toi, que tu préparais ce poison!... C'était pour elle?

— Eh bien, oui! pourquoi le nierais-je!... Je la hais! je veux qu'elle meure!

La jeune femme prit la fiole qui était restée sur le guéridon, et regardant le liquide au travers duquel passait la lueur des bougies :

— Ainsi, quelques gouttes de cette préparation...

— Suffiraient à foudroyer un être vivant. Mais...
Il s'arrêta.

— Continue, Paul. C'est une étrange et belle science que celle des poisons!

— Oui, mais terrible et dangereuse. Tuer n'est rien, mais faire disparaître les traces du meurtre, là est le problème...

— Et, avec cette liqueur?

— Rien à craindre... à la condition formelle de ne point se laisser entraîner par l'impatience... Oui, dix gouttes, c'est la mort certaine, brutale, instantanée... mais alors la science pourrait à coup sûr retrouver la trace du poison... tandis que si, au contraire, lentement, patiemment, on mêle chaque jour une quantité infinitésimale de ce liquide à la boisson... de celui qu'on a condamné... alors peu à peu sa santé s'altère, ses forces s'épuisent... c'est l'anémie, c'est une maladie banale qui n'éveille pas les soupçons... et quand il tombe, nul ne s'étonne... et l'impunité est assurée...

Caroline, tenant toujours la fiole dans sa main, ne regardait pas Demory.

— Qu'appelez-vous quantité infinitésimale?

— Celle qui resterait suspendue à la pointe d'une aiguille trempée dans cette fiole...

— Et combien de jours faut-il pour que la mort vienne?

— Vingt jours environ...

— C'est bien!

Et, d'un mouvement rapide, Caroline glissa le flacon dans son corsage.

— Caroline! s'écria Demory, que faites-vous? Rendez-moi ce poison.

Elle leva les yeux sur lui, l'enveloppa tout entier de son regard noir. Puis lentement :

— Paul, dit-elle, je t'ai dit que l'année écoulée, je serais à toi pour toujours... Je tiendrai ma parole!

— Quoi! ai-je bien compris? Toi, empoisonneuse?

Elle lui saisit la tête entre ses deux mains, et l'embrassant à pleines lèvres :

— Criminelle comme toi! Toute à toi, par le crime comme par l'amour!

Et alors qu'interdit, frissonnant, il la contemplait sans lui répondre, elle reprit son manteau, son chapeau et marcha vers la porte.

Là, elle se retourna :

— Mais, souviens-toi, lui dit-elle, que je te défends de te rendre libre avant que j'aie moi-même reconquis ma liberté !...

V

IDÉES DE BOSSU

Contusionné, éreinté, meurtri, Vosset était étendu sur son lit, dans la misérable chambre qu'il occupait, au sixième étage d'une maison de piètre apparence, au coin de la rue de Verneuil.

Il était six heures du matin. Le misérable, épuisé, fiévreux, n'avait pu dormir de toute la nuit, et c'était seulement aux premières lueurs du jour qu'il avait pu trouver quelques instants de repos. Et encore ce sommeil était-il agité comme celui d'un criminel. Sur sa face bestiale, il y avait des contractions nerveuses, et sa bouche lippue mâchait des mots inarticulés qui ressemblaient à des grognements.

La chambre, une mansarde, était sordide. Partout des haillons traînant, des loques accrochées au mur, du papier crevassé et pendant en langues sales ; et quel grabat que celui sur lequel le difforme était vautré ! Par les carreaux jaunes et malpropres, un jour faux filtrait, mettant une plaque cadavéreuse au faciès de la brute endormie.

Soudain, des coups rudement assénés, secouèrent le panneau de la porte.

Vosset tressaillit et poussa un cri rauque en se dressant à demi, effrayé... comme tout criminel à qui un heurt matinal jette tout d'abord l'idée de visite policière.

— Ouvre ! cria une voix.

Et le mot fut accentué d'un juron violent.

Vosset, qui avait peine à recueillir ses idées, reconnut cependant la voix de Paul Demory, et un frisson le parcourut des pieds à la tête.

— Qui est là ? demanda-t-il, avec un vague espoir de s'être trompé.

— Tu le sais bien, misérable !... Allons ! ouvre... ou j'enfonce la porte !

Cette fois, Vosset, pivotant sur sa bosse, mit ses pieds sur le carreau.

— J'y vais, maugréa-t-il.

Puis, il murmura :

— Hum ! qu'est-ce qu'il me veut, à cette heure-là ?... Prenons nos précautions...

Et, traînant ses sandales immondes sur le plancher, il alla à un tas de haillons qu'il souleva, et y prit un objet qu'il glissa dans la poche de son pantalon.

Puis il marcha vers la porte qu'il ouvrit.

Demory parut, pâle, les yeux brillants, la bouche contractée.

Brutalement, il referma la porte d'un coup de pied ; puis, sans proférer une parole, il saisit d'une main Vosset à la gorge, tandis que son autre poing menaçait le crâne du bossu terrifié, à ce point qu'il ne songeait même pas à prendre l'arme dont il s'était précautionné...

— Heu ! heu ! râlait-il... Lâche-moi ! tu me fais mal !...

Demory le repoussa violemment. Le bossu alla rouler sur son lit.

— Ah ! gredin immonde ! cria le docteur, je devrais t'écraser comme une limace...

Vosset grelottait de terreur. Les doigts de Demory s'étaient imprimés dans sa gorge : il toussait, il crachait, portant la main à sa poitrine avec un geste de douleur.

Demory marchait de long en large, dans l'étroit espace de la chambre, sans le regarder, marmottant entre ses dents des paroles menaçantes :

— Cet infâme bandit ! grinçait-il... Oser pénétrer chez moi ! porter la main sur Claire, sur ma femme !... la souiller de ses attouchements infâmes !... Oh ! il me payera cela plus cher qu'il ne le croit...

Cependant peu à peu le bossu se remettait : il

parvenait à ressaisir son sang-froid, et insensiblement l'expression gouailleuse et cynique de ses traits reparaissait.

— Tu sais, Demory, dit-il enfin de sa voix aiguë qui sifflait entre ses dents serrées, il y en a un des deux qui payera quelque chose à l'autre... et ce ne sera pas moi!...

— Tais-toi, canaille, ou je t'étrangle! fit le docteur en marchant vers lui.

— Oh! assez d'une fois! ricana Vosset, dont la main reparut armée du revolver qui déjà avait réduit Paul au silence. Si tu fais mine de me toucher, je te brûle!...

Demory fit un pas en arrière.

— Tu canes, mon petit, continua le bossu qui ressaisissait l'avantage. Ah! c'est comme ça... monsieur le docteur arrive comme un fou, cogne à enfoncer ma porte, se jette sur moi comme une bête fauve et me menace. Hé! hé! voilà qui est nouveau! Monsieur l'assassin, est-ce que vous trouvez que votre tête tient trop solidement sur vos épaules? Monsieur le faussaire, est-ce que vous avez envie d'aller faire un tour au bagne?...

— Bandit, tais-toi, encore une fois... ou je ne me possède plus...

— Bah! des mots!... Je suis le plus fort, puisque je suis armé. Donc expliquons-nous... comme de bons amis, ajouta-t-il, ricanant plus fort. Monsieur veut causer ! Eh bien, causons ! Seulement, à bas les pattes, ou je lâche Azor... et il mord, je t'en préviens.

Azor, c'était le revolver dont le canon menaçait la poitrine de Demory.

Celui-ci cherchait à se contenir ; évidemment, il était sous l'empire d'une rage plus forte que sa volonté.

— Nieras-tu, infâme, s'écria-t-il, que tu aies eu l'impudence de pénétrer chez ma femme?...

Cette fois, Vosset éclata de rire. Il est bon d'ajouter qu'il n'avait pas lâché son revolver.

— Ta femme ! Eh bien, le mot est joli !... Tu la défends !... Monsieur est époux... Monsieur est le protecteur de la compagne de sa vie ! Ah ! tiens, tais-toi, tu me fais mal...

— Vosset !

— Quoi? Vosset ? Est-ce que par hasard tu oserais me dire, à moi, en me regardant en face, que tu as le droit de défendre... celle que tu appelles ta femme?

— Je te prouverai que j'ai ce droit.

— Je t'en défie bien.

Le bossu croisa ses longs bras sur sa poitrine. Et faisant un pas vers Demory :

— Est-ce que, d'aventure, tu appellerais protection ce que d'autres pourraient bien appeler empoisonnement?...

— Misérable !

— Ouais ! je dis la vérité, et ça te blesse... Mais voyons, soyons sérieux. Pourquoi es-tu venu ici ? Qu'est-ce que tu veux ?

— Je veux te défendre de remettre les pieds chez moi...

— Vrai ! Ah ! d'un ami, c'est dur. Et pourquoi, je te prie ?

— Tu le sais bien.

Vosset eut un ignoble clignement d'yeux.

— Parce que j'ai été trop aimable avec madame.

— Ah ! n'ajoute pas un mot... ou...

— Ou... quoi ? fit Vosset, démasquant de nouveau le revolver.

Vosset reprit d'un ton sec, autoritaire :

— Trêve de plaisanteries, mon petit. Tu sais, ce n'est pas à moi que tu en imposeras. Je te connais à fond... et, entre nous, c'est une fichue connaissance que j'ai là... Cette femme, dont aujourd'hui il te plaît de te faire le chevalier, tu la hais, et surtout tu la crains, ce qui est bien pis !

— Ceci me regarde... mais, en tout cas, elle est ma femme !... et je te défends...

— De lever les yeux jusqu'à elle... Eh bien, mon petit (il n'y a rien d'exaspérant comme d'être appelé mon petit !) il faut que tu saches tout ! Si je t'ai aidé au vol, si j'ai été ton complice dans l'assassinat...

— Achève !

— C'est parce que... j'aimais... oui, moi, le bossu, le difforme, j'aimais cet ange de chasteté et de beauté !... Jadis, tu me repassais tes maîtresses... je t'aidais à t'en débarrasser. Aujourd'hui...

— Aujourd'hui ? interrogea Demory haletant.

— Cède-moi ta femme ?

— Te tairas-tu ?

— Cède-moi ta femme... et je te rends — *gratis pro Deo* — les traites fausses dont fort heureusement je ne me suis pas dessaisi !...

Demory tressaillit à l'évocation de ce souvenir. Il se tut.

— Ah ! cela te coupe la musette... mon petit !

Le bossu s'adoucit tout à coup :

— Voyons. Parlons raison. Tu détestes ta femme. Et si tu ne l'as pas tuée tout à fait, c'est évidemment parce que tu y avais quelque intérêt... alors qu'est-ce que cela te fait que je l'aime, moi ?...

Il se pencha vers Demory et ses lèvres pendantes bavèrent ces mots :

— Tu es médecin... tu sais comment on peut endormir la conscience et la volonté... Eh bien, livre-moi Claire... et tu es libre ! livre-moi Claire... et tes faux te sont restitués !... C'est un marché, cela... Sois raisonnable !... Qu'est-ce que cela te fait ?

— Non! mille fois non! cria Demory.

Le visage du bossu se tordit dans une angoisse furieuse :

— Pourquoi? siffla-t-il.

— Parce que je ne le veux pas.

— Pas d'équivoque! Pourquoi?... Ce n'est pas par honnêteté... Si tu avais une mère, tu la vendrais pour mille francs! Tu vendrais ta patrie, ton Dieu, si tu y croyais!... Alors pourquoi ne veux-tu pas me vendre ta femme?...

Demory eut une explosion de dégoût.

— Pourquoi? s'écria-t-il. Parce que, si je hais cette femme, si je souhaite sa mort, cependant il est des tortures atroces que je n'oserais pas lui infliger; il est des hontes qui, pour elle, me sembleraient trop cruelles!... Mais regarde-toi donc, misérable avorton!... Te livrer cet enfant, moi!... Je puis être un assassin... je ne serai pas un bourreau!

Il y eut un silence effrayant. L'insulte avait claqué à plein le visage, — l'âme du bossu. Cette humiliante répulsion dépassait tout ce que Vosset pouvait supporter. Il tourmentait entre ses doigts la crosse de son revolver.

Pourtant il ne pressa pas la détente! Pourtant, ayant au cœur la rage exaltée, il trouva la force de sourire :

— Tu as raison, dit-il. Décidément je suis trop laid.

Demory eut l'intuition qu'il était allé trop loin.

— Je ne dis pas cela, balbutia-t-il.

— N'en parlons plus, reprit sèchement Vosset. Il me reste à te faire mes excuses. Là ! es-tu content ? J'ai eu tort. Dame ! je me suis laissé emporter !... Les bêtes les plus hideuses ont leurs heures d'amour... de désir farouche, si tu le préfères... Tu comprends, je croyais que tu détestais ta femme... et justement... (il respira lourdement) puisque mon amour devait être une torture, c'était rentrer dans tes idées que le lui imposer... je me suis trompé, voilà tout... ce n'est pas une raison pour devenir des ennemis... es-tu content, maintenant ?

Il s'était assis sur son lit, et tournait les deux pouces, longs comme ceux de Troppmann. Son accent était si doux, sa voix si suppliante que Demory, naïf dans son cynisme, crut réellement à son repentir.

C'était chose bien étrange. Vosset avait deviné. Oui, Paul haïssait Claire. Oui, il voulait sa mort. Mais quand il regardait ce crabe humain qui s'appelait Vosset, il se sentait secoué tout entier d'une invincible horreur. Cette jeune fille, cette vierge, que lui n'avait pas possédée... elle appartiendrait à cette araignée immonde !... Il y avait tout un soulèvement de son être. Bizarre effet d'amour-propre. Elle était sa femme, après tout ! elle portait son nom... elle était sa chose, son bien, sa propriété... Et songer que ce bossu!... Non, tout plutôt que cela. Il l'aurait tuée... mais il n'admettait pas que Vosset la touchât, fût-ce seulement du bout du doigt!...

Cependant, dans le calme subit de son complice, il devinait des menaces inavouées.

Ce gnome lui faisait peur. C'est que c'était bien vrai, il avait entre les mains de quoi le perdre! Ces mots d'échafaud, de bagne tintaient à ses oreilles avec un glas funèbre...

— Eh bien, mon ami... si tu n'as pas autre chose à me dire, reprit Vosset de sa voix traînante, laisse-moi me recoucher et dormir... Tu n'ignores pas sans doute que j'ai reçu une de ces vénérables tripotées qui font époque dans la vie d'un... bossu. Ah! ton monsieur Sarlat a la poigne solide!

Ce nom rappela Demory à la véritable notion de la réalité.

— Soit, fit-il. Je te pardonne... tu t'es conduit comme un fou... et j'ai pitié des fous!... Mais ce que tu ne sais pas, c'est que tu nous as perdus!...

— Ah bah!... fit Vosset. Est-ce donc parce que j'ai dit à ce monsieur ses vérités?

— Quelles vérités?

— Dame! tu sais, on n'est pas toujours maître de soi. Et quand il m'a brutalement jeté en bas de l'escalier, je lui ai dit son fait.

— C'est-à-dire ?...

— Que sa femme le trompait?

— Ah! et tu m'as nommé?

— Non! pas si bête que cela! J'ai dit cela. en l'air... C'est pour cela que je ne comprends guère ce que signifie ton : Nous sommes perdus!

Demory aspira longuement.

— Je regrette que tu te sois laissé emporter!

— Tu en parles bien à ton aise! Quand on descend cinquante marches sur le dos!

— N'importe!... Ce n'est pas de cela qu'il s'agit. Puisque tu n'as pas prononcé mon nom, ce n'est pas grave... Il y a autre chose.

Ici, ce fut au tour de Vosset à dresser l'oreille.

— Eh! quoi donc! sapristi! explique-toi! Avec tes réticences, tu ferais damner un saint!... Tu commences par me faire des scènes à cause de ta femme... dont tu te soucies comme d'un fétu... et puis, voici qu'il y a autre chose... Quoi?...Attends!

Disant ce dernier mot, Vosset, qui avait glissé de nouveau le revolver dans sa poche, alla à une armoire, l'ouvrit et y prit une bouteille de vermouth et deux verres.

Puis, les ayant remplis :

— Allons! plus de blague entre nous, fit-il; j'ai avoué mes torts. La paix! maintenant. Crédié! nous sommes liés par des intérêts trop sérieux pour qu'une histoire de femelle nous sépare...

Bois-moi cela et dégoise ce que tu as sur le cœur.

Il avait posé le verre sur une table boiteuse, avait avancé un tabouret sur lequel il avait invité d'un geste Paul à prendre place, tandis que lui-même s'asseyait sur le bord de son lit.

En apparence, il semblait que Vosset eût oublié les mauvais traitements dont il venait d'être l'objet de la part de son excellent ami Demory ; mais si le docteur avait eu l'esprit plus libre, s'il avait examiné attentivement le masque grimaçant du bossu, dans le froncement des sourcils, dans le plissement des lèvres, il eût reconnu une expression haineuse, presque sauvage, et pourtant Vosset souriait :

— Eh bien ! vas-y... Je t'écoute, dit-il en humant une gorgée de vermouth.

Demory vida son verre d'un seul trait.

— Nous sommes perdus, te dis-je, reprit-il d'une voix rauque. Et, en vérité, je ne vois plus par quel moyen nous allons échapper à une épouvantable dénonciation... et cela par ta faute.

— Par ma faute... Soit. Seulement, pas tant de phrases et explique-toi.

— Sais-tu ce qui s'est passé après l'ignoble scène à laquelle tu t'es laissé entraîner ?

— Comment le saurais-je ! j'avais trop à faire en me traînant jusqu'ici.

— Eh bien ! ce Sarlat, cet homme que je hais de toute la violence de ma colère...

— Surtout parce qu'il est le mari... de ta Caroline. Passons.

— Ce Sarlat a emporté Claire dans ses bras et l'a remise aux soins de sa mère...

— De l'aveugle paralytique ! Parbleu ! voilà une garde-malade de premier ordre.

— Tu ignores que cette femme, la tante de Mme Sarlat, n'est plus seule... On a placé auprès d'elle la vieille Catherine, la servante de la marquise, de celle que j'ai...

— Que tu as si galamment envoyée dans l'autre monde !... Bon ! mais cette vieille Catherine n'a rien vu et ne connaît rien ?...

— Non ! mais Claire a tout vu !

— N'est-elle pas folle ?

— Tu sais bien que non. Tu sais bien que si, à l'heure même de la catastrophe, au milieu des circonstances inouïes qui l'ont entourée, sa raison a été tout à coup ébranlée, cependant ce n'était pas là, à vrai dire, l'aliénation mentale caractérisée. Oh ! je ne me trompe pas, va !... Car bien souvent j'ai fait l'expérience décisive ; je l'ai soumise au régime des opiacés, qui engourdissent le cerveau et paralysent la mémoire ; mais dès que je ralentissais ce traitement, toujours la raison était prête à s'éveiller, toujours le souvenir endormi tentait de surgir... J'aurais dû la tuer, me dirais-tu... je ne l'ai pas fait... et c'est cette pitié qui me crée aujourd'hui une situation terrible.

— Oh ! la pitié ! ricana Vosset.

Paul parut n'avoir pas pris garde à cette interruption. Il continua :

— Donc, grâce à des précautions incessantes, j'étais parvenu à conjurer le danger. Mais aujourd'hui, voici ce qui se passe... la vieille Catherine a fait immédiatement prévenir Mme de Jarménil... Claire a été reportée dans sa chambre ; mais, sans cesse, auprès d'elle, veille soit la servante, soit la comtesse... Dans ces conditions, je ne puis plus rien... Je sais que, remise de la dernière secousse qu'elle a éprouvée, elle va retrouver peu à peu le calme, que la fièvre, entretenue par moi dans son cerveau, s'éteindra... alors, elle sera en pleine possession de sa mémoire... alors se retracera à son esprit l'épouvantable scène de l'assassinat... elle parlera, elle m'accusera... tu vois bien que par ta faute nous sommes perdus ! Voilà ce que tu as fait !...

Vosset restait songeur.

— Eh bien ! s'écria Demory avec irritation, n'as-tu pas compris ?

— Si fait !... Mais, voyons, es-tu sûr d'abord que ta femme t'avait reconnu ?

— Ne m'a-t-elle pas vingt fois, — alors qu'elle

redevenait par éclairs maîtresse de sa pensée, — ne m'a-t-elle pas jeté le nom d'assassin à la face?

— Bon!... mais, dis-moi... en ce qui me concerne personnellement...

— Que veux-tu dire?

— Je te demande si elle m'a vu, moi, si elle m'a reconnu?

Demory tressaillit et regarda le bossu en face :

— Si bien que, dans ton égoïsme, tu te soucies peu que je sois accusé, que je sois perdu, si toi tu n'es pas inquiété...

— Je ne dis pas cela. Cependant, chacun pour sa peau, vois-tu! Certes, je serais désolé qu'il t'arrivât malheur... mais tu reconnaîtras avec moi qu'il me serait encore plus pénible d'être pincé moi-même.

— C'est-à-dire que tu me laisserais monter sur l'échafaud...

— Sans t'y accompagner de mon plein gré... parbleu! mon petit, je voudrais bien te voir à ma place...

— Mais tu oublies, malheureux, que si j'étais soupçonné, l'enquête démontrerait vite notre intimité. On rechercherait comment j'avais pu apprendre que la marquise de Lustin possédait des valeurs importantes... on rechercherait comment j'avais pu me procurer l'empreinte des serrures...

et la justice n'aurait pas besoin de grands efforts pour trouver ta trace...

— Autrement dit, fit Vosset froidement, tu me dénoncerais...

— Moi?...

— Oh! sans le vouloir peut-être... mais, si fort que tu paraisses, je me défierais grandement de ton énergie en face d'un juge d'instruction.

— Enfin, que décides-tu? que me conseilles-tu?...

— La seule chose qu'il faille faire... c'est de fuir...

— Oh! déjà! abandonner la partie... au moment où...

Il n'achevait pas. Mais c'était à Caroline qu'il songeait. Vosset reprit :

— Pour moi, je suis décidé... je pars et sans perdre du temps...

— Tu m'abandonnes dans le danger...

— Mais, triple fou, à quoi te serais-je bon?... A toi, il reste une chance : on ne peut pas te défendre d'approcher de ta femme, et tu peux encore la contraindre au silence. Moi, je ne puis rien... donc il vaut mieux que je te laisse le champ libre... d'ailleurs c'est décidé... inutile de discuter...

— Eh bien, soit! je resterai seul sur la brèche... je lutterai jusqu'à la dernière minute...

— Et dès que tout sera arrangé, tu m'avertiras

que je puis venir de nouveau respirer l'air de la capitale.

— Adieu donc! fit Demory, se levant et prenant son chapeau.

Vosset se leva à son tour :

— Ah! mais, un instant, mon bonhomme, fit-il, tu oublies un détail...

— Lequel?

— C'est que je n'ai pas le sou...

— C'est vrai. Je veux bien te rendre encore ce service...

Et prenant son portefeuille, il en tira quelques billets de cent francs.

— Ouais! reprit le bossu; nous ne nous comprenons pas...

— Que veux-tu dire?

— Je veux dire qu'il me faut beaucoup plus que cela...

— Tu sais que je ne suis pas riche!

— Ça m'est égal. Mais les bons comptes font les bons amis. Tu me dois trente mille francs...

— Trente mille francs! moi!...

— Ni plus ni moins... Décidément, tu n'as pas de mémoire..., tu oublies que j'ai en main certains papiers que tu devais me racheter au bout d'un an, moyennant ladite somme de trente mille francs!

— L'année n'est pas écoulée...

— Non. Mais les circonstances exceptionnelles dans lesquelles nous nous trouvons équivalent à une faillite et rendent les dettes exigibles... Donc, mon petit, tu me donneras trente mille francs... ou bien...

— Ou bien ?

— Ou bien... sans attendre que tu aies fait taire ta femme... je disparais, mais non sans envoyer un souvenir à M. le procureur du parquet de Paris... qui te mettra en lieu sûr et sauvera du même coup ta chère et infortunée compagne !...

Demory était livide. Il comprenait tout. Vosset se révélait.

— Misérable ! cria-t-il. Mais ces trente mille francs, tu sais bien que je ne les ai pas.

Vosset se dandinait d'un air railleur :

— Mais quelqu'un que tu connais les a... et ne saurait te les refuser...

— Ah çà ! en vérité... Je voudrais bien savoir !...

— Quoi ?.., que tu es l'amant de la Caroline et que ce qui est à elle est à toi ?...

— Ecoute, Vosset ! fit Demory qui haletait sous l'atroce contrainte que lui imposaient et la terreur du bagne évoquée par le bossu, et le désir qu'il ressentait de l'étrangler, écoute ! ne me défie pas trop, car, en vérité !...

— Allons, quoi ? Es-tu, oui ou non, l'amant de la Sarlat ?

— Son amant, non !

— Alors tu es un imbécile, voilà tout. Toujours est-il qu'elle est riche, riche à millions... qu'elle te rencontre dans certaine petite maison de la rue Garancière...

— Quoi, tu sais !

— L'homme prudent sait toujours !... Tu ne m'as pas compris... Je veux, tu m'entends bien, je veux mes trente mille francs aujourd'hui avant deux heures ; sinon, à deux heures cinquante, tu peux consulter l'Indicateur, et tu verras que l'heure est exacte... je prends l'express de Bruxelles... avec mes faibles ressources... ça ne coûte que trente-quatre francs... je puis encore trouver ça... Mais, arrivé dans cette noble capitale du Brabant, je lance, à l'adresse de messieurs les magistrats, un pli qui donnera des détails édifiants sur M. le docteur Paul Demory... Moi, je me charge de disparaître, sois tranquille... Mais toi, tu seras bien et dûment cueilli. Ta femme aura toute liberté de causer... et alors nous verrons mon excellent ami, accusé de faux, puis d'assassinat, défendre sa très belle tête devant MM. les jurés, que la beauté physique touche peu, et qui se feront un devoir de la faire tomber dans le panier à son... Voilà ! je ne dis pas un mot de plus ! Trente mille francs... ou la Roquette ! Tu es libre de choisir !

Demory était effrayant à voir. Saisi tout à coup

dans l'engrenage, placé entre la dénonciation de Claire et celle de Vosset, il comprenait qu'il pouvait tuer sa femme, mais qu'il ne pouvait rien contre le bossu. Donc, c'était de ce dernier côté que venait le danger le plus immédiat.

Mais, trente mille francs ! Les demander à Caroline ! s'humilier à ce point ! pour cet orgueilleux, c'était une torture. Cependant il se disait qu'après tout, puisque Caroline avait aimé en lui surtout son infamie, il pouvait aller hardiment en avant... elle le possédait assez pour qu'un acte de plus n'ajoutât rien à la domination qu'elle exerçait sur lui.

Et puis, toujours cette pensée : il pouvait, sans doute, imposer silence à Claire. Mais, en face de Vosset, il était impuissant.

— C'est bien, dit-il, tu auras tes trente mille francs.

— Parfait ! fit le bossu ; voici : à deux heures, rendez-vous chez le marchand de vins qui fait le coin du boulevard Magenta et de la rue Saint-Quentin, et je te rendrai tes traites fausses.

Le marché conclu, il ne pouvait y avoir grande effusion entre les deux complices. Demory enfonça son chapeau sur ses yeux et sortit en tirant violemment la porte derrière lui.

Vosset était retombé sur son lit :

— Ouais ! camarade ! murmura-t-il. Tu me payeras mes trente mille francs... et je te rendrai tes faux... seulement, imbécile que tu es, tu n'as pas compris que, pour ma grande tranquillité, il valait infiniment mieux que M. le docteur Paul Demory fût supprimé de la liste des vivants... de cette façon, il n'y aura pas à craindre qu'il trahisse les amis devant un juge d'instruction... paye les trente mille francs, mon bonhomme ! Après ça, je me charge de ton affaire... je n'aurai plus à te craindre... cet excellent Sarlat sera bon à quelque chose...

Et ayant ainsi esquissé ses projets, Vosset s'étendit, étira ses membres et s'endormit de nouveau du sommeil de l'innocence.

VI

LA PITIÉ D'UNE MARTYRE

La chambre de Claire Demory, au premier étage du pavillon de la rue Notre-Dame-des-Champs.

Elle est jolie, cette chambre. Mme de Jarménil, qui, dans ses goûts, s'était arrêtée au dix-huitième siècle, avait des ressouvenirs Pompadour du ton le plus gracieux. C'était elle qui avait meublé ce qui — dans sa pensée — devait être un véritable nid d'amoureux. Et ce n'était pas sans recherche qu'elle avait découvert des étoffes d'un bleu pâle, éclairé d'arabesques roses qui semblaient — sur le tissu — un de ces sourires que le pinceau de Boucher jetait à travers ses bergeries.

Tout était gentillet, coquet, guilleret, dans cette petite pièce où devaient, croyait-elle, s'ébattre les Amours joyeux, ces divins petits joufflus qui sont gais du visage et du râble. Le lit surtout ! Oh ! avec ses idées de vieille douairière, encore satisfaite de la gaudriole... honnête, elle avait su lui donner une allure engageante. Il était tout bleu, avec des pompons roses comme elle en eût mis au cou de son chien, si elle en avait possédé un.

Les draps de fine batiste — achetés par elle — étaient encoquettés de dentelles. Etait-ce un si mauvais temps — au point de vue d'amour — que celui où l'on recherchait tout ce qui pouvait rendre la beauté plus attrayante ? Nous devenons un peu trop moroses. Une chair de femme, entrevue à travers les légers quadrillés d'un tulle ou d'une guipure, est essentiellement adorable. La Jarménil savait cela ; et pour sa protégée — qu'elle voulait adorée — elle avait déployé toutes les séductions permises, avec autorisation du confesseur. Mais on sait que MM. les jésuites apprécient et distillent —

mieux que tous autres — les infiniment petits de la séduction.

Donc c'était un véritable chef d'œuvre d'excitation amoureuse que cette chambre.

Or sur ce lit — où jamais le dieu Amour n'avait pris ses ébats — où l'immonde Vosset avait voulu implanter la débauche vile — Claire était étendue, recouverte jusqu'au menton du drap dont les dentelles faisaient une frange, blancheur sur la peau rose.

Elle n'était point pâle. Et pourtant elle n'avait pas au front et aux joues la rubéfaction effrayante de la fièvre. Seulement, ce qui indiquait bien son état maladif, c'était le pincement des narines, transparentes aux ailes, un peu bleuâtres ; c'était le pli recte, dur, à la commissure des lèvres ; c'était, surtout, la lourdeur des paupières, faisant stores au globe de l'œil et dont les bords se confondaient à la teinte noyée de la sclérotique.

Auprès du lit, Mme de Jarménil brodait, ayant aux doigts de légers tremblements nerveux qui nuisaient à la régularité du point.

La vieille Catherine, qui partageait ses soins entre l'aveugle et Claire, malade, entr'ouvrait doucement la porte, consultant la comtesse du regard et demandant si ses soins étaient nécessaires.

La douairière contempla Claire. Elle semblait reposer ; seulement la respiration inégale prouvait que la maladie n'abandonnait pas encore sa proie.

Les deux femmes se mirent à causer à voix basse.

Mme de Jarménil s'inquiétait de l'état de Mme Sarlat.

L'aveugle eût voulu garder Claire auprès d'elle. Bien qu'infirme, elle pouvait être maternelle ; le cœur y voit encore lorsque les yeux sont clos. Mais la comtesse, appelée en toute hâte par Catherine, avait compris — en raison même des défiances que lui avait inspirées contre Demory son entretien avec M. Deparcet — qu'il était préférable de ne point donner au mari prétexte d'un reproche.

Claire malade devait être chez elle, chez celui dont elle portait le nom.

Mais Mme de Jarménil avait écrit aussitôt à son vieil ami et elle attendait la réponse. Puis, sentinelle consciente de son devoir, elle s'était installée auprès de sa protégée, prête à la défendre si quelqu'un osait l'attaquer.

Demory s'était contenté des vagues renseignements qui lui avaient été donnés sur ce qu'il appelait l'accident : il avait bien tenté d'écarter la douairière. Mais celle-ci lui avait répondu d'un ton si froid et si ferme que là était sa place et qu'elle ne la quitterait pas, que Demory, sans insister, était parti.

On sait pourquoi. Etant irrité et furieux, il allait faire porter au bossu la peine de ses colères, toutes platoniques d'ailleurs, comme on l'a vu.

— Mme Sarlat vous serait reconnaissante, dit Catherine, si vous pouviez monter auprès d'elle.

— Et pourquoi ?

— Pour que vous lui disiez vous-même ce que vous pensez de l'état de cette charmante petite femme.

Mme de Jarménil fit un mouvement comme si elle allait se lever. Puis elle se laissa retomber dans son fauteuil et dit avec une singulière énergie :

— Non ! non ! je *ne dois* pas la quitter... C'est comme un instinct qui me le dit...

— Du reste, dit Catherine en se retournant, voici M. Pierre.

C'était Sarlat en effet, un peu pâle, les yeux cerclés de noir. Il était évident qu'il n'avait pas grandement dormi cette nuit-là.

Dans cette âme d'artiste, la pitié laissait une impression profonde...

— Ah ! monsieur, lui dit la comtesse en lui tendant la main, je sais ce que vous avez fait pour ma chère protégée... laissez-moi vous remercier du fond du cœur.

Pierre avait tourné les yeux vers Claire qui dormait toujours.

Et encore une fois, malgré lui, il se sentit profondément ému devant cette beauté de vierge, si douce, si charmante — et si différente de celle de Caroline.

Ce ne fut donc qu'après une hésitation qu'il répondit, en rougissant un peu :

— Je n'ai fait que mon devoir, madame. Qui donc, en entendant des cris, ne se fût élancé à l'aide de celle qui appelait ?...

— Mais quel était ce misérable ? demanda la comtesse à laquelle Demory n'avait pas avoué avoir reconnu son ami Vosset, à la simple description qui lui avait été faite.

— Je ne le connais pas, repartit Pierre. Et pourtant...

— Pourtant ?...

— Ce que je vais vous dire est étrange... mais peut-être n'ignorez-vous pas que le docteur Demory est reçu chez moi.

— Je le sais, en effet, par un vieil ami... M. Deparcet...

— Eh bien, madame, un jour j'ai vu le docteur entrer au moment où je sortais moi-même... et il m'a semblé qu'il venait de quitter ce même individu contrefait.

— Ah ! fit la comtesse. Après tout, il est possible qu'ils se connaissent et que cet homme ait abusé de la confiance du docteur.

— Vous dites vrai, madame, prononça une voix derrière Sarlat. Aussi l'ai-je châtié comme il le méritait.

C'était Demory qui rentrait. Il s'inclina devant Pierre. Mais les mains des deux hommes ne se tendirent point l'une vers l'autre. Demory haïssait Sarlat. Puis n'y avait-il point au fond de lui-même une sorte de pudeur qui le troublait en face de l'homme dont, hier encore, il complotait la mort...

Quant à Pierre, il obéissait à une répulsion inexpliquée, mais invincible.

Les honnêtes gens ont souvent de ces intuitions; par malheur, ils se hâtent trop d'écarter ce qu'ils appellent d'injustes soupçons.

— Je m'étais permis, dit Pierre, de venir, au nom de ma mère, prendre des nouvelles de Mme Demory...

Le médecin s'était approché du lit :

— La secousse a été grave, dit-il de sa voix pateline. La pauvre enfant aura quelque peine à se remettre. Et cependant cette crise lui sera peut-être salutaire.

— Que voulez-vous dire? demanda la comtesse.

— Elle a perdu la raison à la suite d'une émotion violente... Qui sait? Celle-ci produira peut-être l'effet contraire...

— Mais, hasarda Pierre, j'ai souvent entendu

dire que les médecins traitaient rarement eux-mêmes les personnes qui leur étaient chères... qu'ils craignaient de manquer de sang-froid.

Demory se retourna vivement et fixa son regard noir sur le visage de Pierre.

Chose étrange : Sarlat avait prononcé cette phrase sans intention, obéissant simplement à un souvenir banal. Mais ce regard de Demory le secoua tout entier ; une idée encore inexpliquée traversa son cerveau et il ajouta plus sèchement :

— Si j'étais à votre place, je demanderais le concours d'un de mes confrères.

— Certainement, s'écria Mme de Jarménil, l'idée est excellente.

— J'y penserai, riposta durement Demory.

A ce moment, la malade ouvrit les yeux ; par hasard, Pierre se trouvait justement en pleine lumière, sous la direction de son regard. Elle vit le jeune homme, et une expression d'ineffable placidité se répandit sur ses traits.

Ce ne fut qu'un éclair. Demory avait fait un mouvement.

Elle le vit à son tour ; sa bouche se contracta, un tressaillement nerveux agita ses lèvres.

Demory crut peut-être que l'heure était venue où elle parlerait, car dans ses yeux il avait deviné le réveil d'intelligence qui l'épouvantait. Il étendit vivement la main vers elle.

Claire eut un mouvement de terreur, de recul.

— Ne me touchez pas ! cria-t-elle.

— Toujours folle ! articula violemment Demory.

Pierre avait surpris ce rapide incident. Maintenant, il ignorai pourquoi, mais il sentait en lui la conviction qu'entre ces deux êtres il existait un mystère inexpliqué.

Peut-être allait-il intervenir, quand Catherine, s'approchant, introduisit deux nouveaux personnages.

C'étaient M. Deparcet et un médecin, un vieillard, dont le visage calme respirait la bonté.

Demory pâlit. Mais, se contenant, il s'inclina :

— Docteur Launois, dit-il ; ce m'est un grand honneur de vous recevoir chez moi.

Le grand médecin salua légèrement de la tête, et passant devant Demory, alla droit au lit de la malade.

Sarlat comprit que sa présence était indiscrète, et après avoir adressé un signe à Mme de Jarménil il sortit.

Le docteur Launois examinait longuement le visage de Claire, qui semblait maintenant être retombée dans l'engourdissement dont elle n'était sortie qu'un instant. Il lui avait pris doucement le bras et étudiait attentivement le mouvement du pouls.

Demory eût voulu s'opposer à cette ingérence

brutale d'un confrère qu'il n'avait pas appelé; mais outre que le docteur Launois était de ceux devant qui tout médecin se sentait un élève, de plus, il comprenait que la moindre imprudence devait le perdre.

Quant à M. Deparcet, à demi tourné vers sa vieille amie, il lui laissait deviner sur ses lèvres un sourire narquois.

L'ancien juge d'instruction continuait son enquête officieuse.

Maintenant, le docteur avait posé son doigt sur une des paupières, et, se penchant, considérait soigneusement le globe de l'œil. Cet examen dura une minute à peine... pour Demory, un siècle de torture et de rage contenue.

Le médecin se tourna vers lui.

— Monsieur, dit-il d'une voix ferme, pourriez-vous nous accorder, à M. Deparcet et à moi, quelques instants d'entretien ?

Demory se sentait la gorge sèche. Ce fut d'une voix rauque qu'il reprit :

— Je suis à vos ordres, monsieur.

Il désignait la porte par laquelle on pénétrait dans son cabinet et s'effaça pour laisser passer les deux hommes.

— Ma chère amie, dit M. Deparcet à la comtesse, en lui parlant tout bas de façon à n'être entendu que d'elle seule, si vous voulez être fixée sur le protégé du révérend Grapet, soyez indiscrète et écoutez un peu ce qui va se dire là dedans.

— Venez, monsieur Deparcet, dit le docteur Launois.

— Me voici.

La porte se referma sur eux. La comtesse était d'abord restée interdite. Ce qu'on lui conseillait ne lui plaisait guère. Mais elle était femme, et la curiosité l'emporta. Doucement elle fit glisser son fauteuil auprès de la porte, tendit le cou et écouta.

— Voici l'instant suprême, pensa Demory. Allons, de l'audace !

Il indiqua des sièges à ses visiteurs. Quand ils se furent installés :

— Vous avez bien voulu examiner ma pauvre femme, dit-il de sa voix la plus calme ; je serai bien heureux que vous m'aidiez de vos conseils.

M. Launois le regardait bien en face, de son regard clair.

Ses yeux étaient gros, bleus, un peu à fleur de tête.

— C'est vous qui soignez votre femme ? demanda-t-il.

— Moi-même...

— C'est vous qui lui prescrivez, par conséquent, les remèdes qu'elle prend ou a pris, depuis le jour où, m'a-t-on dit, une catastrophe a troublé sa raison...

— C'est moi seul. Quant à cette catastrophe, sans doute M. Deparcet vous a expliqué...

— Qu'en vous entendant appeler au milieu de la nuit, pour vous rendre auprès d'une personne assassinée, elle a été prise d'une crise violente...

— Qui a altéré son intelligence, en créant dans son cerveau des fantômes qui l'obsèdent et l'épouvantent.

— C'est bien cela. Si bien que, depuis ce jour, vous avez tout tenté pour rétablir l'équilibre dans cette intelligence troublée.

— Du moins ai-je mis à mes efforts le peu de science que j'ai acquis.

Il y eut un silence.

— Vous avez passé vos examens de la façon la plus remarquable? reprit M. Launois, comme si tout à coup il changeait le sujet de la conversation.

Demory, assez surpris, s'inclina :

— L'indulgence de mes juges a été extrême...

— Non pas... Vous êtes un médecin de premier ordre, monsieur Demory, et votre thèse — que j'ai lue avec soin (il appuyait sur ces mots) — m'a prouvé que vous iriez loin, très loin...

— Vous me comblez...

— Cette thèse avait pour sujet l'effet physiologique des anesthésiques, reprit l'interrogateur.

Demory se troubla. Pourquoi ce souvenir était-il tout à coup évoqué?

— En effet, balbutia-t-il.

— Et vous étudiiez avec une habileté remarquable, insista le docteur Launois, dont le calme ne se démentait pas, le dosage des divers opiacés — laudanum, pavot, extrait thébaïque — sur les lobes du cerveau... vous indiquiez même le moyen d'engourdir la mémoire chez un sujet et de la réveiller à volonté.

— J'avais fait cette expérience, et j'avais cru devoir...

— La communiquer à vos confrères; c'est fort bien. Seulement, monsieur Demory (ici le docteur se leva), vous continuez encore ces expériences...

— Moi?...

— Et non plus, comme autrefois, sur des animaux...

— Je vous affirme...

— Je vous affirme, moi, que vous continuez ces expériences sur la femme que j'ai vue tout à l'heure, dans son lit... engourdie, à demi folle... sur votre femme enfin...

— C'est faux, je vous jure!...

— Pardon, répliqua froidement le docteur, quoi que vous me juriez, je déclare que Mme Demory est soumise, depuis de longs mois, au régime des opiacés... je l'affirme, non seulement parce que j'ai étudié à l'instant la marche de son sang, la teinte du globe de l'œil... mais encore...

Il s'arrêta, regardant toujours Demory qui se mordait les lèvres jusqu'au sang.

Il tira de sa poche une fiole contenant un liquide incolore.

— Mais encore parce que voici la potion que vous donnez sans cesse à votre femme et qui n'est autre qu'une solution d'opium...

Demory eut un geste violent. Ah! s'il eût été seul avec cet homme!...

En un instant, mille pensées furieuses traversèrent son cerveau. Mais en même temps, il comprit que les dénégations étaient inutiles. Eût-il nié, que la parole du docteur Launois eût été toute-puissante contre lui.

Il fit donc sur lui-même un suprême effort de volonté.

— Eh bien, dit-il, je reconnais que vos observations ne vous ont pas trompé.

M. Deparcet, qui tenait sa tabatière entr'ouverte depuis quelques instants, prit une prise et l'aspira largement. Le juge d'instruction était satisfait de lui-même. Il n'avait pas fait fausse route.

— Ainsi, reprit le docteur Launois, vous reconnaissez que vous essayiez ce genre de traitement sur votre femme?

Demory s'était tout à fait remis.

— Je le reconnais... Si j'ai hésité il y a un instant, c'est qu'en effet ce traitement est en dehors des règles ordinaires. Mais je n'en ai pas moins obtenu d'excellents résultats... j'ai calmé l'exaltation effrayante, suraiguë qui torturait la pauvre femme... et si je ne suis pas encore parvenu à la guérir tout à fait, du moins lui ai-je rendu le calme...

Comme on ne lui répondait pas, il accentuait son plaidoyer.

— Ah! monsieur! croyez-vous donc que je n'aie pas tout tenté?... Cette jeune fille, cette femme... c'était tout mon bonheur, toute ma vie!... et quand je la voyais devant moi se tordre dans les angoisses d'une horrible épouvante, ne devinez-vous pas tout ce que je souffrais!... J'ai employé les révulsifs les plus puissants. J'ai suivi à la lettre les indications de la science... et la science est restée impuissante... Alors je me suis dit... oui, messieurs, je me suis dit que j'avais une mission à remplir et que je n'y faillirais pas!...

— Sacr... jésuite! mâchonna M. Deparcet qui pensait au révérend.

— Alors, continua Demory, je me suis souvenu de mes anciennes études... Combien alors je me félicitais d'avoir si vaillamment travaillé... Ce fut un bien doux triomphe pour moi, je l'avoue en toute sincérité, lorsque, sous l'action de doses infinitésimales, je vis le calme succéder à l'agitation, quand je pus rendre à la malade le repos qu'elle avait perdu... Je ne doutais pas que bientôt l'action organique ne reprît son empire, que l'équilibre ne se rétablît... mais toutes les fois que je cessais le traitement, les accès reparaissaient aussi violents, aussi effrayants. J'augmentais les doses opiacées, quoique agissant toujours avec la plus grande prudence... et c'est au jour où je me sais à la veille de réussir, c'est quand je touche à ce succès, qui doit reconstituer la vie heureuse que j'avais rêvée, c'est à ce moment que vous m'empêcheriez de suivre la voie que je me suis tracée !... Ah !...

— Assez ! dit très nettement le docteur Launois, qui était moins patient que l'ancien juge d'instruction.

— Monsieur ! fit Demory d'un accent de révolte.

Mais le docteur Launois n'était pas homme à se laisser intimider.

— Monsieur Demory, reprit-il de sa voix impérative, qui était si connue de ses élèves, jamais... vous m'entendez bien... jamais vous n'auriez guéri votre femme...

— Je puis m'être trompé, mais...

— Jamais vous n'auriez guéri votre femme, par cette simple raison... que jamais la malade que j'ai vue là, tout à l'heure, n'a été folle !...

Demory se dressa, les dents grinçantes.

— Vous dites ?

— Je dis que la raison de Mme Demory est entière... et que ce sont les opiacés seuls qui ont obscurci son cerveau...

— Et à mon tour, avec tout le respect que je dois à votre science, articula Demory, je vous dis que vous vous trompez... que cette femme a perdu l'intelligence...

— C'est ce que nous allons voir, dit le docteur Launois en se levant.

— Que prétendez-vous faire?...

— Faire une expérience, moi aussi... et en quelques minutes lui rendre la pleine possession de ses facultés...

Demory, à demi fou de colère et d'épouvante, se jeta devant la porte :

— Et si je m'y opposais? cria-t-il hors de lui.

— Alors, dit M. Deparcet, qui n'était pas encore intervenu directement dans le débat, nous aurions le regret de nous adresser à la justice...

— A la justice! murmura Demory, qui sentait le sol trembler sous ses pieds.

— Et, grâce à une commission rogatoire — je connais cela, moi, étant un vieux de la basoche — nous serions autorisés à tenter les épreuves qui paraîtraient nécessaires.

— Et dont je serais chargé, comme médecin légiste, confirma le docteur Launois. Donc, choisissez ; il faut que nous sachions la vérité... à l'instant même, s'il vous plaît ; alors le secret peut rester entre nous... ou plus tard, et alors j'adresserai mon rapport à messieurs du parquet...

Demory chancelait : une sueur froide mouillait ses tempes :

C'est qu'il savait bien, lui, ce qu'allait faire le docteur Launois !... Il savait bien qu'il réussirait, surtout actuellement, quand, depuis vingt-quatre heures, les fumées de l'opium s'étaient dissipées dans le cerveau de Claire...

Mais résister ! c'était avouer une culpabilité encore douteuse ! Tandis que — qui sait ? — le hasard pouvait encore venir à son aide...

— Soit, donc ! fit-il Seulement ajouta-t-il en s'adressant au docteur Launois, prenez garde... vous assumez une grave responsabilité !... Et si vous compromettez la vie de ma femme ?...

— Encore une fois, assez ! fit le grand médecin. Acceptez ou refusez... nous saurons ce qui nous reste à faire.

— Allez ! dit Demory.

Et il ouvrit la porte si brusquement que l'excellente Jarménil, qui avait suivi à la lettre le conseil de son ami Deparcet et écoutait consciencieusement l'oreille presque collée à la porte, faillit être renversée du coup. Par bonheur, elle retomba tout simplement dans son fauteuil.

Claire était toujours dans la même position, la tête rejetée en arrière, le visage calme, les yeux à demi fermés ; mais une teinte rosée colorait ses joues.

— Adorable enfant ! murmura M. Deparcet.

Et il ajouta, à l'oreille de la comtesse :

— Hein ? votre canaille de protégé !... qu'est-ce que vous en dites ?... Et votre P. Grapet ?... une jolie sequelle, entre nous...

La comtesse était trop émue pour répondre. Ce qu'elle avait entendu, les mots scientifiques, dont la signification exacte lui échappait, ne lui avaient laissé que la pensée brutale de l'empoisonnement. Et c'était elle qui avait fait le mariage : c'était elle qui avait livré cette victime innocente à cet infâme bourreau !... Avec la mobilité naturelle à ces vieux enfants, elle regardait Demory, et le trouvait horrible, effrayant...

Demory s'était appuyé au mur, les bras croisés. Sur son masque blafard, passaient des teintes rouges... Mme de Jarménil, toujours encline aux idées mystiques, n'était pas éloignée d'y voir le reflet des flammes de l'enfer.

Cependant, le docteur Launois était revenu vers le lit, avait regardé un moment Claire, toujours immobile. Puis, il avait pris un verre qu'il avait à demi rempli d'eau, et, tirant un flacon de sa poche, il avait, soigneusement, élevant le verre à la hauteur de son œil, compté les gouttes qu'il laissait tomber.

L'eau avait pris un teinte pourprée.

Demory voyait, comprenait, crispait ses ongles contre sa poitrine.

Devait-il attendre ? devait-il fuir ?

— Fuir, c'est m'avouer criminel!... Non pas encore... c'est la suprême ressource des lâches... L'homme qui est aimé de Caroline n'a pas le droit de faiblir... Je résisterai jusqu'au bout... Et si le sort se déclare contre moi... nous verrons !...

Ah! si ses yeux avaient pu foudroyer Claire Aubrun! s'il avait pu étouffer à jamais sur ses lèvres les paroles qu'il devinait prêtes à s'en échapper !...

Et pourtant, il se raccrochait à l'espérance.

Etait-il possible que vingt-quatre heures eussent suffi à détruire l'œuvre d'une année entière ? Etait-il possible qu'en si peu de temps l'effet d'une si longue intoxication fût détruite ? Ah ! comme il se repentait maintenant d'avoir obéi aux sentimentalités — aux exigences — de Caroline ? S'il avait tué Claire, qui se fût avisé de l'accuser? D'ailleurs, n'avait-il pas à sa disposition le poison sans traces ? Il n'aurait qu'à jouer la douleur, le désespoir... et nul n'aurait rien deviné. On l'aurait plaint et il n'aurait plus rien à redouter, et il eût été libre !

Tandis que maintenant, le docteur Launois, sous les yeux d'un ancien magistrat, habile aux instructions judiciaires, approchait le verre des lèvres de Claire, épiant chaque ligne de son visage... tandis que lui, Demory, se déchirait la peau de ses ongles contractés !...

Il regardait.

Claire avait bu, sans résistance. On eût même dit que, sentant sous sa nuque la main complaisante du médecin qui la soutenait pour l'aider, elle avait eu une sorte de sourire.

Maintenant sa tête s'était de nouveau inclinée sur l'oreiller.

Dormait-elle? Veillait-elle? Quel travail s'opérait sous l'épaisse chevelure blonde?

Voici. C'était, dans ce cerveau engourdi, comme un bruissement de feuilles, ainsi que dans les bois on entend aux premiers souffles du matin; susurrement doux du réveil, sensation à la fois fraîche et délicieuse. En vérité, le docteur Launois avait bien raisonné. Pour dissiper les dernières effluves de l'extrait thébaïque, un réactif anodin suffisait. Les dernières chaleurs engourdissantes s'éteignaient. Une sensation de bien-être pénétrait la malade.

Et peu à peu, comme les rayons du soleil transperçant la voûte verte d'une forêt, des échappées de lumière filtraient en elle.

Et c'était une jouissance charmante, quelque chose comme la perception d'un lever de jour.

La pensée endormie — semblable à un enfant qui a cédé au sommeil lourd, mais qu'un baiser de mère rappelle à la réalité — s'éveillait, s'étirant en quelque sorte.

Où donc était-elle ? Elle ne s'en rendait pas compte. Pour la première fois depuis de longs mois, elle se sentait vivre.

Avez-vous été pendant de longs jours et de longues nuits ballotté sans relâche par les vagues? Telle était l'impression sans cesse ressentie. Et maintenant, voici que l'accalmie se faisait.

— Buvez encore ! dit la voix du docteur Launois.

Elle but. Encore une fois, l'action s'imposa, plus puissante, plus éclairante. Le brouillard s'écartait.

Attentif, le médecin suivait sur le globe des yeux l'irradiation des pensées qui surgissaient. Et, sans prononcer un mot, le vieux docteur, touchant ses cheveux, tourna la tête de la jeune femme du côté de Demory.

Alors elle le vit... alors un frisson la secoua tout entière... et avant qu'on eût songé à la retenir, elle se jeta hors de son lit, et debout, vêtue de sa longue robe de nuit qui dessinait les contours adorables de son corps de vierge, elle cria, étendant les bras vers lui :

— Assassin ! lui ! je l'ai vu ! je l'ai vu !...

Mme de Jarménil avait poussé un cri et l'avait saisie dans ses bras.

— Assassin ! ton mari !... Quoi !... explique-toi !...

Alors, Claire tressaillit encore. Ce fut une minute... Le regard lumineux, ayant au front l'éclair de l'intelligence reconquise, Claire Demory regarda autour d'elle. Elle vit le docteur Launois, M. Deparcet... Elle devina que tous ceux qui étaient là épiaient sur ses lèvres l'accusation déjà à demi formulée...

Et elle vit Paul Demory...

Cette fois il s'abandonnait. Ce criminel était lâche. Il avait peur. Il ne songeait plus à fuir, il n'en avait plus la force. Tout son être se tassait comme le corps des chiens qui se pelotonnent sous le châtiment.

Et Claire... celle qu'il disait folle ! Claire comprit ! et une indicible pitié la remplit tout entière.

Oh ! elle se souvenait bien ! Cet homme qu'elle avait aimé, qui l'avait conduite à l'autel, à laquelle franchement, loyalement elle avait livré sa main chaste... cet homme, la nuit même de ses noces, quand elle ne pensait qu'à aimer, qu'à vivre, qu'à se donner ; cet homme avait tué !

Certes, c'était un frisson d'horreur qu'elle ressentait... mais, encore une fois, c'était aussi une angoisse de miséricorde.

Elle fixa sur lui son regard d'enfant, et d'un signe l'appela à elle.

Il ne comprit pas tout d'abord. Que voulait-elle de lui ?...

— Venez donc ! dit-elle encore.

Alors il fit quelques pas et se trouva auprès d'elle, qui était retombée sur son lit.

— Penchez-vous, lui dit-elle à voix basse, je veux vous parler... à vous, à vous seul.

Il obéit. Alors elle posa ses lèvres auprès de son oreille, si près que pas un son ne pouvait être perçu par les autres, et elle lui dit :

— Je sais tout ! oui... vous êtes un assassin !... Partez !... et je vous pardonne...

Il se redressa, la gorge serrée ; elle lui prit la main et le força encore à l'entendre :

— Jurez-moi que vous partez... et je vous sauve...

— Je le jure, dit-il tout bas, vaincu, écrasé.

— Eloignez-vous maintenant...

Et comme il avait reculé de deux pas :

— Qu'ai-je dit ? fit-elle en soulevant de ses mains les lourdes tresses de ses cheveux blonds. Ah ! ce sont ces mots qui toujours battaient dans mon cerveau!... Je ne me souviens plus... Je veux tout oublier....

— Quoi! s'écria M. Deparcet, lorsque vous prononciez ce mot d'assassin!...

— L'ai-je dit? reprit-elle. Oh! j'étais folle!... j'ai parlé dans la fièvre...

— Ainsi, reprit le docteur Launois en lui montrant Demory, ce n'était pas une accusation que vous formuliez contre votre mari?...

Elle eut un effort et répondit :

— Non! je n'ai pas d'accusation à porter!...

En même temps, son regard se croisait avec celui de Paul. Et dans ce regard, elle lui rappelait son serment. Peut-être même y lut-il une menace, car il s'approcha, prit son chapeau, et s'inclinant légèrement :

— Monsieur le docteur Launois, dit-il, je vois que vous sauverez ma femme... Désormais je remets sa cause entre vos mains...

— Vous partez?...

— Oui... j'ai un rendez-vous important.

Et devant les deux hommes, stupéfaits de ce départ aussi subit qu'inexplicable, il alla à la porte, l'ouvrit et disparut...

M. Launois et M. Deparcet se regardèrent. Tous deux avaient la même pensée :

— Madame, dit le docteur Launois, nous sommes seuls maintenant, vous pouvez parler sans crainte.

Elle leva sur le médecin ses yeux que la raison éclairait :

— Je n'ai rien à dire, murmura-t-elle.

— En tous cas, madame, dit vivement le médecin en s'adressant à Mme de Jarménil, je vous adjure de l'emmener chez vous. Désormais, c'est moi, moi seul, entendez-vous, qui la soignerai.

Et obéissant à une idée subite :

— Vous y consentez? demanda-t-il à Claire.

Celle-ci s'oublia et répondit plus promptement qu'elle ne l'eût voulu :

— Oui ! vous, vous seul !...

— C'est bien, fit le médecin échangeant un nouveau regard avec M. Deparcet. Dès demain, comtesse, j'aurai l'honneur de me présenter chez vous.

Le médecin et l'ancien magistrat avaient compris. Le premier usage qu'elle avait fait de sa raison, c'avait été de ne point dénoncer son mari.

— A demain donc, dit M. Deparcet. Ma vieille amie, vous suivrez les conseils de notre docteur...

— Certes ! fit la douairière. Dans une heure, Claire sera chez moi.

Les deux hommes prirent congé. Leur tâche était remplie.

A peine avaient-ils disparu, que Claire se jeta dans les bras de Mme de Jarménil :

— Oh ! ma mère ! ma mère ! s'écria-t-elle. Emmenez-moi d'ici... Sauvez-moi !...

— Ah ! c'était donc vrai ! Cet homme...

— Cet homme est un assassin ! s'écria Claire en se tordant les mains. C'est lui qui a tué la marquise de Lustin...

— Et pour t'imposer silence, il t'empoisonnait... l'infâme !

A ce mot un cri répondit.

C'était Pierre Sarlat qui l'avait poussé. Inquiet, il se présentait de nouveau. Et puis, n'était-il pas attiré par un autre sentiment, encore inconscient...

— Il l'empoisonnait, lui, ce misérable !...

Claire, surprise hors de son lit, à peine couverte par le léger tissu, eut un frisson de pudeur. Mais elle reconnut Pierre. Dans son délire, elle l'avait vu, alors qu'il l'arrachait aux étreintes de l'immonde Vosset.

— C'est un secret, dit-elle doucement en lui tendant les mains. Il me semble que vous êtes un ami... ne le trahissez pas !...

Sur un signe de Mme de Jarménil, Pierre se recula vers la porte.

Arrivé là :

— Madame, dit-il, si vous avez besoin d'être défendue, je suis prêt à tout !... ne m'oubliez pas... et comptez sur moi !...

Et Claire ne lui répondit que par un sourire...

Pierre s'élança dehors.

— Maintenant, ma Claire aimée, dit Mme de Jarménil, tu me diras tout, n'est-ce pas?...

VII

ENTRE AMIS

Sortant de chez lui, éperdu, serré à la gorge par la réalité, Demory marchait à travers la ville au hasard :

— Je suis perdu, se disait-il. Je ne suis pas assez sot pour croire à la générosité persistante de ma femme!... Si elle ne m'a pas accusé, brutalement, face à face, c'est parce que je lui faisais peur... mais on l'a circonvenue. Elle est aux mains de cette vieille comtesse, de cet ancien juge, de ce médecin qui m'envie et me hait... elle parlera, elle dira tout!... et alors... alors on me dénoncera! La Jarménil était l'amie de cette marquise de Lustin... elle voudra la venger!... C'est l'arrestation, le procès criminel...

Des frissons de terreur le secouaient. Il marchait

de plus en plus vite, se retournant de temps à autre, comme s'il eût craint d'être poursuivi.

— Comment échapper à cet engrenage? pensait-il encore. D'un autre côté, Vosset qui me menace de livrer mes faux au parquet... Parbleu! je sais bien que je pourrai me venger de lui, dénoncer sa complicité... mais lui, il aura déjà fui de Paris !... et je serai perdu sans même avoir eu la satisfaction de le perdre avec moi... Qui donc, qui donc me sauvera?

S'il fuyait, lui aussi! Mais avec quelles ressources? Irait-il traîner la misère en pays étranger. cette misère si épouvantable de l'exil, cent fois plus terrible encore lorsqu'on est obligé de se cacher, lorsqu'à tout instant on tremble de voir surgir le danger qu'on a voulu éviter... Puis Caroline! il l'abandonnerait! A cette pensée, tout son sang refluait à son cœur, le gonflant à le faire éclater! C'est que sa passion pour cette femme s'était emparée de tout son être. C'était comme une fièvre qui brûlait son organisme, centuplait le mouvement de son sang, tendait ses muscles à les briser. Amour violent, farouche, presque sauvage!

Était-ce bien tout, d'ailleurs? Et s'il se fût interrogé franchement, ne se serait-il pas répondu que l'amour de Caroline résumait encore pour lui toutes les espérances rêvées?... Si elle était veuve! s'il était veuf! s'ils pouvaient se marier!... Alors, les millions des Lustin leur appartiendraient à tous deux; ce serait la vie large, prodigue; ce seraient les enivrantes jouissances du luxe... Ce serait la toute-puissance.

N'était-ce pas là ce que tous deux appelaient le bonheur, et quand ils avaient signé le pacte qui les enchaînait l'un à l'autre, avaient-ils songé un seul instant aux joies d'un amour vraiment humain, à cette union de deux âmes qui trouve en elle-même sa satisfaction? Non, ce qu'ils voulaient, c'était le rayonnement tout extérieur des fausses splendeurs, les ivresses de la vie à outrance...

Et il renoncerait à ce rêve? Non! cent fois non!... Après tout, que risquait-il? L'infamie! la mort! Eh bien, est-ce que la misère n'était pas pire! Il fallait en finir... Il saurait si Caroline l'aimait, elle aussi, avec toute l'âpreté de la passion criminelle!... Il pensait à cette scène d'hier, il revoyait la jeune femme glissant dans son corsage le flacon empoisonné, et il murmurait :

— Qui sait? qui sait?

Soudain, il eut un geste de résolution, et, se dirigeant vers un café qu'il venait de remarquer, entra, se fit servir de la fine champagne et demanda *de quoi écrire*.

Puis, courbé sur le papier, il se mit à tracer quelques lignes qu'un indiscret aurait pu suivre de l'œil sans y découvrir aucun sens.

Depuis longtemps déjà, Demory et Caroline s'étaient composé, pour leur usage, une cryptographie spéciale, basée sur le moyen le plus simple et qui défiait les plus patientes recherches.

Du reste, le lecteur pourra en juger par lui-même. Il écrivait vite et avec autant de facilité que si c'eût été le langage ordinaire.

```
PAOIEEUSED TUETEOURELAAL
GLATURUEUSEACCISENUJ
ZAEDAIEOCMEEAMTNAL
MERPELTEUCDSTOURPISJNLRC
RESOZHROEENNDISJOIFUFI
VUPOEITJMOIMMAIRNTT
```

Ceci fait, il relut rapidement. Puis il plaça le papier sous enveloppe et y mit l'adresse, c'est-à-dire celle d'une femme de chambre de Caroline qui lui était toute dévouée. Il fit mander un commissionnaire auquel il remit la lettre,

— Y a-t-il une réponse, bourgeois? demanda l'Auvergnat.

— Non.

Il le paya largement, puis sortit du café, plus calme, maintenant que sa résolution était prise.

Il ne pouvait recevoir de réponse avant le soir même. C'était dans les conventions prises avec Caroline.

Il fallait tuer le temps jusque-là. Demory n'osait

plus retourner chez lui. Au contraire, il tenait à s'éloigner le plus possible des rues où il pouvait être connu. Il prit une voiture et se fit conduire à l'extrémité de Paris. Il se promena hors des barrières, puis, quand la nuit commença à tomber, il rentra, se fit servir à dîner, au premier cabaret venu, et enfin se dirigea vers la rue Garancière.

C'était là qu'il allait connaître la réponse de Caroline.

La rue était déserte, comme à l'ordinaire. A quelques pas de la petite porte, un bec de gaz jetait sa lueur jaune.

Demory n'entrait pas ; il se promenait sur le trottoir d'un pas fébrile.

Enfin il vit une ombre surgir du côté de la place Saint-Sulpice.

Ce n'était pas elle, mais bien un commissionnaire qui, regardant les numéros inscrits sur les maisons, s'approcha enfin de celle de Demory et s'apprêta à frapper.

— Vous avez une lettre, mon brave? dit une voix derrière lui.

Le commissionnaire se retourna.

— Oui, monsieur.

— Au nom de M. Paul demeurant ici ?...

— C'est bien ça..

— Eh bien, votre commission est faite, car je rentre chez moi.

Disant cela, Demory introduisit la clef dans la serrure. La porte tourna sur ses gonds. Le commissionnaire, certain maintenant que c'était bien là le destinataire de la lettre, la lui remit, et ayant reçu un bon pourboire, s'éloigna en saluant.

Demory entra dans le boudoir que nous avons déjà décrit.

Ayant allumé des bougies, il regarda la lettre. C'était bien celle qu'il attendait.

Il déchira l'enveloppe. Voici ce qu'elle renfermait :

```
FMOSBEEOREANLMMHUE
KICNINETORGJSIESR
CREEEA A I MDISCLISPI
OITIOROJRTCRLNQIAM
HETSUE EAUCE CA FOE A
MEITUEIOAASOUTUPOAA
```

Ayant lu, Demory laissa échapper une exclamation de désappointement. Il restait debout, immobile devant la glace, froissant machinalement le billet qu'il glissa dans la poche de son gilet.

Puis il eut un geste de résignation.

— Allons, dit-il, de la patience !

Il regarda autour de lui, comme s'il eût demandé un dernier conseil aux objets qui l'entouraient. Son regard s'arrêta sur le petit meuble qui renfermait les poisons, et un étrange sourire passa sur ses lèvres.

— De la patience ! murmura-t-il de nouveau. J'en aurai !...

Il reprit son chapeau qu'il avait déposé sur le guéridon, l'enfonça résolument sur sa tête, puis sortit, décidé à aller passer la nuit dans un hôtel.

Mais à peine avait-il fait quelques pas sur le trottoir, qu'une ombre se dressa devant lui, tandis qu'une main vigoureuse se posait sur son bras et qu'une voix glapissante criait :

— Ah çà ! est-ce que par hasard tu te... moquerais de moi ?...

Demory avait fait un bond en arrière.

— Vosset ! cria-t-il presque rassuré.

Car des idées de police hantaient son cerveau.

— Eh ! oui, Vosset ! Ah çà ! mon petit, tu m'as fait poser pendant deux heures... et tu crois que ça se passera comme cela !... Maintenant, je te tiens, je ne te lâche pas... Allonge les trente mille francs, et plus vite que cela !

Trente mille francs ! c'était bien vrai que Paul s'était engagé à les remettre au bossu le jour même à deux heures. Et il n'y avait plus songé ! Dans le trouble que lui avait causé la scène du docteur Launois, il avait absolument oublié Vosset.

Il se taisait, interdit :

— Vas-tu payer, oui ou non, mon petit ? glapit

Vosset. Dépêche-toi, car sans ça... tu m'en diras des nouvelles...

Sous le coup de toutes les émotions qui le frappaient, Demory n'était plus maître de lui. Le sang lui monta aux tempes, la colère le saisit et, repoussant rudement le bossu, qui dut se retenir au mur pour ne pas tomber :

— Je ne les ai pas!

— Hein?

— Non, je ne les ai pas! et je t'engage à te montrer moins insolent! Je commence à être fatigué de tes brutalités, et si tu me pousses à bout...

— Qu'est-ce que c'est? rauqua Vosset... Tu veux faire le malin... C'est comme ça? Eh bien, mon petit, moi, je n'ai qu'une parole. Si tu ne me donnes pas, tout de suite, oh! mais là, *illico*, les trente mille francs, dans cinq minutes tes faux sont à la poste, à l'adresse que tu sais...

Demory eut un frisson de rage. Un nuage rouge passa devant ses yeux.

Une idée infernale traversa son cerveau. Ils étaient seuls. La nuit était sombre. Personne.

Soudain Demory jeta ses deux mains autour du cou de Vosset, cherchant à le renverser.

Le bossu, surpris de cette soudaine attaque, eut à peine le temps de plonger dans sa poche sa main qui reparut armée d'un couteau... Il frappa.

Mais déjà l'effort des doigts de Demory lui

avait coupé la respiration; la lame glissa sur les vêtements de Paul qui, avec un cri de fureur, abattit le bossu sur le pavé, lui posa le genou sur la poitrine, et, tandis que d'une de ses mains il le clouait à terre, de l'autre, il fouilla dans la poche du misérable.

Il sentit sous ses doigts le portefeuille qui devait contenir les fausses traites, le saisit, et, se redressant, asséna un coup de talon sur le visage de son complice et s'enfuit.

Vosset était resté sur le sol, écrasé, à demi mort.

Quelques instant se passèrent. L'air froid de la nuit siffla sur son visage et le ranima peu à peu.

D'un mouvement instinctif, il porta la main à sa poche. Elle était vide!...

Il eut un grognement de fauve, et d'un effort violent se redressa.

Mais, chancelant, il s'appuya contre une maison.

— Oh! le bandit, murmurait-il d'une voix entrecoupée : il m'a volé!... je me suis laissé rouler comme un enfant. Mes trente mille francs! ah! malédiction!

En une seconde, mille pensées diverses surgissaient en lui.

Il ne tenait plus Demory. Car c'était réel, les traites étaient dans ce portefeuille. L'esclave s'évadait. Que faire maintenant! Le dénoncer comme l'assassin de la marquise de Lustin? était-ce possible?... n'était-ce pas se perdre soi-même?... Car, pour fuir, il fallait de l'argent, et maintenant quel moyen de s'en procurer?... Et le misérable grinçait des dents!...

Se venger du moins! mais comment? comment? Ah! il eût donné dix ans de sa vie pour pouvoir lui fouiller la poitrine et lui arracher le cœur!...

Tout à coup il tressaillit... quelque chose de blanc venait d'attirer son regard. Avec un espoir inexpliqué, il se rua sur cet objet.

C'était une lettre pliée, chiffonnée... et aussi une enveloppe...

Vosset courut jusqu'au bec de gaz.

L'enveloppe portait un nom : M. Paul.

Quant à la lettre, elle était écrite dans un langage mystérieux, incompréhensible.

Et cependant Vosset ne la rejetait pas, ses yeux ardents se rivaient à ces caractères qui, pour lui, n'avaient aucune signification.

— Une lettre, à lui!... dit-il entre ses dents. Elle doit être d'elle... Oh! si je pouvais la lire!...

Et, montrant le poing à un ennemi invisible :

— Oh! je la lirai! cria-t-il.

Et il s'éloigna en courant...

Cette nuit-là, le bossu ne dormit pas. On aurait pu le voir, dans sa mansarde, le visage congestionné, les traits crispés, tendant toutes les fibres de son cerveau pour parvenir à la solution d'un problème, contenu en six courtes lignes.

VIII

STRATÉGIE DE FEMME

Introduisons le lecteur dans l'atelier de Pierre Sarlat, non l'atelier intime de la rue Notre-Dame-des-Champs, mais dans la vaste et élégante pièce de l'hôtel de la rue Duphot, auquel les voisins ont donné le nom d'hôtel de Lustin, oubliant que l'art est plus grand que la noblesse et que Sarlat — célèbre et honoré de tous — vaut mieux que tout autre nom, n'ayant au résumé d'autre valeur que son ancienneté.

Atelier splendide en vérité. Des tapisseries de haute lisse, des bronzes admirables, des vitraux, épaves de quelque grande cathédrale. Tout est brillant, luxueux, et cependant l'œil n'est pas satisfait. Dans cet atelier d'artiste, quelque chose manque... C'est ce léger désordre qui prouve le travail. Il y a bien là sur une sorte d'échafaud, un bas-relief ébauché. Mais on dirait une ruine abandonnée ; les linges sont secs, la glaise n'est pas prête à l'usage...

Étrange sujet d'ailleurs que celui de cette ébauche.

L'artiste s'est inspiré du tableau connu : *Locuste essayant des poisons sur un esclave*. Néron est là, pensif, qui regarde. L'empoisonneur au masque dur, aux yeux sans flamme, examine attentivement le misérable nu qui se tord sur le pavé.

L'inachevé même de ce travail le rend plus saisissant. La face du moribond semble un amas de chairs décomposées.

Là-bas, dans l'atelier maternel, les statues ont une attitude, des traits, un sentiment général qui excite l'admiration et commande la sympathie. En regardant cette Liberté, on se sent meilleur citoyen. En contemplant cette Jeune Fille à la fontaine, on comprend l'amour.

Ici c'est un frisson qui vous prend aux épaules.

Cependant, voici que Sarlat était entré dans son atelier. Il quittait la maison de Demory ; il venait d'entendre l'affreuse révélation que lui avait jetée Mme de Jarménil.

Demory était un empoisonneur !

Par quelle singulière prescience Pierre avait-il

donc conçu le sujet de son bas-relief? Il s'était placé devant l'œuvre ébauchée, et, l'ébauchoir en main, il la contemplait avec une sorte d'effroi.

C'est que son imagination surexcitée lui montrait, dans l'être humain qui se convulsait aux pieds de Locuste, la pauvre Claire, cet ange de pureté que le hasard avait jeté sur son chemin.

Naturellement, Pierre avait beaucoup interrogé la vieille Catherine, qui connaissait Claire de longue date, et, indiscret, il n'avait fait grâce d'aucun détail à la bonne femme, qui, d'ailleurs fort bavarde, s'était peu fait prier.

Donc, il savait le passé de la jeune épouse, la mort de son père, son isolement, puis l'hospitalité qu'elle avait reçue chez Mme de Jarménil.

Et avec quelle vivacité l'excellente Catherine ajoutait :

— Et si vous saviez! si bonne, si dévouée... et honnête! Il venait chez Mme de Jarménil un tas de jésuites de robe courte qui la regardaient avec des yeux pétillants... ou bien qui cherchaient à lui glisser à l'oreille des bêtises de prêtre... — ils sont malins dans cette partie-là, avec leur amour divin et les baisers du doux Jésus... — elle avait une petite manière de les remettre à leur place!...

Puis en allant d'un sujet à un autre :

— On ne m'ôtera pas de l'idée que si elle a épousé ce grand gaillard... le docteur Demory, ça n'a été que pour échapper à ces soutaniers en folie. Elle a cru l'aimer, la pauvrette ! Ah ! ouiche ! est-ce qu'elle était faite pour lui ? Ce qu'il lui fallait, c'était un bon garçon, dur au travail, mais doux à sa femme... Tenez, un garçon de cœur, comme vous, M. Sarlat.

Nous ne voulons pas supposer un seul instant que la brave Catherine agît à dessein, mais, en vérité, elle jetait de l'huile sur le feu.

Depuis le moment où Pierre Sarlat avait tenu Claire dans ses bras, le jeune homme se sentait troublé. C'était avant tout une âme honnête, encore un peu naïve. Il croyait au bien. On n'a pas oublié comment Caroline de Lustin s'était emparée de lui ; par quelle intrigue hypocrite et soigneusement menée elle l'avait séduit, entraîné. Certes la beauté de Caroline, beauté sculpturale, avait fait une profonde impression sur son âme d'artiste ; mais ce qu'il avait aimé en elle, avant tout, c'était ce dévouement, cette délicatesse, ce renoncement, dont elle avait si bien joué la comédie.

Et, comme il l'avait dit à sa mère, il ne s'était plus trouvé en face que de la statue... et n'avait pas senti battre le cœur.

Pourtant il s'était donné lui, sans arrière-pensée. Il voulait Caroline riche et heureuse. Mais elle avait froissé toutes ses pudeurs, toutes ses délicatesses. Et brusquement, le dégoût, une sorte d'effroi avaient remplacé les sentiments premiers éveillés en lui. Ç'avait été pour lui une véritable souffrance que de découvrir qu'elle n'aimait rien ni personne. Il ne se trompait pas de beaucoup, car était-ce bien de l'amour qu'elle ressentait pour Demory? A cette question, l'avenir se chargera de répondre...

L'âme de Pierre était brisée. Sans sa mère, le monde n'eût plus été pour lui qu'un désert où il eût erré sans but.

Soudain, il avait vu Claire Demory. Certes jamais corps plus charmant, plus chaste, n'avait palpité sous son regard. Mais surtout il lui avait semblé que de ces grands yeux purs se dégageait un rayonnement d'honnêteté vraiment bonne. Dans ce chef-d'œuvre gracieux, il y avait une âme, et Pierre en avait aspiré les effluves.

Aimait-il? Il ne le savait pas lui-même, mais il se sentait possédé du désir de protéger cette enfant, de la défendre contre les périls qui la menaçaient. Il la remerciait d'avoir été sauvée par lui.

En fait, il y pensait plus qu'il ne l'eût voulu. S'il fermait les yeux, c'était ce charmant visage qui se dessinait dans son imagination, avec des boucles blondes, avec des lèvres roses. Et, par une déduction insensible, il venait à penser à des bébés, à une gracieuse famille d'anges, eux aussi blonds et roses, qui couraient autour de lui, —

autour d'eux, car Claire se mêlait à cette vision.

Chose singulière, cette idée d'enfants ne l'avait jamais frappé, alors qu'il pensait à Caroline.

Et maintenant, il savait que Claire était en danger, qu'un misérable avait osé attenter à ses jours et que cet homme était son mari.

Etait-ce donc là le mariage? c'est-à-dire la chaîne éternelle qui rivait l'un à l'autre deux êtres, dont l'un haïssait l'autre! Caroline le détestait, lui. Demory voulait tuer sa femme. Et cependant, ils étaient à jamais liés!... le mariage était indissoluble. Quel avenir était-ce donc là?... La loi était-elle humaine?... Comment se pouvait-il faire que justement le seul contrat indissoluble fût celui qui mettait en question la vie entière? La loi ne reconnaissait pas l'esclavage, c'est-à-dire l'aliénation de la liberté, la loi ne reconnaissait pas les vœux perpétuels, c'est-à-dire l'abdication de la volonté. Mais, esclavage et vœux perpétuels se retrouvaient dans cette institution, le mariage!

Pierre rêvait. Un immense découragement pesait sur lui. Il se sentait enveloppé de ténèbres. De fait, la nuit matérielle se faisait peu à peu autour de lui. Et, dans cette obscurité grandissante, qui tombait autour de lui comme un brouillard, il lui semblait qu'il était emmuré par la tombe.

Il se laissait aller à une sorte d'engourdissement apathique, perdant la notion du réel et entraîné vers un rêve indéfinissable auquel, à son insu, un nom était donné par ses lèvres qui murmuraient :

— Claire ! Claire !

Soudain il y eut à sa porte un léger grattement.

Il tressaillit, et passant sa main sur son front, il dit :

— Entrez !

La porte tourna sur ses gonds et, dans l'encadrement, éclairé par la lumière de la pièce qui précédait l'escalier, Pierre reconnut la silhouette de Caroline.

Il se leva vivement, comme s'il se fût senti pris en faute.

— Quoi ! vous êtes dans l'obscurité ! dit doucement la voix de Caroline.

Surpris, car il y avait bien longtemps que Caroline n'avait pénétré dans son atelier, Pierre balbutia :

— Je vais sonner, madame. On apportera des lampes...

— N'en faites rien, dit-elle. Aussi bien, cette nuit me plaît, et nous serons mieux ainsi pour causer.

Pour causer ! De quel ton elle disait cela ! Jamais plus Sarlat n'avait entendu cet accent plein et grave, charmant pour tout dire, depuis le jour où elle lui avait dit d'espérer ! Que se passait-il ?

Nous l'avons dit, étant bon, Pierre était naïf.

— Je suis à vos ordres, dit-il.

Elle ferma la porte. Un rayon gris, filtrant à travers les hautes fenêtres, permettait encore de se guider dans la large pièce. Caroline prit une haute chaise de chêne sculpté et la poussa auprès de la fenêtre. Là, elle s'assit.

Etait-ce hasard? était-ce préméditation? Mais justement elle s'était placée sous le dernier reflet de la lumière confuse, si bien que ses formes admirables se détachaient en lignes gracieuses, et que ses traits, à peine visibles, s'estompaient d'un brouillard doux qui en atténuait l'expression.

Pierre la regardait et se taisait :

— Mon ami, lui dit-elle, je viens vous faire ma confession...

Il eut un tressaut d'étonnement :

— Votre confession! répéta-t-il.

Il se souvint des soupçons qu'il avait avoués à sa mère, et malgré lui baissa la tête.

— Oui, reprit-elle, n'est-ce pas à celui qui se sent coupable à s'humilier?...

Elle disait cela gentiment, avec un peu de malice.

— Je ne vous comprends pas, commença-t-il.

— Oh! vous allez me comprendre... je sais que je n'ai pas été toujours pour vous telle que je l'aurais dû... et je viens vous en demander sincèrement pardon...

— Mais en vérité, fit Pierre, je ne sache pas avoir rien à vous pardonner...

— Vous êtes trop indulgent... mais je suis plus sévère pour moi-même. Si fait, mon ami, ajouta-t-elle avec une sorte de solennité, vous avez à me pardonner ma froideur, mon orgueil... Vous avez à me pardonner... des paroles inconsidérées qui se sont échappées de mes lèvres... alors que, dans votre droit de mari et d'ami, vous m'interrogiez sincèrement... Voilà pourquoi je suis venue et pourquoi je vous supplie de m'entendre...

La scène était bizarre. Pierre distinguait à peine la forme de Caroline. Mais cette voix lui causait une malaise indéfinissable. On eût dit qu'il devinait que — s'il avait vu les lèvres qui prononçaient ces paroles — il eût vu en même temps le pli ironique qui les contractait.

Cependant secouant cette impression qu'il se reprochait comme une faute:

—Enfin, madame, reprit-il, je vous affirme que, si vous êtes venue en accusée, vous ne trouverez pas de juge plus indulgent que moi...

— Oh! merci! s'écria-t-elle. Je me sens maintenant plus hardie... Il y a bien longtemps déjà que je voulais faire cette démarche !... Je n'osais pas ! ou plutôt non, je veux être franche...

C'était mon maudit orgueil qui me retenait !... et pourtant je me disais que nous ne pouvons vivre ainsi, étrangers l'un à l'autre, ennemis pour ainsi dire aux yeux de tous ceux qui nous entourent... Que de fois, comme aujourd'hui, alors que, seul dans votre atelier, vous travailliez à ces œuvres qui font votre nom — le mien — grand et admiré, que de fois j'ai posé ma main sur le bouton de votre porte... puis l'orgueil — toujours — me criait de ne pas m'humilier ! et je l'écoutais, et je lui obéissais... Aujourd'hui je suis forte... Je me suis vaincue moi-même... et je suis venue...

En vérité, Sarlat se demandait s'il rêvait. Il cherchait à ressaisir sa pensée, ses souvenirs. Quoi ! c'était là cette femme qu'il avait toujours rencontrée froide, glacée, presque insultante ?...

— C'est que c'est un triste vice que l'orgueil ! reprit-elle tristement. Vous ne le connaissez, vous, que par les souffrances que je vous ai infligées... Eh bien, puisque vous ne pouvez me voir rougir de honte, écoutez-moi... Lorsque vous avez demandé ma main, j'ai été heureuse, oh oui ! bien heureuse ! parce qu'à ce moment-là, j'étais moi-même... et réellement, jusqu'au jour de notre mariage, j'ai attendu cette heure bénie avec une impatience d'enfant... Soudain... c'est étrange, c'est à l'église que cette idée m'est venue tout à coup... Il m'a semblé qu'un voile se déchirait devant mes yeux... Savez-vous ce que j'ai compris, ce que je m'imaginai, dans un accès de folie qui vraiment m'épouvante ou plutôt me paraît ridicule ? — Je me dis que si vous m'épousiez c'était par pitié... c'était pour me jeter l'aumône de cette fortune dont ma tante m'avait dépouillée...

— Oh ! ne dites pas cela ! s'écria Pierre, que l'élève du jésuite reconquérait peu à peu.

— Laissez-moi achever... Je vous dis que ce fut de la folie !... J'étais mariée, le contrat était signé, nous avions échangé à la mairie le *oui* sacramentel... et c'est alors — seulement alors — que cette épouvantable idée se leva en moi comme un spectre... Oui, un spectre qui depuis lors ne m'a plus quittée... qui se dressait entre nous dans cette nuit d'amour qui n'a jamais eu de lendemain... En vain, je me débattais, en vain, je m'efforçais de le chasser ; il était là, toujours auprès de moi, me regardant de son masque ricanant, et, de ses lèvres de démon, ces mots s'échappaient sifflant à mon oreille : « Il ne peut t'aimer ! il te méprise parce que tu lui as pris sa liberté et sa fortune... »

— Au nom du ciel ! Caroline, pas un mot de plus !... c'est de la démence.

Comment cela s'était-il fait ? Pierre se trouvait maintenant auprès de Caroline, tenant ses mains dans les siennes.

C'est aussi qu'il l'avait réellement et profondément aimée, cette femme. Elle le savait bien. Ç'avait été pour lui un horrible déchirement de cœur, le jour où il avait compris qu'elle était indigne de son affection. Certes, une conviction absolue s'était, ce jour-là, imposée à lui, et ce qu'il disait à sa mère, dans cette confession que nous avons rapportée, était l'impression intime de son opinion. Mais l'homme est ainsi fait que ses illusions sont plus persistantes, plus tenaces que les preuves les mieux caractérisées.

Entendant Caroline qui s'accusait, il se sentait remué jusqu'au fond de l'âme. Il se reprochait maintenant de s'être trompé, de n'avoir pas compris sa femme. Quoi ! c'était l'orgueil seul qui était la cause de tout le mal ? C'était une délicatesse excessive qui avait jeté entre eux ce douloureux malentendu !...

Elle continuait :

— Oui, voilà mon véritable crime. C'est d'avoir supposé que votre âme était incapable de grandeur, Que voulez-vous ? on ne raisonne pas avec ces sensations qui vous dominent et vous entraînent ! Je vous considérais comme un ennemi. Je me croyais méprisée, haïe...

— Mais, jamais un mot blessant s'était-il échappé de mes lèvres ?

— Non ! mais j'attribuais à la pitié persistante cette mansuétude qui, elle-même, était pour moi une souffrance de plus... Alors je me suis éloignée de vous. J'ai mis ma fierté entre vous et moi comme une barrière. Il a cru m'acheter, pensais-je. Je ne serai plus à lui. Je me reprends, car je ne m'étais pas vendue !...

— Caroline !

— Pourquoi vous cacherais-je les mauvais sentiments qui me torturaient... car je vous faisais mal, il est vrai ! Mais croyez-vous donc que je ne souffrais pas ? Je veux que vous sachiez tout, puisque aujourd'hui je viens vous dire que mes yeux se sont ouverts, que j'ai vu, compris. Ç'a été comme un éclatement de lumière... Vous êtes bon ! vous m'aimez ! Jamais l'acte le plus insignifiant de votre fait ne m'a réellement blessée... Donc je vous demande pardon... et je suis venue vous dire : Oublions le passé, et demandons à l'avenir le bonheur que nous avons rêvé !

Ah ! que tout cela était admirablement dit ! Quelle actrice de premier ordre !... On sait que les jésuites sont experts en théâtre. Le P. Grapet pouvait être fier de cette comédie improvisée. S'il est vrai, selon Diderot, que l'acteur exprime d'autant mieux les sentiments qu'il les ressent moins, Caroline était la preuve vivante de ce célèbre paradoxe.

Et lui — l'honnête homme ! l'imbécile — baignait de larmes les mains qu'on lui abandonnait benoîtement. Gavroche eût dit qu'il était pincé à fond.

Il oubliait tout, et l'impudeur de la première nuit de noces, et la dureté ironique des répliques supportées, et jusqu'à ces soupçons d'adultère qui s'étaient imposés à lui comme une vérité. C'est qu'aussi c'est si bon de croire! C'est chose si douloureuse qu'un foyer froid et désert! Il avait rêvé tant de bonheur, son cœur avait tant saigné de le voir s'écrouler!

— Alors, c'est bien vrai, reprenait-elle. Vous me comprenez, vous m'absolvez?

Et lui de répondre la suprême et adorable banalité :

— Je vous aime.

Elle le laissa ainsi pendant quelque temps agenouillé. La nuit les enveloppait. Mais qu'avait-elle besoin de le voir?

Ne savait-elle pas que ses yeux brillaient, que son front rayonnait?...

— Il me faut une preuve de ce pardon, dit-elle enfin.

— Ordonnez... je vous jure que je vous obéirai...

— Eh bien, nous avons été imprudents... oui, je le dis, tous deux, reprit-elle d'un ton mutin.

— Et en quoi, je vous prie?

— Nous avons trop laissé deviner à ceux qui nous entourent, aux indifférents comme aux intimes, qu'il s'était élevé des nuages entre nous...

— Oh! moi, du moins...

Elle lui posa la main sur les lèvres.

— Je le sais... Mais laissez-moi vous accuser un peu pour diminuer ma part du crime... Ce qui est vrai, c'est qu'on s'est aperçu de notre mésintelligence... et qu'il faut donner un éclatant démenti à ce qui, en résumé, n'était qu'une apparence...

— Je suis prêt, dit Pierre. Avez-vous quelque moyen à me proposer?

— J'avais besoin de m'étourdir, reprit Caroline, ne fût-ce que pour moins entendre la voix de ma conscience, que pendant si longtemps je ne voulais pas écouter. C'est pourquoi j'allais dans le monde, seule. C'est pourquoi je donnais ici des fêtes auxquelles vous n'assistiez pas... Mais puisque je me suis confessée et que vous m'avez donné l'absolution, à partir de demain, je renonce à tout cela... mais aujourd'hui...

— Aujourd'hui?...

— Il faut que nous reparaissions dans le monde comme deux êtres que rien plus ne sépare... Il faut être indiscrets de bonheur comme nous avons été indiscrets de souffrance...

— Je ne comprends pas...

— Rien de plus simple cependant... Ce soir, il y a réception à l'hôtel...

Pierre eut une exclamation désappointée.

— Oh! ne me blâmez pas! s'écria Caroline. Les invitations étaient lancées depuis plusieurs jours déjà et elles sont couvertes par votre pardon...

— Enfin, que désirez-vous de moi?...

— Un sacrifice. Je veux — vous voyez, je reprends mes droits et dis : je veux — entrer ce soir dans nos salons à votre bras; je veux que vous vous teniez auprès de votre femme pendant la soirée, je veux enfin qu'on me voie orgueilleuse d'être votre femme et de porter votre nom...

Que vouliez-vous qu'il fît? Certes, il n'aimait pas le monde, ce rêveur. Et il eût mille fois préféré que cette réconciliation se continuât dans une soirée en tête-à-tête. Mais puisque le mal était fait, il n'y avait plus de remède.

Après tout, Caroline ne demandait rien qui excédât son droit strict. Et quand même son exigence eût dépassé ce droit, eût-il refusé? Que celui qui ne s'est pas laissé prendre aux hypocrisies d'une femme lui jette la première pierre...

Elle s'échappa, heureuse en apparence, emportant sa promesse...

Lui, resté seul, ayant encore aux oreilles l'écho de cette voix d'or — le mot est de Balzac — se laissait bercer de nouveau à des rêves si longtemps caressés... Il voyait la famille reconstituée, il ne soupçonnait plus, il ne doutait plus, il aimait...

Tandis qu'elle, se faisant belle — pour lui, à ce qu'elle lui avait dit — piquant dans les tresses de ses cheveux noirs des roses couleur de sang, murmurait :

— Maintenant, je puis agir... Qui donc pourra soupçonner la femme heureuse et aimée d'avoir attenté à la vie de son mari?

Et elle touchait, avec une sorte de férocité voluptueuse, la fiole de poison qui devait la faire libre.

IX

APRÈS LA VALSE

La soirée touchait à sa fin.

Pierre avait aux yeux et au cœur une sorte d'éblouissement.

Lorsque — averti par son valet de chambre que sa femme l'attendait pour entrer dans les salons, — il s'était trouvé en face de la jeune femme, véritablement il avait éprouvé la sensation chaude et enivrante d'une révélation d'amour.

Jamais Caroline n'avait été plus belle. Dans la robe de soie noire, frappée d'or, qui moulait son corps souple, elle lui était apparue comme la statue vivante qu'il avait si longtemps rêvée; ce visage, aux traits réellement beaux, n'avait plus la dureté de marbre qui si souvent l'avait troublé. Dans ces yeux hardis et bruns, il y avait le rayonnement de la vie, du bonheur, qui sait? de l'amour, peut-être.

Pour la première fois depuis un an, dans sa main, la main de la jeune femme avait frissonné, et le frisson s'était répercuté jusqu'au plus profond de son être, à lui, le mari, qui ne croyait plus de telles sensations possibles. Les lèvres rouges avaient un indicible sourire : c'était dans cette femme tout entière comme un renouveau de vitalité, de passion.

Pierre avait tout oublié : ses angoisses, ses craintes, tout se fondait dans l'impression nouvelle qui l'envahissait; il se laissait bercer à l'harmonie qui se dégageait de cette beauté : il redevenait l'artiste épris de l'idéal dont cette femme était en ce moment pour lui une adorable expression.

Et comme doucement elle s'était appuyée sur son bras! Comme fièrement elle avait reçu les hommages de ses invités, et comme habilement elle les avait détournés vers celui dont, avait-elle dit tout à l'heure, elle se sentait orgueilleuse de porter le nom !

Ce n'était point là toutes les surprises qui attendaient Pierre. Aux dernières soirées auxquelles il avait assisté, il n'avait rencontré que des indifférents, tout ce peuple banal d'inutilités qui accomplit chaque année son pèlerinage sous la lumière des lustres, à travers les salons, les coquettes, les danseurs, les chanteurs de romances, jetant de temps en temps un bravo, ébauchant des intrigues adultères, ne parlant que du bout des lèvres, peuple stupide d'ennuyeux qui s'ennuient eux-mêmes.

Ecœuré, révolté, Pierre s'était volontairement exilé.

Aujourd'hui, tout cela n'était plus. Voici qu'au bout de quelques minutes, Sarlat se vit entouré de tous ses amis, artistes comme lui : Valebrègue, le peintre, Chaylas, le poëte, Beliot, le sculpteur.

Pierre aurait dû s'étonner que Caroline — décidée seulement ce jour-là même à cette réconciliation conjugale — eût invité depuis une semaine tous ceux dont la présence pouvait être agréable à son mari. Certes, il n'y songea point. Sa maison prenait à ses yeux un aspect nouveau : il était si heureux de serrer les mains à ses amis qu'il croyait à jamais proscrits de son intérieur. Point.

Ils étaient là, joyeux comme lui de la camaraderie renaissante.

— Eh bien, te voilà donc sorti de ta thébaïde conjugale? lui disait l'un.

— Respect à la lune de miel! disait l'autre. Tu nous rendras cette justice que nous n'avons pas voulu troubler indiscrètement ton bonheur...!

De fait, ils croyaient tous que c'était par la volonté de Pierre que sa maison avait été si longtemps close pour eux. Ils revenaient en francs compagnons, incapables de rancune.

Et c'étaient — à propos de sa femme — des croisements d'éloges, des formules admiratives :

— Quelle admirable femme! et quel air de bonté, de jeunesse vivante! Ah! mon ami, que tu dois être heureux!

Dans son enthousiasme, Valebrègue s'écriait :

— Mon ami, je ne sors d'ici que marié... Il y a là cinquante jeunes filles... tu vas avoir la bonté d'en demander une pour moi... vive l'hymen!...

Ils riaient, ils s'amusaient, Pierre redevenait jeune.

Mais Caroline n'entendait pas que messieurs les artistes — comme elle disait en souriant — fissent camp à part et refusassent de se mêler « au commun des mortels ».

— Je suis égoïste, moi aussi, disait-elle, j'entends montrer « mes célébrités » à mes invités ordinaires.

Bon gré mal gré, nos artistes revinrent dans les salons dont ils s'étaient évadés un instant.

Le coup d'œil était féerique, car c'était bel et bien une fête que Caroline avait organisée, et vraiment Pierre ne put s'empêcher d'admirer le goût exquis dont sa femme avait donné la preuve dans l'installation de ses salons... C'était à se croire transporté dans le royaume des fleurs, par la baguette de quelque fée.

Les tentures disparaissaient sous les grappes de roses, de dahlias, de camélias, d'œillets, autour desquelles s'enlaçaient de longues lianes de verdure.

L'orchestre jetait ses notes vibrantes, les groupes se formaient, les dentelles se froissaient au velours, à la soie, tandis que se croisaient les rayons de diamants.

Pierre se sentait gagné par une sorte d'ivresse. Son cœur se gonflait, battait fort. Caroline ne dansait pas. Vingt fois il avait vu les jeunes gens, avec leurs saluts de marionnettes, s'incliner devant elle et se retirer devant une réponse négative.

Tout d'abord, il n'avait compris que ceci, c'est que Caroline renonçait à ses coquetteries qui si souvent l'avaient blessé. Elle ne livrait plus ses bras, sa taille au premier venu qui lui murmurait à l'oreille des phrases séduisantes. Il voyait cela et se sentait profondément heureux; car il savait quelles sont les douleurs de la jalousie.

De temps à autre, se dérobant à ses obligations de maîtresse de maison, elle s'approchait de lui, lui jetait un mot rapide, doux et sympathique, une allusion à son repentir, à sa conversion. Il souriait et ses yeux disaient si bien son bonheur, que les dames chuchotaient en regardant les deux « amoureux ».

L'heure passait pour Pierre avec une incroyable rapidité.

Tout à coup quelqu'un dit auprès de lui :

— Il est trois heures!

Il se retourna brusquement, croyant avoir mal entendu. C'était vrai, cependant. Déjà quelques invités se disposaient au départ. Caroline passa auprès de lui : il l'appela d'un geste discret :

— Mon amie, dit-il en souriant, vous vous imposez une pénitence trop sévère...

— Que voulez-vous dire?

— Pourquoi n'avez-vous pas dansé?

— Pourquoi? fit-elle en fixant sur lui ses yeux franchement ouverts... Tenez-vous beaucoup à le savoir?

— Certes!

— Eh bien, je n'ai pas dansé.. parce que la

seule personne que j'attendais n'est pas venue m'en prier.

Pierre la regarda avec surprise.

— Quoi! fit-il, vous auriez désiré...

— Que mon mari descendît de son piédestal de grand homme pour faire avec sa femme un tour de valse, certainement... Mais j'avoue que j'ai été coquette, et que je n'ai pas voulu le lui demander.

— Et moi qui n'ai rien deviné? s'écria Pierre.

— Mais, maintenant que j'ai parlé, dit Caroline, il est temps encore de réparer votre faute...

Pierre était un excellent valseur. La tentation était trop grande. Il se laissa entraîner.

Il était impossible de rêver couple plus beau que celui de ces deux êtres. Enlacés l'un à l'autre, Caroline penchée sur son mari, comme si elle eût voulu prouver à tous avec quelle joie elle sentait en lui un soutien, ils étaient emportés par le rhythme lent et charmant d'une valse de Strauss, — le *Dis-moi tu, dis-moi toi!* de la Tzigane, — et les groupes s'arrêtaient pour les regarder passer...

Pierre ne s'appartenait plus; il était retombé sous le pouvoir de la charmeuse. L'étourdissement de la danse s'ajoutait à l'ivresse du bonheur retrouvé.

— Appuyez-vous sur mon bras, lui dit-elle quand ils s'arrêtèrent. En vérité, je n'ai pas ét raisonnable. Votre front est en sueur. Venez vous reposer un instant.

Et comme il ne résistait pas, elle l'entraîna doucement jusqu'à un boudoir dans lequel, en ce moment, nul se trouvait.

— Là! asseyez-vous! et dites-moi que vous ne m'en voulez pas!

— Je vous aime, dit-il.

Elle lui tendit sa main tout ouverte.

— Merci! fit-elle.

Puis, elle reprit vivement :

— En ce moment, vous êtes mon invité, je ne l'oublie pas. Vous avez soif, sans doute...

— J'avoue, fit Pierre en souriant...

— Attendez-moi, je reviens...

Elle passa rapidement dans le salon suivant dont la porte se cachait derrière une lourde portière...

La tentation lui vint de la voir sans qu'elle le sût. C'était comme un désir d'amoureux, et, de fait, il se retrouvait tel qu'il avait été autrefois.

Il se leva doucement et alla vers la portière qu'il souleva.

Caroline était là debout, le dos tourné, il voyait la cambrure de sa taille qui se dessinait alors qu'elle remplissait à demi un verre. Elle ne laissait à personne le soin de préparer le breuvage nécessaire à son mari. Il voyait cela et souriait...

Mais soudain il vit autre chose... d'un geste

prompt, elle avait tiré de son corsage un petit flacon, et l'ayant ouvert, le pouce appuyé au goulot, elle fit tomber dans le verre quelques gouttes d'un liquide incolore...

Et, par hasard, à travers les fleurs qui cachaient une glace, Pierre vit, dans une échappée, le visage de sa femme, les lèvres crispées, les sourcils contractés...

Elle se retourna. La portière était retombée. Lui avait repris sa place sur le canapé :

— Prenez et buvez, lui dit-elle, ayant retrouvé et le sourire de ses lèvres et le charme de sa voix.

Et Pierre crut qu'il s'était trompé ! Oui, il avait été le jouet d'une épouvantable hallucination ; il tendit la main et prit le verre. Et il n'hésita pas ; les yeux fixés sur les yeux de sa femme, il but lentement jusqu'à la dernière goutte...

— Maintenant, je m'échappe, dit-elle. Je retourne à mes invités. Que doivent-ils penser de nous !

Pierre restait immobile, tenant le verre, regardant au fond les dernières gouttes de liqueur qui roulaient comme des pierres précieuses :

— Allons, se dit-il, je suis fou !...

Quelques minutes se passèrent. Tout à coup, Pierre sentit aux tempes une impression étrange. C'était comme si des doigts invisibles eussent serré son crâne. Ce n'était pas une douleur, c'était plutôt une fatigue. Puis une lassitude brusque, énervante, détendit ses membres... Il lui sembla qu'un sommeil de plomb s'abattait sur lui...

Il tenta de se lever, il voulut appeler.

Ses jambes refusèrent de le porter, sa voix s'arrêta dans son gosier...

Et il retomba sur le sofa. Sa tête s'inclina sur le coussin, des sons inarticulés s'échappèrent de ses lèvres, puis un souffle lent et régulier...

Il dormait...

X

CRYPTOGRAPHIE.

Quand Pierre revint à lui, il faisait grand jour.

Il était étendu sur son lit. Les rideaux, mal fermés, laissaient passer de larges rayons de lumière.

Tout d'abord, il porta ses mains à son front. Il ne souffrait pas. Son cerveau était libre, la respiration facile. Cependant, la première impression qu'il éprouva était étrange : il lui semblait que ses membres avaient acquis une légèreté singulière. Il songea à ces fous qui croient que leur corps est de verre et qui n'osent faire un mouvement de peur de le briser. Il se complut un instant dans cette sensation, l'idée ne se dégageait pas encore nette dans son cerveau; mais ce n'était que le trouble du réveil. Il se sentait bien portant, allègre, allégé! Toute somnolence avait disparu.

Ce qui prouve une fois de plus que Demory était un habile chimiste et que Caroline était sa digne élève.

En réalité, Pierre retrouvait la notion du passé: le souvenir se reformait. Il revoyait cette fête dans laquelle de si exquises douceurs l'avaient caressé. Puis la scène du boudoir, la glace, le verre présenté.

Parbleu! c'était bien de la folie! Voilà ce qui s'était passé.

— C'est évident, se disait Pierre, j'étais fatigué; j'avais valsé; j'avais l'étourdissement précurseur d'une crise somnolente... Alors, ayant l'esprit hanté par les souvenirs de la journée, par les soupçons d'empoisonnement dont Mme Demory avait été la victime, j'ai eu une sorte de vision... après quoi, je me suis évanoui... Cela doit s'être ainsi succédé... Voyons...

Il sonna. Son valet de chambre parut.

C'était un certain Casimir, né aux Batignolles,

mais tenant essentiellement à passer pour Anglais. Il était raide, froid et gourmé, et portait des favoris coupés ras, si bien qu'il eût figuré au mieux dans la chaire du ministère public. Avez-vous remarqué comme la tenue des laquais ressemble à celle des magistrats?

— Monsieur a sonné? demanda Casimir.

— Oui, dites-moi, quelle heure est-il?...

— Neuf heures?

— Ah! est-ce vous qui m'avez mis au lit?

— Oui, monsieur. Monsieur s'est, paraît-il, trouvé indisposé à la fin du bal. Madame m'a fait appeler, et...

— Un mot. J'étais, n'est-il pas vrai, dans le boudoir bleu?

— Oui monsieur. Exactement. Monsieur était très pâle. J'ai eu peur d'abord. Mais madame m'a rassuré.

— Que vous a-t-elle dit?

— Que monsieur avait valsé, et qu'après avoir bu un verre de liqueur, il s'était tout à coup affaissé sur le canapé.

Pierre réfléchissait.

— C'est évident, se disait-il. Cette chaleur, cette agitation, tout cela a porté sur mon système nerveux. J'ai eu une sorte d'hallucination, vision précédant le sommeil.

— Monsieur veut-il se lever?

— Certes... Aidez-moi à m'habiller...

Pierre mit ses pieds sur le tapis. Et M. Casimir, avec le flegme qui lui était particulier, lui présenta ses vêtements.

— Madame est-elle sortie de son appartement? demanda Pierre.

— Madame s'est levée de bonne heure. Elle est venue à l'appartement de monsieur, qui dormait. Elle n'a pas voulu le réveiller. Elle s'est enquis de la façon dont monsieur avait passé la nuit. Puis, rassurée par nos réponses (car monsieur a eu le sommeil le plus calme du monde), madame a fait atteler et est sortie.

— Décidément, pensait Pierre, je suis fou. Il ne s'est rien passé que de naturel. Caroline reviendra tout à l'heure, et me prouvera que j'ai été le jouet d'une illusion...

— Monsieur, dit Casimir.

— Qu'y a-t-il?

— Je ne voulais pas d'abord en parler à monsieur, parce que je craignais que monsieur ne fût souffrant.

— Mais parler... de quoi?

— D'une visite...

— Eh bien, une visite... est-ce donc une chose si rare? Expliquez-vous.

— Monsieur, une visite à six heures du matin, c'est assez rare.

— Comment, à six heures! Voyons, monsieur Casimir, vous avez l'habitude d'être assez mystérieux. Dites-moi nettement ce dont il s'agit...

M. Casimir s'était redressé. Il n'aimait pas les observations.

— Je suis mystérieux quand il y a du mystère, reprit-il avec dignité.

Pierre ne put réprimer un sourire.

— Alors, il y a un mystère. Soit, je suis tout prêt à l'admettre. Seulement, pour Dieu, dites-moi sans ambages ce qui s'est passé de si étrange.

— Oui, monsieur... A six heures du matin, on a sonné violemment à la porte de l'hôtel. Le portier n'a pas ouvert, mais a demandé, à travers la grille de sa loge, ce dont il s'agissait. Il a vu un personnage mal bâti — comme qui dirait, sauf votre respect — un bossu... Et ce bossu a demandé à parler à monsieur...

— Eh bien, je puis connaître des bossus, fit Pierre en riant.

— N'importe, que la chose a paru étrange, et que le portier a répondu qu'on ne vous pouvait pas voir à cette heure-là...

— Il a bien fait; l'heure était, en effet, matinale... Après?

— Le bossu a paru fort contrarié. Il a même dit des choses très désagréables... des mots que je n'oserais pas répéter à monsieur...

— Passons alors et arrivons au fait. Enfin ce bossu...

— A déclaré qu'il attendrait le réveil de monsieur, et il est allé se camper chez le marchand de vins qui est en face de l'hôtel. De quart d'heure en quart d'heure, il est revenu insistant pour entrer. Il a même dit la dernière fois... mais je ne sais si je dois...

— Parle donc! Il a dit quelque sottise sans doute?

— Il a dit (monsieur me pardonnera): « Il faut être bien bête pour dormir comme ça quand la maison brûle... »

— C'est un fou!

A ce moment, le timbre du portier sonna trois coups : c'était une visite pour Pierre.

— Eh! tenez, reprit M. Casimir en s'approchant de la fenêtre. Monsieur peut le voir d'ici. Ah! il est tenace, celui-là.

Pierre était venu regarder. Vosset était dans la cour d'honneur, parlementant avec le portier.

D'abord Pierre ne le reconnut pas. Il avait à peine regardé le gnome ignoble qu'il avait lancé à travers l'escalier; mais soudain la lumière se fit dans son esprit. Cet homme chez lui! Pourquoi? En même temps que la colère l'envahissait, une inexplicable curiosité s'emparait de lui.

— Faites monter cet homme! dit-il à Casimir.

Celui-ci le regarda avec surprise. Il était froissé qu'à première vue monsieur reçût un individu qui marquait aussi mal. Lui qui n'avait servi que dans des maisons nobles, il eût reçu avec plaisir l'ordre de jeter cet intrus dehors. Mais Pierre ordonnait. Il fallait obéir.

— Je ne me suis pas trompé? demanda-t-il; monsieur a ordonné…

— Que vous introduisiez cet homme auprès de moi… Allez!

Et tandis que Casimir, obéissant et ponctuel avant tout, sortait avec dignité pour aller exécuter l'ordre reçu, Pierre revoyait tout à coup la scène tragique à laquelle il avait été mêlé si inopinément. La douce figure de Claire passait devant ses yeux, et malgré lui il se sentait frissonner…

Quelques minutes s'écoulèrent. M. Casimir, calme comme s'il eût introduit un duc et pair, ouvrit la porte et annonça à pleins poumons:

— M. Vosset!

Et le bossu entra, saluant, très maître de lui.

Cette fois, Pierre le reconnut tout à fait et un élan de colère le secoua tout entier:

— Vous! que venez-vous faire ici?… Ne savez-vous pas que je vais vous faire jeter dehors par mes gens!

Il venait de se souvenir des dernières paroles de

Vosset, alors que celui-ci lui avait jeté une accusation infâme contre Caroline.

Il avait fait deux pas vers lui, pâle, les poings crispés ; mais Vosset, se pelotonnant sur lui-même, se faisant aussi humble que possible, dit d'un ton patelin :

— Mon bon monsieur, je sais que j'ai eu des torts... de grands torts ; je m'en accuse... et je suis venu pour les réparer...

— Qu'y a-t-il de commun entre vous et moi ?...

— Monsieur Sarlat a pourtant consenti à me recevoir...

— Parce qu'en vérité, je doutais que ce fût bien vous qui eussiez l'impudence de vous présenter ici...

Vosset se redressa légèrement.

— Mon bon monsieur, répéta-t-il, il faut beaucoup pardonner aux infirmes comme moi... Voyez-vous, les difformités du corps amènent les troubles de l'esprit — la science le prouve — si bien que je ne suis peut-être pas aussi coupable que je le parais...

Il est des hommes qui produisent sur leurs semblables le même effet que les bêtes immondes. On se détournera d'un crapaud rencontré sur la route. Cependant, on se sentira saisi de pitié et on ne l'écrasera pas du talon.

— Enfin, monsieur, dit Pierre avec un accent

de dégoût, vous avez voulu me parler; je vous ai reçu... Dites promptement ce que vous avez à me faire connaître, et débarrassez-moi de votre présence...

En se faisant très humble, Vosset avait obtenu le premier résultat recherché. Il s'était fait écouter. C'était un avantage important. Il fallait maintenant en tirer tout le parti possible.

Qu'était venu faire Vosset? Qu'on se souvienne des dernières menaces proférées par lui dans la rue Garancière.

— Monsieur, dit-il, je suis venu vous demander un secours...

La phrase était si étrange, si singulièrement placée, que Pierre eut un sursaut de surprise.

— Quoi! vous! et c'est à moi que vous venez vous adresser?

Vosset sourit. Pierre condescendait à discuter: il lui appartenait.

— Mon Dieu! fit le bossu. La chose, en effet, doit vous paraître bizarre. Mais j'ai un grand, un très grand intérêt à quitter Paris le plus tôt possible... Il me faut pour cela quelque argent... Et j'ai cru... que je ne pouvais m'adresser à personne mieux disposé à me rendre service.

— En vérité, fit Pierre, je me demande si vous jouissez bien de toute votre raison?

— Je le crois...

— Et vous venez me demander de l'argent... à moi... qui ne connais de vous qu'un acte infâme !...

— Oui, c'est vrai... Mais aussi, moi seul... je puis vous rendre un service...

— A moi !

— Un service inestimable... et qui vaut de l'argent...

— Allons ! trêve de plaisanteries ! Je vous ai écouté trop longtemps... et je vais...

Il étendit la main vers la sonnette.

— Je ne suis pas un mendiant, interrompit Vosset. Si je demande de l'argent, c'est parce que j'ai quelque chose à vendre...

— A vendre !

Pierre ne sonna pas. Je ne sais quel pressentiment sinistre étreignait son cerveau.

— Monsieur Pierre Sarlat, demanda Vosset dont le ton se faisait goguenard, avez-vous jamais étudié la cryptographie ?...

— Vous dites ?

— On entend par cryptographie la langue secrète, mystérieuse, qu'emploient entre elles les personnes qui veulent dérober leur secret aux autres...

— Je sais cela... Mais je ne comprends pas...

— Vous allez comprendre... Je suis très fort, moi, en ces sortes de problèmes... J'ai beaucoup étudié les substitutions de caractères, tout le bagage qui a servi à la diplomatie pendant des siècles... eh bien, j'ai reconnu que je n'étais qu'un ignorant et qu'il se rencontrait des gens plus malins que tous les rédacteurs de dépêches chiffrées.

Le bossu parlait d'un ton tellement sérieux que, malgré lui, Pierre se sentait intéressé. Il résista cependant un instant encore à cette impression.

— Je vous le répète, dit-il, vous me semblez n'avoir point le libre exercice de votre intelligence... et comme il ne me plaît pas de perdre mon temps avec un aliéné...

— Patience, monsieur. Patience! je vous en prie, et répondez-moi! ma question est bien simple : Êtes-vous habile à déchiffrer les langages écrits avec une clef secrète?...

— Non! cent fois non!

— Alors, fit Vosset en tirant un papier de sa poche, je vous mettrais ceci sous les yeux que vous ne devineriez rien...

D'abord Pierre hésita. En vérité, il croyait avoir affaire à un fou. Cependant le papier qui était là, à quelques lignes de sa main, l'attirait.

Il le prit et y jeta les yeux.

— Eh bien! dit le bossu.

— Eh bien, je vois des lettres juxtaposées et qui ne forment aucun sens...

— Et si je vous en dis le sens...

— Que m'importe !

— Il vous importe plus que vous ne le supposez... et si vous le voulez, je vais vous en donner une preuve immédiate...

— Vous !

— Et pour cela je n'ai qu'à lire un seul mot... que vous ne voyez pas, vous, mais que moi je vois.

— Et ce mot ?

— C'est un nom. Seulement, promettez-moi d'être calme.

— Si vous vous jouez de moi !

— Je ne raille pas le moins du monde. Voulez-vous que je vous dise ce nom ?

Oppressé par une émotion qu'il ne pouvait analyser, mais qui pesait sur son cerveau comme un cauchemar, Pierre répondit machinalement :

— Dites-moi ce nom ?

Alors le bossu, se redressant, fixant ses yeux en trous de vrille sur le visage du sculpteur, articula clairement :

— Ce nom, le voici : Caroline !

Pierre bondit sur lui-même :

— Caroline ? Ah ! tais-toi, misérable !

— Il paraît que ce nom ne vous est pas inconnu... Eh bien ! il est écrit là, et de plus, il est suivi d'une formule... explicite. *Ta Caroline qui t'aime !*

Infamie ! s'écria Pierre, tu en as menti...

Mais en même temps, il s'était élancé vers son bureau, avait étendu le papier, et les yeux fixés sur lui, le dévorait de ses regards ardents...

— Je te le dis, répéta-t-il, ces caractères sont indéchiffrables...

— Et pourtant je les ai déchiffrés, dit Vosset.

— Toi!... Ce n'est pas vrai!

— Oh! cela m'a donné du mal... et si je n'avais été soutenu par la haine...

— La haine!

— Oui, la haine que je porte à celui à qui ces lignes étaient adressées...

— Tu sais à qui cette lettre a été écrite!...

— Comme je sais qui l'a écrite!...

Pierre se leva brusquement et allant vers le bossu :

— Écoute, lui dit-il, tu es un démon, sorti je ne sais d'où pour me torturer. Je comprends tout, tu es venu ici pour me vendre un secret!

— Exactement, proclama cyniquement le bossu ; mais aussi pour quelque chose de plus, grommela-t-il, pour me venger!

— Eh bien! ce secret... je sens que je suis lâche en disant cela... je suis prêt à l'acheter. Que veux-tu?

— Cinquante mille francs!

On voit que le bossu haussait ses prix.

— Cinquante mille francs, soit!

— Mais comptants !

— Sais-je seulement si je les ai chez moi !

Pierre courut à son secrétaire, déchira un portefeuille d'où s'échappèrent des billets de banque.

— Il y a là une trentaine de mille francs...

— Mais vous avez un carnet de la Banque...

— Oui !

— Eh bien, pour le solde, vous me donnerez un mandat à vue... Mais tenez, ricana Vosset, je vous vois si troublé que je ne veux pas abuser de votre agitation... Ce sera comme aux baraques de saltimbanques, vous ne payerez que si vous êtes satisfait...

Pierre fit un pas vers lui :

— Ah ! misérable ! fit-il les poings serrés. Tais-toi et ne raille pas ! car je sens un furieux désir de te tuer...

Vosset n'était pas brave. Il jugea qu'il était en face d'une personne que nulle menace n'intimiderait.

— Je ne raille pas, dit-il. Donnez-moi alors les trente mille francs et le mandat... et je vous jure que vous aurez bonne mesure...

— Soit ! je me livre à toi, bandit. Si tu mens, si tu ne peux déchiffrer cette énigme, si tu m'as menti en prétendant que cette lettre était de Caroline, je saurai te retrouver et me venger...

— Je n'ai pas menti et je ne mens pas, dit Vosset. Donnez-vous l'argent ?

— Le voilà, fit Pierre en lui mettant aux mains une poignée de billets de banque.

— Et le mandat ?

Pierre prit le carnet, signa et remit le papier au bossu.

Celui-ci empocha d'abord. Puis :

— Maintenant, asseyez-vous, dit-il, prenez une plume, du papier et écoutez-moi attentivement.

Pierre obéit, le front mouillé de sueur. Il attendait, la plume haute.

— On a épuisé, dit Vosset, toutes les façons de langage secret. Seulement, les gens très intelligents — et ceux qui nous occupent sont de ce nombre — trouvent des combinaisons nouvelles et qui ont ceci de remarquable, qu'elles sont essentiellement simples. Celle que vous avez sous les yeux remplit ce programme.

— Abrégez, dit Pierre.

— Oh ! un peu de patience ! pour que vous compreniez, ces rapides explications sont nécessaires. Le premier *truc* employé, j'emploie le mot vulgaire, ç'a été de changer la signification des lettres, par exemple de retourner l'alphabet ; le Z devenant l'A, l'Y devant le B et ainsi de suite. Clef facile à trouver. Ou bien de commencer par une lettre quelconque, le P par exemple, devenant l'A, le Q devenant le B. Enfin troisième système, mêler les lettres au hasard, l'M étant l'A, le C étant le B, l'R étant le C. En ce dernier cas, pour déchiffrer, on se sert d'un moyen facile, c'est la répétition des mêmes signes. On sait qu'en moyenne certaines lettres, dans un écrit d'une certaine longueur, se répètent nécessairement un certain nombre proportionnel de fois. L'E, par exemple, est un des signes les plus fréquents, puis l'A, puis le B, etc. Ce sont là des bases certaines et qui donnent promptement la clef du problème...

L'impatience de Pierre dégénérait en colère.

Mais Vosset continuait :

— Il y a des dictionnaires cryptographiques. Pour déchiffrer un document, ce n'est qu'une affaire de temps et de patience. Mais le plus grand défaut de toutes les écritures secrètes, c'est qu'elles donnent à celui qui écrit plus de mal encore qu'à celui qui lit. C'est un travail minutieux, où la moindre erreur peut tout compromettre. Le véritable problème, et j'avoue que je n'y avais jamais songé, c'est d'arriver à écrire en langage secret aussi vite qu'en langage ordinaire, c'est de trouver une combinaison si simple et en même temps d'apparence si compliquée, qu'on soit sûr de rendre l'écrit incompréhensible pour tous, tout en pouvant le tracer très rapidement... Eh bien, ce problème, ceux qui ont écrit cela l'ont résolu !..

Pendant qu'il parlait, Pierre, les yeux rivés à ces six lignes, cherchait à en découvrir le sens. Il ne voyait rien.

— Vous avez lu cela? dit-il tout à coup.

— Oui, dit Vosset.

— Et vous me prouverez que vous avez trouvé le système de cette cryptographie?

— Certainement; si bien que, s'il vous plaît, vous l'emploierez vous-même, quand vous voudrez.

— Je ne vous crois pas.

— Aussi suis-je prêt à vous donner des preuves...

Vosset se courba sur le bureau.

— Premier point. Au lieu d'employer des caractères de fantaisie, celui — ou celle — qui a écrit cela a employé les véritables lettres composant les mots.

— C'est possible...

— Tout le grimoire repose sur deux principes, alternement des lignes et croisement de lettres. De plus, il y a un trait de génie, c'est l'indication de l'ordre dans lequel les lettres doivent être lues...

Pour Pierre, toutes ces démonstrations étaient lettre close. D'ailleurs, il n'avait pas l'esprit assez libre pour suivre ces déductions. Ce nom de Caroline l'avait affolé.

Vosset parut avoir pitié de lui.

— Je ne m'appesantirai pas, dit-il, sur les

moyens que j'ai employés pour deviner la clef de ce grimoire... J'irai tout droit au résultat...

— Enfin !...

— Et j'appellerai tout d'abord votre attention sur les lettres qui commencent chacune de ces lignes.

Pour faciliter à nos lecteurs l'étude du problème, nous rétablissons ces six lignes :

```
FMOSBEEOREANLMMHUE
KICNINETORGJSIESR
CREEEACIMDISCLISPI
OITIOROJRTCRLNQIAM
HETSUEEAUCECAFOEA
MEITUEIOAASOUTUPOAA
```

— D'abord, dit Vosset, les six lettres qui commencent les six lignes ne comptent pas dans le sens réel. Prenons-les. C'est F, K, C, O, H, M. Mettons-les dans l'ordre alphabétique, cela donne : C, F, H, K, M, O, c'est-à-dire 1 C, 2 F, 3 H, 4 K, 5 M, 6 O. Suivant ce premier résultat, plaçons l'une sous l'autre les deux lignes C, F, c'est-à-dire 1 et 2, cela nous donne :

```
CREEEAAIMDISSCLISPI
FMOSBEEOREANLMMHUE
```

Retranchons les deux lettres indicatrices C et F.

Et maintenant voyez comme cela va devenir simple :

Prenez la première lettre à droite de la première ligne, I; la première lettre à gauche de la seconde ligne, M; la 2e à droite 1re ligne, P; la 2e à gauche, 2e ligne, O; la 3e à droite, 1re ligne, S; la 3e à gauche, 2e ligne, S; la 4e à droite, 1re ligne, I; la 4e à gauche, 2e ligne, B; la 5e à droite, 1re ligne, L; la 5e à gauche, 2e ligne, E. Cela produit : I-M-P-O-S-S-I-B-L-E, c'est-à-dire, en bon français, *impossible*.

Continuons :

1re ligne,	C	1re ligne,	D
2e —	E	2e —	E
1re —	S	1re —	M
2e —	O	2e —	A
1re —	I	1re —	I
2e —	R	2e —	N

— Avez-vous compris? reprit Vosset. Vous écrivez les lettres une à une en les croisant de ligne à ligne, la première de droite précédant la première de gauche, et ainsi de suite. Puis, pour indiquer à votre partner la position des lignes, vous les faites précéder de lettres qui donnent l'ordre.

Les lignes C et F signifient donc :

— *Impossible ce soir, demain à la même heure.*

— Mais que m'importe tout cela ? s'écria Pierre se débattant encore.

— Attendez, nous allons passer aux lignes H et K, en supprimant ces deux lettres :

H) ETSUEEAUCECAFOEA
K) ICNINETORGJSCIESR

1re	ligne	à droite,	A	1re	ligne	à droite,	A
2^e	—	à gauche,	I	2^e	—	à gauche,	N
1re	—	à droite,	E	1re	—	à droite,	C
2^e	—	à gauche,	C	2^e	—	à gauche,	E
1re	—	à droite,	O	1re	—	à droite,	E
2^e	—	à gauche,	N	2^e	—	à gauche,	T
1re	—	à droite,	F	1re	—	à droite,	C
2^e	—	à gauche,	I	2^e	—	à gauche,	O

Et lisez le reste : u-r-a-g-e-j-e-s-u-i-s-e-t-s-e-r.

C'est-à-dire : *Aie confiance et courage. Je suis et ser...*

— Enfin, par le même procédé, les lignes M et O nous donneront un résultat identique. Cependant, ici il y a un fait singulier : la précipitation avec laquelle les lignes ont été tracées ont amené une erreur ; mais le bon sens la répare facilement.

Prenons toujours les lettres : à droite, ligne M ; à gauche, ligne O. Cela nous donne :

— AIATOIPOURTOUJORS.

— Vous voyez, dit Vosset, en joignant à la ligne précédente : Je suis et ser... — *ai à toi pour toujors,* au lieu de toujours — simple lapsus — reste le point important...

Mais déjà fiévreux, à demi fou d'angoisse, Pierre Sarlat avait déchiffré :

— *T-a-C-a-r-o-l-i-n-e-q-u-i-t'-a-i m-e.*

— Ah ! la misérable ! cria-t-il.

— Ai-je gagné mon argent ? demanda le bossu.

— Pas encore !... Par ce billet, cette femme donne un rendez-vous à un homme ; cet homme, quel est-il ?

— Oh ! fit Vosset en se dandinant, vous avez payé trop largement pour que je me fasse prier ; d'autant plus, qu'il s'agit d'un particulier que je hais de la bonne façon, et rattraperai... oh ! oui, n'importe où ! n'importe quand !... à moins que vous ne le ratiez pas, ce que je souhaite...

— Et cet homme ?

— C'est tout simplement l'honorable docteur Paul Demory !...

— Lui !... s'écria Pierre.

Puis tout à coup une idée effrayante traversa sa pensée :

Demory ! l'empoisonneur !... et cette nuit-même ! il avait vu Caroline, la maîtresse de cet homme, verser cette liqueur qui l'avait engourdi, anéanti ! Quoi ! elle ! cette femme qu'il avait tant aimée ! Qui hier encore avait retrouvé sa voix de sirène pour l'étourdir et le désarmer !... C'était, elle aussi, une infâme, une misérable ! Ah ! c'était trop horrible !

— Mais cette lettre ! s'écria-t-il. Quand a-t-elle été écrite ?

— Hier soir... le rendez-vous est pour aujourd'hui... à la même heure ! cela veut dire huit heures...

Mais Pierre ne l'entendait plus. Il s'était dressé livide.

Tout à coup, il écarta le misérable dénonciateur et d'un bond, franchissant la porte de sa chambre, il s'élança à travers l'hôtel.

Il arriva ainsi à l'appartement de sa femme, dans lequel il n'avait pas pénétré. La femme de chambre, étonnée, s'écarta pour le laisser entrer...

Caroline était absente.

Ne voulant pas se retrouver ce jour-là en face de son mari, elle avait déclaré qu'elle allait passer la journée à la campagne, chez une parente.

Pierre se trouva seul chez elle. Il avait fermé la porte derrière lui. Il entra comme un fou dans la chambre à coucher. Là, il y avait un petit meuble, un secrétaire de bois de rose. Comment crocheta-t-il les serrures ? Comment, de ses ongles, parvint-il à l'ouvrir ? Il n'eût pas pu le dire !

Mais quand il ressortit de l'appartement de sa femme, pâle, mais étant parvenu à se contenir, il tenait dans sa poche, crispés dans sa main, un billet en langage cryptographique et un flacon...

— Lisez cela, dit-il à Vosset, en lui jetant le billet.

Vosset prit la lettre et sourit.

— A ce qu'il paraît, c'était une correspondance régulière, ricana-t-il.

Un regard de Sarlat le fit taire.

C'était le billet écrit par Demory sur une table de café.

Il était ainsi conçu :

```
PAOIEEUSEDTUETEOURELAAL
SLATURUEUSEACCSISENUJ
ZAEDAIEOCMEEAMTNAL
MERPELTEUCDSTOURPISJNLRC
RESOZHROEENNDISJOIFUFI
VUPOEITJMOIMMAIRNTT
```

En classant les lettres indicatrices, on obtenait 1 M, 2 P, 3 R, 4 S, 5 V, 6 Z.

Les deux premières lignes étaient donc :

```
MERPELTEUCDSTOURPISJNLRC
PAOIEEUSEDTUETEOURELAAL
```

En retranchant les lettres indicatrices, et en prenant alternativement les lettres à droite de la première ligne et les lettres à gauche de la seconde, cela donnait :

Caroline, je suis perdu, tout est découvert, elle a parlé.

Puis, prenant la 3ᵉ et la 4ᵉ, c'est-à-dire R et S :

Il faut fuir, ou je suis dénancé (pour *dénoncé*). *Ce soir, chez nous, je...*

Enfin 5ᵉ et 6ᵉ, c'est-à-dire V et Z :

T'atendrai (un *t* au lieu de deux), *aaime* (deux *a* au lieu d'un) *moi comme je t'aime. Ton Paul.*

— Voilà qui est fait, dit Vosset, maintenant vous devez être édifié.

Le front plongé entre ses mains, Pierre semblait avoir oublié l'homme qui lui parlait. Soudain il tressaillit, comme dans un réveil subit.

— Vous êtes payé, dit-il. Partez !

— Eh ! mais... dit le bossu, vous oubliez que je n'ai pas encore tout dit...

— Ah ! voulez-vous donc encore me plonger plus avant dans ce bourbier d'infamie...

Le bossu s'approcha de Pierre, et tout bas lui dit, en lui glissant un objet dans la main :

— La maison est rue Garancière, une petite porte surmontée d'un numéro 10. Voici la clef.

Pour sa vengeance, Vosset avait pris l'empreinte.

— A huit heures, vous entendez bien... à huit heures...

Et comme Pierre restait, immobile, Vosset le regarda. Pierre était livide :

— Pâleur de meurtrier ! pensa Vosset. Allons ! monsieur Paul Demory, vous ne me gênerez pas longtemps.

Il sortit.

Pierre resta longtemps assis, affaissé, écrasé.

Puis il eut un geste de résolution.

— Casimir ! dit-il, ma voiture.

Et, un instant après, il se jetait sur les coussins, criant au cocher :

— Chez mon notaire !

XI

SIX MILLIONS DE GAGNÉS

Demory avait reçu le billet. Il l'avait lu, et il ne s'était pas aperçu qu'il s'était échappé de sa poche.

Il songeait bien à cela, en vérité ! Le hasard, une exaspération subite, lui avaient offert le seul moyen pratique de se débarrasser de Vosset. Etait-il mort ou vivant, l'infâme bossu !...

L'inquiétude qui résultait de cette interrogation se limitait à une enquête de police. Or, qui pouvait supposer que le docteur Demory fût l'assassin de Vosset le clerc de notaire ?

Pourtant, quand on a tué un homme, ou qu'on croit l'avoir tué — ce qui revient exactement au même — ce n'est pas sans un violent serrement de cœur qu'on revient à l'endroit où le crime s'est accompli.

On se souvient que Demory, ne voulant pas rentrer au domicile de sa femme, qui lui était devenue plus que suspecte, depuis la déclaration de son confrère et les objurgations de M. Deparcet, avait pris le parti d'aller coucher à l'hôtel. Le moyen est des plus simples, seulement les Parisiens ne savent pas s'en servir.

A Paris, un homme peut toujours passer la nuit dans un hôtel sans que personne, c'est-à-dire la police, s'en préoccupe. Seulement, il faut choisir les hôtels qui se trouvent dans le voisinage immédiat des gares.

Vous allez chez le premier emballeur venu, vous achetez une petite malle, au besoin un sac de nuit. Puis, vous allez à la gare du Nord, par exemple ; vous attendez l'arrivée du train de Belgique, vous vous mêlez à la foule, là vous entendez des murmures :

— Monsieur... en face... à l'hôtel de X...

Laissez-vous faire. On vous mène doucement à une chambre. On vous installe, on vous dorlote. On vous demande à peine votre nom. Dites Martin ou Durand par manière d'acquit. Malle ou sac de nuit vous servent de passe-port. Et vous voilà tranquille, surtout si vous donnez ordre qu'on vous réveille à six heures du matin. On vous présente pour une nuit de séjour une note très respectable, avec bougie et service... Et vous êtes libre, en plein jour, sur le sol parisien, c'est-à-dire sur la terre où toute empreinte s'efface, et où Zadig, M. Lecoq ou le Dupin d'Edgar Poë — malgré toute leur malice — font nécessairement fausse route.

Mais ces trucs ne sont connus, répétons-le, que des vrais Parisiens, et encore de ceux qui ont vécu la vie réelle. Un bourgeois, un grand seigneur ignorent cela. Il faut avoir été trempé dans le Styx des nécessités parisiennes.

Demory avait tout expérimenté. Il connaissait tous les dessous de Paris.

Donc il alla à l'hôtel, se coucha, dormit, laissa sur le registre la trace du nom de Montchanin, — pourquoi Montchanin? — puis, à un coin de rue, abandonna la valise de huit francs achetée la veille, dans laquelle il n'y avait rien, — et qui n'était qu'un porte-respect; puis, se sachant désœuvré jusqu'à huit heures du soir, il avait commencé le grand pèlerinage.

Encore une chose que les Parisiens connaissent bien.

On en est quitte pour une trentaine de sous. La journée est finie avec cela. On va d'impériale en impériale. Cela est si bon. Voyager pour trois sous, en plein air, par le vent qui vous fouette les cheveux. Aller de la barrière d'Italie à Charonne, de la Petite-Villette aux Champs-Élysées, du Louvre à Versailles, du Louvre à Vincennes ; faire des fusées sur Vaugirard ou sur la barrière du Maine, tout à trois sous ! Voyez, messieurs, faites-vous servir !

Ayant roulé Paris pendant années sur années, Demory connaissait tout cela. Comme médecin sans malades, — ce qui équivaut à avocat sans causes, — il avait étudié mieux que personne le mécanisme des omnibus et le jeu des correspondances.

Si bien que cette journée avait passé assez vite, et qu'il avait dû se hâter pour se trouver à huit heures à la rue Garancière.

Quand il arriva devant la porte, il eut un mouvement d'hésitation et regarda autour de lui. Certes, il n'avait pas peur des revenants. Cependant qu'était devenu Vosset? Il avait senti ses doigts froisser la gorge du misérable. L'avait-il oui ou non étranglé ? Mystère, comme disait notre maître Ponson du Terrail.

Et revenant à l'endroit même où le crime *pouvait* s'être accompli, il éprouvait une impression pénible.

Non pas qu'il se repentît d'avoir châtié le difforme ! Jamais il ne lui eût pardonné d'avoir posé sa patte sale sur Claire. Mais enfin l'homme qu'on a tué revêt je ne sais quelle apparence formidable...

Mais non ! la rue était déserte ; pas le moindre fantôme à l'horizon. Mort ou non, Vosset était invisible. C'était le principal. Demory respira longuement.

Il ouvrit la porte et entra.

Caroline n'était pas encore arrivée au rendez-vous. De fait, Paul était de quelques minutes en avance.

Il se jeta sur un canapé, et, attendant, laissa tomber sa tête entre ses mains.

— Ainsi, pensait-il, toute cette énergie, tout cet effort de volonté, tout cela se heurte à des résistances passives... Voyons quelle est ma vie?

« On sait que j'ai voulu empoisonner Claire ! D'autre part, Vosset me connaît pour l'assassin de la marquise !... J'ai jusqu'ici imposé silence à toutes les accusations, mais le flot me déborde ! Est-ce que, par hasard, il serait plus facile d'être honnête ?... Etre honnête ! mais alors c'est l'*Aurea mediocritas* du poète, c'est trois mille francs par an, deux cent cinquante francs par mois, huit francs par jour...

Il éclata de rire :

— La partie est engagée! Jouons-la jusqu'au bout! Alors même que sur le tapis vert, nous verrions des lambeaux de notre chair raflés par le râteau du croupier...

— Bien! cria une voix derrière lui.

Il se redressa brusquement. Caroline de Lustin était là :

— Bien! répéta-t-elle. Tu as compris la vie!... et c'est pour cela que je t'aime!

— Caroline! fit-il en tendant les bras vers elle.

— Ecoute-moi bien, dit-elle en l'arrêtant d'un geste. Entre nous l'heure est décisive. Il faut que nous nous connaissions tout entiers. Tu m'as écrit que tu étais perdu ; qu'est-ce que cela signifie?...

— Cela signifie... qu'en vain j'avais tenté d'éteindre chez celle qui porte mon nom la pensée et le souvenir... qu'elle a parlé... qu'elle m'a appelé assassin... et que d'autres ont la preuve qu'elle disait vrai...

— As-tu avoué?

— Certes non!

— Eh bien, qu'importent les paroles d'une hallucinée!...

— Ah! tu ne sais rien! je suis médecin : un médecin, un de nos maîtres, est venu et a reconnu que, sous prétexte de traiter la maladie de ma femme, j'engourdissais son cerveau... j'entretenais l'atonie, la mort morale...

— Tu n'as pas pu imposer silence à ce médecin ?...

— Non.

— Alors tu disais la vérité... Tu es perdu...

— Et si je suis perdu, que dis-tu... toi ?...

Caroline se redressa. Elle était toujours belle, enivrante, splendide dans cette réalisation magnifique de la forme sans cœur :

— Je dis que le pacte conclu entre nous subsiste encore...

— Je ne te comprends pas.

— Alors tu ne me vaux pas! Ecoute, Paul : pour moi, justice, vertu, société, rien n'existe. Je n'admets que ceci : la satisfaction complète de toutes les jouissances humaines ; or, quelles sont ces jouissances? Elles se résument en un seul mot : dominer! Dominer par le luxe, par la fortune, par l'éblouissement des splendeurs fastueuses !... Dangers, luttes, accusations, est-ce que tout cela prévaut contre l'avenir?... Ecoute encore... Est-ce que tu n'as pas rêvé comme moi le jour où, maîtres des millions des Lustin, — quatre, cinq, six millions, — nous imposerions notre volonté dédaigneuse à tout ce peuple de pygmées qui nous envient, et sont des satellites de notre astre.

— Oui ! oui ! s'écria Demory, j'ai rêvé cela, mo aussi.

— Eh bien, ce que tu ne sais pas, c'est que mon mari, celui auquel je me suis vendue — car c'était une vente mais à réméré — je sais le langage des affaires — que cet homme...

Elle s'arrêta, fixant ses yeux sur ceux de Demory.

— Eh bien ? demanda-t-il.

— Que cet homme sera mort dans deux semaines !

— Mort ! mort ! haleta Demory ; mais comment ?

— As-tu donc oublié qu'ici même tu essayais des poisons, et que tu m'as dit, me montrant une fiole : « Quelques gouttes de cette liqueur, administrées avec précaution, tuent un homme en vingt jours, et sans qu'il reste aucune trace »... M'as-tu dit la vérité ?

— Oui ! j'en ai la preuve...

— Eh bien !... dans vingt jours...

— Achève !...

— Dans vingt jours, je serai veuve...

Demory poussa un cri. Certes, ce ne devait pas être pour lui une surprise. Et pourtant ce fait, cet aveu subit de l'empoisonneuse, tout cela le troublait, disons plus, l'épouvantait...

— Quoi ! balbutia-t-il, vous avez osé...

Elle eut un sourire presque méprisant :

— Qui donc êtes-vous, dit-elle, vous qui n'admettez pas que, pour parvenir au but que l'on s'est fixé d'avance, on ne recule devant aucune extrémité! Oui, dès hier, de ma main, j'ai versé à mon mari les premières gouttes du poison...

Et comme Demory frissonnait :

— Enfant! je dis le mot, moi!...

Tout à coup elle saisit ses deux mains entre les siennes :

— Ah çà! cria-t-elle, est-ce que tu serais un lâche?

— Moi! non, non!... tu le sais bien!

— Tu as tué dans un accès de violence, de terreur... mais le vrai courage, c'est de rester froid, de ne pas agir par entraînement, par passion... Cet homme me gêne, je le hais... je veux qu'il meure... je le tue... voilà?

Elle était effrayamment belle, parlant ainsi, ayant la pâleur mate au visage, la lueur d'acier aux yeux.

Demory fut fasciné, enivré.

— Ah! avec toi, pour toi... jusqu'au bagne... jusqu'à l'échafaud!...

— Ne prononce pas ces mots atroces!... On te menace, on t'effraye... Aie calme et confiance... dans un mois, nous serons libres...

— Dans un mois! mais d'ici là?...

— Eh bien, tu te cacheras! tu attendras!...

Et s'approchant de lui, les lèvres à son oreille :

— Et toi, ne peux-tu donc être veuf ?

— Il est trop tard ! dit-il.

— Que veux-tu dire ?

— Qu'entre moi et ma femme — cette créature détestée, haïe — il s'est élevé une barrière... je ne puis plus, seul, m'approcher d'elle.

Caroline eut un geste furieux :

— Ah ! pourquoi t'ai-je empêché de la tuer ?

— Oui, pourquoi ? Car, en vérité, je ne t'ai jamais comprise...

— Pourquoi ? Tu le veux savoir ? Eh bien, d'un mot je veux te faire tout comprendre : j'étais jalouse !...

— Jalouse !

— Certes, ou tu ne me connaîtrais pas ou tu t'étonnerais de ce mot. Comment ! lorsque moi j'étais liée à un homme que je haïssais, toi, tu aurais été libre, tu aurais pu te lier à une autre femme, m'abandonner...

— Le peux-tu croire ?

— Allons donc ! est-ce que je ne sais pas ce que vaut l'humanité !... s'écria Caroline, splendide à force de cynisme ; au lieu de moi, belle, mais non vierge, si tu avais rencontré une de ces pensionnaires ridicules qui baissent les yeux au premier mot d'amour, tu m'aurais oubliée !

— Ne dis pas cela !

— Je dis la vérité !... Non, je n'ai pas voulu que tu fusses libre !

— Et tu nous as peut être perdus !

— Pourquoi donc? Moi libre, nous trouverons bien le moyen de te faire indépendant à ton tour !... et alors...

— Alors ! tu seras toute à moi?

— Je te le jure !

— A moins qu'auparavant vous n'apparteniez à la mort! cria une voix.

Ils étaient dans les bras l'un de l'autre. Ils ne bougèrent pas. Seulement leurs yeux tournés virent devant eux Pierre Sarlat, qui dans chaque main avait un pistolet et menaçait leurs crânes.

La force de Caroline se communiqua à Demory. Ils ne firent point un mouvement.

— Tuez ! dit Caroline.

Comment il était là ! Par quel miracle il avait pu parvenir jusqu'à eux, ni l'un ni l'autre ne se le demandait...

Un fait se dressait, terrible, épouvantable...

Le mari outragé, voyant l'outrage, et prêt à tuer...

Caroline se dégagea la première. Et se tournant à demi, couvrant Demory de son corps, elle regarda Pierre en face :

— Vous êtes venu pour vous venger, dit-elle. Eh bien, vengez-vous !...

Pierre était livide.

Jamais expression ne pourrait rendre l'atroce douleur qu'il ressentait. Jusqu'à la dernière minute, alors même qu'il introduisait dans la serrure cette clef dont le moule lui avait été livré par Vosset, il doutait encore...

Et voilà qu'il les trouvait, tous deux, enlacés, dans une étreinte d'amants.

Il y eut un moment d'effroyable silence, que pouvait tout à coup troubler la détonation d'un pistolet.

Soudain le bras de Pierre s'abaissa :

— Ecoutez-moi, dit-il, tous les deux !... Je ne vous hais pas, je vous méprise. Vous êtes deux êtres mauvais, lâches. Vous, monsieur Demory, vous êtes un assassin. Vous, qui portez mon nom, vous êtes une empoisonneuse... De ces crimes, la preuve est entre mes mains. Donc je puis ou vous tuer, parce que je vous trouve ensemble, ou vous livrer à la justice...

Nul ne répondit.

Caroline, la tête haute, toujours aux bras de son amant, le regardait.

En vérité, sa crânerie cynique était superbe.

Sarlat plongea sa main dans sa poche et en tira un portefeuille.

— Je vous méprise, ai-je dit. Je vous le prouve. Cette femme a feint de m'aimer. Hier encore, elle a joué une comédie infâme. Pourquoi? Pour de l'argent. Cet argent, le voilà. Sous ce pli, il y a deux millions de titres, plus une procuration au nom de cette femme, qui lui donne le droit de tout vendre, de tout aliéner, de tout posséder. C'est fait. Vous êtes riches!... Allez, partez ensemble!... Si vous quittez la France, je m'engage à ne pas me servir des armes que je possède contre vous... Mais songez-y bien! vous croyez vous aimer, votre amour est fait de mal, de honte et de crime. C'est de la haine latente. Allez, je le répète, partez ensemble, vous me vengerez, chacun de vous contre l'autre... Adieu!

Et il jeta le portefeuille à terre.

Puis, calme, il sortit.

Les deux amants se regardèrent. Ils étaient libres; ils avaient les millions.

— Quitter la France! dit Caroline.

— Avec toi! s'écria Demory. Qu'importe! Viens! viens!

. . . .

Ce soir-là, Pierre Sarlat coucha dans son atelier de la rue Notre-Dame-des-Champs.

FIN DE LA SECONDE PARTIE

TROISIÈME PARTIE

LES FORÇATS DE LA LOI

I

CHAPITRE IMMORAL

— Claire !
— Mon ami !
— Viens chercher Lucienne. Elle te demande. Et, en ce moment, je ne puis me déranger.
— Je monte, Pierre.

Ces quelques paroles, empreintes d'une cordialité affectueuse qui témoignait d'une intimité sans nuages entre les personnages qui les prononçaient, étaient échangées d'un étage à l'autre d'une ravissante petite maison de l'avenue d'Eylau.

A l'étage supérieur, dans une vaste pièce, à larges pans de vitre, un homme, assis devant une selle de sculpteur, achevait de modeler un groupe, un sujet bien banal, il est vrai, mais dont le charme est éternel. C'était une mère, berçant sur ses genoux un enfant endormi.

Aux pieds du sculpteur, un enfant, une petite fille de quatre ans, debout, un doigt à ses lèvres, fatiguée peut-être d'avoir été trop regardée, répétait d'un ton quelque peu boudeur :

— Maman ! je veux maman !

— Elle va venir, chérie. Tu en as assez, dis, de poser pour la plus grande gloire de ton père... Allons, une risette ! tout de suite, et viens m'embrasser.

On entendait dans l'escalier le pas léger d'une jeune femme qui se hâtait.

L'enfant, dont la bouderie, paraît-il, n'avait pas de cause bien sérieuse, avait répondu à l'appel de son père qui, s'étant dressé, l'avait enlevée de terre et lui mangeait les joues de bons baisers chauds et sincères...

La porte s'ouvrit. Et la jeune femme, blonde, fraîche, aux yeux bleus et clairs, s'arrêta un instant sur le seuil.

— Mais il me semble, dit-elle en riant, que je ne manque pas tant que cela à Mlle Lucienne.

Déjà le sculpteur avait reposé sur le plancher la

petite statue vivante qui avait couru vers sa mère, et qui rieuse maintenant, le teint tout rougi de baisers, cachait sa tête dans son tablier en disant :

— Je vous veux tous les deux, moi !...

— As-tu remarqué, Claire, dit le sculpteur, comme depuis quelque temps notre Lucienne grandit ?

— Elle devient magnifique ! prononça la mère avec une conviction des plus profondes.

— Elle te ressemble !...

— Oh ! elle est bien plus forte que moi...

— Soit ! mais elle n'est pas plus belle, en tous cas...

— Flatteur !

— Non pas, je suis artiste avant tout. Je vois le beau là où il est.

Et, disant cela, il s'était approché de celle qu'il appelait Claire, lui avait pris la tête dans ses deux mains et l'avait embrassée largement, en pleins cheveux.

— Cher Pierre !

Le sculpteur revint à son groupe :

— Mais, mes enfants, reprit-il en riant, assez de sentiment pour ce matin... Il faut que je travaille comme un manœuvre, si je veux pouvoir livrer dans huit jours le groupe qui m'est payé huit mille francs... Un joli chiffre, sais-tu bien !

— Alors, c'est pour une question d'argent que tu nous renvoies ?

— Ce qui veut dire que je suis un vilain avare. Sais-tu bien, Claire, que quelquefois je m'effraye moi-même de mes velléités harpagonesques — l'adjectif est de mon invention. Autrefois, je me souciais de l'argent comme d'un fétu de paille... Aujourd'hui, j'y tiens ; j'entasse... Moi, Pierre Sarlat, j'achète des obligations et je consulte la liste des tirages...

— Ce qui ne te réussit pas trop mal... car tu as eu du bonheur.

— Dis que c'est toi qui m'as porté chance. N'est-ce pas toi qui avais acheté le titre qui nous a valu un beau lot de cinquante mille francs... le commencement de notre petite fortune... et votre dot, mademoiselle Lucienne, ajouta-t-il en touchant légèrement la joue de l'enfant. Eh oui ! je veux être riche, je veux que vous soyez heureuses, que vous ne manquiez de rien... Je rêve des maisons de campagne, avec de vrais arbres et une vraie rivière...

— Ambitieux !

— Oui, ambitieux de votre bonheur.

— Du reste, aujourd'hui, reprit Claire, le sculpteur Sarlat est connu, je dis le mot, célèbre... et les amateurs s'arrachent ses œuvres...

— Et cela, grâce à toi !... Grâce à toi aussi, Lucienne ; ne sois pas jalouse, car c'est entre vous deux, ma femme et mon enfant, que je sens tout ce que le calme et la joie pure donnent de courage et d'énergie...

Sa voix s'était émue. Mais, reprenant son beau rire jeune :

— Veux-tu bien ne pas me faire bavarder comme cela... Allons, sauvez-vous !... Tu sais, Claire, que j'ai du monde à déjeuner...

— Tu m'as dit, M. Valebrègue, M. Chaylas...

— Et aussi le descendant des Croisés, Jean de Tresval.

A ce nom, un léger nuage passa sur le front de la jeune femme.

Mais se remettant aussitôt :

— C'est pour midi, n'est-ce pas ?

— Oui... ce qui prouve que j'ai encore une bonne heure et demie à donner au travail... Donc, je vous mets à la porte.

Et, ayant encore une fois embrassé Claire et Lucienne, Pierre se remit au travail.

Avons-nous besoin de nommer aux lecteurs ces personnages qu'ils ont déjà reconnus ?

C'est-à-dire Pierre Sarlat et Claire Aubrun...

Seulement, il y a une nouvelle venue, et bien vivace et bien adorée, Mlle Lucienne, qui vient d'entrer, toute gaieté déployée, dans sa cinquième année...

Mais Pierre Sarlat n'est-il pas le mari de Caroline de Lustin ?

Claire Aubrun ne porte-t-elle pas légalement le nom de Mme Demory ?

D'où vient alors que, dans le quartier, on ne connaît que M. et Mme Sarlat ?

D'où vient qu'ils vivent sous le même toit, heureux, oublieux du passé, confiants dans l'avenir ?

Le sort aurait-il donc si bien combiné ses coups que la mort ait brisé des chaînes trop lourdes !

Hélas ! non !

Pierre Sarlat sait qu'il y a de par le monde une Mme Sarlat !... Claire n'ignore pas que, dans quelque partie de l'Europe, il existe un homme qui a le droit de se dire son mari.

Et pourtant elle est fière du nouveau nom qu'elle porte, fière de la gloire de celui qu'elle appelle son époux !

Et pourtant, Pierre l'appelle aussi sa femme !

O immoralité ! crierez-vous.

C'est donc là un de ces mariages irréguliers que la morale condamne, que la société réprouve. Mais alors, et les bases de la société, qu'est-ce que vous en faites ? Vous les sapez, tout simplement, monsieur le romancier, vous les sapez !

Eh oui, nous les sapons, et, vigoureusement encore... et avec conviction... et avec persévérance...

Et nous vous forcerons bien, monsieur le moraliste, à les saper avec nous, en reconnaissant que Pierre et Claire sont de bons et braves cœurs, en les aimant, en les estimant... et tenez, nous vous défions, dès maintenant, de faire la grosse voix, à cette gentille Lucienne, qui est une bâtarde !... rien que cela ; mais qui n'en est pas moins la plus charmante gamine et l'âme la plus candide que vous ayez pu rêver.

C'est qu'aux mariages maudits, c'est l'union bénie qui a succédé...

C'est qu'à l'infâme marché conclu par Demory, alors que, pour d'ignobles besoins d'argent, il accaparait la pureté et la chasteté d'une femme qu'il n'aimait pas, s'est substitué un contrat loyal, sincèrement compris, honnêtement respecté...

C'est que, aux yeux de Pierre Sarlat, Caroline de Lustin a été la véritable courtisane, la concubine ; tandis que Claire est la compagne, l'amie, la consolatrice, la femme !...

Comment cela s'est il fait ?

Eh ! mon Dieu ! quand je vous l'aurai expliqué, ô grave et austère défenseur de la morale écrite, vous aurez encore quelqu'un à accuser... et ce quelqu'un, ce sera deux femmes, vraiment probes, vraiment honnêtes, et auxquelles il vous faudra jeter toutes les pierres de la banalité pontifiante.

Ces deux criminelles, c'est Lucie Sarlat, la mère

de Pierre ; c'est la comtesse de Jarménil, la vieille douairière, mère adoptive de Claire...

Et vous allez voir comme il vous faut allumer toutes vos foudres pour les lancer sur leurs deux tombes... car elles sont mortes... Il est vrai que les fleurs, sans cesse entretenues par Pierre et Claire, feraient à leur demeure suprême un rempart contre vos colères...

En un jour, en une heure (il y avait maintenant huit ans de cela), Pierre avait appris qu'il était marié à une empoisonneuse et à une courtisane. Avec mépris, il lui avait jeté au visage cette fortune qu'elle avait achetée par une comédie infâme.

Quant à l'amant, à ce Paul Demory, il savait aussi que cet homme était un criminel, un assassin !... il avait dédaigné de le châtier !

Tous deux, il les avait chassés... comme des misérables !

Eux, ayant la rage au cœur et l'insulte aux lèvres, s'étaient tus et avaient accepté l'anathème, parce qu'ils ne voyaient plus que les millions des Lustin... qui leur appartenaient... enfin !

Pourquoi auraient-ils lutté ! Pierre ne les avait pas tués : c'était un imbécile... Il se dépouillait volontairement : c'était un sot... Le mieux était de profiter carrément de sa niaiserie. Il admettait leur concubinat. Il les liait l'un à l'autre, et ces liens étaient d'or... Bravo! Caroline le haïssait et se trouvait débarrassée de toute crainte ; Demory jugeait maintenant inutile de tuer sa femme... besogne superflue !

Mais ce à quoi ils n'avaient pas manqué, c'était d'user largement de la procuration laissée par Pierre.

C'avait été un bien grand crève-cœur, pour Mᵉ Delorme, le notaire, que de livrer à cette femme — devinée par lui depuis longtemps — cette fortune, dont la marquise de Lustin avait voulu la dépouiller.

Mais il avait vu Pierre Sarlat; et sous le sang-froid du mari, il avait deviné la catastrophe. Donc, il n'avait qu'à obéir...

Caroline — impudente — se fit livrer quatre millions; et, désormais libre, prête à toutes les audaces, elle revint vers Demory :

— Ce soir, lui dit-elle, nous quitterons Paris pour n'y plus revenir...

Demory n'eut pas un mouvement de regret. Au fond, Paris lui faisait peur. Vosset et d'autres pouvaient s'occuper de lui.

Puis le monde tout entier ne s'ouvrait-il pas devant eux ?

Pour ces fiévreux, au cerveau mal équilibré, est-ce qu'il y a une patrie ? Est-ce que des liens quelconques attachent ces vagabonds à un foyer ou à un centre ? Est-ce que le plaisir, le luxe, les jouissances surexcitées de la fantaisie inassouvible ne peuvent point se trouver partout.

Ils avaient soif de mouvement, mais surtout de domination. A Paris, pour être maître, il faut avoir par soi-même quelque valeur; bien plus, il faut avoir un état civil régulier, normal; sinon on tombe dans les catégories interlopes du monde tapageur, qui ne fait, le plus souvent, tant de bruit, que pour étouffer le murmure de mépris qui monte jusqu'à lui...

Mais à l'étranger! On s'affuble d'un titre que les millions rendent acceptable... Au besoin, on achète un parchemin papal ou autre. Et Paul Demory, le famélique assassin, disparaît sous M. le comte de ...

Tranquillité, orgueil satisfait, le rêve est réalisé...

Donc ils avaient quitté la France. Nous l'avons dit. Il y avait de cela huit ans. Et jamais plus on n'avait entendu parler d'eux; du moins sous leur véritable nom. Étaient-ils heureux? Nous verrons.

Mais Pierre! Voici que, entre deux levers de soleil, il voyait sa position perdue, son honneur compromis, toute son existence brisée... Pour reconstituer tout cela, c'était un travail nouveau à entreprendre. Si des rieurs raillaient le mari trompé, il fallait qu'il leur imposât le silence par l'estime qu'il les contraindrait à lui accorder. Quant au bonheur, c'était un problème à résoudre !... Il n'y songeait pas encore.

Il était revenu chez sa mère, lui avait tout dit.

Elle l'avait écouté silencieusement ; puis, lui baisant les mains, avait prononcé ces seuls mots :

— Mon fils ! tu es un honnête homme !

Il n'en demandait pas plus. Toute douleur a son baume, le travail. Sarlat redevint l'artiste courageux, intrépide. En un an, il s'était frayé sa route ; maintenant l'avenir matériel ne l'inquiétait plus. Il serait riche, et, de plus, il se sentait, lui aussi, libre d'aspirer à la gloire.

Seulement il y avait un vide dans son cœur, quelque chose comme les crevasses sans fond que laissent derrière elles les avalanches, quand elles ont passé.

Parlons de Claire, maintenant.

Si nous interrogeons le préposé à la défense de la religion, de la famille et de la propriété, le monsieur à jabot et à lunettes d'or que vous connaissez aspirera une longue prise de tabac, se cambrera en arrière, en faisant sauter sur son ventre ballonnant une vigoureuse chaîne de montre et il dira de sa voix la plus prudhommesque :

— Môsieur, certes je plains du plus profond de mon âme cette pauvre Claire Demory ; mais il n'en est pas moins vrai qu'elle a un mari...

— Pardon! elle n'en a pas, puisqu'il l'a abandonnée...

— Pardon, à mon tour... Il est *absent*, soit! (l'euphémisme est charmant) mais la société n'abdique pas ses droits... Elle porte le nom d'un homme; elle lui doit le respect...

— Même quand cet homme est un assassin?

— La justice ne l'a pas frappé... Et, quand même, le sort de sa femme est indestructiblement lié au sien.

— C'est parfait! mais alors pendant l'*absence* de son mari, que deviendra-t-elle?

— Certes... je n'en sais rien...

— Il me semble que la société, comme vous dites, doit pourvoir à son existence... puisqu'elle lui impose des devoirs, elle doit lui reconnaître des droits.

— Subtilité pure. La société ne lui doit rien...

— Et elle doit tout à la société. Voilà votre justice distributive. Enfin c'est une créature humaine, n'est-il pas vrai? de son mari, voici ce qu'elle connaît: une nuit terrible, dans laquelle elle l'a vu, un couteau à la main *chouriner* une vieille femme... puis des tentatives d'empoisonnement auxquelles elle a résisté par miracle... puis l'abandon et la fuite avec une autre femme... Elle a été chaste, pure et honnête... Si bien que la société protège le *chourineur*, *l'empoisonneur* et l'adultère... contre l'honnête femme...

— Monsieur, vous êtes un radical...

— Je m'en flatte. Vous admettez que l'assassin, l'empoisonneur, qui n'a pas été pris grâce à la pitié de ses victimes, vive grassement et mène joyeuse existence... Mais, une simple question : comment vivra sa femme, qui n'a ni tué ni volé ?

— Ceci ne me regarde pas.

— Si bien que la vertu, c'est de mourir de faim ?

— Monsieur, vous êtes un socialiste, un nihiliste, un...

Je coupe court à ce dialogue qui pourrait ne pas finir.

Mais la vérité est que, par l'abandon de son mari qui emportait des millions, Claire restait sans ressources. Demory avait des dettes. La loi était encore intervenue pour prendre à Claire son dernier meuble et son dernier vêtement...

Si bien qu'étant malade, désespérée, elle n'avait qu'à crever, de par le code, comme un chien perdu...

Il est vrai que Claire avait des amis : Mme de Jarménil, Mme Sarlat et la vieille Catherine...

Mais la vieille Catherine n'avait pas d'argent, non plus que Mme Sarlat.

Restait Mme de Jarménil. Or, le père Grapet,

qui administrait depuis longtemps et sa conscience et sa fortune, avait fui un beau jour, faisant, en bon jésuite élève du père Lavalette, une bonne faillite qui réduisait sa pénitente à la portion congrue ; puis il avait disparu, trouvant sans doute, contre toute revendication, un de ces asiles discrets que la religion offre à ses ouailles bénies.

Par bonheur, elle était courageuse, la fille du garde-chasse. Et il lui restait un patrimoine : l'instruction reçue. Elle se mit à donner des leçons de piano, de français et d'anglais.

Elle garda une petite chambre dans la maison habitée par Sarlat et sa mère.

La vieille Catherine voulut à toute force faire son ménage gratis... Et, le soir, il se passait ceci de criminel, que Claire montait passer la soirée auprès de l'aveugle, lui faisait la lecture, pendant que Pierre étudiait et dessinait.

Mme de Jarménil, qui, désillusionnée des choses du ciel, avait remplacé l'éternel rosaire par un tricot perpétuel, venait, elle aussi, passer quelques heures auprès de ces braves gens... C'était une famille d'abandonnés qui se reconstituait.

Un soir, pressée de questions, Claire, dont la mémoire avait retrouvé toute sa lucidité, avait raconté l'horrible scène de meurtre à laquelle elle avait assisté.

Mme de Jarménil avait poussé des : Mon doux

Jésus ! et des Bontés du ciel ! à perdre haleine... ce que c'est que l'habitude ! Et elle ne parlait de rien moins que de dépêcher M. Deparcet au parquet pour que justice fût faite.

Mais l'ancien magistrat, consulté, avait conseillé le silence. Pourquoi le scandale, aujourd'hui que le souvenir de cette catastrophe était étouffé ? A quoi servirait une condamnation ? A faire de Claire la femme d'un condamné à mort ou tout au moins d'un forçat contumax.

— Ah ! si la mort civile ou le divorce existaient, avait-il dit, je vous presserais d'agir. Mais, avec nos lois actuelles, ce ne serait pas lui que vous frapperiez, ce serait sa femme.

On tâchait d'oublier le criminel. C'était encore ce qui était le mieux.

Seulement, le diable — qui est l'ennemi particulier du divorce — veillait et gagnait du terrain.

Il soufflait à l'oreille de Pierre Sarlat que Claire était bien jolie, bien douce et bien dévouée ; à celle de Claire que jamais cœur n'avait été plus probe, jamais dévouement plus admirable que le cœur et le dévouement de Pierre.

Ces deux enfants — dans leur infamie — se montraient l'un à l'autre tels qu'ils étaient : l'une, patiente, chaste, courageuse au travail ; l'autre, passionné de l'art et de sa mère ! Ah ! les misérables ! ils s'estimaient, ils se comprenaient, ils s'aimaient !

Et pour mettre le comble à cet édifice de monstruosités, Mme Sarlat devinait cela et était heureuse de voir que son fils se consolait des crimes de Caroline, et Mme de Jarménil était joyeuse de voir que Claire retrouvait la santé, renaissait à la vie... Dans le fait de la vieille comtesse, il y avait toujours un peu de remords d'avoir fait le malheur de Claire. Et elle voyait que l'amour de Pierre réparait sa faute...

Un jour, les deux mères — comme elles s'appelaient — causèrent longuement en l'absence de leurs deux enfants.

Il y avait un péril. Il fallait le regarder en face.

— Après tout, dit Mme de Jarménil, s'ils s'aiment où est le mal ?

— Ils ne sont libres ni l'un ni l'autre...

— Mais pouvez-vous croire que Pierre se condamnera à un éternel célibat ! et puis, ma pauvre Claire, est-ce qu'elle a été la femme de ce misérable, qui tuait la nuit même de ses noces !

Le point était délicat. Il était temps de prendre un parti.

Mme Sarlat avertit son fils du danger qu'il courait. En aimant Claire, il se créait des obligations graves, des responsabilités terribles...

Mme de Jarménil, de son côté, morigéna Claire.

Et comment tout cela finit-il?

Un jour, au repas de famille, trois ans après la crise terrible, Pierre dit à sa mère et à sa vieille amie :

— Mes mères, écoutez-moi. Il y a ici deux êtres qui se sont longuement étudiés, qui se connaissent et qui sont certains d'être heureux l'un par l'autre. Tous deux sont liés pour la vie à des criminels indignes de toute estime et de toute pitié. Ils sont donc condamnés à ne jamais connaître les joies ineffables de la famille, à n'avoir point de foyer. Ils sont et seront toujours des parias. Cela est-il juste? Non. Au-dessus de la loi il y a la conscience, il y a la justice... Nous ne pouvons expier pendant toute notre existence des crimes que d'autres ont commis... Je ne puis aller aux magistrats de mon pays et leur demander la reconstitution de mon bonheur perdu... Claire ne trouverait non plus, en invoquant l'aide de la société, que refus et peut-être pis... C'est à vous, qui êtes d'honnêtes femmes, que je demande si nous avons tort de protester contre ce qui est un déni de justice... Vous, ma mère, vous qui êtes plus pour moi que le plus haut magistrat... ce que vous aurez décidé, l'arrêt que vous aurez rendu, j'accepterai tout avec soumission... Moi, Pierre Sarlat, je vous demande, dans toute la sincérité de mon âme, de bénir mon union avec Claire

Aubrun, qui sera à jamais ma femme devant ma concience d'honnête homme...

C'était une scène à la fois solennelle et touchante. Il y avait dans ces fiançailles, demandées à une mère, quelque chose de grand et de vraiment probe...

Mme Sarlat chercha la main de Claire, et l'ayant prise dans les siennes :

— Mon enfant, lui dit-elle, tu as entendu. Je ne te cacherai rien. La loi interdit cette union, et si vous la contractez, bien des circonstances pourront se produire où tu aies à baisser le front et à rougir. Te sens-tu prête à ce sacrifice?... N'oublie pas encore que de grands dangers menaceront ton bonheur. Ceux qui ont droit sur vous peuvent reparaître tout à coup. Une question d'intérêt peut les entraîner à tenter de vous faire du mal. La loi leur prêtera son concours et pourra briser brutalement le lien qui vous unira... Vous risquez des désespoirs profonds, des regrets poignants... réfléchissez longuement. Vous êtes bons et purs. Prenez garde! La société ne vous pardonnera pas...

— Mais vous, ma mère, dit Claire en posant ses lèvres sur les cheveux de l'aveugle, croyez-vous que ce soit un crime de l'aimer?

— Sur mon âme et sur ma conscience, je ne puis dire cela...

— Alors bénissez-nous, ma mère... et je ne redouterai rien !...

Et c'est ainsi que, dans le sanctuaire d'honneur dont une mère était la prêtresse, Pierre Sarlat s'était uni à Claire Demory...

Six mois après, les deux amies mouraient à quelques jours l'une de l'autre...

Au moment de rendre le dernier soupir, Mme Sarlat avait attiré son fils auprès d'elle :

— Pierre, lui avait-elle dit, es-tu heureux ?

— Mère, je vous bénis comme vous m'avez béni vous-même...

Bientôt, une petite fille naissait. Ils l'appelaient Lucienne, du nom de la mère endormie.

Hélas ! ils n'avaient pas songé que l'enfant de deux *amants* mariés était à jamais flétri par la loi du nom d'enfant adultérin. Là était le véritable péril. Là était le véritable crime de la loi.

II

DANGERS

Lorsque Pierre Sarlat, rappelant quels amis il avait invités à déjeuner, avait prononcé le nom de

Jean de Tresval, un léger tressaillement, d'ailleurs aussitôt réprimé, avait secoué la jeune femme.

Pierre n'avait rien remarqué, Claire n'avait rien dit.

Qu'était-ce donc que ce Jean de Tresval et quelles pensées pénibles ce nom avait-il donc réveillées ?

Pierre Sarlat s'était tenu longtemps à l'écart du monde. Tout à son amour et au travail, et aussi possédé peut-être d'un de ces désirs d'isolement qui suivent les grandes crises, l'artiste tenait encore à faire oublier le triste passé que laissait derrière elle la catastrophe de sa ruine. Car il avait voulu avant tout — en cela aussi généreux que Claire à l'égard de son mari criminel — que la femme indigne qui portait son nom ne fût pas déshonorée par un scandale public.

Sans s'expliquer catégoriquement, il avait laissé supposer que de subits revers de fortune avaient amené, entre lui et sa femme, des discussions d'intérêts à la suite desquelles celle-ci s'était retirée dans sa famille. Du reste, la vie parisienne est si mouvementée, et chaque jour apporte à sa curiosité tant d'aliments nouveaux, que bien promptement ces souvenirs avaient été effacés.

Quelques amis de Sarlat, seuls, avaient compris la vérité, et leur sympathie avait cherché à consoler ses douleurs. C'étaient de braves cœurs qui connaissaient assez Sarlat pour ne pas douter de lui.

Après quelque résistance, Sarlat s'était confié à eux, et ainsi Valebrègue, le peintre, et Chaylas, le poète, avaient repris le chemin de son atelier.

Prévenus par Pierre de la situation de Claire, ils avaient apprécié combien la délicatesse leur commandait d'exagérer en quelque sorte le respect que devait leur inspirer et leur inspirait la digne compagne de leur ami. La moindre liberté de langage l'eût évidemment deux fois blessée. Du reste, en cela ils n'eurent aucune contrainte à s'imposer. La douceur chaste, le charme de probité qui émanaient de Claire les frappèrent et les séduisirent. Tout naturellement, ils reconnurent que là était la vraie femme, l'épouse réelle, et ils reportèrent sur elle l'amitié et le dévouement qu'ils avaient de longue date pour Pierre. De son côté, Claire, affable et bonne, était heureuse de voir que Pierre était si franchement et si sincèrement aimé.

Un nouveau personnage était venu depuis quelque temps s'adjoindre à ce trio et le transformer en quatuor.

Était-ce un ami ? était-ce seulement un de ces hommes qu'on accepte sans trop les discuter ?

Jean de Tresval appartenait à une vieille famille noble de l'Angoumois, était un de ces demiartistes demi-mondains, qui ont les dehors aimables, la parole gaie et l'esprit facile. Il était riche, avait de belles relations, était très répandu dans le monde aristocratique et — comme il le disait lui-même en riant — avait obtenu le diplôme de bachelier ès cotillon. Il dessinait bien, avait pour l'aquarelle un goût original qui l'avait fait remarquer, et aussi s'essayait à la peinture — mais sans aussi bien y réussir.

Il avait conquis ses petites entrées dans plusieurs ateliers où ses facultés très réelles de critique expert l'avaient fait accueillir avec sympathie. Nul n'était mieux que lui apte à donner ce dernier conseil que les artistes recherchent au moment de l'achèvement de leur œuvre. Mais ses titres à la camaraderie ne se bornaient pas à ces manifestations toutes platoniques. Grâce à la connaissance qu'il possédait du monde à grande fortune, il disposait des commandes d'un certain nombre d'amateurs, ayant en lui toute confiance, et Tresval avait rendu plus d'un service en amenant à propos, dans l'atelier hanté par la gêne, l'acheteur délicat qui acquérait une œuvre en la payant largement.

Par lui, Valebrègue avait obtenu du ministère une commande, assez importante pour lui donner cette tranquillité relative si désirée par les rêveurs ; Chaylas avait été chargé d'une mission dans le Levant, qui l'avait retenu pendant une année hors de France, mais lui avait valu, avec d'excellents émoluments, la croix d'honneur.

Enfin, Pierre lui-même avait reçu des preuves de sympathie sérieuse, et l'achat par le gouvernement d'un groupe colossal destiné à orner la grande place d'une des principales villes du Midi avait nécessairement ouvert à Jean de Tresval les portes de la petite maison de l'avenue d'Eylau, dans laquelle le mari de Claire cachait jalousement son trésor de bonheur.

Nous l'avons dit, il était gai. Il avait cet esprit un peu banal qui court les rues de Paris et qui s'échappe le plus souvent de la besace de Gavroche pour monter jusqu'aux salons les plus élégants. Il connaissait le répertoire pillé par les faiseurs d'opérettes. Si bien que ce rire fréquent lui donnait cette apparence qu'on caresse d'une épithète peu raisonnée : c'était un *charmant garçon*.

Qui donc dira un jour quel fléau sont, pour la société, les *charmants garçons*, dont la légèreté cache la conscience vide et les impudeurs répugnantes? Celui-ci ne croit à rien, blague les convictions, blague le patriotisme... charmant garçon. Celui-là vous raconte avec désinvolture qu'il a séduit cette jeune fille, qu'il a délaissé cette femme, il dit cela drôlement... charmant garçon! Le boursier a fait un bon coup, *fichant* dedans les actionnaires imbéciles... du reste, charmant garçon... Cet autre vit on ne sait de quoi, emprunte, joue, escroque galamment... toujours et plus que jamais charmant garçon !

Triste fruit de notre indulgence stupide et de notre facilité de conscience.

Vous dites à un boulevardier :

— Comment, vous serrez la main à cet homme... Vous ne savez donc pas qu'il a fait ceci, cela ?

Et l'autre de répondre :

— Je le sais bien... mais que voulez-vous ? C'est un si charmant garçon !

Jusqu'au jour où le happe la police correctionnelle ou bien où quelque dupe outragée lui arrache brutalement son masque...

Or, Jean de Tresval n'était pas encore démasqué.

Beau cavalier, brun, avec des cheveux courts et frisés, coiffé à la Capoul, il avait les yeux petits, mais noirs et malins. Les lèvres étaient minces, cachées sous la moustache bien brillantinée. Le teint était pâle, mat : on eût dit qu'il ne coulait pas de sang sous cette peau. Mise irréprochable, gants du bon faiseur, le plus souvent fleur à la boutonnière. D'aucuns disaient lui avoir vu, en soirée de gala, une rosette multicolore...

Un dernier détail.

Il avait quelque part, en province, un vieux père qu'il traitait — après boire — de vieille ganache, qui vivait seul et que son fils trouvait parfaitement ridicule d'être fidèle à des opinions républicaines, ce qui — paraît-il — l'avait empêché de se rallier à l'empire, en dépit des avances que l'homme des Tuileries avait faites à la vieille noblesse.

— Si mon père avait été mon fils, disait Jean, je lui aurais fait un superbe avenir... mais lui, il est entêté comme une vieille mule...

Charmant garçon, décidément, charmant garçon!

C'était cet homme que Claire n'aimait pas. Plus encore, elle le redoutait, avec cet admirable instinct qui devine un ennemi ou tout au moins un indifférent dangereux.

Puis, appréciant la délicatesse franche et polie des deux artistes, elle sentait, sous les affectations du respect de Tresval, je ne sais quelle ironie voilée. Depuis quelque temps surtout, il l'avait plusieurs fois fixée d'un regard hardi, sinon insolent, sous lequel elle s'était sentie rougir. Encore ceci, les mères ne s'y trompent pas! Valebrègue et Chaylas adoraient Lucienne, Tresval semblait ignorer qu'elle existât, ou bien, s'il la prenait dans ses bras, il semblait même que, la regardant elle-même, il profanât la pureté de l'enfant par des caresses qui peut-être ne lui étaient pas destinées.

A ce déjeuner d'aujourd'hui, donné par Pierre pour fêter la rentrée à Paris de Chaylas, retour d'Orient depuis un mois, il parut à Claire que Jean de Tresval la regardait encore plus que de coutume... elle souffrait sans s'en rendre compte des agaceries qu'il adressait à Lucienne.

Pierre ne remarquait rien.

Incapable d'une mauvaise pensée, il n'en pouvait supposer chez les autres.

C'était une belle matinée de printemps. On était à la fin d'avril. La table avait été disposée sur la petite terrasse qui bordait extérieurement l'atelier du sculpteur. Par une échappée heureusement ménagée entre les hôtels qui avoisinent le bois de Boulogne, on apercevait au lointain les touffes d'un vert clair et tendre, des futaies qui reprenaient vie.

Cette gaieté de la nature mettait le rire aux lèvres des amis.

On buvait un peu sec, et les bons mots s'échappaient comme des fusées.

Pierre ressentait comme un épanouissement de bonheur : et à le regarder, Claire oubliait le pressentiment irraisonné qui parfois contractait son cœur.

Voici que, vers trois heures, on voit que le repas avait duré longtemps. Valebrègue s'écria :

— Parbleu! ça ne peut pas finir comme ça!

— Tu veux redéjeuner? demanda Pierre en riant.

— Non, mais je veux songer à dîner.

— Ah çà! tu as donc des appétits d'ogre... ou bien ma cuisine est-elle si mauvaise?...

— Ni ceci ni cela. Mais je me dis qu'il fait si bon vivre, par ce printemps adorable, que je veux, pour une heure ultérieure, m'ouvrir ou me rouvrir un appétit féroce...

— Explique-toi ?

— Voyons, il est trois heures!... Quoique nous soyons des travailleurs de premier ordre, je ne parle pas pour vous, Tresval, qui avez toujours le temps de ne rien faire, nous ne pouvons nous dissimuler que nous sommes peu en état de reprendre, moi, le burin, toi, Pierre, l'ébauchoir... et qu'à peine Chaylas pourrait décrocher sa lyre!...

— Pourtant, je médite un sonnet, commença le poète...

— Bon!... Ça se placera à l'occasion. Je continue mon plaidoyer... Je dis qu'il faut que la fin de la journée concorde dignement avec le commencement... et je vous emmène tous à la campagne...

Pierre regarda Claire. Mais déjà Lucienne, ayant entendu, battait des mains en criant :

— Oh! oui! oui!... je veux bien!... monsieur, tu es bien gentil!...

— La sagesse s'exprime par la bouche des enfants !... et si Mme Sarlat est une vraie mère, elle n'osera pas contredire son adorable bébé...

— C'est à mon maître et seigneur qu'il appartient de décider, fit Claire en souriant.

— Vous savez que j'ai à terminer un travail très pressé, dit Pierre en façon de résistance d'ailleurs fort anodine...

— Je demande qu'on aille aux voix, s'écria Tresval.

— Mais toi-même, dit Valebrègue, qui avait le tutoiement facile, tu n'as pas donné ton avis...

— Moi, riposta le bellâtre avec sa galanterie irritante, je serai trop heureux d'obéir aux ordres de madame Claire.

La jeune femme tourna vivement la tête et une rougeur subite lui monta aux joues.

Il lui déplaisait que Tresval l'appelât ainsi par son nom de baptême, même en y ajoutant le mot de « madame »; tant il est vrai qu'en certaines circonstances, les nerfs sont si singulièrement sensibles, que le moindre choc est une souffrance.

— Nul ici n'a la prétention de donner d'ordres à personne, dit-elle d'un ton plus sec que ne semblait le mériter une interprétation sans importance.

Mais Pierre, ne devinant pas à quel heurtement devait s'attribuer cette réplique, reprit, toujours avec sa bonne humeur :

— En effet, moi seul ici... je suis le despote et l'autocrate...

— Et tu ordonnes ? demanda Valebrègue.

— Que chacun de nous prenne sa canne et son chapeau..., descende dans l'avenue et fume patiemment un cigare en attendant que ma femme et Mlle Lucienne soient prêtes...

Et se tournant vers Claire :

— Tu veux bien, n'est-ce pas ?

Déjà la jeune femme se reprochait un mouvement involontaire qui aurait pu compromettre..., sans raison plausible, la bonne entente qui régnait entre les amis, et adressant à Pierre un gracieux signe de tête :

— Je te demande cinq minutes, dit-elle. Et je vous rejoins...

— N'oubliez pas, madame, dit Valebrègue, que les soirées peuvent être fraîches.

— Merci pour Lucienne.

Elle sortit. Un instant après, les quatre compagnons arpentaient le trottoir de l'avenue, jetant au vent les flocons de la bleue fumée des cigares de choix.

— Une femme vraiment charmante ! dit Tresval à Chaylas.

— Certes, fit l'autre, et bien digne de Pierre.

— Y a-t-il longtemps qu'ils sont mariés ? demanda négligemment Tresval, qui n'étant admis

23.

que depuis quelques mois dans la camaraderie intime, ignorait des détails qu'on avait jugé inutile de lui faire connaître.

Mais Chaylas — en sa qualité de poète convaincu — appartenait à la catégorie des naïfs.

— Comment! tu ne sais donc pas? commença-t-il vivement.

Tresval avait l'esprit prompt. Et puis, ce qu'il prévoyait était trop utile à ses projets pour qu'il ne se hâtât pas de profiter de l'occasion qui lui était offerte :

— Si fait! répliqua-t-il effrontément. Je demande depuis combien de temps ils vivent ensemble?

— Voyons! reprit Chaylas. Lucienne a quatre ans... Oui, c'est cela; il y avait trois ans que la femme de Sarlat avait disparu quand...

Il n'en put pas dire plus long.

Claire venait de paraître sur le seuil de la maison, charmante dans sa simple toilette de printemps; sous le chapeau de paille, les épaisses touffes de ses cheveux blonds semblaient une couronne d'épis dorés. Lucienne, toute bleue et blanche, ressemblait à une de ces libellules qui volètent à travers les roseaux des rivières.

Jean la regarda et malgré lui se sentit pâlir.

Le désir — mauvais, brutal — venait une fois de plus de le mordre au cœur.

Pierre donna son bras à Claire qui menait Lucienne par la main.

Où allait-on ? Ma foi, un peu à l'aventure ; cependant l'objectif était Suresnes et le parc de Saint-Cloud. Là on dînerait au bord de l'eau, éternel plan des Parisiens évadés.

On marchait bravement.

Valebrègue et Chaylas — la tête un peu montée — jouaient en véritables gamins, couraient l'un après l'autre, réminiscence des *barres* du collège.

Jean, plus calme, s'était rapproché de Pierre et affectait de causer avec lui de questions d'art de la plus haute gravité.

Certes, Tresval était un charmant garçon, comme l'on sait ; mais il avait des moments où, au dire de tous ceux qui le connaissaient, c'était un parfait *raseur*, c'était quand il enfourchait le dada esthétique.

En ces moments-là, il y avait entre les trois amis, Sarlat, Valebrègue et le poète, une convention tacite. Celui qui était *empoigné* affectait d'avoir avalé de travers et toussant violemment, avertissait les autres qu'ils eussent à venir le délivrer. C'était une façon de crier, comme le chevalier d'Assas : « A moi ! d'Auvergne !... »

Or, comme le *rasage* menaçait de prendre des proportions épiques, Tresval s'étant embarqué dans une étude sur la Renaissance, Pierre porta soudain la main à sa gorge et sonna le clairon d'une toux sonore.

Les deux autres qui, perdus dans le taillis, jouaient maintenant à cache-cache, entendirent le cri de ralliement; et fidèles à l'amitié et à la consigne, accoururent vers celui qui appelait à l'aide.

— Pierre, cria Valebrègue, toi qui es fort en botanique, viens donc prouver à ce crétin d'enfant des Muses qu'il prend l'herbe à chat pour une plante rare...

— Je te dis, moi, clama Chaylas, que c'est la *Musitaria Barbantea*, de Linné...

— Qu'est-ce que c'est que ce nom sauvage! répliqua Pierre. Un instant, mon cher Jean, je vais aller les mettre d'accord...

— Tu nous abandonnes? dit Claire.

— Deux minutes!... Je suppose que tu n'as pas peur des voleurs?...

Non! ce n'était pas des voleurs d'argent qu'elle avait peur... mais de ces bandits d'honneur qui guettent les femmes...

Elle était restée sur le bas côté, Lucienne courant à quelques pas devant elle, tandis que Jean, dont la bouche avait un mauvais sourire (car il connaissait très bien la manœuvre de délivrance qu'on croyait employée contre lui et qu'il avait au contraire provoquée), se rapprocha de la jeune femme, et reprenant la dernière phrase qu'elle avait prononcée :

— Pierre est comme tous les hommes... il abandonne le bonheur pour courir après l'inconnu...

Claire se hâta un peu et ne répondit pas.

— Vous m'avez répondu bien durement tout à l'heure, reprit-il après un silence. On dirait en vérité que vous ne me considérez pas comme un ami...

— Je ne sais ce que vous voulez dire, murmura Claire, qui maintenant devinait que ses pressentiments d'hier prenaient forme d'angoisses actuelles.

— Je jurerais cependant que vous me comprenez, reprit-il en baissant la voix. Car vous êtes aussi intelligente que vous êtes...

— Lucienne! interrompit Claire en appelant sa fille.

— Pourquoi ne voulez-vous pas m'entendre? continua rapidement Tresval. Pourquoi me traitez-vous avec cette froideur, cette dureté qui me font souffrir... oui, souffrir?...

— Monsieur, dit nettement Claire, prenez garde à vos paroles... un mot de plus, et je serai obligée de vous rappeler que mon mari ne reçoit que des amis...

— Votre mari !

Qu'allait dire Tresval? Allait-il déjà profiter des quelques renseignements escroqués à la naïveté de Chaylas? Certes, il en avait eu pendant une seconde la tentation... mais c'était un prudent, un cauteleux. Il se mordit les lèvres, et pris à l'improviste, il répliqua presque brutalement :

— Je suis avant tout votre ami, à vous...

— Taisez-vous !

— Non! il faut que vous sachiez tout! oui, quand tout à l'heure j'ai prononcé ce nom de Claire qui vous a blessée, c'est que depuis trop longtemps déjà il caressait mes lèvres d'une ineffable douceur... il faut que je vous le dise... dussiez-vous me chasser! je vous appartiens... quoi que vous puissiez m'ordonner, j'obéirai... Claire, je vous aime!...

La jeune femme ne tressaillit pas, n'eut pas un de ces mouvements de colère qui sont presque de la coquetterie. D'ailleurs, elle n'avait entendu ces mots insolents que dans une sorte de murmure. Elle était atterrée, la honte la prenait à la gorge.

A ce moment, Pierre, riant aux éclats, reparaissait à quelques mètres de là sur l'allée, sortant du taillis avec les deux amis.

Résolûment, Claire saisit la main de Lucienne et, relevant sa belle tête pâle, regardant en face cet homme qui venait de l'insulter, elle lui jeta au visage dans une sorte de sifflement ce mot deux fois répété :

— Lâche ! lâche !...

Tresval frissonna, comme si une main l'avait souffleté. Ses poings se crispèrent ; mais il ne dit pas un mot.

Claire, courant en entraînant Lucienne, rejoignit Pierre et ses compagnons :

— Tu te sauves de Tresval, dit Pierre... Est-ce qu'il t'a *rasée*, toi aussi ?

Elle avait repris son sang-froid. Elle comprenait que le premier devoir de la femme qui aime, c'est d'éviter à celui qu'elle respecte même l'ombre de l'injure qui lui est adressée.

Elle répondit évasivement. La promenade continua.

Claire avait pris Lucienne dans ses bras, comme si, de son enfant, elle eût voulu se faire un bouclier contre les outrages... Et elle était obligée de subir la présence de cet homme !

Que faire ? Comment amener Pierre à lui fermer sa porte ?

Elle songeait à se confier à Valebrègue. Mais le graveur était bien jeune ; il y a des confidences de femme qui ressemblent à des provocations. Elle se défiait, injuste, de tout et de tous. Ah ! si Mme Sarlat, si Mme de Jarménil avaient encore vécu ! elle leur aurait demandé conseil, car elle prévoyait bien que ce danger, écarté maintenant, renaîtrait bientôt... et elle avait l'inexpérience de la chasteté vraie. Une femme du monde aurait su éconduire ce brutal, ce traître, car elle aurait connu les ruses de l'intrigue, habituée à jouer ce rôle dangereux avec ses adorateurs sans cesse renouvelés... Mais cette petite bourgeoise était bien niaise devant pareille surprise.

La journée lui apportait à chaque minute une souffrance nouvelle.

L'audace de Tresval l'épouvantait. Maintenant il semblait qu'il eût tout oublié, et son impudence, et la dureté de la leçon reçue. Il paraissait plus gai, plus insouciant que jamais. Valebrègue lui répétait :

— Tu sais, quand tu nous lâches avec tes théories sur l'art pur, tu es un charmant garçon.

Il riait avec bonhomie, s'attachait à Sarlat qu'il excitait par ses saillies bouffonnes. Il avait mis son masque de bon garçon.

Mais sous ce mensonge, Claire, qui parfois parvenait à l'observer à la dérobée, retrouvait la vérité, la lèvre pincée de colère contenue, les yeux ternis par la pensée absorbante... Cette gaieté même lui semblait un défi jeté à sa pudeur, à son honnêteté.

Il savait qu'elle ne parlerait pas. L'infamie

de cet homme créait entre eux une sorte de complicité. Elle devinait de la haine latente.

Qu'aurait-ce donc été si elle avait pu lire dans l'âme de Tresval?

Elle l'avait appelé lâche! Elle l'avait, non pas repoussé, mais en quelque sorte chassé d'elle comme un laquais! Et de cette fureur, attisée en lui, il échauffait ce qu'il appelait son amour! Hier, c'était un caprice... Aujourd'hui, c'était une passion... et il se jurait à lui-même qu'il se vengerait de ce dédain insultant!... Oui, elle serait à lui, à tout prix. Le désir de la possession se compliquait de la volonté de la revanche... vaincre qui a vaincu, voir à ses pieds, sentir dans ses bras, la femme qui vous a méprisé! Régal de débauché!... et Tresval se disait qu'il le savourerait à son heure.

Il se reprochait maintenant de s'être si sottement laissé entraîner tout à l'heure. Était-il un collégien, pour ne pas user de toutes les ressources stratégiques de séducteur de profession? Parce qu'il s'agissait d'une petite bourgeoise, il avait cru qu'un mot de lui, Jean de Tresval, suffirait... Mal lui en avait pris; mais il se vengerait de cette vertu.

Cette vertu! parbleu! si, comme Chaylas l'avait dit, elle n'était pas mariée! la chose était trop bouffonne! Voyez-vous cette maîtresse qui joue à la femme indignée!... On verrait bien, et rirait fort qui rirait le dernier. Il fallait qu'il sût la vérité tout entière. Voilà qui serait une arme bonne pour la victoire.

On voit qu'en le traitant de lâche, Claire avait touché juste. Il pensait à user de ce moyen ignoble qu'on appelle le chantage.

Puisque Chaylas avait déjà parlé, sans doute il serait facile de le faire bavarder.

Aussi, en approchant de Saint-Cloud, Tresval avait-il pris le bras du poète; mais à sa grande surprise, il lui fut impossible de le ramener sur le terrain.

C'est qu'une très courte conversation avait été échangée quelques instants auparavant entre les deux amis.

— Ah çà! avait demandé Chaylas, réfléchissant après coup, est-ce que Tresval ne connaissait pas la position de Pierre et de sa femme?...

— Mon cher, avait dit Valebrègue, Tresval est un charmant garçon... mais il me paraît inutile de l'initier à tous nos secrets...

— Alors j'ai fait une bêtise!...

— Tu en es bien capable... conte-moi ça?...

Chaylas répéta les bribes de la conversation précédente.

— Oui, tu as fait une bêtise, affirma Valebrègue, Ça ne regarde pas Tresval. C'est un ami d'aujourd'hui, qui sera l'indifférent de demain... et peut bavarder inutilement. La femme de Pierre est une honnête mère de famille que je respecte aussi profondément que si tous les maires de la terre l'avaient saturée d'articles du Code...

— Et moi aussi, saprédié !

— Quant à Pierre, il a été assez malheureux pour avoir droit à un peu de bonheur... eh bien, un imbécile comme Tresval peut compromettre tout cela... c'est un charmant garçon, mais son milieu n'est pas le même que le nôtre... et s'il se permettait une indiscrétion quelconque, je serais au regret d'être obligé de lui flanquer des calottes...

— Suffit... je serai muet comme une carpe...

Et Chaylas avait tenu parole ; si bien qu'on se trouva finalement assis pour le dîner sous les arceaux — à vignes vierges — d'un restaurant, la Seine coulant à deux pas, sans que Tresval sût un iota de plus. Chaylas, qui était très fin, avait même trouvé le moyen, en mystifiant deux ou trois fois Tresval, de l'amener à se demander si, en répondant à sa première question, le poëte-journaliste ne l'avait pas tout simplement fait poser.

Le repas fut plus gai. Peu à peu, Claire se remettait. Tout occupée de Lucienne, elle arrivait à secouer ses préoccupations. L'attitude de Tresval qui s'était placé de façon à ce qu'elle ne le vît pas de face, lui paraissait plus naturelle. Après tout, ce n'était peut-être là qu'un enfantillage qui n'aurait pas de suite.

La nuit venait. On prenait le café. Ma foi, il faut tout avouer, deux repas d'amis, de suite, dans la même journée, ne sont pas sans quelque danger pour les cerveaux les mieux établis. Chacun, à l'exception de Claire et de Tresval, avait ce que nous nous permettrons d'appeler une petite pointe.

Tresval était peut-être ivre, mais il était en apparence le plus froid de tous.

Chaylas avait frappé le grand coup ; il avait lu son sonnet, salué par des acclamations bruyantes et un *bis*, auquel il s'était rendu de la meilleure grâce du monde, comme bien l'on pense.

Tout à coup, les sons nasillards d'un violon se firent entendre...

— Bravo ! Après Polymnie, Euterpe ! s'écria Valebrègue. Poésie et musique panachées !... Vive le grand art !

A la porte du restaurant, dans l'encadrement des feuilles folles, tirebouchonnées en vrille, une forme s'estompait sous le crépuscule... celle d'un être petit, trapu, qui semblait difforme. On ne pouvait pas distinguer les traits du visage.

Cela avait un violon et le raclait de lamentable façon.

— Allons, papa Carabosse, cria Valebrègue, vas-y encore de la *Valse des Roses!*

A ce moment et simultanément, comme si un même sentiment inconscient les avait mus, Pierre et sa femme levèrent la tête.

Et Claire vit fixé sur elle deux yeux qui étincelaient comme des charbons ardents.

Il se passa une scène brusque et effrayante.

Avec un cri de colère, Pierre s'était dressé, et sa main tenait un couteau qu'il venait de prendre sur la table, tandis que Claire — que tant d'émotions brisaient — se laissait tomber en arrière, pâlie, pâmée, évanouie...

Ce violonneux, ce bossu, c'était Vosset ! c'était l'homme que Pierre avait surpris, menaçant de ses caresses immondes sa Claire bien-aimée !...

Il les avait bien vus, lui aussi ; et il s'était rejeté en arrière.

— Va-t'en, misérable ! lui cria Pierre, que l'excitation de le journée rendait imprudent ; va-t'en ou je te tue comme un chien !

Il avait reçu Claire dans ses bras et la serrait contre sa poitrine, comme s'il eût voulu la protéger encore contre l'être difforme.

— Ta femme se trouve mal ! cria Valebrègue.

— Je vais chercher une voiture, riposta Chaylas.

Mais Tresval venait de se lever. Il avait vu toute la scène. Il avait parfaitement compris que c'était l'apparition subite de cet homme — grotesque et effrayant — qui avait excité la fureur de Pierre et brisé l'énergie de Claire.

Et comme le bossu s'éloignait, peut-être par peur, peut-être pour se mettre au guet de plus loin, Tresval se leva ; au moment même où la voiture arrivait :

— Mes amis, dit-il, accompagnez Sarlat et... sa femme, moi, je reviendrai à pied.

On ne songea même pas à insister.

Un instant après, Claire qui était revenue à elle, se blottissait dans le fond de la voiture, ayant Lucienne sur ses genoux ; Pierre et Valebrègue montaient auprès d'elle, Chaylas se plaçait auprès du cocher, qu'il appelait déjà : Mon petit père !

Et, tandis que le cheval démarrait, Tresval, resté seul, se dirigeait du côté où résonnait comme un appel la mélopée crincrinante jetée par le bossu...

III

HAINES QUI SE RENCONTRENT

Vosset ne s'était plus arrêté ; marchant au milieu de l'ombre, il jouait machinalement, allant devant lui, ayant l'allure indifférente d'un mendiant dont la journée est finie.

Tresval était à quelques pas derrière lui, prêt à l'atteindre et à l'interroger, quand soudain une femme, qui était alors assise sur une des bonnes du quai, se leva brusquement, et allant d'un pas rapide vers Vosset, elle lui saisit le bras.

Il y eut des gestes de querelle, mais Tresval n'entendait pas.

— Te voilà, sale feignant, disait la femme d'une voix rauque. Eh bien, tu m'as assez fait poser! Rapportes-tu de la monnaie, bon à rien?...

Celle qui parlait ainsi était une femme de haute taille, d'une cinquantaine d'années, à la poitrine ballonnante, aux reins de génisse. Cependant, sous l'encadrement de ses cheveux encore noirs, il y avait des restes de beauté grossière, une exubérance de beauté cramoisie, allumée plutôt par les liqueurs absorbées que par la richesse du sang.

La mégère devait avoir la poigne solide, car elle secouait le bossu, comme elle eût fait d'un gamin.

Vosset, vieilli, tordu, le masque creux, les yeux enfoncés, était, plus encore qu'autrefois, le type de la laideur honteuse. De plus, à l'une de ses joues, une dartre rouge — rampant jusqu'au cou — était, sur cet atroce visage, comme la marque laissée par le fer chaud du vice.

Ce n'était plus — du moins en présence de cette femme l'impudent personnage qui se croyait si bien sûr de rester toujours le maître. En une seconde, entendant l'accent de celle qui lui parlait, on eût deviné qu'il était l'esclave, le chien d'une maîtresse qui le fouaillait d'importance et dont il avait peur...

Comme huit années se sont écoulées entre la deuxième et la troisième partie de ce récit, nous sommes forcé — en retrouvant les acteurs du drame premier que nous avons raconté — d'expliquer, aussi succinctement que possible, ce qui était advenu pendant cette longue période.

Il y a huit ans, Vosset avait vendu à Pierre Sarlat, pour cinquante mille francs, le secret du langage chiffré au moyen duquel correspondaient Caroline et Demory.

Cinquante mille francs ! le bossu avait eu un éblouissement, au moment où le caissier de la maison de Banque lui passait — à travers son guichet — la liasse dont chaque feuille venait de bruire sous ses doigts de vérificateur.

Certes, bien souvent, quand Vosset, complice de Demory, avait songé à la part qui, un jour ou l'autre, lui appartiendrait sur la fortune des Lustin, il s'était laisser entraîner à rêver centaines de mille francs, millions peut-être. Mais c'était là le mirage, tandis que ces cinquante billets de mille francs, c'était la réalité palpable, tangible...

Enfin, cet être vicieux pouvait satisfaire les monstrueuses fantaisies qui brûlaient son cerveau.

Mais à côté de cette réalité splendide, il en était d'autres, celles-là effrayantes.

Il avait frappé Demory d'un coup de couteau. Celui-ci pouvait être relevé par la police. Une enquête pouvait être ouverte. Demory pouvait parler, se compromettre lui-même à son insu en compromettant son complice. Claire aussi ne pouvait-elle pas mettre la police sur la trace des assassins de la vieille marquise... Vingt périls que grandissait en ce moment l'imagination du bossu, audacieux hier quand il ne possédait pas un sou vaillant, prudent, aujourd'hui qu'il sentait, contre sa poitrine, à la place où aurait dû se trouver le cœur de ce mammifère humain, le coussin épais des billets de banque.

L'avare est essentiellement poltron. La peur saisit Vosset à la gorge. En une minute, il devint lâche, affolé de terreur..... Il se vit arrêté, condamné, et surtout... oh! surtout, dépouillé de l'argent mal acquis.

Il n'eut plus qu'une pensée, fuir, le plus vite, le plus loin possible.

Ah! comme il maudit une fois de plus sa laideur, sa difformité visible!... Si pendant qu'il fuyait, un télégramme de l'autorité signalait un bossu voleur et assassin !...

Il ne respira que lorsque, s'étant jeté dans un express, il mit enfin le pied sur la terre étrangère.

Alors commença pour lui une existence vagabonde, presque folle.

Avide de jouir, impatient de s'assouvir, le hideux personnage se jeta à corps perdu dans la débauche. Chose étrange, d'abord il ne compta pas. Il lui fallait des sourires, des baisers, des hypocrisies à tout prix. Il payait, payait...

Entre temps, il lisait assidûment les journaux de France. Il ne vit rien qui rappelât les aventures auxquelles il avait été mêlé. Il parvint à savoir que Demory et Caroline de Lustin avaient disparu, s'enfuyant ensemble. Il eut un : Ouf de soulagement.

Ce malhonnête homme comprenait que les honnêtes gens avaient étouffé le scandale. Il profitait de leur probité en la raillant. Le plus important était fait.

Jusque-là, il avait cherché à s'étourdir. Nous l'avons dit, il n'avait pas plus compté que si son trésor avait été inépuisable. Hélas ! le temps n'est plus aux miracles. Quand il étudia ses ressources, il constata avec épouvante qu'en deux mois il avait dépensé trente mille francs. Il lui restait à peine vingt mille francs.

Ce fut pour lui comme un coup de massue. Et pourtant venant à peine de goûter aux fruits défendus, il se sentait encore un appétit féroce. Il se mit à jouer, à faire l'usure, à escroquer, à voler. Il regagna ce qui lui manquait ; mais on le dénonça, on le poursuivit, on le traqua. Et le misérable se mit à rouler sa bosse — terme doublement exact — de ville en ville, de casino en casino, s'affiliant à des grecs, à tous ces chevaliers d'industrie dont pullulent les séjours du high-life.

Ceci dura cinq, six années, avec des alternatives poignantes : aujourd'hui, le bien-être, le luxe, la noce de bossu ; demain, la misère, pas un morceau de pain sous la dent. Mais tant va la cruche à l'eau !... A Luxembourg, Vosset fut pris en flagrant délit de vol. Il s'enfuit ; la justice du pays le condamna par coutumace.

Son signalement fut donné de tous côtés. Cette fois, il était complètement brûlé, comme on dit.

On avait organisé dans toute l'Allemagne, en Belgique, partout où se glissent les filous interlopes, la chasse au bossu. Et plus d'un malheureux, gibbeux mais honnête, faillit payer pour le gredin disparu.

Alors ce fut la vie atroce, la pauvreté lancinante ; il se fit voleur de grande route, mendiant. Il s'attacha pendant quelque temps à une baraque de saltimbanques.

Ce fut dans une des villes du nord de la France, qu'il fit la rencontre d'Irma La Salade, ancienne prostituée, qui avait de beaux restes, à ce qu'il trouvait du moins, et qui était non moins voleuse que lui.

Elle faisait la femme sauvage, tandis que Vosset, avec son fausset de crécelle, vêtu de rouge et une houpette verte branlant sur son crâne au bout d'un fil de fer, débitait la parade à la porte. Il avait appris à racler du violon, exercice qu'il exécutait même la tête en bas.

Un jour, ils dévalisèrent la baraque, s'emparèrent des quelques économies du patron, lequel n'étant lui-même qu'un « central » évadé, jugea peu à propos de permettre à la police de fourrer le nez dans ses affaires, et s'abstint de toute plainte.

Vosset et La Salade se dirigèrent vers Paris.

En peu de temps, les quelques louis volés furent mangés, ou plutôt bus par les deux ivrognes, qui se valaient.

Maintenant ils se trouvent à Paris. Vosset, qui n'avait jamais été poursuivi en France, obtint de la préfecture un permis de musicien ambulant.

Ils vivaient d'aumônes racolées de ci de là et

d'un certain nombre d'industries inavouables.

Parfois, quand ils avaient fait un bon coup — ce qui, hélas ! ne donnait plus un bénéfice de cinquante mille francs comme autrefois, — ils s'enfermaient chez eux et se soûlaient pendant huit jours.

Puis lestés, ils recommençaient à naviguer à travers les bas-fonds parisiens.

Association monstrueuse, dans laquelle cependant il y avait un maître, la femme. Vosset était toujours — malgré sa décrépitude précoce — l'ignoble passionné d'autrefois. Ces ardeurs l'avaient même mis à mal, comme le prouvait l'ulcère de son visage. C'était par là que le tenait Irma La Salade qui l'injuriait, le battait, le torturait et qu'il ne quittait pas, parce que, pour lui, elle était une femme, la femme, la satisfaction brute de ses appétits, éclatant parfois avec une violence épouvantable.

Elle le connaissait bien ; elle jouait de son bossu avec une habileté sans égale. A elle tout l'argent gagné, à elle le repos, les journées entières passées dans l'oisiveté lourde et abrutie ; tandis que lui, aiguillonné par le désir du retour, s'échinait à courir les guinguettes, à crincriner à archet que veux-tu...

Au fond, il était heureux. Il l'eût été tout à fait s'il n'eût été hanté par deux spectres : l'un, celui de la peur, — je ne sais quel instinct lui disait qu'il avait des dettes effroyables à payer et qu'à un moment ou à un autre, l'échéance viendrait ; — l'autre, c'était la rage d'avoir été presque riche, de ne l'être plus, de ne pouvoir plus l'être...

Il était galant, Vosset ! Il eût voulu que sa déité — la grosse Irma — pût un jour vautrer sa graisse dans la soie et les dentelles, sur des sofas pareils à ceux qu'en ses jours de splendeur il avait écrasés de sa bosse. Il lui rêvait un entre-sol, tout capitonné, un coupé, que sais-je ? C'était une vision éblouissante, une apothéose au milieu de laquelle se détachait — à ses yeux de fou — la chair boursouflée de l'ignoble créature qu'il aimait...

Mais, de ces deux sentiments, la peur était le plus puissant.

Parbleu ! sans cela, il aurait déjà tué n'importe qui.

Et c'est cette peur qui l'avait saisi à la gorge, alors que, traînant sa misère à travers le printemps, à travers les restaurants de banlieue — limace sur des fleurs — il avait tout à coup aperçu Pierre Sarlat et Claire.

Certes, il les haïssait bien tous deux ! oh ! d'une rage vengeresse qui eût épouvanté le physiologiste assez habile pour la mesurer. Certes, il eût fouillé avec bonheur de ses dix griffes dans la poitrine de Pierre... Certes, il eût tué Claire pour violer son cadavre !

Mais ce qui soudain avait mis un brouillard à ses yeux et un bruissement congestionnel à ses oreilles, c'est que ces gens le connaissaient... savaient sans doute son passé... qu'ils n'avaient qu'un signe à faire pour le livrer à la police.

Et il s'était reculé, blême, chancelant, frissonnant comme s'il eût senti sur sa gibbosité la patte pesante d'un argousin...

Machinalement il s'en était allé, presque par habitude, n'entendant plus, ne voyant plus...

Or, comme Irma La Salade (qui devait ce surnom à la façon magistrale dont elle secouait ses amants, à la façon d'une laitue dont on veut extraire la dernière goutte d'eau) avait pris l'habitude soigneuse de se faire édifier d'avance sur l'itinéraire que comptait suivre son bossu, et dont le dompté ne se serait pas écarté d'une ligne à n'importe quel prix, la fantaisie lui était venue de vérifier par elle-même de quelle façon le malheureux travaillait.

Elle trouvait que depuis quelque temps les profits étaient maigres : elle n'avait pas sa ration d'eau-de-vie, et avait dû certains jours supprimer l'absinthe avant le dîner.

Ah mais ! elle verrait bien ! ça ne pouvait pas

aller comme ça ! *il feignantait*, le brigand ! elle en aurait le cœur net...

Et justement voici qu'après l'avoir attendu plus d'une heure assise sur une borne, elle le trouvait, crincrinant dans le milieu du quai, allant à l'aventure, comme un rêveur qui dit leur fait aux étoiles ! Ah bien ! on va t'en f...lanquer, de la rêverie !...

Donc, elle le recevait d'importance, lui prodiguant les dénominations les moins amènes ; lui, stupéfié encore de la vision de tout à l'heure, abruti par la peur, balbutiait des protestations vagues :

— La monnaie ! que je t'ai dit, glapit enfin cette femme pratique, qui eût fait un excellent ministre des finances. — La monnaie ! vas-tu me la donner, à la fin ?

Vosset mit son violon sous son bras et retourna ses poches.

Il y avait vingt-trois sous !

Pour le coup, tant pis ! il reçut la plus belle paire de gifles ! non, vrai ! ça n'était pas de la camelote, d'autant plus que la belle Irma avait des abatis monstrueux, de vraies épaules de mouton.

Il geignit. Elle passa derrière lui et lui administra des coups de pied dans les reins, hurlant :

— Eh ! va donc ! vieux flémard ! Ah ! si tu crois que tu auras du nanan pour tes vingt-trois ronds !... Hue donc ! rossard !

Et encore faisons-nous grâce au lecteur des chefs-d'œuvre de son vocabulaire.

Vosset baissait le cou, allongeait les jambes, courant presque, n'ayant même pas l'énergie du chien qu'on rosse et qui fait mine de se retourner pour mordre.

Elle l'avait ramené vers le pont ; là, toujours à coups de soulier (et elle avait de fortes semelles à clous), elle le pourchassa vers Suresnes, ne se reposant de le frapper du pied que pour donner de grands coups de poing dans sa bosse.

Ils habitaient sur la berge, du côté de Suresnes, une espèce de baraque en bois ; est-il besoin d'ajouter un chenil ?

La Salade se jeta sur son grabat, et dit :

— Toi ! tu vas rester debout toute la nuit ? Tu entends bien, debout ?

— Irma... bonne Irma !

— Si tu as le malheur de t'asseoir, je te redresserai à coups de trique...

— Ma chère !... je t'en prie !...

— Et je t'aplatirai le dos, sale bossu ! Ça t'embellira... sois tranquille, je ne dormirai que d'un œil.

Et pour bien prouver que ceci n'était pas une menace platonique, elle alla prendre dans un coin, à la lueur d'une chandelle fumeuse, un énorme gourdin qu'elle posa sur le lit :

— Tu vois! je mets Coco à sa place... essaie de la lui prendre...

Vosset était debout, le visage déconfit comme celui d'un enfant qui a reçu le fouet, et il se contentait de bégayer des : « Bonne Irma ! ma chatte blanche ! » qui n'amenaient d'autres effets qu'une recrudescence d'injures et des mouvements inquiétants de Coco Gourdin.

Tout à coup on frappa à la porte.

Vosset tressaillit sur place et devint livide.

Quoi ! déjà reconnu ! déjà poursuivi ! sitôt pris, sitôt pendu !...

Irma s'était redressée, ayant ôté à demi son corset qui s'avachissait en gémissant sous le poids débordant.

Ils se turent : on frappa de nouveau.

Alors, dans une commune inquiétude, ils échangèrent un regard. Il fallait prendre son parti. Ça serait ce que ça serait. Vosset encouragea Irma, se cachant derrière elle. Au fond, elle ne lui voulait pas de mal. Elle savait qu'il avait eu des malheurs — dans les temps. Elle se baissa, saisit sa trique, et, la serrant dans sa main de femme colosse — encore prête à jouer la partie, s'il le fallait :

— Qui va là ? demanda-t-elle.

— Ami ! répondit une voix.

— Y a pu d'amis à c't'heure-ci ! gronda Irma.

Dites votre nom...

Il y eut un silence. Puis :

— Mieux que ça, reprit la voix. Voilà ma carte de visite...

Les deux bandits entendirent un froissement sur le plancher sous la porte. Quelque chose — un papier passait. Un papier bleu. Vosset, qui avait l'œil exercé, reconnut *subito* les vignettes officielles... C'était un billet de cent francs. Il se baissa.

Mais Irma, qui n'était pas une bête, lui administra une vigoureuse bourrade et l'envoya rouler sur le lit. Elle ramassa prestement le papier...

Oui, c'était cent francs, cent vrais! Avec toutes les signatures de la Saint-Jean! Mais alors, ça n'était pas la police. Elle n'a pas l'habitude de s'annoncer de cette façon.

— Faut être prudent! murmura Vosset.

— Toi, tu vas te taire!... n'est-ce pas? répliqua la belle Irma.

— Eh bien, ouvrez-vous enfin? demanda le bon génie qui s'impatientait.

— Minute!... j'ai votre carte... Ça va bien. Mais encore quelque chose?...

— Dites... et vite, sacredié!...

— Etes-vous un voleur?...

— Bah! puisque je donne de l'argent.

— Je m'entends... Si vous venez nous proposer

de vous aider à un coup de chien, rien à faire, passez votre chemin !...

— Je viens vous demander des renseignements, tout simplement...

— Sur qui ?

— Ah ! vous savez, assez d'interrogatoire comme cela !... Je fais mon prix. Si vous ouvrez avant que je ne parte, vous aurez cent francs de plus, sinon je m'en vais...

Si Vosset avait de bons yeux, Irma avait l'oreille fine. Ça n'était pas la voix d'un rôdeur de barrière. Ma foi ! au petit bonheur !

Et, tirant de sa gâche un énorme verrou, Irma entrebâilla la porte.

Celui qui était dehors poussa la porte résolument et apparut dans l'encadrement, bien vêtu, élégant, son chapeau d'une main et un billet de banque dans l'autre :

— Bon ! fit-il en riant. On entre plus facilement chez les ministres...

Irma avait saisi le billet. Puis, d'un coup d'œil, elle s'était assurée que le visiteur était seul. Alors elle avait repoussé la porte et s'y était adossée, ayant toujours le gourdin en main.

L'autre — qui était, on l'a deviné, Jean de Tresval — avait mis le lorgnon à l'œil et très calme, un sourire goguenard sur les lèvres, regardait le singulier intérieur dans lequel il s'était introduit à si fort prix :

— Très réussi ! dit-il à voix haute ! Joli boudoir ! Est-ce que vous payez cher de loyer, madame ? fit-il en s'inclinant devant Irma.

Mais celle-ci, plus rogue et plus revêche :

— Psst ! mon petit ! reprit-elle, je te conseille de ne pas te f... de nous... tu n'as pas payé deux cents francs pour le plaisir de voir la quittance du propriétaire... tu viens pour quelque chose... et contre quelqu'un... dégoise ton chapelet, et plus de bêtises !...

Sans embarras, et comme s'il n'eût pas saisi le ton de menace dont vibraient ces paroles, il s'approcha du grabat, et à travers son lorgnon, il examina attentivement Vosset :

— C'est bien ça, dit-il. Le voilà... mon chef-d'œuvre !

— Hein ! fit Vosset en sursautant.

— Eh mais ! oui, mon chef-d'œuvre !... Je vais vous expliquer tout, mes amis. Tel que vous me voyez, je suis un artiste, un dessinateur, un peintre et — on veut bien me le concéder — non sans quelque talent. Tout à l'heure, sur le quai, j'ai aperçu cet admirable modèle... oui, monsieur, vous êtes un bossu admirable... comme on n'en fait pas... comme on n'en fait plus... et comme je suis riche, je veux me passer la fantaisie de vous croquer... vous permettez, n'est-ce pas ?

Et, tout en parlant, Tresval avait arraché une feuille de son carnet et en trois coups de crayon avait esquissé le galbe du bossu.

Mais il dut se retourner pour faire face à la dame Irma qui esquissant à son tour un moulinet peu rassurant, lui dit :

— Vous ! vous n'êtes pas un peintre ! vous n'êtes pas un artiste ! Vous voulez du mal à mon homme, et vous êtes un mouchard !...

— Ah ! madame !...

— Et vous venez tout simplement prendre le portrait de mon... mari pour le porter à la préfecture...

— Tiens ! il y serait donc connu ? murmura Jean.

— C'est possible ! Aussi, mon petit, je vais tout simplement t'aplatir comme un morceau de bifteck...

Et Coco-Gourdin se leva.

Tresval ne bougea pas.

— La preuve de votre erreur, dit-il, c'est que ce portrait, hélas ! inachevé... je me fais un plaisir de l'offrir à la belle compagne... de mon modèle...

Et très galamment, il présenta le papier à Irma qui ne put s'empêcher de crier :

— Mais c'est que c'est ça, tout craché !... Après

tout, c'est possible, ajouta-t-elle après un silence. Vous autres *artisses*, vous êtes des toqués...

— Ah! voici que nous commençons à nous comprendre... et tenez, je parie que pour écarter toute défiance de l'esprit de monsieur, il me suffira de lui nommer un de mes amis... qui est peut-être le sien...

— Voyons voir! dit Irma. Et tu sais, toi, acheva-t-elle en se tournant vers Vosset, ouvre l'œil... et ne réponds que ce que tu voudras perdre...

— Dites le nom! articula Vosset, qui, par malheur pour lui, n'était pas en possession de tout le sang-froid nécessaire.

— Mon ami, dit Jean, se penchant vers lui, se nomme... Pierre Sarlat!...

Vosset n'eut pas besoin de répondre. Un tressaillement subit l'agita tout entier, tandis que, les poings crispés, il laissait échapper une sorte de rugissement.

— Garde à toi! cria Irma qui s'effrayait.

— Vous voyez bien, reprit Jean, ce nom est très connu de monsieur... Je l'espérais, je l'avoue!... Eh bien, maintenant, jouons cartes sur table...

— Abattez votre jeu d'abord, fit Irma.

— Il est simple, et facile à comprendre... Je veux savoir l'histoire de ce Pierre Sarlat, son passé et surtout ses amours et son mariage... car il est marié, n'est-ce pas? demanda-t-il spécialement en s'adressant à Vosset.

— Marié! Parbleu! fit le bossu, à moins que sa femme ne soit morte...

— Comment, morte!... Elle est bel et bien vivante; car je la quitte, il n'y a pas une heure...

Vosset le regarda.

— Vous étiez là... au restaurant?

— Mais oui, dînant en famille avec mes excellents amis, Pierre Sarlat et sa femme.

Vosset perdit la tête.

C'est qu'il haïssait si fort ces gens-là! On venait les lui mettre sous la dent. Tant pis! il allait les déchirer comme un chien enragé.

— Sa femme! ricana-t-il. Ah! malheur!

— Quoi! cette femme blonde qui était auprès de lui.

— Un *estant!* fit Irma, qui ne perdait pas la carte. Monsieur l'artiste, vous êtes tout simplement un bonhomme qui veut du mal à ces gens-là, à ce Pierre je ne sais quoi et à sa femme... Vous savez — n'importe comment — que mon homme connaît sur leur compte des histoires pas drôles, et vous voulez qu'on vous les conte... C'est ça, pas vrai?

— Il n'y a moyen de rien vous cacher, belle madame...

— Ouais! la belle madame, mon petit — qui, entre parenthèse, est peut-être plus ragoûtante que toutes les mijaurées que tu as connues...

— Ce tutoiement me flatte! interrompit Jean.

— Oui, blague, mon petiot. Toujours est-il que la belle madame défend à son mari de te dire un seul mot de plus.

— Bah! mais monsieur est bien libre de parler, je suppose.

— Eh bien, essayez d'en tirer quelque chose, si je ne veux pas.

Vosset avait compris.

— Elle a raison, je ne sais rien, dit-il.

— C'est-à-dire? interrogea Tresval, que la colère commençait à saisir.

— C'est-à-dire que la parole vaut de l'or, et que, pour qu'on parle, il faut que tu casques, et raide... Là, c'est clair, fais ton prix!... Tu as dit que tu étais riche!... tant pis pour toi!... ça t'apprendra à faire de l'épate... ça te coûtera cher... Maintenant nous écoutons...

Jean se mit à rire.

— D'honneur! fit-il, voilà bien les gens qu'il me faut. J'aime la franchise, moi, la rondeur en affaire... Je casquerai, selon votre délicate expression, et vous serez contents... Il s'agit donc, d'abord, d'une petite histoire qui se formulera par un interrogatoire :

« 1° Pierre Sarlat est-il marié ?

« 2° Avec qui?

« 3° Qu'est-ce que c'est que la petite personne qu'il appelle sa femme?...

« Pour des réponses sèches, des oui et des non, en bloc, cinq cents francs... Pour une narration détaillée, avec quelques preuves à l'appui ou des moyens certains de se les procurer, mille francs tout de suite...

« Enfin, si vous voulez m'aider dans ce que je pourrai entreprendre par la suite, de l'argent, beaucoup d'argent... depuis mille jusqu'à dix mille francs!

« A votre tour, répondez, ça vous va-t-il?...

— Alors c'est pour leur faire du mal, bien vrai? demanda Vosset, haletant.

— A lui, oui; à elle, cela me regarde!

— Vous voulez vous venger?

— Oui... mais d'une vengeance spéciale à moi.

— Eh bien! aboulez les mille francs et je dégoise le tout.

— Mon ami! proféra Irma.

— N'aie pas peur!... Ah! vous voulez vous venger de ces gens-là!... Oh bien! tonnerre de D..., je vous aiderai, et Irma aussi! et elle aura de belles robes et un bel appartement... Ça va! topez!

Il tendit au jeune homme sa patte aux doigts longs et osseux.

Tresval eut l'infamie d'y mettre la sienne; il est vrai que c'était pour y laisser les mille francs.

— Maintenant, dit le bossu, écoutez-moi ça... et si vous en trouvez le moyen, escarbouillez-moi tout ce monde-là !...

Il se mit à parler. Tresval pâle, les dents serrées, écoutait...

IV

MALHEUR

Claire n'était point ce qu'on appelle une petite maîtresse.

Elle n'était pas sujette à ces indispositions vagues — plus imaginaires que réelles — et que nos grand'mères avaient décorées du nom de vapeurs.

Seulement l'état nerveux qui s'était développé en elle, lors de la scène pénible qui s'était passée entre elle et Jean de Tresval, avait rendu plus sinistre, plus poignante, l'apparition de l'ignoble bossu.

Pierre lui-même, légèrement surexcité par une journée joyeuse, n'avait pu commander à l'émotion violente qui s'était tout à coup emparée de lui.

Mais Claire était bien promptement revenue à elle, et, de son premier regard, constatant que la vision s'était évanouie, que Jean n'était plus là, rencontrant les physionomies franches et loyales des deux amis et de Pierre, elle s'était sentie soudain réchauffée, comme ressuscitée.

Valebrègue et Chaylas s'abstenaient de questions. Claire et Pierre gardaient le silence. Pourtant, au fond de tous ces cœurs qui sympathisaient, il y avait la vague notion d'un danger.

Aussi la poignée de main échangée entre Pierre et ses amis fut-elle plus vigoureuse, plus pleine, si nous pouvons dire ainsi.

Elle signifiait d'un côté :

— En cas de péril, compte sur nous.

Et de l'autre :

— Je sais que vous êtes à moi comme je suis à vous.

Restés seuls, l'enfant étant endormie, Claire et Sarlat s'étaient mutuellement interrogés.

Ils eurent la certitude qu'ils ne s'étaient pas

trompés. C'était bien le misérable Vosset qu'ils avaient reconnu.

— Mais, en réalité, dit Sarlat, je ne puis m'expliquer d'où sont venus et ton effroi et ma colère. Ce malheureux n'est pas à craindre...

— Cependant, mon ami, tu n'as pas oublié.

— Certes je me souviens. C'est bien pour cela que, sous l'empire d'une surexcitation passagère, j'ai failli me ruer sur lui... Je comprends bien aussi le dégoût que tu as éprouvé, ainsi qu'il arrive en face d'une bête ignoble... Mais maintenant que nous voici chez nous, bien calmes, rassérénés par le sommeil de l'enfant, nous pouvons nous l'avouer l'un à l'autre, nous nous sommes conduits comme deux fous !...

Claire secoua la tête.

— Qui sait! murmura-t-elle.

— Que veux-tu dire ?... Depuis le jour où cet homme a osé t'outrager, tu ne l'as pas revu ?

— Non.

— Eh bien !... ce jour là, je l'ai châtié d'importance... et je serais fort surpris qu'il osât encore affronter ma colère.

— Oh! je ne crains pas cela!

— Mais quoi donc alors ?

— Écoute, ami, dit Claire, qui avait le cœur gros. Je sais que tu as l'esprit trop haut pour admettre les superstitions. Cependant...

— Achève. Je te jure que je ne te raillerais pas.

— Eh bien! parfois, malgré moi, je me souviens que nous ne sommes pas dans une position régulière...

— Claire!

— Oh! ne crois pas que je me repente! ne crois pas que je ne voie pas en toi un véritable époux! Mais je me dis, — et tu dois te le dire aussi — que notre bonheur n'est pas, en face de la société, cimenté de façon si solide que nul ébranlement ne soit à craindre... Oui, ce Vosset m'a fait peur, je te l'avoue... et pourtant tu sais que s'il s'agissait de défendre soit toi, soit ton enfant, rien ne m'effrayerait. Il m'a fait peur, parce que...

Ici elle baissa la voix.

— Parce que c'était l'inséparable ami de celui dont — par malheur, — je porte légalement le nom...

— Mais cet homme a disparu!... Nul ne sait ce qu'il est devenu, avec la misérable qui, elle aussi, peut se dire légalement unie à moi...

— Certes, il a disparu. Mais n'as-tu pas compris comme moi tout ce qu'il y avait de haine, de férocité même dans l'âme de cet homme, qui eût fait le mal pour avoir la joie de voir souffrir sa victime? Depuis que nous sommes l'un à l'autre, aucune circonstance n'était survenue qui nous rappelât l'existence de ces êtres que nous voudrions oublier — mais dont surtout, mon Dieu! nous voudrions être oubliés... Quand j'ai vu ce Vosset, je me suis dit qu'il pouvait être encore en relation avec qui tu sais, qu'il pouvait réveiller, exciter sa passion de vengeance — qui est, j'en suis certain!... C'est là un de ces hommes dont il faut toujours avoir défiance.

Elle se jeta dans les bras de Pierre.

— Comprends-tu! cet homme surgissant tout à coup... se targuant de ses droits... m'arrachant à toi avec la complicité des magistrats? — Oh! ce serait horrible!

— Enfant! s'écria Pierre en couvrant de baisers ses cheveux blonds. Tu te forges des chimères! Non, ne redoute rien. Je suis auprès de toi, et avant qu'on arrive jusqu'à ma femme bien-aimée, il faudrait m'avoir tué...

— Qui sait les armes que ces lâches emploieraient...

— Tais-toi! te dis-je. Ne calomnie pas notre société. Les honnêtes gens ont droit d'asile et de défense. D'ailleurs, que s'est-il passé?... Ce bossu n'est pas mort, voilà tout. Nous pouvions le rencontrer plus tôt. Qui sait même si cent fois il n'a pas croisé notre route sans que nous l'ayons aperçu?... Aujourd'hui, nous l'avons vu... Eh bien, cela aurait pu arriver hier aussi bien que demain... Ce gredin semble dans la misère. Il a le payement des lâchetés commises. Laissons-le à son châtiment et n'y songeons plus.

Claire ne disait pas tout. Elle n'avouait pas qu'elle avait deviné auprès d'elle une autre haine naissante. Pourquoi ne parlait-elle pas? Pourquoi ne dénonçait-elle pas hardiment ce Jean de Tresval que Pierre eût chassé? Hélas! toutes les femmes comprendront, approuveront le sentiment qui arrêtait sur ses lèvres les paroles prêtes à s'en échapper.

Et pourtant elle avait tort, cent fois tort!... Elle le sentait, elle le savait. Et elle se taisait!

Et bientôt, bercée par les caresses de celui qu'elle aimait plus que sa vie, elle s'endormait, oublieuse, confiante, presque heureuse.

C'était pendant ce temps-là que Jean causait avec Vosset et La Salade.

Cependant la journée du lendemain s'écoula sans amener de nouveaux incidents.

Valebrègue et Chaylas, sans s'être donné le mot, vinrent s'enquérir discrètement des suites de l'aventure de la veille. Ils trouvèrent Sarlat tranquille, achevant son groupe; auprès de lui Claire travaillait aux vêtements de l'enfant qui jouait à ses pieds.

Allons! c'était une fausse alerte!

— Ils sont heureux, dit Valebrègue en sortant.

Ce n'est pas encore le moment de nous montrer.

— As-tu remarqué, dit Chaylas, que Tresval n'est pas venu aujourd'hui?

— Eh bien?

— Depuis que tu m'as ouvert les yeux, je me défie de notre excellent camarade...

— Allons donc! tu en mets plus qu'il n'y en a. C'est un charmant garçon.

Chaylas ne dit rien et pinça les lèvres.

Mais quelle que fût la défiance restée latente en la conscience de nos amis, elle devait nécessairement s'affaiblir, à mesure que le temps passait.

Huit jours, quinze jours avaient été comptés depuis la promenade de Saint-Cloud.

Jean avait reparu deux fois, en des visites très courtes. Il avait serré la main de Pierre s'excusant de ne pouvoir rester plus longtemps.

— Je travaille à une grande œuvre, avait-il dit en riant de son rire faux. Je travaille beaucoup; quand elle sera achevée, vous m'en direz des nouvelles.

Quant à Vosset, il n'en était pas plus question que s'il n'avait jamais existé.

Pierre lui même se disait que ses suppositions étaient justes. C'était par pur hasard qu'il avait rencontré le bossu, qui avait autant de désir de les éviter qu'ils avaient eux-mêmes de crainte de le rencontrer.

Claire oubliait ses craintes : elle espérait que Tresval s'était à jamais découragé. La vie des deux époux reprenait cette monotonie qui est le bonheur.

Cependant le sculpteur avait achevé le groupe qui lui était commandé et avait avisé l'amateur acheteur qu'il le tenait à sa disposition. Celui-ci, qui était ce qu'on est convenu d'appeler un grand seigneur, étant plusieurs fois millionnaire et propriétaire plus ou moins authentique d'un blason indéchiffrable, écrivit à l'artiste pour le supplier de venir présider lui-même à l'installation du groupe.

— J'apprécie votre talent à trop haute valeur, lui écrivait-il, pour confier à des mains inhabiles le soin de placer votre œuvre de la plus favorable façon : vous seul, je le sais, sauriez lui donner son maximum d'effet.

Si peu orgueilleux que l'on soit, il est certaines insistances qui vous flattent. Plusieurs lettres furent échangées, et finalement l'artiste se laissa convaincre. Il s'agissait après tout d'une absence de trois jours au plus.

Claire, qui devinait tout le plaisir que causait à Pierre cette rapide excursion, insista pour qu'il se rendît au désir exprimé. Bref, sans inquiétude, content de prendre ce qu'il appelait « un bain d'air et de lumière », Pierre Sarlat partit.

Qu'avait-il à craindre d'ailleurs? Lucienne était bien portante, Claire également... La vieille Catherine veillait avec un soin jaloux sur le dépôt confié à ses soins.

Et puis trois jours, qu'est-ce que cela?

Le lendemain du départ de Pierre, Claire se sentit un peu souffrante, indisposition d'ailleurs sans gravité, mais qui l'obligeait à ne point quitter la maison. Et pourtant il faisait un si beau soleil! Lucienne avait si grande envie de sortir, d'aller s'ébattre sur les quelques pelouses du bois de Boulogne dont les gardiens ne défendent pas l'accès!

Pour les enfants, maman malade, c'est maman au lit. Du moment qu'elle est debout, qu'elle vaque à ses occupations ordinaires, elle est en bonne santé, et, si elle ne veut pas s'aller promener, c'est par caprice, c'est pour faire du chagrin à bébé qui boude et est alors tout prêt à pleurer.

Ce n'était pas que Lucienne fût méchante, ni volontaire. Mais enfin, mettez-vous à sa place! elle apercevait, passant sur l'avenue d'Eylau, les petites filles pomponnées qui, le cerceau ou les raquettes en main, couraient en sautant vers le bois.

Si bien qu'après une petite, toute petite gronderie, Claire pria la vieille Catherine d'emmener Lucienne faire un petit tour... une heure au plus.

Et puis il faudrait bien prendre garde aux voitures. Lucienne — devenue grave — promettait de ne pas quitter la main de sa bonne Catherine qui, n'étant plus jeune, marchait lentement... elle marcherait auprès d'elle... Elle gazouillait si gentiment ses promesses naïves, que Claire ne résista plus.

Il était bien rare que Lucienne sortît sans sa mère... Enfin, pour une fois !

Donc Catherine et Lucienne franchirent le seuil de la porte.

Claire monta dans le petit salon du premier étage, et là, se penchant sur la fenêtre, elle suivit des yeux son *trésor*, qui marchait, sérieuse, réglant son petit pas sur celui de la vieille servante et se retournant à chaque pas pour envoyer des baisers à sa mère, qui les lui rendait doubles.

Enfin, la servante et l'enfant tournèrent le coin. Claire s'écarta du balcon, referma la fenêtre et se retourna...

Mais à ce moment un cri étouffé s'échappa de ses lèvres...

Un homme était devant elle, debout, le chapeau à la main... Cet homme, elle ne l'avait pas entendu venir, elle ne pouvait même pas s'imaginer comment il avait pénétré dans la maison... Cet homme enfin, c'était Jean de Tresval :

— Pardonnez-moi, madame, commença-t-il.

Mais elle ne lui laissa pas le loisir d'ajouter un mot.

— Vous ici! s'écria-t-elle. En vérité je ne croyais pas à tant d'impudence... Sortez!... Sortez vite! ou je vous jure que j'ouvre cette fenêtre et que j'appelle à l'aide...

— Non! Vous n'appellerez pas, madame, répliqua Jean d'un ton qu'il s'efforçait de rendre respectueux. Car si j'ai osé venir, c'est pour vous avertir d'un danger terrible...

— Je ne veux rien entendre de vous. Encore une fois, je vous ordonne de sortir.

Et résolue, frémissante, elle posa sa main sur l'espagnolette.

Tresval fit un pas en arrière, comme s'il obéissait, mais en réalité pour se donner le temps d'ajouter quelques paroles dont il avait d'avance calculé l'effet :

— D'un danger terrible, ajouta-t-il, qui menace Pierre Sarlat... et votre enfant...

Claire frémit tout entière.

Oui, cet homme mentait! il ne pouvait pas ne pas mentir! et pourtant...

La fenêtre ne s'ouvrit pas. Jean prenait l'avantage, il s'agissait d'en profiter rapidement.

— Oui, votre enfant est en péril... oui, votre existence heureuse est menacée... et c'est moi, moi que vous croyez un ennemi, un fou, — et qui ne suis que le plus respectueux de vos amis, — c'est moi qui veux vous sauver...

Claire releva la tête d'un mouvement plein de dignité :

— Monsieur, dit-elle, pour que je vous permette de parler, il faut que vous invoquiez ces noms sacrés qui résonnent jusqu'au plus profond de ma conscience... Seulement, songez-y bien, si vous avez employé ce moyen pour m'imposer votre présence, vous auriez commis une action dont rougirait le dernier des lâches !...

Tresval s'inclina profondément, peut-être pour cacher le sourire qui lui venait aux lèvres.

— Vous êtes cruelle, madame, reprit-il, pour un moment d'égarement, que je me reproche en effet comme un crime. Mais j'espère vous prouver que, si j'ai excité votre colère, je saurai du moins mériter mon pardon.

Certes, le ton était humble, l'allure respectueuse. Et pourtant un instinct vague avertissait Claire que cet homme mentait.

— Je vous écoute, dit-elle froidement.

— Eh bien, madame, la situation dans laquelle je me trouve vis-à-vis de vous me force à m'exprimer sans circonlocutions... le danger dont je parle existe très réellement, car il vient d'un homme dont le nom seul sera pour vous une révélation...

Claire se sentit pâlir. Haletante, elle attendait.

Alors, baissant la voix, Tresval ajouta :

— Le docteur Demory est ou sera dans quelques jours à Paris.

Il sembla à la pauvre femme qu'elle recevait un coup en plein cœur.

— Lui! lui! balbutia-t-elle. C'est impossible !

— Croyez bien, madame, continua Tresval, que dans aucune circonstance je n'eusse fait allusion à un secret qui ne m'avait pas été confié... mais aujourd'hui, je serais coupable de me taire... oui, madame, celui dont vous avez tout à redouter... c'est votre mari !...

Trop souvent le spectre du misérable s'était dressé devant Claire, trop souvent elle avait éprouvé, en songeant à lui, les hallucinations de la terreur pour qu'elle songeât à discuter les paroles de celui qui lui parlait.

Elle chancela, porta la main à son cœur et se laissa tomber sur un siège.

Jean, qui était toujours debout, se rapprocha d'un pas.

— Oui, madame, reprit-il, retournant le poignard à plaisir dans la blessure qu'il devinait béante et douloureuse, cet homme que vous croyiez à jamais disparu, dont sans doute vous cherchiez à écarter le souvenir, cet homme est vivant... cet homme songe à la vengeance, et c'est sur une créature innocente qu'il fera peser le châtiment...

Claire l'interrompit violemment comme secouée par une crise nerveuse :

— La vengeance ! le châtiment ! quels mots sont ceux-là ? Est-ce donc lui, l'assassin, l'empoisonneur, qui a osé les prononcer ! Se venger, et de quoi donc ? De ce que je ne l'ai pas dénoncé à la justice et envoyé au bagne, où il eût rencontré des forçats moins criminels que lui ?... Châtier ! et qui donc ? Est-ce la femme qu'il a torturée et qui a eu pitié de lui ?

— Vous oubliez que les plus grands coupables invoquent des excuses... Quoi qu'il en soit, cet homme dit avoir des droits... il s'en est vanté publiquement...

— Qui l'a entendu ?

— Un de mes amis... c'était dans une ville d'eaux d'Allemagne... quelqu'un prononça le nom de Pierre Sarlat, ignorant que le docteur était présent... et alors Demory, saisi d'un violent accès de colère, déclara à haute voix qu'il allait partir à l'instant même pour Paris... qu'il se ferait justice (je répète ses propres paroles, d'après le récit qui m'a été fait)... qu'il tuerait votre amant...

— Mon amant ! Ah ! monsieur, vous m'insultez !...

— Et qu'il vous enlèverait votre enfant !... acheva Jean d'une voix plus ferme.

— Mon enfant ! ma Lucienne ! Ah ! je l'en défie bien ! cria Claire.

— La loi est pour lui !...

— C'est impossible ! C'est faux ! Cet enfant, né de mes entrailles, m'appartient à moi ! appartient à son père.

— Non, madame ! votre enfant appartient à celui dont vous êtes la femme. C'est un principe indiscutable. Le mariage seul crée la paternité.

— Mais c'est horrible, cela ! fit la pauvre femme qui serrait ses tempes entre ses mains fiévreuses. La loi ne peut permettre une pareille infamie !... Lucienne ! ma Lucienne !... Mais Pierre !... Pierre est son père !

— M. Sarlat, étant marié lui-même, ne peut reconnaître son enfant... il n'a aucun droit sur lui...

Claire se sentait devenir folle. Des nuages rouges tourbillonnaient devant ses yeux.

Elle oubliait qui lui parlait. Elle était saisie par les affres de la peur...

Puis, se levant tout à coup, comme galvanisée par une pensée subite :

— Mais je fuirai ! J'emporterai ma Lucienne... et si loin, que je défie bien ce misérable de m'atteindre ! Oui... oui, c'est cela !... Je disparaîtrai, et je cacherai si bien mon trésor, que la loi elle-même sera impuissante à le découvrir...

Elle haletait, fiévreuse, hagarde...

— Je vais adresser une dépêche à Pierre... il sera ici demain matin... et alors...

— Demain! interrompit Jean. Qui vous dit qu'il ne sera pas trop tard!...

— Trop tard!...

La terreur qui l'agitait enlevait à ses idées toute leur netteté. Elle se sentait saisie dans les mailles d'un filet de fer, et maintenant, les mains pendantes, elle répétait :

— Mais que faire? que faire?...

Alors Jean osa lui prendre la main :

— Je vais vous le dire, moi!... Oui, il faut fuir... Mais il ne faut pas perdre une heure, une minute... Vous êtes énergique... n'hésitez pas!... Je prévoyais votre résolution... Une voiture est là, à quelques pas de la maison, qui vous attend... Venez... en quelques instants, vous serez en sûreté... Votre enfant, je vous l'amènerai... et alors...

Il eut un nouveau sourire :

— Alors il sera temps d'appeler Pierre Sarlat...

Elle avait à peine entendu. Elle ne sentait pas la main de Tresval qui pressait la sienne et qui l'attirait. Le désespoir produit parfois cette sorte d'hypnotisme. En ce moment, toutes les facultés de son cerveau étaient tendues vers un point unique, — le danger !... Ce nom de Demory résonnait à son oreille comme un glas funèbre.

Tresval insistait.

— Venez, vous dis-je. Confiez-vous à moi ! Je suis votre ami le plus sincère, le plus dévoué... et si vous suivez mes conseils, je vous jure que nulle catastrophe ne vous atteindra... N'avez-vous donc pas compris que je vous appartenais tout entier, que pour vous éviter une douleur, une larme, j'étais prêt à donner ma vie... Oui, fuyons ! Emportons Lucienne... notre chère et douce Lucienne...

Et maintenant cet homme — abusant de l'état de prostration dans lequel Claire se sentait glisser — se penchait vers elle, l'œil brillant, la bouche sensuelle...

— Partons, répéta-t-il encore.

Il l'attira plus fortement vers lui.

Alors, comme dans l'élan d'un réveil subit, Claire releva la tête. Elle vit ce visage congestionné, ce regard impudent, et d'un seul effort, repoussant Tresval, arrachant sa main de ses mains :

— Vous ! C'est vous qui osez me parler ainsi !... Misérable ! Je sais... je sens maintenant que vous avez menti !... Vous avez eu l'infamie de spéculer sur mes amours d'épouse... oui d'épouse !... et de mère !... Cette fois, j'ai tout deviné...

Et d'un geste rapide, elle ouvrit toute grande la fenêtre à deux battants :

Puis :

— Si vous ne sortez pas, je vous l'ai dit... j'appelle...

Des passants suivaient le trottoir. Un seul cri, et le secours était proche...

Il devint livide. Ses dents grinçaient.

— Ah! vous me chassez!... fit-il d'une voix rauque; prenez garde!...

Sans un mot, elle étendit le bras vers la porte, tandis que sa bouche se contractait avec une expression de profond mépris...

— Prenez garde! vous dis-je. Car vous croyez maintenant que j'ai menti...

— Sortez! vous dis-je.

— Oui, je sors... Mais souvenez-vous de mes dernières paroles... Demory n'est pas mort, pas plus que n'est morte Caroline de Lustin, femme légitime de Pierre Sarlat... Eh bien... je vous dis, moi, que toutes mes prédictions se réaliseront...

— Je ne crois plus à vos menaces... Assez!... ou je vous fais jeter dehors comme un voleur...

— Madame Demory, cria Jean au paroxysme de la fureur, vous vous repentirez... Gardez bien votre Lucienne, la bâtarde de l'adultère...

Et Tresval s'élança dehors...

Immobile à la fenêtre, Claire le vit traverser l'avenue en courant. Il ne se retourna même pas pour jeter un dernier geste de menace. Où donc allait-il si hâtivement?...

Cependant Claire éprouvait un soulagement profond.

Oui, toutes les craintes que cet homme avait évoquées étaient dérisoires! Il avait appris le secret de leur existence, et il avait voulu spéculer. Quoi de plus explicable! Il avait bâti un roman d'épouvante qui ne reposait sur aucune réalité.

Du reste, elle allait rappeler immédiatement Sarlat.

Cette fois, elle lui dirait tout, au risque d'une querelle. D'ailleurs ce Tresval était un lâche, qui n'oserait pas se placer en face d'un honnête homme...

Allons! il fallait de l'énergie, du courage.

Lucienne allait revenir. Elle la prendrait dans ses bras, elle l'embrasserait, la bercerait de ses paroles maternelles... l'orage se dissipait, le soleil brillait encore...

Une heure passa, rapide comme une minute.

Puis une autre. La vieille Catherine ne revenait pas... Lucienne ne revenait pas...

Voyons! pourquoi s'inquiéter? Il était à peine cinq heures. Il faisait beau et chaud. L'enfant jouait... la vieille, indulgente, se prêtait à l'exigence de l'enfant... qui allait revenir rosée par la gaieté et un peu de fatigue...

Six heures, rien !

Claire trembla... C'était bien tard, déjà... Lucienne ! Lucienne !

S'enveloppant d'un châle, Claire descendit. Il lui semblait maintenant qu'il faisait froid... La nuit se faisait dans son cœur... Lucienne ! Lucienne !

Et voici que tout à coup, du bout de l'avenue, la vieille Catherine accourt... de ses pauvres jambes qui ont peine à la soutenir... Elle est seule ! seule !

— Lucienne ! crie la mère.

Et la servante, chancelant, sanglotant, répond :

— Je ne sais pas !... on l'a prise !... on l'a volée !...

Claire poussa un cri terrible... mais ne tomba pas. Devant l'atroce réalité, elle ne faiblit pas. Les passants s'arrêtèrent, l'entourant, l'interrogeant :

— Ma fille ! ma fille ! on m'a volé ma fille !...

Elle n'avait rien de plus à dire.

— Remettez-vous, madame, elle s'est égarée... on la retrouvera ; il faut aller chez le commissaire de police...

Oui, la police !... c'était le salut...

Et, entraînant Catherine, Claire courut vers le bureau.

Là, elle fut introduite aussitôt.

Le magistrat, rasé de frais, était installé sur son siége curule.

— On m'a volé ma fille...

— Pardon, madame, veuillez vous expliquer clairement... D'abord, vous vous appelez ?...

— Mme Sarlat...

— Et vous demeurez ?

Est-ce qu'elle savait où elle demeurait ? Elle s'occupait bien de cela, en vérité.

— Ne vous troublez pas ainsi, madame. Voyons, vous, la bonne, dites-moi ce qui s'est passé...

Le récit de Catherine était bien simple. C'était entre quatre et cinq heures. Elle était assise sur un banc, regardant Lucienne qui faisait de petits tas de sable. Une femme était passée, s'était arrêtée et avait caressé l'enfant... A ce moment, Catherine avait entendu un grand bruit dans le taillis, derrière elle, comme si deux hommes s'étaient querellés, battus. Elle avait tourné la tête, écoutant. Oh ! cela n'avait pas duré une minute. Puis quand ses regards s'étaient de nouveau portés vers l'endroit où devait être Lucienne, la petite n'y était plus... elle l'avait cherchée de tous les côtés, appelant, interrogeant, s'adressant aux gardes des bois, donnant son signalement... Voilà... elle ne savait rien de plus... sinon qu'on lui avait volé Lucienne.

— C'est-à-dire que l'enfant s'est égarée ; car qui aurait pu la voler pendant les quelques secondes dont vous parlez?...

— Cette femme... cette maudite femme.

— Pardon! la connaissez-vous?

— Non.

— L'enfant la connaissait-elle?

— Non plus...

— Eh bien, l'enfant ne se serait pas laissé emmener, de force, comme vous le supposez, sans crier, sans appeler...

— C'est possible, mais moi, je dis que c'est cette femme qui l'a volée...

Le commissaire eut une moue dédaigneuse. Cette vieille radotait.

— Enfin! fit-il avec pitié, donnez-moi des détails... Comment était cette femme?

— Mais, je ne sais pas, moi! Est-ce que je me défiais? est-ce que je l'ai regardée?

— Était-elle grande ou petite, jeune ou vieille...

— Mais, je vous dis que je n'en sais rien. Grande, oui, il me semble ; pour son âge... je n'ai rien remarqué...

— Alors, fit le magistrat, que voulez-vous que nous fassions?

— Comment, monsieur! s'écria Claire, vous n'allez pas me rendre ma fille?

Le commissaire sourit :

— Je le voudrais, madame, et nous allons faire tout ce que comporte cette affaire, dont, je l'espère, vous vous exagérez l'importance... Sans doute, cette enfant me sera ramenée dans la soirée. Je vais recevoir votre déposition. Écrivez, secrétaire.

Il y eut un froissement de papier. Une plume s'humecta d'encre.

Le commissaire prit la pose officielle, et dicta.

— Devant nous, commissaire de police, etc... s'est présentée madame... vos noms et prénoms, madame ?...

— Claire Aubrun, femme Demory...

Claire prononça ces mots machinalement. Ce nom de Demory tintait encore à ses oreilles. Il lui était venu inconsciemment aux lèvres.

Comment... Demory? fit le magistrat. Vous m'avez dit un autre nom tout à l'heure... Sarlat, si j'ai bonne mémoire.

Claire se troubla :

— Oui, oui... Sarlat... C'est bien cela... je me trompais...

— Il est bien étrange que même dans votre trouble, vous vous trompiez sur le nom de votre mari. Ainsi vous êtes la femme de M. Sarlat... Femme... légitime ?

— Mais, monsieur...

— Madame, n'oubliez pas que vous êtes devant

la justice et que toute fausse déclaration est criminelle au premier chef...

Cette femme venait réclamer son enfant ! Pour un peu, on allait la traiter en prévenue.

Claire se raidit contre son embarras croissant.

— Eh bien ! monsieur... non, je ne suis pas la femme de M. Sarlat.

— Alors vous êtes la femme de M. Demory ?

— Oui...

— Mais si je devine bien, vous vivez avec ce M. Sarlat.

L'aménité du magistrat était grande, comme l'on voit. Il daignait ne pas la traiter de concubine.

Claire ne répondit que par un signe de tête. Après tout, que lui importait ce martyre, pourvu qu'on lui rendît sa fille ?

Le commissaire avait dicté quelques mots à mi-voix à son secrétaire...

Puis revenant à Claire :

— Cet enfant, madame, est-il à vous ?

— Ma Lucienne ! oh ! certes, monsieur, bien à moi...

— Et à votre mari, alors ?...

— Non, monsieur... Elle est la fille de M. Pierre Sarlat, dont je partage l'existence depuis cinq ans.

Elle avait dit cela nettement, presque fièrement.

Mais le commissaire de police, bonapartiste et clérical, n'aimait pas qu'on eût l'air de se soucier si peu de la morale.

— Pardon, madame, reprit-il très sèchement. Vous paraissez ignorer que tout ceci constitue une situation très irrégulière...

— Je n'ignore rien, monsieur. Vous m'avez demandé la vérité, je vous la dis. En tout ceci, il n'y a qu'un fait important, on m'a pris ma fille, ou bien elle s'est égarée. Je veux la retrouver... Qu'importe que je sois mariée ou veuve...

Elle devenait courageuse, la pauvre femme. Pour Lucienne, elle eût bravé bien d'autres dangers que celui de cette morgue policière.

— Ceci importe beaucoup, madame. Car je vois que vos droits sur cette enfant ne sont rien moins qu'établis...

— Comment! ma fille ne serait pas à moi!... Ah! par exemple...

— Je ne discute pas, je n'ai pas le temps de discuter. L'enfant est-il déclaré sous votre nom?...

— Non, puisque c'était impossible...

— Impossible! Pourquoi? Il porte de droit le nom de votre mari...

— Lui donner le nom de cet homme, c'eût été déshonorer un innocent...

— Je n'entre pas dans ces détails... Bref, sous quel nom l'enfant a-t-il été déclaré?

— Sous le nom de Lucienne...

— Mais... le nom de famille?

— On l'appelle Lucienne Sarlat.

— Alors, sans doute M. Sarlat l'a reconnue?

Claire perdit patience.

— Encore une fois, monsieur, voulez-vous oui ou non faire rechercher ma fille?

Elle était debout, rouge, prête à la colère. M. le commissaire rentra dans son rôle :

— Vous me permettrez, madame, d'agir comme le commande le respect de la légalité... Je reçois votre déclaration comme celle d'une personne à qui la garde de l'enfant a été confiée. Je ne puis rien de plus, d'après vos propres aveux. Où est ce M. Sarlat?

— M. Sarlat est en voyage...

— Ah!... Revient-il bientôt?

— Il sera ici demain matin...

— Fort bien. Je l'inviterai à passer à mon bureau. Veuillez, je vous prie, me donner aussi exactement que possible le signalement de l'enfant...

Cette fois, Claire répondit avec précision. Elle ne se trompait pas; elle n'avait rien à cacher.

— Veuillez signer de votre vrai nom... dit le commissaire : Femme Demory!

Et il fallut que la malheureuse traçât les lettres de ce nom maudit.

— Maintenant, madame, rentrez chez vous... et attendez. Dès que nous aurons des renseignements, nous vous les ferons parvenir.

Il salua à peine, ne reconduisit pas Claire... cette femme de mœurs légères, à ce que pensait cet homme qui regrettait l'empereur et les siens.

Quand Claire fut dehors, elle courut, hâtive, vers sa maison. Elle croyait qu'elle allait y retrouver Lucienne. L'enfant n'avait pas reparu.

Où aller? Que faire?...

Tout à coup une idée traversa son cerveau...

— Restez ici, dit-elle à Catherine; si on ramène Lucienne, enfermez-vous et n'ouvrez qu'à ma voix...

— Soyez tranquille. Oh! moi, qui aurais donné ma vie pour la petite...

— Je ne vous fais pas de reproches... Je souffre trop pour avoir de la colère.

Elle sortit et se jeta dans une voiture.

Où allait-elle? Chez Jean de Tresval. Elle savait son adresse. C'était bien le hasard. Pierre lui faisait tenir un carnet d'adresses de tous ses amis. Tresval demeurait 25, rue de Trévise.

En une demi-heure, elle s'y trouva et s'élança chez le concierge.

Oh! elle n'avait plus peur de se trouver en face de cet homme! C'était lui le voleur d'enfant! elle le devinait!...

— M. de Tresval? demanda-t-elle brusquement.

— Ah! ma petite dame, il est loin, s'il court toujours...

— Que voulez-vous dire?

— Il y a une heure que j'ai porté moi-même ses bagages à la gare du Nord... Il est parti pour l'Angleterre.

Claire ne pâlit pas. Elle était devenue de marbre pour tous les chocs. Elle sourit et demanda:

— Ah! je sais, il est parti avec sa petite fille?

Le concierge la regarda, stupéfait:

— La petite fille!... Quelle petite fille?

— M. de Tresval n'emmenait pas une enfant, une petite fille blonde, de quatre ou cinq ans?

— Pas du tout... il était seul comme un œuf...

— Ah! c'est différent... Merci...

Et elle remonta dans sa voiture. Le fil qu'elle avait cru saisir se brisait dans sa main. Que Tresval ne fût pas le complice de l'enlèvement de Lucienne, elle ne pouvait l'admettre. Mais alors, pourquoi était-il parti si brusquement... et seul?...

Elle alla jeter une dépêche à l'adresse de Pierre. Elle lui disait:

— Reviens. Il y a un malheur.

Rien de plus. Il devinerait qu'il s'agissait de Lucienne. Quel autre malheur était possible?

Puis la mère rentra dans la maison vide... vide de son enfant!

V

FRANÇAIS ET ANGLAIS

Une des principales artères de Londres s'appelle le Strand.

Cette longue rue, longeant la Tamise, conduit du West-End, le quartier élégant, à la Cité, la ville des affaires.

Dans le Strand, aussi vivant que les rues Vivienne et Saint-Denis — et qui procède à la fois de l'une et de l'autre — il y a de tout, des magasins-palais et des boutiques-échoppes, des restaurants de haut goût et des tavernes plus que modestes, des banques monumentales et des antres d'usuriers, des théâtres, des concerts, des temples, que sais-je encore?... quelque chose de plus et que le premier étranger venu, débarquant dans la capitale de l'Angleterre, découvre avec surprise. Il voit au-dessus de certaines boutiques — qui rappellent à s'y méprendre les capharnaüms des marchands de curiosités — trois boules d'or, soutenues en l'air par des fils de fer et qui remuent au vent.

Qu'est-ce que cela?... Hélas! c'est l'enseigne de la misère, le stigmate du paupérisme; ce sont des monts-de-piété, tenus par le *pawnbroker*, le prêteur sur gages qui, au delà du détroit, s'appelle en argot *mon oncle*, tandis que chez nous il s'appelle *ma tante*. Est-ce la seule différence qui distingue les monts-de-piété londoniens des nôtres? Non pas, il en est de plus importantes; par exemple celle-ci : que les monts-de-piété sont entreprises particulières et non administrations gouvernementales, comme chez nous, et que du moins, si on y spécule sur la misère, ce n'est pas la société qui pressure les pauvres au profit de quelques riches. Ce sont des spéculateurs indépendants qui, pour exercer leur métier de voleurs, n'ont pas du moins l'estampille officielle.

Seconde différence : ici, on a imaginé cette fantaisie administrative de ne point prêter, sur une valeur moindre de trois francs. Vous crevez de faim, votre enfant crie au pain. Vous regardez autour de vous; dans le logis dépouillé, il ne reste rien, sinon un malheureux paquet de hardes. Vous faites un paquet, aussi grand que possible. Vous allez au mont-de-piété, et l'employé — qui ne cache guère son dédain — vous dit, en vous rejetant le paquet tout ouvert :

— Nous ne prêtons pas là-dessus ! Cela ne vaut pas trois francs !

— Mais, monsieur, cela vaut bien trente sous, vingt sous, dix sous. Avec ces dix sous, j'aurai deux livres de pain.

— Le mont-de-piété ne prête pas moins de trois francs !

Mais, en revanche, il prête de grosses sommes sur les parures d'une fille qui a besoin d'argent pour aller aux courses faire son métier de courtisane.

Prêter dix sous ! pouah ! Pour qui prend-on ces bureaucrates philanthropes ? Trois francs ou rien. C'est bien le moins qu'un homme qui se respecte n'emprunte que la somme nécessaire au dîner dans un établissement convenable.

A Londres, le *pawnbroker* prête n'importe quoi, sur n'importe quoi.

J'ai vu prêter deux pence (quatre sous) sur un fer à repasser. Celle qui l'avait apporté a pu du moins acheter du pain. Ici, elle aurait été mise à la porte.

Ceci dit, rentrons dans notre sujet.

Un soir, vers neuf heures, un homme de haute taille, coiffé d'un ignoble chapeau de soie, rougi, verni, sali, vêtu d'un ulster, gris naguère, aujourd'hui sans couleur appréciable, et de plus quadrillé aux coudes et aux épaules à en montrer la trame des déchets de laine, traînant des bottines dont l'éculement lui donnait des allures claudicantes, longeait le Strand le nez en l'air.

Cet homme était pauvre. Ceci ne faisait pas doute. Son visage était terreux, ses pommettes saillantes. Il y avait de la faim dans les ruminements à vide de sa mâchoire. Cet homme avait été beau ; mais il ressemblait maintenant à une de ces ruines dont les observateurs seuls peuvent reconstituer les splendeurs passées. Si j'ose dire, il paraissait avoir été foudroyé, lézardé, effrité par quelque catastrophe, comme un mur jadis bien crépi et que le tonnerre a rendu lépreux. Et cependant, dans ses yeux creux, il y avait une lueur, comme un suprême reflet d'une lumière qui avait autrefois étincelé, et qui maintenant n'était plus qu'une teinte rougeâtre, comme celle qui reste au fer après qu'il a été porté au rouge blanc, puis refroidi.

Cet homme, évidemment, cherchait quelque chose. Il avait une de ses mains cachée dans sa poche. Enfin il avisa les trois boules d'un *pawnbroker* et, sans hésitation, en habitué, il posa les doigts sur le bec-de-cane qui céda, et de l'autre main, il déposa sur le comptoir devant un Anglais à bonne panse, à figure bonasse, à favoris épais, un revolver à crosse d'ivoire, ciselé d'argent ; épave d'un naufrage d'élégant...

— Quinze shellings (18 fr. 75), dit l'Anglais.

— Il me faut une livre (25 francs)!

— Je ne donnerai que dix-huit shellings.

— Donnez.

— Voilà. Toujours au même nom, M. Paul...

— Oui.

Il avait étendu en avant sa main maigre dont les doigts tremblaient. Les dix-huit shellings y tombèrent, en ces pièces massives qu'on appelle des demi-couronnes et qui valent trois francs.

On y ajouta un petit papier, la reconnaissance. Puis, sans salut échangé, l'homme ressortit.

Plus hâtif encore que tout à l'heure, il remonta du côté de la Cité, entra dans une taverne, demanda un rumsteack de neuf pences (quatre-vingt-dix centimes), — un pot de fourpenny ale (bière à huit sous le pot) et, avide, les dents folles s'évertuant et pourtant n'allant pas assez vite au gré de l'estomac, l'homme mâchait, broyait, avalait.

Il mangeait beaucoup de pain, — de ce pain lourd et pâteux qui prouverait à lui seul combien peu les Anglais y tiennent. Puis il buvait, à lampées franches, à même le broc d'étain, le laissant retomber à plat, fortement, pour ressaisir la fourchette et le couteau. Le fromage suivit avec le céleri en branches...

A mesure qu'il se nourrissait, — c'était le mot

exact, — l'homme rougissait. La congestion montait à son visage, à ses tempes.

Il eut un moment d'affaissement et resta penché sur le banc, le buste tassé. Cette physionomie s'était transformée de telle sorte que celui qui l'aurait remarquée tout à l'heure eût hésité à reconnaître dans ce repu l'affamé du Strand. Les paupières s'étaient gonflées, mais l'œil ne s'animait pas encore.

Il ne bougeait pas, jouissant de cet état de pléthore, se sentant reconstitué, refait, s'abêtissant à plaisir dans cette notion du trop-plein, succédant aux angoisses du vide.

Au bout d'une demi-heure, il paya, se leva et sortit.

Le temps était couvert. Il tombait une de ces pluies de Londres, si fine et si noire qu'on se demande si c'est de l'eau ou du charbon tamisé. Il plia les épaules et se mit à marcher.

Ayant avisé un tobacconist, il entra, prit un cigare de choix, puis ressortant, alla sans hésiter dans un des plus beaux public-houses des environs, un palais du Gin, comme on les appelle, s'installa et se fit servir une copieuse rasade de brandy.

C'était un excès complet. Chose étrange : dans toutes les allures de cet homme, il ne semblait pas, — depuis le moment où nous l'avons aperçu,

— qu'il existât une sensation, une volonté, un désir autre que celui de la réplétion.

Nous l'avons dit, le regard était morne, presque éteint.

Mais la lueur couvait : sous l'influence de la liqueur âpre et brûlante, l'étincelle jaillit.

Et, pour la première fois, relevant la tête avec une sorte de soubresaut convulsif, le buveur regarda autour de lui. En vérité, il semblait qu'il ignorât où il se trouvait.

Il passa lentement la main sur son front, massant ses cheveux noirs sous ses doigts. Il rentrait dans la vie réelle.

Alors, à sa bouche, — qui jusque-là n'avait eu que la crispation bestiale de l'appétit, — quelque chose d'humain se dessina, un sourire cruel, menaçant, haineux.

Il but encore, et à mesure que l'eau-de-vie brûlait sa gorge, une férocité latente s'épandait sur ses traits crispés. A qui pensait-il? Étaient-ce des idées de vengeance, de meurtre qui mettaient à ses yeux un éclat presque sanglant?...

Il buvait toujours, et ses mains s'agitaient de frémissements inconscients. Il étirait ses bras sur la banquette où il était assis, et, dans ce mouvement, ses doigts rencontrèrent un journal qui traînait là par hasard, maculé déjà par cent attouchements.

Il l'attira machinalement à lui, l'étendit sur l'étroite table qui soutenait son verre, et posant ses deux coudes sur le papier, il se mit à lire.

Cet homme, — qui évidemment n'était pas Anglais, — devait avoir reçu une bonne éducation, car il lisait couramment, et de plus, — à son insu, — se laissait saisir par l'intérêt des diverses questions traitées dans le journal. Il eut des haussements d'épaules à la partie politique, s'arrêta complaisamment sur les nouvelles de France, puis parcourut les annonces des théâtres.

Un nom était en vedette et attira ses regards.

On annonçait la dernière représentation, — à l'Opéra de Covent-Garden, — d'une cantatrice récemment arrivée d'Amérique, et qui portait le nom de Martha de L... Cette initiale remplaçait le nom de famille.

L'homme avait d'abord passé sur ces lignes presque insouciamment.

Mais il se trouva qu'il y avait dans ces quelques lettres une singulière attraction qui s'imposa à ses regards. Maintenant les yeux étaient devenus fixes, il épelait ce nom : Martha de L..., comme si de ces caractères il avait voulu faire jaillir une signification pressentie, mais encore incomprise.

Soudain, ayant consulté du regard l'horloge de la taverne, il jeta une pièce de monnaie sur le comptoir d'étain, et, sortant, se dirigea vers Covent-Garden.

Pourquoi allait-il là? alors qu'il n'avait pas dans sa poche la somme nécessaire pour s'offrir la fantaisie d'un dilettante, et que, de plus, son costume l'eût fait impitoyablement consigner à la porte.

N'importe. C'était à Covent Garden qu'il tendait.

Sous l'influence de la digestion et aussi d'une ivresse qui commençait, il se sentait titubant, et avait ces redressements vifs par lesquels l'équilibre proteste.

Il arriva.

Les abords du théâtre étaient, comme toujours, encombrés des mille déguenillés qui affluent autour de la richesse, comme des papillons de nuit, aux ailes de suie, autour de la lumière.

L'homme se glissa au milieu d'eux, mêlant sa misère à leur ignominie, tendant l'oreille, comme s'il eût attendu qu'un mot lui donnât la solution d'une énigme qu'il n'avait pas encore formulée, mais qu'un pressentiment de cerveau ivre lui posait en termes vagues.

Tout à coup quelqu'un le heurta.

Il y eut un anathème. Puis un cri.

— Tiens ! mon locataire ! *By God!* Monsieur Paul ! Le diable si je sais ce que vous faites par ici.

Celui qu'on venait d'appeler Paul regarda son interlocuteur.

C'était un personnage à tournure de maquignon, un de ces industriels interlopes qui font tous les métiers déshonnêtes, et qui, possédant quelques shellings mal acquis, louait dans une masure d'Hounsditch, un des plus ignobles quartiers de Londres, quelques bouges qu'il décorait du nom de *Furnished rooms*.

— C'est vous, père Bob! dit Paul. Y a-t-il par ici quelque poule à plumer, que vous vous lancez dans le grand monde?

— Bah! je regarde. Et puis les affaires viennent au moment où on s'y attend le moins.

— Les affaires, c'est la poche des autres, murmura notre homme, refaisant un mot connu.

— Allons! pas de bêtises. Tenez, je m'ennuie ici... j'offre un gin à eau chaude. Ça va-t-il?

— Ça va!

Paul semblait avoir oublié le motif plus ou moins réel qui l'avait amené devant l'Opéra.

Il suivit le vieux Bob, et quelques minutes après, nos deux personnages étaient attablés dans le salon particulier, — *private parlour*, — d'une taverne de dernier étage.

Bob cligna de l'œil.

— Tenez, monsieur Paul, — quoique vous soyez un Français, — vrai, vous m'intéressez! Ah ça!... depuis quelque temps, ça n'a pas l'air d'aller les affaires...

— En effet!

— Oh! ne croyez pas que je vous dise cela parce que vous me devez deux semaines... Ça peut arriver à tout le monde, et puis... faut bien s'aider dans ce monde...

— Le fait est, fit Paul en riant, que dans ce moment-ci je ne suis pas millionnaire.

— Est-ce que vous l'avez jamais été?

Paul eut une crispation de lèvres. Et comme emporté par une force plus puissante que sa volonté, il donna un coup de poing sur la table en laissant échapper ce seul mot :

— Oui!

Bob eut un salut ironique.

— Excusez! fit-il.

Et se passant la langue sur les lèvres :

— Ça doit être rudement bon, tout de même, d'avoir des milliers de livres à tripoter...

— Ne parlons pas de ça, fit l'autre d'une voix rauque. Ça me fait venir aux lèvres un goût de sang...

Bob tressaillit et regarda l'homme plus fixement.

— C'est-à-dire, fit-il lentement, que pour rattraper un peu de cet or-là, vous seriez disposé à travailler... dans le grand?

Répondant moins à cette suggestion qu'à ses propres pensées, Paul répondit :

— Pour redevenir ce que j'ai été, pour revivre de cette vie de luxe, d'entraînements, de splendeurs qui fut la mienne !... est-ce que je sais moi ce que je ferais !

— Ouais ! mais alors il y a peut-être moyen de... causer.

— Que voulez-vous dire ? fit l'homme brutalement. Avez-vous un crime à me proposer ? Parlez... je suis votre homme.

— Pas si vite, par le diable ! un crime ! comme vous y allez !...

Puis, comme s'il eût eu peur de s'être trop vite livré :

— Je ne fais que des affaires honnêtes... moi !

Paul eut un hochement de tête.

— Aussi, vous traînez et vous traînerez toujours la misère.

— Ça ! ça me regarde ! mais puisque vous êtes si bien décidé... à tout, comment se fait-il que vous n'ayez pas encore trouvé une de ces petites opérations qui enrichissent leur homme... en moins de temps qu'il n'en faut pour avaler ce verre de gin?

Et d'un coup de coude vainqueur, il siffla la liqueur corrosive.

L'autre dit, parlant dans l'ivresse, d'une voix qui se faisait sifflante et âpre :

— Quoi ! attaquer un passant dans la rue ou bien dépouiller un misérable joueur des quelques shellings qui dansent au fond de sa poche !

Il éclata de rire :

— Ça en vaut bien la peine ! Je me moque de ma vie, de celle des autres !... Je me moque de tout !... Mais je ne suis pas un imbécile... et le jour où j'agirai !...

Il rejeta en arrière sa tête, que couronnaient ses cheveux épais et noirs.

Cet homme était effrayant.

Bob avait tout son sang-froid. C'était un habile, et il se piquait, non sans quelque raison, d'être assez bon physionomiste.

Décidément on pouvait faire quelque chose de ce *frenchman*, quitte à s'en débarrasser si jamais il devenait dangereux.

Alors Bob posa la main sur le bras de son compagnon, et le regardant entre les deux yeux :

— Et s'il s'agissait d'une vingtaine de mille livres ! fit-il.

— Cinq cent mille francs ! répéta l'autre en tressaillant.

— Non ! car il y aurait part à deux.

— Soit... moitié... deux cent cinquante mille francs !... Mais — et il rit encore — est-ce qu'il y a des coups de couteau qui rapportent dix mille livres ?

Bob eut un mouvement d'impatience.

— Ah çà! damné mangeur de grenouilles (les Anglais nous donnent volontiers ce surnom, fort peu justifié comme l'on sait), qui est-ce qui te parle de coups de couteau?

— Dix mille livres!... Est-ce qu'on se les laisse prendre tant qu'on est vivant?

— Mais oui! tonnerre! Voyons, écoute-moi... Tu es saoul à ne pas pouvoir entendre...

— Ivre? moi!

Le Français ferma à demi les yeux.

— Ecoute, Anglais, à ton tour. Je n'avais pas mangé depuis deux jours... tout à l'heure j'ai porté chez le pawnbroker un objet... dont je ne voulais pas me défaire, quand même, mourant de faim.

— Il fallait me le vendre...

— Eh! le vendre! non pas! car je le dégagerai, je le reprendrai...

— Ah çà! fit l'Anglais en riant, c'est donc une relique de famille!

— C'est un revolver...

— Ah! diable!... et pourquoi y tenais-tu tant que ça?

— Parce qu'avec ce revolver-là, vois-tu, j'ai juré que je tuerai quelqu'un... quelqu'un, dont je me vengerai par la mort... demain... dans deux ans... dans vingt ans, quand ce quelqu'un-là passera à ma portée... Et vois-tu, continua-t-il en s'exaltant, quand je pense que celle... que ce quelqu'un pourrait passer là, devant moi... et que je n'aurais pas d'arme pour la tuer...

— C'est une femme ?

— Oui.

— Bah! les femmes, ça ne vaut pas qu'on risque la corde... Mais tiens, puisque tu détestes les femmes, ça te fera toujours plaisir d'en ennuyer une... Eh bien, si tu veux, les vingt mille livres, nous les aurons cette nuit... Et c'est à une femme que nous les prendrons...

— Faudra-t-il tuer?

— Mais c'est une monomanie! *By God!* Voyons, petit Français, ne fais pas le gamin, et prête-moi toute ton attention...

— Alors c'est bien vrai qu'il peut y avoir dix mille livres pour chacun de nous?

— Je te le jure... sur tout ce que j'ai de sacré...

— Et cette nuit même?

— Dans trois ou quatre heures.

Le Français plongea sa main dans un verre d'eau et s'en frotta les yeux et les tempes.

— Va, dit-il, je t'écoute... et je t'affirme que si tu ne mens pas, ta fortune est faite...

— J'y compte. Procédons par ordre. Tu étais devant Covent Garden ; as-tu regardé l'affiche ?

— Peu.

— Tu as bien vu le nom, écrit en gros, celui de la grande chanteuse.

— Il me semble en effet. Redis-moi ce nom.

— Martha de L...

Paul tressaillit.

— Qu'est-ce qui te prend? demanda Bob.

— Rien. C'est nerveux.

— C'est que si tu connaissais la particulière et que ça te fît de la peine de travailler chez elle...

— Mais non! mille fois non! je ne la connais pas; qu'est-ce que c'est que cette femme?

— C'est, paraît-il, une Brésilienne qui arrive d'Amérique, où elle a eu des succès, quelque chose d'inouï, à ce point que les bons Yankees lui ont flanqué pour plus de cent mille livres sterling de diamants.

— Bon. Après?

— Or, un de nos lords de la plus belle eau, le marquis de Stanfield, s'est amouraché d'elle et l'a ramenée en Angleterre... où il lui a proposé carrément de l'épouser... Mais la dame a fait des façons... On en a parlé dans les journaux, ça fait même un scandale du diable... Le lord en question est trente fois millionnaire... Il avait voulu que la petite dame quittât le théâtre... Elle, au contraire, a exigé deux représentations à Covent Garden... Je te dis tout ça en gros. Les détails ne nous regardent pas. Paraît qu'elle ne voulait pas que le

Stanfield eût l'air de rougir d'elle... Conclusion, l'imbécile a consenti. Et aujourd'hui même, tu entends bien ça, aussitôt la représentation finie, le lord enlève la donzelle... en tout bien tout honneur, d'ailleurs, pour l'emmener en Écosse... où notre amoureux la présentera à son auguste famille, qui fera un nez... je ne te dis que ça !... qui jettera les hauts cris, mais, finalement, avalera la pilule...

— Mais, dit le Français, qui se dégrisait maintenant, je ne vois pas trop en quoi tout cela m'intéresse...

— Attends donc ! La dame en question habite une délicieuse maison à Saint-John's Wood.

— Bon !

— Elle a, dans sa chambre à coucher, — et dans un meuble de bois de rose, — ses diamants... Elle en a bien ce soir pour un million sur elle... Le reste est à son domicile... Et j'estime ça, au bas mot, à cinq cent mille francs — monnaie de France. — Je connais les êtres, j'ai étudié ça, car je pensais d'abord à travailler seul. Mais j'ai réfléchi ; pour passer par-dessus un certain mur, faut être deux... et puis, dame, moi ! je ne me fais plus tout jeune... et la gymnastique ça n'est pas mon fort...

— Si bien que tu t'adresses à moi...

— Parfaitement...

— Et tu me jures que tu me dis la vérité...

— Comme je la dirais au bon Dieu, et tu sais que j'ai de la religion !...

Le Français réfléchit un instant.

— Quel est le véritable nom de cette femme ?

— Ça ! je n'en sais rien. Les affiches et les journaux n'ont jamais mis qu'une lettre...

— Mais dans sa maison, comment l'appelle-t-on ?

— Lady Stanfield, d'avance...

— A quelle heure faudra-t-il agir ?

— Après la représentation, nous nous embusquerons.. Nous verrons la donzelle monter dans la chaise de poste de l'amoureux... et quand le cocher aura fouetté les bêtes, alors nous saurons que la maison est vide... et hop ! en route !...

Le Français eut un geste de violente résolution...

— Je suis ton homme !

— Bravo !... Tu as de la poigne ?

— Juges-en, fit Paul dont la main serra le bras de Bob.

— Aïe ! tu m'écrases !... Maintenant, sais-tu ouvrir un meuble ?

— As-tu des instruments ?

— Tiens ! une petite pince... Un chef-d'œuvre que j'ai confectionné moi-même.

Et il tirait à demi de sa manche un outil d'acier.

— C'est bien, père Bob! Cette nuit, nous aurons les cinq cent mille francs...

— Et alors... en avant la joie!...

— Alors! fit le Français, les dents serrées, je saurai bien trouver... ma vengeance.

VI

CYNISME

Les républicains qui, pendant l'usurpation impériale, sont allés à Londres, connaissent bien le quartier de Saint-John's Wood, sorte de bourg feuillu et touffu, qui est à la grande cité anglaise ce que sont à Paris Auteuil ou Passy. C'est là que demeurait l'honnête et célèbre Ledru-Rollin, et de nombreux proscrits ont pris le chemin de Saint-John's qui sont revenus aidés et réconfortés.

Ce ne sont que cottages, entourés de jardins, aux ombrages qui se confondent si bien qu'en pénétrant dans ses rues, on se croit encore au milieu d'un parc.

De ces cottages, quelques-uns sont de véritables palais en miniature. Celui dont nous avons à nous préoccuper est du nombre de ces derniers. Peut-être le goût français trouverait-il beaucoup à critiquer dans ce perron à colonnes corinthiennes, dans ces lignes grecques qui rappellent les temples athéniens, mais qui ne sont pas éclairées, soutenues, vivifiées en quelque sorte par le clair soleil de l'Archipel, et se brisent, au contraire, mornes et froides, sous l'estompe du brouillard britannique. Pourtant le parc luxuriant, les arbres presque centenaires, les parterres trop soigneusement arrondis, les hautes fenêtres derrière lesquelles on devine les tentures de soie et les guipures, l'avenue large qui serpente de la grille au vestibule, tout a un cachet grandiose, sinon gracieux.

Il est bien entendu que telle serait l'impression ressentie en plein jour.

Mais au moment où nous gagnons St-John's Wood, toutes ces merveilles sont plongées dans l'obscurité la plus profonde. Tout se confond, murs, arbres et bâtiments. Partout le silence. On dirait un grand bois endormi.

Cependant tout à l'heure, un peu après minuit, une voiture attelée en poste, à quatre chevaux, a fait résonner le macadam de la route; deux laquais ont ouvert à larges battants la lourde grille; puis, à la lueur des flambeaux, une femme enveloppée d'une sortie de bal toute de soie cerise et lamée d'or, est descendue, s'appuyant au poing d'un jeune homme mince, de haute taille, aux allures d'une distinction exquise.

Un boudoir, exquis, chef-d'œuvre de marqueterie, s'est ouvert devant eux, et là, ils sont restés seuls quelques instants :

— Ainsi, ma femme bien-aimée, a dit le jeune homme, vous m'imposez encore ce retard?

— Oh! vingt-quatre heures seulement!

— Ces vingt-quatre heures seront pour moi plus longues que cent années, car je vous aime de toute mon âme...

Le jeune homme — lord Stanfield — a vingt-six ans. Il a hérité de son père une fortune colossale et un siège à la chambre des lords. Il est blond, a le visage correct et la voix flegmatique.

Celle à qui il parle, c'est Martha, la cantatrice brésilienne, c'est celle à laquelle il veut donner son nom.

N'attendez point de lord Stanfield les démonstrations exagérées dont sont prodigues en amour les Français ou les Italiens. Quand il lui dit : « Martha, je vous aime! » il semble qu'il constate un fait, et non qu'il se laisse emporter par la fièvre de l'aveu.

Pourtant, dans cet accènt calme, dans cette physionomie quasi-solennelle, il y a un fonds indiscutable d'honnêteté. Cet homme est convaincu;

il dit ce qu'il pense. Et aussi cet homme est doué d'une énergie peu commune, d'une volonté que sans doute rien ne peut faire plier. Il aime Martha, il veut l'épouser, il l'épousera.

Que sa famille crie à la mésalliance, peu lui importe. Il contraindra tous ceux qui l'entourent à saluer celle qu'il respecte et qu'il aime...

Ils devaient partir — Bob était bien informé — — après cette représentation dernière, pour l'Ecosse. Est-ce caprice? est-ce tout autre et plus sérieux motif! Martha a allégué la fatigue, le temps incertain, que savons-nous?... Bref, alors que déjà la chaise de poste roulait sur la route, ordre a été donné brusquement au postillon de retourner en arrière.

— Et moi aussi je vous aime, dit la femme d'une voix grave et en fixant sur le jeune homme ses yeux noirs et veloutés.

— A quelle heure partirons-nous demain?
— Fixez-la vous-même.
— A quatre heures; voulez-vous?
— Soit.
— A demain donc.
— A demain.

Le jeune homme s'incline sur la main qui lui est tendue, dégantée, et l'effleure de ses lèvres, cérémonieusement, ainsi qu'il ferait à un baise-main royal.

Puis il sort, à reculons.

Martha tend l'oreille. Voici qu'il est remonté dans sa voiture, dont la portière se referme. Puis la grille est close.

Elle est seule...

Elle rejette en arrière le capuchon qui enveloppait sa tête, et elle apparaît, rousse aux cheveux d'or, altière, splendide.

En face d'elle, il y a une glace. Elle se voit et sa main dessine dans l'air un geste résolu.

Quelques instants après, nous la retrouvons dans sa chambre.

Elle a renvoyé sa femme de chambre. Le silence se fait de nouveau autour de la maison.

Elle a laissé tomber à ses pieds le manteau qui la couvrait tout entière. Elle est en toilette de bal, décolletée, montrant d'admirables épaules d'un blanc mat, sur lesquelles, à un geste brusque de ses doigts, tombent, détachées, les tresses fauves de ses cheveux.

Elle s'est assise devant la psyché, et encore une fois, elle se regarde, elle se contemple. En vérité, elle s'interroge :

— Irai-je jusqu'au bout? murmure-t-elle. Mon audace ne faiblira-t-elle pas? En vérité, suis-je bien moi-même? Qu'est-ce que cette inquiétude qui, ce soir, tout à coup, s'est emparée de moi?...

Oui, il me semblait, tandis que j'entendais les bravos qui éclataient autour de moi, il me semblait qu'une voix menaçante, sombre comme un grondement de bête fauve, dominait les acclamations... Mon cœur se serrait comme si, là, à quelques pas, un ennemi s'approchait!...

Elle se lève brusquement :

— Allons, je suis folle! je ne suis point un enfant qui s'épouvante d'une chimère... Demain je partirai pour les vastes domaines de lord Stanfield... Là, en Ecosse, je recommencerai mon existence... et quelle existence! Reine par la beauté, reine par les millions, honorée, enviée, adulée, je verrai à mes pieds les plus orgueilleux!... Qu'importe le passé?

Malgré elle, elle se sentit frissonner.

— Le passé!... Non, je n'y veux plus songer! Tout est mort, tout est oublié! Jamais ce fantôme ne se dressera devant moi... et d'ailleurs, est-ce qu'il me ferait peur!...

A ce moment, il lui semble entendre, à quelques pas d'elle, dans une pièce voisine, un bruit singulier.

On dirait des pas étouffés glissant sur l'épaisseur du tapis...

Elle tend l'oreille. Oui, on marche là, dans un boudoir attenant à sa chambre à coucher. Voyons! Est-ce qu'elle se sentirait lâche? Elle!... Après tout, n'est-ce pas, peut-être, quelque serviteur, sa femme de chambre...

Elle écoute encore. Rien en cet instant. Peut-être s'est-elle trompée.

Elle veut savoir. Hardiment, elle saisit dans sa main fine et robuste un des candélabres, où des bougies de cire rose jettent leur lueur douce, et elle marche vers la porte de communication.

Elle pose ses doigts sur la serrure, et résolument, d'un seul coup, elle ouvre.

Un cri rauque résonne...

Et elle voit un homme qui, laissant échapper une cassette d'où des diamants et des perles roulent sur le tapis, un homme livide, hagard, aux traits contractés, qui bondit vers elle en criant :

— Elle ! Caroline !... Ah ! cette fois je... tiens ma vengeance !...

Et elle répond par un autre cri, par un autre nom :

— Paul Demory !...

C'est le vagabond que nous avons suivi de chez le prêteur sur gages à Covent-Garden, c'est l'assassin de la marquise de Lustin, l'empoisonneur de Claire Aubrun, c'est l'amant de celle qui aujourd'hui se fait appeler Martha, de celle dont il a dit au vieux Bob :

— Il y a une femme que je tuerai !

Il s'est élancé vers elle, lui a saisi le poignet, et

le tordant violemment, l'a renversée sur le tapis.

Le candélabre tombe à terre. Les bougies s'éteignent.

Pourtant, s'il veut la tuer, il veut la voir.

Il la traîne vers sa chambre, dont la porte est encore ouverte; mais, d'un effort rapide, elle s'est dégagée.

Elle se dresse et, superbe, pâle, les bras croisés sur sa poitrine, dont le marbre semble blanchir encore :

— Lâche et voleur! dit-elle; ose donc me tuer!

Il brandit un couteau, il le lève... La pointe n'est plus qu'à deux lignes de la gorge de Caroline.

Et voici que son regard plonge dans ce regard de charmeresse; voilà qu'elle a aux lèvres ce sourire qui tant de fois déjà l'a vaincu.

Et son bras ne retombe pas.

Et maintenant il recule, tandis que, souriant toujours, toujours le regardant, Caroline de Lustin le défie, le stupéfie, l'écrase.

Il sent ses jambes fléchir sous lui; il chancelle et se laisse tomber sur un sofa. Là il couvre son visage de ses mains, murmurant:

— Oui, je suis lâche! lâche! trois fois lâche!

Un long silence suit. Caroline est restée immobile.

Puis elle dit :

— Ainsi, assassin je t'ai vu pour la première

fois, et aujourd'hui encore je te retrouve voleur, presque meurtrier.

Sous l'insulte, Demory se redresse :

— Eh bien ! oui, voleur ! Oui, j'ai pénétré dans cette maison, pour y voler des diamants !... Eh bien ! après ? est-ce d'aventure Caroline de Lustin qui me reprochera mon crime ?

— Savais-tu du moins que tu pénétrais chez moi ?

— Non.

Et il ajoute plus bas :

— Qui sait ? peut-être n'aurais-je pas osé !

— Tu ne m'avais pas encore vue à Londres, et tout à coup, si promptement, tu m'as reconnue !

— Quoi ! parce que tu as mis à tes cheveux noirs la teinte d'or ! Trompe tout le monde ; mais moi, est-ce que je puis être abusé ?... Je n'ai vu que tes yeux, hardis et cruels, et je t'ai crié ton nom !...

— Sais-tu du moins quel nom je porte ?

— Oh ! oui, car ce nom je l'ai lu aujourd'hui même... pour la première fois. Et je ne sais pourquoi, ces quelques lettres, Martha, m'ont brûlé les yeux comme un fer rouge.

— Enfin, une dernière question. Sais-tu qui je suis, aujourd'hui, et qui je serai demain ?...

Demory se lève, d'un élan furieux :

— Quoi ! Que veux-tu dire ? Ah ! écoute-moi bien, Caroline ! Oui, je suis un lâche ! oui, tu me fais peur... et tout à l'heure encore il a suffi d'un seul regard pour arrêter mon bras et enchaîner ma colère... Mais crois-moi! non! ne me défie pas encore... Car cette fois, j'aurais peut-être le courage de ne pas te faire grâce!...

— Grâce!... Et pourquoi donc aurais-je à invoquer votre pitié?

— Pourquoi! misérable femme!... As-tu donc oublié!... c'est impossible. Pourquoi je songe à te tuer?

Il éclata d'un rire d'insensé :

— Voici une femme que j'ai rencontrée, un jour, dans une chambre où j'avais assassiné, et qui m'a dit : je t'aime parce que tu es un assassin! De ce jour-là, à cette femme, je me suis donné tout entier, corps et âme, fibres et conscience! j'ai été sa chose, son jouet, une marionnette dont elle tenait les fils!... Car elle m'aimait... Ose donc nier que tu m'as aimé?

— Je ne nie rien... j'écoute et j'attends...

— Cette femme, pour se faire libre, rêve l'empoisonnement... Adultère et criminelle, elle est chassée par celui dont elle porte le nom, et, proscrits du crime, nous partons... nous allons! où? à travers le monde! Oh! nous étions riches! Les millions traçaient sur notre chemin leur sillon d'or! Temps de bonheurs fous et de jouissances effroyables à force d'intensité!... A travers le plai-

sir, dans une auréole d'orgueil, nous allons...
nous allons encore... elle étant à moi, moi étant
à elle ! On nous voit, dans tous les pays d'Europe,
insolents, brutaux à force d'orgueil!... Je suis
comte, je suis marquis, je suis prince ! Ah ! j'en
ris encore ! Les rois nous adulent, les tzars nous
accueillent, les empereurs nous envient ! Et voilà
qu'un jour cette femme — après six années de
cette complicité qui nous enchaîne plus fortement
l'un à l'autre — cette femme m'abandonne, me
rejette comme un enfant, laisse dédaigneusement
le jouet qu'il a brisé ! Oh ! il me semble que c'était
hier ! Nous étions au Caire, en Égypte ! Un matin,
les laquais de l'hôtel me disent : — Madame est
partie ! — Partie !... Du moins, elle a laissé une
lettre, un avis, pour que je puisse la rejoindre !...
Non ! pas une ligne, pas un mot. Bien plus, elle ne
m'a pas même jeté la dernière aumône dont on
soufflette le laquais qu'on chasse. Je me trouve,
moi ! à l'étranger sans un sou. Vagabond, mendiant... de l'hôtel où je suis, on me jette dehors.
Que faire ? où aller ?... Savez-vous bien ce que j'ai
souffert... par vous ! Savez-vous bien que j'ai eu
froid et faim ! que je suis tombé sur la route,
épuisé, râlant, demi-mort... Comment suis-je revenu en Europe ? Le sais-je moi-même ! Ah ! quand
je songe aux humiliations que j'ai subies, aux
soufflets que j'ai reçus ! Et je suis descendu, des-

cendu toujours!... Je suis tombé dans la fange, enfonçant plus encore à mesure que je me débattais... J'ai roulé partout, n'osant pas rentrer en France ; car vous m'aviez dit que j'avais été condamné, sous mon nom, pour tentative d'empoisonnement!... Et je suis en Angleterre, toujours vagabond, toujours mendiant... et aujourd'hui voleur!... Voilà, madame, ce que vous avez fait de moi...

Caroline a écouté, calme, sans aucun froncement de sourcils, sans la rougeur la plus fugitive au visage.

En vérité, son sang-froid est tel qu'il est exaspérant, affolant. Demory — que l'ivresse ressaisit — sent la colère lui remonter au cerveau. Et c'est d'une voix violente, haineuse, qu'il reprend :

— Et vous! qu'est-ce que vous avez fait? Qu'est-ce que vous faites?

— Moi! dit Caroline, je me marie!...

— Vous! Vous vous mariez?

— Eh bien, qu'y a-t-il là qui vous étonne? Ne suis-je plus assez belle pour être aimée?

— Avez-vous donc rencontré un autre bandit qui, comme moi, ait jeté bas toute pudeur et tout scrupule?

Il s'insulte pour l'insulter. Il a de la bave aux lèvres, et il se retient pour ne pas la lui lancer à la face.

— J'épouse un homme vingt fois millionnaire, et qui porte un grand nom !

Tout à coup Demory se souvient. Oui, tandis que sous son crâne bouillaient les fumées de l'alcool, le vieux Bob lui a parlé de cela. Le nom ! le nom ! le voici ! Il l'a retrouvé ! Lord Stanfield.

— Ah ! tonnerre de D..., clame-t-il, avant que tu n'épouses lord Stanfield, il passera encore des cadavres sous le pont de Londres...

— Quel ton de mélodrame ! fait Caroline en riant. Vilain style et dont il faudrait se défaire.

— Ne raillez pas, car c'est bien un ennemi qui est là, en face de vous.

— Croyez-vous !... Crois-tu ? ajouta-t-elle plus doucement.

Elle s'est penchée vers lui, elle l'écarte pour prendre place à ses côtés sur le sofa.

Il la regarde, ayant aux lèvres des contractions nerveuses. Oui il la hait, oui, il la voudrait morte ; mais elle est si belle !... Comme autrefois, plus qu'autrefois... Ce profil exquis s'est affiné, en même temps que le corps de la jeune fille devenait corps de femme. Elle est auprès de lui, les bras nus, les épaules découvertes, le corsage entr'ouvert par les brutalités qu'elle a subies.

Les parfums montent, pénétrants, enivrants. C'est la femme dans toute sa splendeur de courtisane, dans toute sa séduction physique, plus éclatante encore sous le fauve manteau de ses cheveux aux reflets de cuivre.

Et il n'a qu'à étendre les bras pour la saisir.

Elle ne le regarde pas. Il voit de côté ses longs cils, à travers lesquels filtre un rayon noir.

Dans ce dernier : Crois-tu ? il y a une promesse, presque une offre...

Mais il résiste encore. Il s'efforce d'enfermer, d'emprisonner dans sa haine sa passion prête à s'évader.

— Si bien, reprend-elle, que si, te retrouvant malheureux, je m'accusais de ton malheur ! Si je te disais que j'ai cédé à un moment de folie, que ce départ subit, je l'ai cent fois regretté, que je t'ai cherché partout, sans pouvoir te découvrir...

— Tu mens ! tu mens !

— Si je te disais que si aujourd'hui je suis à la veille d'occuper une des plus hautes situations qu'une femme puisse rêver, si je te disais que je me rappelle avec un frissonnement de bonheur les heures d'autrefois ; si je te disais tout cela, tu me répondrais encore : Je te hais ! et je veux te tuer !

Elle n'acheva pas.

Avec un cri de brute, Demory, oubliant tout, l'avait enlacée dans ses bras, et, de ses lèvres, il mordait ses cheveux, il baisait follement ses épaules, ses bras, ses lèvres.

Et elle ne se dégageait pas. Elle se laissait adorer.

— Je t'aime! je t'aime à mourir!... Oh! fuyons, fuyons ensemble!... reprenons notre existence d'autrefois. Dis! dis!... le veux-tu?

Elle dit ce simple mot :

— Je suis ruinée!

Et Paul tressaillit.

Ruinée! elle! Allons donc!

— Je suis ruinée! Ce qui garnit cette maison n'est pas à moi! Ces diamants qui te faisaient envie sont loués, et la plupart sont du strass... Voilà, mon cher ami, ce que tu ne soupçonnais pas.

Il s'était reculé, stupide, hébété, ayant aux paupières un battement comme un oiseau de nuit surpris soudain par la lumière.

— Mais... comment? comment? balbutia-t-il.

— Eh! le sais-je moi-même? de combien de folies, de fantaisies, de prodigalités oubliées le lendemain se compose une ruine. Quelques vols, quelques faillites... bref, les millions des Lustin se sont évanouis en fumée.

Demory était désarçonné.

Il croyait rentrer en possession de toutes ses joies passées; il ne raisonnait rien, sinon qu'il vivrait encore aux crochets de Caroline, qu'il allait encore puiser à pleines mains dans les coffres d'une femme... Ceci avait été pour beaucoup dans l'éblouissement d'amour qui l'avait vaincu tout à l'heure.

Et quelle chute ! quelle désillusion !... la ruine !

— La catastrophe, la déroute, si tu veux, continua Caroline, s'acheva en Amérique, à San Francisco. Mais je ne m'abandonnai pas moi-même. J'étais la même femme, aussi énergique après le revers que pendant la lutte... la cantatrice de salon se fit cantatrice de théâtre... J'étais belle ! Je devais ma méthode aux premiers maîtres. Ma voix était sinon très étendue, du moins singulièrement vibrante. Et puis doutes-tu que je ne fusse comédienne ?

Elle riait, en disant cela, à belles dents.

— Continue ! fit Demory.

— Mon début fut un triomphe. On me fit ce que ces sortes de gens appellent un pont d'or, c'est-à-dire qu'on me jeta quelque dix mille dollars. Voici ce que j'en fis. Je dépensai tout à mon luxe personnel. Les galantins me poursuivaient. Je les décourageai par mes allures indépendantes. J'avais quelque idée que ce capital d'argent et de vertu me rapporterait un jour un intérêt centuple. Ah ! je ne faisais pas d'économies !... Je crois même que j'ai laissé là-bas un chiffre respectable de dettes. Du moins, je ne voulais permettre à personne de les payer. Et j'étais respectée ; je passais pour une grande dame, — et, de fait, les badauds ne se trompaient guère. — A New-York, même jeu. Même succès. Ce fut alors que se présenta lord Stanfield. Ce fut alors que le pair d'Angleterre offrit à Martha de Lustin son nom et sa fortune.

— Martha! mais quel est ce nom? que veut dire ce déguisement, insuffisant à coup sûr, et qui ne cache pas ton nom de famille?

Demory s'humanisait. Il commençait à causer... en homme d'affaires.

— C'est le seul nom sous lequel je puisse me présenter... car il m'appartient.

— Explique-toi! C'est une énigme.

— Dont le mot est des plus simples... J'ai eu une sœur, mon aînée de deux ans, qui est née à Rio de Janeiro, et dont l'acte de naissance est là... dans ce meuble que tu maltraitais si fort tout à l'heure, mais qui est morte.

— Cette mort est connue?...

— Non. Tu sais que mon père et ma mère voyageaient beaucoup, courant après la fortune... la petite Martha, ayant six mois à peine, fut emmenée dans les Andes, où elle mourut... J'ai appris cela en feuilletant de vieilles correspondances, seul héritage que m'avaient laissé mes parents. Mais quand, à Rio, je réclamai l'acte de naissance de Martha, comme étant le mien, le prêtre me crut sur parole. Il ignorait absolument que cette Martha fût morte... Donc, je suis ma sœur.

Elle eut un rire aigu :

— Tu dois t'étonner de m'entendre parler aussi gaiement. Que veux-tu ! je me repose de la contrainte que je suis sans cesse obligée de m'imposer... Ces Anglais sont d'une distinction qui m'assomme.

Etait-ce bien Caroline qui parlait. Caroline de Lustin, l'orgueilleuse fille de noblesse qui jadis exagérait elle-même cette froideur, ce dédain qu'on décore du nom de distinction.

Se retrouvant en face de son ancien amant, elle se laissait aller complaisamment à une désinvolture de fille perdue. Pour peu, elle eût parlé argot.

Cependant Demory réfléchissait.

— Tout cela me paraît assez bien combiné, dit-il. Mais tu oublies un détail...

— Lequel?

— C'est que si pour certains tu peux te faire passer pour ta sœur, il est un homme qui, lui, ne se tromperait pas, si le hasard le plaçait sur ta route. Cet homme ai-je besoin de te le nommer?

— Non ! fit Caroline, redevenue sombre. C'est Pierre Sarlat.

— Et si ce hasard se produisait, tu serais convaincue de bigamie... et tu sais les peines que porte la loi anglaise contre ce crime...

— Oui, oui... Aussi...

Elle hésita un instant.

— Seule, reprit-elle, j'acceptais de courir les chances de cette catastrophe. Mais aujourd'hui que je t'ai rencontré.

— Eh bien?

Elle regarda Demory en face.

— Es-tu toujours l'homme que j'ai connu autrefois, prêt à tout pour satisfaire tes passions?

— Certes! répliqua Demory. Ne viens-tu pas d'en avoir la preuve?

Et cyniquement il désignait la porte du boudoir où il avait été surpris tout à l'heure.

— Donc, tu veux être riche?

— Pour une fortune, je tuerais sans hésiter.

— Même mon mari?

— Lui avant tout autre.

— Eh bien, je n'en demande pas tant. Ce qu'il faut, c'est non pas le tuer... c'est, par quelque moyen, le mettre dans l'impossibilité de me nuire...

— Pourquoi l'épargner? un coup de couteau est plus sûr.

— Qui sait? la main peut trembler... l'assassin peut être arrêté... et... il peut parler...

— C'est-à-dire que tu me crois capable de trahir...

— Je ne crois rien... j'admets tout... écoute... voici ce que je te propose; j'ai là quelques centaines de livres sterling... elles sont à toi. Maintenant cherche, imagine, invente. Le but, c'est de réduire mon mari au silence. Je laisse les moyens à ton choix.

En tout ceci, Demory n'avait entendu qu'un mot. Et comme s'étant levée, Caroline lui tendait une liasse de banknotes, il ressentit de nouveau un éblouissement de cette beauté qui s'offrait, et attirant la jeune femme à lui dans une étreinte violente :

— Dis-moi, lui dit-il tout bas, dis-moi que tu n'aimes pas celui dont tu vas porter le nom...

— Et si je te dis cela ?

— Je te jure que jamais tu n'auras rien à craindre de Pierre Sarlat...

D'un élan impudique, elle se laissa tomber dans les bras de Demory :

— Je fais mieux que te le dire, murmura-t-elle, je te le prouve...

VII

LA HAINE MARCHE

— *Then ! you are a good boy !*

Cette acclamation qui, en français, signifie : — Eh bien ! tu es encore un joli gars ! — était proférée par le vieux Bob, au moment même où Paul Demory, à l'aube, six heures du matin, introduisait timidement sa clef dans la serrure, maison numéro 13, *Bone-Lane*, — la Ruelle-aux-Os — Hounsdicth.

Paul était débraillé, mais radieux. Il avait le rouge aux lèvres et l'éclair aux yeux.

— *Damed bloody Frenchman! when do you come from!*

Traduction :

— Damné sanglant Français ! D'où viens-tu ?

Paul était ivre, ivre des boissons de la veille, ivre des émotions, des jouissances de la nuit.

— Nom de D... ! s'écria-t-il. Voulez-vous me f... la paix !

— Un instant, *my boy!* nous avons à causer !

Le vieux Bob, aux yeux rouges, bordés de paupières rouges, — de celles qu'un vieux dicton affirme rongées par les porcs, — ne paraissait pas le moins du monde intimidé.

La preuve, c'est qu'il se mit à parler français avec l'accent que l'on sait, et dans un argot dont nous ferons grâce au lecteur, étant vrai, mais non naturaliste :

— Satané saligaud, qu'est-ce que ça veut dire ? Tu me fais poser pendant trois heures au pied d'un mur... que j'en ai des crampes dans les jambes.

Calme, majestueux comme le Robert Macaire de

la légende, Demory plongea sa main dans sa poche, et en tira un billet de cinq livres (125 fr.).

— Mon cher ami, fit-il, tu vas avoir la bonté de te taire... sinon je te fourre cela jusqu'au gosier.

Cela c'était la banknote.

Quand on est le vieux père Bob, filou dans l'âme, on a l'âme — le regard — toutes les fibres sensorielles singulièrement chatouillées par la vue d'un billet de la banque d'Angleterre.

— Oui. C'est bien ! c'est bon ! mais...

Ici un geste énergique.

— Qu'est-ce que c'est que ça ?... Cinq livres !

— Mon cher ami, n'oublie pas ceci : J'ai été surpris crochetant le meuble aux diamants.

Le père Bob bondit.

— Toi ! surpris !... *Damed god!* tu m'as dénoncé ?

— Imbécile ! exclama Demory. Alors, la police m'a sans doute donné de l'argent.

— Écoute ! Je n'y comprends rien !... Si tu as été pincé, on t'a arrêté... empoigné...

Demory eut un sourire plein de suffisance.

— Au fond, tu as raison ! J'ai senti des mains se poser sur mes épaules.

— *By Jove!* des mains de *policeman!*

— Monsieur Bob ! vous êtes un sot.

— Hein !

— Un niais !

— Ah ! mais !

— Un stupide animal!

— Vous allez trop loin!

— Comment! j'arrive, gai, confiant, je vous jette au visage un papier revêtu de toutes les signatures officielles, et vous vous imaginez que je le tire de ma poche.

— Je ne dis pas cela.

— Je n'avais pas un penny hier.

— C'est vrai.

— Donc, si je vous donne cinq livres, c'est qu'on me les a données!

— Mais où ça? cria Bob. Dans la maison où tu allais voler... on t'a donné de l'argent?

— Mais oui.

Bob eut un soubresaut; puis il joignit les mains.

— Tu te moques de moi!

— Mais non.

— Quoi! tu me dis que tu vas pour forcer une serrure et qu'on te donne cinq livres?

— Dix livres! quinze livres! Cent livres!...

— Inouï! Part à deux!

— Ça, on verra! Maintenant, papa Bob, mon logeur, — autrement dit, en français, mon marchand de sommeil, — voulez-vous me laisser rentrer chez moi?

— Je veux bien; mais tu as dit: vingt, cinquante, cent livres! donne-moi quelque chose!

— Tiens! fit Demory en riant, voilà encore cinq

livres. Deux mois de loyer... Maintenant, ouvre et passe devant.

Bob était dompté. Il avait rêvé cinq cent mille francs, de compte à demi. Mais de l'autre côté du détroit, comme de celui-ci, les gens avisés estiment qu'il vaut mieux tenir que courir.

D'ailleurs Demory ajouta vivement :

— Sois tranquille d'ailleurs, mon vieux Bob. L'affaire n'en reste pas moins excellente... et sans risques, ce qui est à considérer.

— Ah çà ! m'expliqueras-tu ?...

— Rien du tout... Aie confiance, et fais comme les enfants à qui on dit de fermer les yeux et d'ouvrir la bouche... Tu auras du nanan, sois-en certain... Maintenant, laisse-moi prendre un peu de repos, car il me faut la tête calme pour réfléchir à des opérations de la plus haute gravité...

— A ton aise... tu peux dormir tout ton soûl...

Mais tout à coup se frappant le front :

— *By God* ! j'oubliais...

— Quoi donc ?

— Ah çà ! tu donnes donc ton adresse sans me prévenir...

— Es-tu fou ?...

— Point tant que cela ! Il y a une heure à peine, un cab s'est arrêté devant ma porte, et un inconnu, ayant frappé vigoureusement, m'a demandé si tu étais chez toi...

Demory ne put réprimer un tressaillement :

— Hum ! est-ce que par hasard la police !...

— En tous cas, ce ne serait pas un agent de Scotland Yard... car ledit personnage, fort bien vêtu d'ailleurs, est un Français...

— Un Français ! Voyons ! réfléchit Demory.

Puis soudain :

— Une seule personne pouvait savoir mon adresse...

— Tu vois bien !

— Oui, dans un jour de misère, murmura l'ancien médecin, j'ai commis cette sottise d'écrire à un homme qui — autrefois — a été mon ami...

— Eh bien ! c'est celui-là sans doute...

— Je puis le savoir bien facilement. L'homme qui s'est présenté ici est-il vieux, bossu ?

— Allons donc ! C'est un jeune homme et droit comme un I... Et du reste, tiens, fit Bob en s'approchant de la fenêtre à guillotine, je l'aperçois qui tourne le coin de Bone-Lane... Ouvre l'œil, garçon, et si tu ne veux pas le connaître, je le flanque à la porte...

Demory s'était élancé vers la fenêtre.

— Non ! dit-il. Je ne le connais pas... Quel peut être cet homme ?...

Il l'examinait curieusement :

— Un homme du monde, évidemment... Oui, de la distinction, de la tenue...

— Décide-toi, il va frapper à la porte... Veux-tu le voir, oui ou non ?...

— Eh bien, oui! fit Demory avec résolution. J'ai toujours cru au hasard..

— Comme il te plaira...

Au même instant, des coups résonnaient en bas.

Bob descendit, tandis que Demory, par une coquetterie instinctive, s'approchant d'un morceau de miroir cassé, donnait à ses cheveux noirs un tour de main et rétablissait tant bien que mal le nœud de l'ignoble chiffon qui lui servait de cravate.

La voix de Bob retentit à la porte, sonore comme celle d'un laquais de bonne maison :

— M. le comte de Tresval.

Et Jean entra, correctement vêtu, tiré à quatre épingles, l'air grave, et s'inclina devant Demory, qui lui rendit son salut :

— M. le docteur Demory, je suppose, dit Tresval.

— Oui, monsieur.

Bob lança un regard interrogateur à son locataire.

— Laissez-nous, lui dit Demory, du ton d'un marquis qui congédie les gens.

Les deux hommes restèrent seuls.

— A quoi, monsieur, dois-je l'honneur de votre

visite? commença Demory. Pardonnez-moi d'abord de vous recevoir avec si peu de cérémonie.

Tresval ne sourit pas. Il était pâle et sa bouche méchante était plissée aux coins.

— Monsieur, dit-il, j'irai droit au but. Je viens de la part ou plutôt au nom d'un de vos anciens amis...

— Qui se nomme?

— Vosset... monsieur Vosset.

Paul respira. Maintenant, un point obscur lui était expliqué. C'était à Vosset, en effet, qu'il s'était un jour adressé pour en solliciter un secours; mais, bien entendu, il n'avait reçu aucune réponse.

— M. Vosset, dit-il froidement; j'ai en effet connu un personnage de ce nom.

— Eh bien, monsieur, si vous le permettez, nous ne nous préoccuperons de ce... personnage que pour constater comment j'ai obtenu votre adresse... et je vous dirai net que si je suis venu à vous, c'est pour vous proposer une affaire...

— Une affaire, interrompit Demory. Je serai non moins franc avec vous, monsieur, et je vous dirai tout d'abord que vous auriez tort de vous fier aux apparences... J'ai traversé de mauvais jours, je ne le nie pas. Mais vous arrivez au moment même où j'allais reprendre dans le monde la place qui m'appartient, et s'il vous en fallait une preuve...

Il feuilleta négligemment les banknotes que Caroline lui avait données.

Tresval eut peine à dissimuler une légère grimace. L'homme n'était pas tout à fait à sa discrétion, comme il l'espérait. Mais se remettant aussitôt :

— Je suis heureux pour vous de cet heureux retour de fortune, dit-il ; mais je n'en persiste pas moins à croire que nous nous entendrons à merveille. Maintenant, laissez-moi, je vous prie, m'excuser d'avance si je touche à des points d'une extrême délicatesse...

— Parlez, je vous excuse d'avance.

— Monsieur, j'ai un ennemi, un homme que je hais mortellement, et dont je veux me venger... C'est pour cela que je suis ici, devant vous...

— J'avoue que je ne saisis pas bien en quoi je puis vous être utile...

— Vous allez le comprendre. Cet homme, monsieur, je crois que vous le connaissez, et si j'ose dire, vous êtes, — et surtout vous serez tout à l'heure, — comme moi, animé contre lui, d'une même haine et d'un même désir de vengeance...

— Moi !... Mais, monsieur, il y a si longtemps que j'ai quitté la France...

— Vous n'aurez sans doute pas oublié cependant le nom que je vais prononcer.

— Et ce nom ?

— L'homme que je hais s'appelle... Pierre Sarlat!

— Pierre Sarlat! cria Demory.

En une seconde, le sang afflua à son cerveau et mit à ses yeux des lueurs rouges. Sarlat! ce nom était prononcé, et cela juste au moment où Caroline exigeait que cet homme fût frappé, écarté de son chemin, écrasé, par tous les moyens, par quelque crime que ce fût...

Sarlat!... qui avait été le mari de Caroline!... Sarlat qu'il haïssait de toutes les rages de son âme! Car il revoyait cette scène sinistre où, surpris par le mari dans la maison de la rue Garancière, il avait dû se courber devant lui!...

Et toutes ces fureurs mirent à son visage un reflet si étrange, si effrayant, que Tresval comprit qu'il avait gagné sa cause. Demory serait un instrument et un complice...

— Ce nom ne vous est pas inconnu, n'est-il pas vrai? demanda-t-il.

— Non certes!... s'écria Demory. Et dès maintenant, je vous dis, expliquez-vous franchement, clairement... et si vous voulez vous venger de cet homme, je jure Dieu que vous ne pouviez rencontrer d'auxiliaire plus résolu...

— Fort bien. Cette vengeance d'ailleurs est facile; elle est à notre portée, et si je n'ai pu l'accomplir qu'en partie, c'est parce que pour l'achever, pour la rendre complète, irréparable, j'avais besoin de vous...

— Vous avez bien raisonné... soyez tranquille... et continuez...

— Il me faut d'abord vous révéler que ce Pierre Sarlat est dans une brillante position. Tout lui a souri : la fortune, la gloire sont venus à lui... et aussi ce que les poètes appellent le plus grand des biens : l'amour !...

— Riche, célèbre, aimé ! grinça Demory. Ah ! quelle joie de le frapper !...

— Oui, il est aimé. Depuis quatre ans, il s'est marié...

— Marié ! clama Demory. C'est impossible !

— Et pourquoi donc? demanda Tresval, qui dissimulait avant de se livrer tout entier.

— Pourquoi? répliqua Demory en éclatant de rire. Mais par cette simple raison qu'il est déjà marié... et que sa femme est vivante...

— Ah bah ! M. Vosset m'avait bien dit quelque chose dans ce sens... mais j'hésitais à le croire...

— Mais marié ! Êtes-vous sûr qu'il ait ainsi risqué la cour d'assises... Non, ces prétendus honnêtes gens ont des prudences spéciales.

— Je ne sache pas, en effet, que personne ait assisté à son mariage... et il m'a été dit, toujours par Vosset, que l'état civil de son enfant n'était rien moins que régulier...

— Son enfant! Il a un enfant!... Tenez, c'est par là que nous le frapperons...

— Je crois que vous voyez juste... Mais il me reste encore à vous faire connaître un détail important... c'est le nom de la femme avec laquelle il vit maritalement...

— Dites! dites!...

Tresval se leva, comme s'il eût voulu que ses paroles fussent plus lourdes en tombant de plus haut :

— Cette femme, c'est Claire Aubrun, femme Demory...

Cette fois, Paul chancela. Son front se couvrit de taches livides. Claire! Claire aimée! Claire heureuse! C'en était trop... Et avec qui, avec ce Pierre Sarlat!... Et ils avaient un enfant! Tout un passé de haine remonta à ses lèvres avec un goût de sang... en même temps que la notion de la vengeance possible s'imposait instantanément à lui...

Parbleu! était-il rien de plus simple!

Il était le mari, il y avait concubinage, adultère!... Il avait pour lui le droit, la loi; il pouvait requérir les commissaires de police, les gendarmes!... Il enverrait Claire à Saint-Lazare, avec les filles publiques, Sarlat à Mazas, avec les voleurs! Non, en vérité, il n'avait jamais cru qu'il pût éprouver une telle joie!...

Mais soudain une pensée moins folâtre traversa son esprit... Hé! hé!... le jeu pouvait être dangereux! Quelle était sa situation en France?... Les gendarmes qu'il requerrait ne commenceraient-ils pas d'aventure par lui mettre la main sur le collet!...

— Hum! fit-il à haute voix. Pour agir, il faudrait être là-bas, à Paris...

— Je le sais bien, dit Tresval; c'est pourquoi je suis venu vous chercher...

— Ouais!... Vosset... puisque vous avez causé avec lui, approuve l'idée?...

— J'avoue que je l'ai peu mis au courant de nos projets...

— Mais j'y pense... lui-même vit à Paris même?

— A la banlieue, à Suresnes...

— Et, fit Demory en hésitant (car il craignait de trop parler), il ne paraît avoir aucune inquiétude... du côté de la police?

— Bon! répliqua Tresval. Je vois où le bât vous blesse... Vous craignez, en arrivant là-bas, de rendre compte de quelques peccadilles...

— Peut-être... J'ai laissé... des dettes graves...

— En ce cas, je puis vous rassurer... car voici les paroles que M. Vosset m'a chargé de vous transmettre : « Dites à mon ami Demory qu'il n'y a rien, absolument rien à craindre... »

Demory respira longuement :

— Alors, je suis votre homme... Mais d'abord,

soyez franc avec moi comme je l'ai été avec vous...
C'est de Sarlat que vous voulez vous venger?

— Oui.

— Puis-je connaître la cause de cette haine?

— Oh! c'est tout personnel... et je préfère vous la cacher...

— A votre aise... J'espère qu'un jour vous aurez plus de confiance en moi...

— Revenons à notre plan, interrompit Tresval, changeant le sujet de la conversation, qui lui devenait singulièrement désagréable. Je vous ai dit que ce faux ménage avait un enfant, et vous avez compris que c'était là pour nous une arme puissante et terrible...

— Certes...

— Cet enfant a été déclaré fils de père et mère inconnus... à cause de l'état de mariage des deux adultères... Vous connaissez l'adage : *Pater est quem nuptiæ demonstrant*... C'est le mariage seul qui constitue la paternité... Donc, de cet enfant, le père légal, c'est vous...

— Oui, oui. Je vous comprends... Je puis les torturer... car ils l'aiment, n'est-il pas vrai? Ils l'adorent, cet enfant de leur amour?

— Ils l'aiment à la folie...

— Eh bien! il faudra le leur arracher...

— C'est fait!

— Quoi?

— L'enfant leur a été enlevé... A l'heure qui sonne, ce père et cette mère affolés courent de toutes parts en redemandant leur enfant...

— Et vous savez où il est ?...

— Certes.

— Ah ! comme je lui ferai du mal, à cet enfant ! Oui, il est à moi, de par la loi ! Je le frapperai, je le tuerai !...

Toute la férocité de l'assassin se réveillait. Demory était hideux à voir, à ce point que Tresval, criminel lui-même, eut cependant une sensation de dégoût... Mais sa vanité de bellâtre, son amour-propre de séducteur avaient reçu une blessure encore trop récente pour qu'il s'abandonnât à cette impression.

Pour se venger des dédains de Claire, il comprenait tout, même le crime le plus infâme ; il consentait à se faire le complice d'un Vosset, d'un Demory.

— Préparez-vous au départ, dit-il brusquement; Ce soir même, nous prendrons l'express.

— Ce soir ? fit Demory.

Il réfléchit un instant. Certes, la vengeance était douce, mais il ne fallait pas que cette jouissance lui fît oublier Caroline, c'est-à-dire la fortune possible. D'ailleurs, sa passion, en cette nuit d'amour brutal, s'était réveillée plus intense, presque folle.

Eh bien ! est-ce que, par quelque combinaison,

il ne pourrait pas délivrer Caroline de ce mari dangereux ?... Par l'enfant, est-ce qu'on ne le tiendrait pas, pantelant, impuissant à se défendre ?

— Soit, à ce soir, dit-il enfin. A sept heures et demie, à la gare de Charing-Cross.

— C'est entendu... vous serez exact ?

— Je vous le promets.

Demory avança machinalement la main pour prendre celle de son interlocuteur.

Tresval hésita presque ; mais qui veut la fin veut les moyens ; il serra cette main qui avait tué la marquise de Lustin.

Quand Demory fut seul :

— D'un côté la vengeance, murmura-t-il, de l'autre la fortune et la passion satisfaite... Allons! c'est la chance qui me revient.

Cette journée-là, il eut une entrevue avec Caroline, et, muni de ses instructions, il se trouva le soir au rendez-vous.

Tresval et Demory partirent pour Paris.

VIII

LES BOURREAUX D'ENFANTS

Bien triste, bien désolée était la petite maison de l'avenue d'Eylau.

Ce soir-là — il y avait huit grands, huit mortels jours que Lucienne avait disparu. — Claire, agenouillée aux pieds de Sarlat, la tête penchée sur ses genoux, pleurait des sanglots convulsifs.

Lui, la tête baissée, avait de grosses larmes qui roulaient le long de son visage.

Car que pouvait-il dire? Que pouvait-il répondre? En vain, il avait fouillé Paris; en vain, ayant requis l'aide de tous ceux qui le connaissaient, il était parvenu jusqu'aux plus hautes autorités. On avait daigné l'écouter, lui verser à plein verre l'eau bénite des promesses. Une enquête était ouverte, terme administratif qui répond à tout et qui n'engage à rien. On affirmait que le service de sûreté était en campagne... et puis... les heures, les jours passaient, et comme Sarlat, infatigable, venait dix fois chaque jour s'enquérir du résultat de ces *ardentes* recherches, on commençait à le recevoir avec des manifestations d'impatience non dissimulée.

On avait bien voulu, malgré la situation très irrégulière de ce faux ménage, mettre en mouvement les rouages sociaux. Ce n'était pas une raison pour qu'il eût l'air de trouver la machine mal graissée.

Et pendant ces absences de Sarlat, quelles angoisses torturaient la pauvre Claire? Si on allait la séparer de Sarlat, maintenant! Si ces ennemis invisibles, dont l'avait menacée Tresval, allaient tuer le père comme peut-être ils avaient tué l'enfant!... Et elle allait comme une folle à travers la maison, criant : Pierre! Lucienne!

Puis Pierre revenait, toujours seul, n'osant pas s'avouer à lui-même que peu à peu le découragement le saisissait ; s'efforçant de consoler, de rassurer Claire.

Et pourtant ce soir-là, il était plus triste, plus inquiet encore que de coutume.

Cette fois, à la préfecture, il avait été mal accueilli, même sans formes de politesse. Il avait remarqué certains sourires équivoques. On eût dit que les gens à qui il s'adressait savaient quelque chose qu'ils ne lui disaient pas.

Cependant il s'était contenu, devinant qu'il peut en coûter cher de dire leur fait à messieurs de la police, et tout en s'étonnant qu'on reçût comme un malfaiteur un père qui cherchait son enfant, il s'était retiré, espérant que le lendemain, les argousins seraient d'humeur plus accommodante.

Or, en passant à travers les couloirs, il s'était croisé avec un groupe, composé de deux agents de police qui tenaient aux poignets, avec le cabriolet, une grande et belle fille, bien connue dans les ateliers de Paris, où on la désignait sous le surnom significatif de Mlle Marbre.

Pierre n'avait pu réprimer un geste de surprise

qui avait attiré l'attention de la pauvre fille, arrêtée par les agents des mœurs. Elle le reconnut aussitôt et lui adressa un clignement d'yeux, sans doute, pensa-t-il, pour se recommander à lui et réclamer sa protection. Mais comme au même instant, des agents venant en sens inverse avaient amené un temps d'arrêt dans la marche du premier groupe, la fille se trouva tout près de Pierre et murmura :

— Prenez garde, monsieur Sarlat. J'ai entendu tout à l'heure une conversation... il y aura pour vous du danger cette nuit !...

— Allons ! marcheras-tu, pourriture ! s'était écrié un des agents en tirant sur le poignet de la malheureuse, qui appartenait, comme un gibier, à ces chasseurs de femmes.

Entraînée, elle avait disparu.

Sarlat était resté stupéfait. Que pouvaient signifier ces paroles rapides ? Il connaissait Marthe pour une bonne fille, certes folle de son corps, mais charitable et dévouée comme la plupart de ses pareilles.

Qu'avait-elle voulu dire ? Contre quel danger l'engageait-elle à se prémunir ?

Réfléchissant, il crut avoir trouvé le mot de l'énigme. Elle avait sans doute, dans quelque bureau, entendu prononcer son nom, à cause des recherches dont Lucienne était l'objet ; et, par erreur, elle avait supposé que quelque péril le menaçait.

L'explication était plausible. Il est toujours inquiétant d'entendre des policiers s'occuper de quelqu'un.

Pourtant ces mots : Cette nuit ! restaient inexpliqués.

— Allons, se dit Sarlat, mes douleurs sont trop réelles pour que je me trouble encore d'angoisses imaginaires. Ce n'est rien.

Donc, il s'était abstenu de parler à Claire de cet incident.

Cependant — il y a parfois de singulières coïncidences — il avait trouvé la jeune femme plus nerveuse, plus ébranlée que jamais.

Elle était plus que découragée, elle ; elle désespérait.

Lucienne était à jamais perdue ! Ils ne reverraient pas ce cher petit être qui était et la consolation du passé et l'espérance de l'avenir.

La veille, elle avait révélé à Pierre l'infamie de Jean de Tresval.

Certes, il avait été douloureux, pour sa chasteté d'épouse, de rappeler les scènes odieuses qui s'étaient passées entre elle et cet insensé.

Mais, pouvait-elle se taire plus longtemps ?

Cet homme lui avait, le premier, fait entendre des paroles de menace. Tout d'abord Claire n'avait établi aucune relation entre ces brutalités et l'enlèvement de Lucienne.

Pourtant Tresval avait parlé de Demory, de l'enfant. Qui sait?

En tout cas, Pierre devait être instruit de tout.

Après le récit de Claire, Pierre avait couru chez Jean de Tresval, il voulait le châtier, le contraindre à expliquer les allusions obscènes qu'il avait proférées.

On sait que le complice de Demory était absent de Paris.

C'était encore une piste qui se perdait.

D'ailleurs, le voyage de Tresval semblait écarter toute probabilité de participation dans l'enlèvement de la petite.

Et Pierre et sa compagne parlaient de tout cela, sentant que l'ombre s'épaississait de plus en plus autour d'eux, que le terrain se dérobait sous leurs pas.

Ils pleuraient.

Mais qu'étaient-ce que ces larmes auprès de celles qu'ils auraient versées si, par quelque prodige de seconde vue, ils avaient pu assister à la scène horrible qui, à la même heure, se passait dans une ignoble masure... s'ils avaient vu pleurer leur Lucienne, s'ils l'avaient entendue gémir et supplier !...

C'était dans l'immonde cahute où s'était terré le bossu Vosset.

Neuf heures venaient de sonner.

Déjà nous avons conduit le lecteur dans ce réduit, meublé d'un grabat et d'une table boiteuse.

A cette heure, Vosset était seul, la mégère Irma était absente. Seul, disons-nous, du moins telle eût été l'apparence pour quiconque eût pénétré soudain dans ce chenil.

Mais non. Dans un coin au milieu de haillons, de loques, de détritus de toutes sortes, une pauvre petite forme humaine était blottie, frissonnante, inquiète, ayant — dans l'obscurité où elle se cachait — les yeux grands ouverts, ternis par l'angoisse.

Et de temps en temps un gémissement, un souffle de souffrance s'échappait de ce coin répugnant... et c'était Lucienne, la chérie habituée aux *dorloteries* maternelles ; c'était la bien-aimée enfant, qu'on n'eût point frappée — selon la délicieuse métaphore orientale — même avec une fleur ; c'était elle qui, hâve, hagarde, grelottait de terreur et de chagrin.

Vosset, accoudé sur la table, une chandelle borgne devant lui, un litre d'eau-de-vie sous la main, buvait, abruti, ayant de rauques hoquets au milieu desquels râlaient ces mots :

— Eh bien ! est-ce qu'elle ne va pas revenir, La

Salade!... elle a emporté le magot!... Qu'est-ce qu'elle en a fait?... c'était pour le placer, disait-elle!... dans de bonnes affaires! Pas moins vrai qu'elle me lâche!

L'ivrogne s'attendrissait, parlant à l'absente :

— Voyons, ma petite Irma, reviens voir ton petit homme! Tu ne voudrais pas le tromper, hein?

Il tendait l'oreille vers la porte, espérant toujours entendre le pas lourd de la misérable.

Et en vain il l'attendait, et en vain il devait encore l'attendre.

Les voleurs sont plus souvent volés qu'on ne le croit. C'est un proverbe menteur que celui qui affirme que les loups ne se mangent pas entre eux.

Tresval avait payé cinq mille francs le rapt de l'enfant, promettant une somme égale à son retour.

Cinq mille francs dans cette hideuse misère! Pour les deux gredins, ç'avait été comme un éblouissement! Quelles bombances! Comme on allait se rattraper des longs temps de privations! Comme on allait se repaître!

En vérité, ils ne songeaient même pas à quitter leur bouge, Ils n'avaient qu'un objectif, manger, manger, encore manger et ne s'interrompre que pour boire. Vosset s'était acheté un lot de liqueurs : eau-de-vie, chartreuse, absinthe, kirsch.

Quand il aurait bu tout cela, eh bien, il songerait à l'avenir !

Irma — étant femme — était plus raisonnable. Certes, elle avait eu, elle aussi, son grain de folie, d'autant plus qu'elle ne boudait pas devant un bon verre de quelque chose de dur. Mais, la première, elle s'était dit que la cahute qu'ils habitaient était ignoble, qu'il ferait bon échanger le grabat de varech et de feuilles de maïs contre un bon sommier avec deux ou trois matelas — un lit où on monterait avec une échelle! Puis au lieu de la terre battue, un tapis serait doux aux pieds.

Il faut lui rendre cette justice, que pendant les trois premiers jours qui suivirent cette aubaine inespérée, elle associa à ses rêves dorés son compagnon de misère. Mais dès la quatrième nuit, réfléchissant, elle découvrit que c'était un ivrogne, qu'il la rejetterait bien vite dans la boue, qu'elle en avait assez de traîner la guenille ; bref, elle décida — dans un noble esprit de justice distributive — qu'elle partagerait honnêtement le magot en deux parts, dont elle emporterait l'une en *lâchant* Vosset, qui se consolerait avec l'autre.

Mais la sixième nuit porta conseil :

— La moitié! deux mille cinq cents francs pour un être pareil! c'était trop!... le quart lui suffirait bien!

Enfin la septième nuit lui rappela le proverbe :

— Mieux vaut tenir que courir!

Tresval avait promis de revenir, de reprendre l'enfant et de donner encore cinq mille francs. Peuh! les paroles courent vite, et on a de la peine à les rattraper. Il se pourrait bien qu'il ne revînt pas. Alors, qu'est-ce qu'on ferait de l'enfant — le crapaud — comme disaient ces aimables gens? Il y avait rapt, séquestration.

Ça pouvait amener des désagréments avec la police. C'était même miracle qu'on n'eût pas encore fourré le nez dans leurs affaires.

Conclusion de la septième nuit :

— Qu'il s'en tire comme il voudra. Puisqu'on doit recevoir dix mille francs, en prenant les cinq mille francs — qui sont déjà écornés — je lui laisse sa moitié — en recouvrement. Bonsoir! La liberté est une belle chose!...

Et cajolante, gracieuse, Irma La Salade avait persuadé au bossu — dont l'ivresse persistante troublait les idées — qu'il ne fallait pas laisser dormir le capital, qu'il fallait acheter de bons titres au porteur, vous savez bien, de ces obligations avec lesquelles on peut gagner des cent et des deux cent mille francs!

Irma La Salade s'était montrée si sage administrateur que... ma foi!... Vosset avait été enthousiasmé, et s'était écrié :

— Ange! je te nomme mon caissier!

L'imprudent! il oubliait que toute caisse est attirée par un aimant invisible vers la gare du Nord ou autre... Irma avait empoché les quatre mille huit cents francs restants, et avait filé en jetant le plus délicieux : A revoir! à ce soir!...

Et Vosset l'attendait...

Or, il expliquait cela à Lucienne, avec de gros mots. L'irritation le gagnait. Ça ne l'amusait pas d'avoir à garder la moutarde, d'autant plus que tout à l'heure elle s'était avisée d'avoir faim... Dame! Irma avait été trop préoccupée de ses projets financiers pour penser à ces détails!

Si bien que, depuis la veille au soir, la pauvrette n'avait rien mangé!

Mais elle avait si grand'peur qu'elle osait à peine se plaindre! Ces brutes lui apparaissaient comme des monstres des contes de fées. Elle était chez l'ogre, et était secouée par une fièvre de terreur.

Vosset et l'ogresse prenaient à ses yeux des proportions formidables. Et dans le trouble de ce faible petit cerveau, des hallucinations épouvantables se dressaient. Elle avait faim. C'est si douloureux pour l'enfant!... elle sentait son estomac se contracter; ses tempes battaient; il lui semblait que des doigts s'appliquaient à son front pour crisper la peau des paupières.

Et l'angoisse avait été si forte, qu'elle avait hasardé un mot, rien qu'un! une toute petite prière!

Vosset, hébété, l'avait regardée ! Qu'est-ce que ça lui f...ait qu'elle eût faim !

— Allons ! dans le coin ! A c'te niche ! Et si tu miaules, je cogne !... Dors, qui dort dîne !

Et elle s'était cachée dans les haillons qui lui servaient de couchette, sentant des douleurs dans ses membres, ayant au cerveau comme le mouvement d'un balancier qui ne s'arrêtait pas.

— Allons, viens ici, cria tout à coup Vosset.

Elle n'obéit pas tout d'abord. Elle ne supposait pas que ce fût à elle qu'on parlât.

— Viendras-tu, pécore !... hoqueta l'ivrogne, qui avait besoin de se distraire, pour moins ressentir les ennuis de l'attente que lui imposait s digne compagne.

La colère montait. Il fallait que la vague s'abattît sur quelqu'un.

Donc, comme Lucienne, endolorie, ne bougeait pas, s'engourdissant dans sa souffrance sourde, Vosset se leva, ou plutôt tenta d'abord de se mettre sur ses pieds... Mais l'eau-de-vie avait porté une forte atteinte à sa science d'équilibre ; il dut s'arcbouter sur ses jambes, s'appuyer sur ses deux poings ; finalement il se trouva debout, et, d'un élan, fit les trois pas qui le séparaient de l'enfant.

Oh ! pour le coup, la migonnne a cru que l'ogre se ruait sur elle. Elle crut sentir dans sa chair ses crocs de tigre, et, effarée, tremblante, elle poussa des cris :

— Pardon ! ne me faites pas de mal ! je vous en prie !

Il l'avait saisie, au hasard, à poignée. Il tenait l'épaule. Bon ! il tira et souleva l'enfant ; mais les doigts glissèrent et elle tomba sur les genoux, répétant dans un grelottement des lèvres :

— Pa...ardon ! je... vous... en... prie !...

Il se mit à rire. Il trouvait cela drôle !

Mais comme la petite ne prenait pas goût à la plaisanterie et pleurait plus fort, cela le mit en colère.

— As-tu bientôt fini de gueuler ? cria-t-il. Allons, va là, auprès de la table, debout, et montre ton sale museau, qu'on te voie !

Joignant le geste à la parole, il avait, avec d'ignobles jurements, saisi l'enfant sous les aisselles et l'avait campée auprès de la table.

Elle chancelait si fort qu'elle étendit ses petites mains pour s'appuyer.

Lui, s'étant assis, lui donna sur les doigts une tape vigoureuse, de ses mains osseuses qui semblaient de bois.

Lucienne, galvanisée par le choc douloureux, se redressa, immobile, les yeux plissés, la bouche entr'ouverte comme si elle suffoquait !

Pauvre, pauvre enfant ! C'était horrible de voir

cette délicieuse petite tête sur laquelle s'étaient épandus tant de baisers, ces joues naguère rebondies et roses, maintenant caves et pâles; ces cheveux jadis si soigneusement bouclés, aujourd'hui emmêlés et hirsutes, quoique conservant encore dans leurs ombres dorées des reflets de soleil; de voir, disons-nous, tout cet être délicat, pétri de grâce et de charme, couvé par le regard lourd et rouge de l'ivrogne !...

— Attention, fit-il, nous allons rigoler un peu. Tu aimes bien ta maman Claire, n'est-ce pas ?...

Elle agita les lèvres et une lueur passa dans ses yeux.

On devinait que le mot: maman! réveillait en elle des impressions délicieuses, mais qu'elle n'osait pas formuler...

Lui, goguenard, haineux, eut l'infamie de dire :

— Répète avec moi : maman est une...

C'était un mot ignoble. Certes, Lucienne ne comprenait pas. Cependant il y avait de la rage dans l'accent du bossu. Elle se tut, portant sa petite main à sa bouche, dans cette attitude de honte qui est à la fois si drôle et si gentille chez l'enfant...

— Veux-tu répéter le nom de... et tout de suite !...

Elle se tut encore...

— Si tu dis ça... voyons, tu as faim, n'est-ce

pas? Eh bien! tu auras à manger... et puis aussi à boire.

— Oh! à boire! fit Lucienne dont la gorge brûlait.

— Diras-tu ce que je veux?

— A boire! répéta l'enfant dont cette idée avait réveillé la souffrance plus âpre.

— Eh bien! je veux bien t'en donner, là! mais, après cela, tu seras obéissante...

— Oui, oui, fit la petite qui ne savait même pas de quoi il s'agissait...

— Alors, je vais être bon enfant! Tu as soif! Je sais ce que c'est... C'est dur!... Bois!

Et l'infâme saisissant la bouteille d'eau-de-vie, la mit aux mains de Lucienne. C'était lourd pour elle. Il la soutint, approchant le goulot de ses lèvres, qu'elle entr'ouvrit, haletante, avide... et Vosset, en haine de la mère, en haine de l'enfant, en haine de tout ce qui est bon et beau, Vosset, d'un mouvement rapide, souleva le fond de la bouteille, si bien qu'une gorgée, large, âcre, effrayante, remplit la bouche de l'enfant, roula dans sa gorge...

Et la petite, avec un tressautement convulsif, se jeta en arrière, hurlant, affolée; elle se laissa tomber sur le sol, se roulant, poussant des cris perçants qui n'avaient plus rien d'humain...

Lui, voyant cela, fut pris d'une fureur hideuse.

— Tais-toi ! criait-il. Veux-tu te taire ! Tonnerre de D...!

Elle ne se taisait pas, c'étaient des clameurs aiguës, déchirantes...

Et au même instant des coups violents retentirent à la porte...

Vosset tressaillit. Ce qu'il avait fait là, c'était un crime. Il avait peut-être empoisonné l'enfant... et elle criait et elle dénonçait...

Il fallait qu'elle se tût! Il fallait l'achever !...

Et comme une bouteille se trouvait à portée de sa main, il la saisit, la fit tournoyer dans l'air et l'écrasa sur le crâne de Lucienne...

On frappait encore plus fort !...

Lucienne s'était tue cette fois. Le sang avait jailli. Elle était devenue livide.

— Morte ! murmura Vosset. Nom de...! Si on me pince !... Non... Attends !...

Il saisit le corps dans ses bras, et allant au grabat, il écarta les deux paillasses, jeta l'enfant dans cet étouffoir, laissa retomber le sac de varech, puis se redressa, écoutant, la bouche tordue par l'épouvante...

Une voix criait :

— Ouvrez! par le diable! Ouvrez donc, damné Vosset!

Vosset, c'était bien son nom. Bien plus, il lui

semblait qu'il connaissait cette voix... Mais dans la fièvre du crime, il y a des oublis subits...

— Ouvre donc! cria une autre voix. C'est moi, Demory!

Demory! Vosset tressaillit... Un éclair fauve passa dans ses yeux...

Parbleu! il pouvait bien ouvrir maintenant!... L'assassin et l'empoisonneur n'avaient pas à s'étonner d'un crime de plus.

En une seconde, sous l'influence de la double ivresse de l'eau-de-vie et de la violence commise, tout un flot de haines, presque endormies, lui monta au cerveau. Demory! C'était bon! On allait causer!

Et il ouvrit.

C'était bien le médecin, et avec lui Jean de Tresval.

Jean de Tresval était très pâle. Était-ce la conscience de son infamie qui le prenait à la gorge? Était-ce chez lui aussi la haine qui faisait refluer son sang à son cœur?

— Qu'est-ce que tu faisais donc? demanda brutalement Demory, reprenant instinctivement les allures despotiques qu'il affectait jadis vis-à-vis de son complice.

— Tiens! c'est toi! fit le bossu, qui, redevenu pour un instant maître de lui, s'appuyait à la table à laquelle il était adossé.

— Ne savais tu pas que je devais venir!...

— En effet... car celui qui t'accompagne avait tout intérêt à t'aller chercher... Entrez donc, monsieur, ajouta Vosset avec une politesse ironique. Plus nous serons d'honnêtes gens, et mieux nous causerons.

Tresval eut un tressaillement, et il se mordit les lèvres avec tant de violence que sous les dents parurent des traces rouges.

— Trêve de plaisanterie, fit-il brusquement. Vous savez pourquoi nous sommes ici, hâtons-nous d'en finir...

— Pourquoi mon excellent ami Demory s'est décidé à me venir voir, reprit Vosset en ricanant; j'aimerais assez à l'entendre s'expliquer lui-même...

Demory regarda autour de lui.

— N'as-tu pas ici l'enfant de Claire?... demanda-t-il.

Le bossu eut une grimace.

— Hélas! non! fit-il.

— Comment! s'écria Tresval. Cet enfant que je vous ai confié...

— Parbleu! reprit Vosset d'un ton rogue. Est-ce que vous croyez que c'est mon métier, à moi, de garder les enfants!...

— Qu'en avez-vous fait?...

Vosset hésita un instant, puis :

— Elle s'est sauvée! affirma-t-il.

— Malédiction ! cria Demory.

En effet, cette disparition dérangeait tous ses plans.

Le complot qu'il avait ourdi avec Caroline était des plus simples. Il s'emparait de l'enfant de Sarlat, et l'emmenait en Angleterre. Désormais Sarlat était à leur discrétion, et il était contraint de se faire le complice de la bigamie de sa femme, la restitution, peut-être même l'existence de son enfant, dépendant de son silence.

Il avait en outre un autre moyen de dominer Sarlat et de le réduire à l'impuissance.

Mais l'enfant disparu, c'était tout l'échafaudage qui s'écroulait.

— Voyons, dit-il à Vosset, après un moment de silence, je ne puis te croire... Tu n'es pas un homme à perdre bénévolement la riche aubaine qui t'était promise... Tu n'as pu laisser échapper cet enfant.

— Est-ce que c'est ma faute ? grogna le bossu. Je le surveillais bien... mais il a filé !...

— Et tu ne pourrais pas le retrouver ?...

— Non.

— Même si on augmentait, — si on doublait la somme déjà stipulée ?...

Vosset se sentait en proie à une furieuse colère. C'était vrai, pourtant, qu'il aurait pu exploiter la situation ! S'il y avait songé plus tôt, il aurait feint cette disparition, il se serait fait payer cher, très cher!...

Mais non! il avait eu la stupidité de se laisser entraîner par sa violence!... il avait frappé l'enfant, il l'avait tué!... Certes il se souciait bien de sa vie!... mais c'était l'argent qu'il regrettait, avec rage, avec folie!

D'autant qu'il perdait tout maintenant! Irma l'avait abandonné, l'avait volé!... Donc il retombait dans sa misère crasse, ayant commis un crime de plus!

Demory insistait, tandis que Tresval, silencieux, songeait malgré lui à cette pauvre petite créature dont il s'était fait le bourreau, et qui peut-être, à cette heure mourait de faim et de misère au coin de quelque borne...

En vain il se raidissait contre l'impression douloureuse qui l'envahissait... Certes, qui lui eût naguère parlé de remords l'eût fait joyeusement rire!... Et pourtant... c'était vrai!... en face de ces deux misérables — Vosset et Demory — dont il s'était fait l'excitateur et le complice, il sentait la honte le prendre à la gorge; son infamie l'étouffait...

Il revoyait, dans une vision rapide, Lucienne gaie, radieuse, aimée!... et il la devinait frissonnante, mourante, livide!... Et c'était lui qui avait fait cela!

Cependant, entre les deux amis d'autrefois, la discussion s'envenimait :

Demory ne voulait pas admettre la réalité du récit de Vosset.

— C'est du chantage ! criait-il exaspéré. Tu es donc toujours le même, lâche et voleur !...

Vosset n'était pas endurant. Tout en ce moment contribuait à le rendre fou de colère...

— Ah ! tu m'insultes ! hurla-t-il. Avec cela que tu ne m'as pas volé, toi !... quand tu m'as pris les traites fausses que tu avais rachetées au prix d'un assassinat !

— Tais-toi !... misérable ! Sinon !...

Demory leva le bras prêt à frapper.

— Eh ! va donc ! ne te gêne pas, criait le bossu. Tu en as tué bien d'autres !... Tueur de la marquise de Lustin !... Empoisonneur de ta femme ! Brigand ! bandit !...

Il n'acheva pas. Demory venait de le saisir à la gorge, et avant que Tresval eût le temps d'intervenir, les deux hommes s'abattirent sur le sol...

Mais dans ce mouvement, Vosset cherchant à se retenir, enfonça ses griffes dans l'un des matelas du grabat et l'entraîna avec lui...

Et alors, Tresval vit le corps inanimé de Lucienne ! Il vit le front sanglant ! les cheveux collés par des plaques rouges !... et le jeune homme, poussant un cri d'horreur, s'élança, saisit l'enfant entre ses bras en criant :

— Assassin ! il l'a tuée !... Infâme que je suis.

— L'enfant ! s'écria Demory en cherchant à se redresser. Je le veux !...

Mais Vosset le tenait au cou, et dans le paroxysme de sa fureur d'ivrogne, il lui enfonçait ses doigts dans la chair.

— Ah ! misérables ! proféra Tresval. Du moins, je ne serai pas votre complice jusqu'à l'assassinat !... Pauvre, pauvre petite !...

Et enveloppant de ses bras l'enfant qui ne bougeait pas, il s'élança dehors...

Cette fois, c'était bien le remords, c'était bien le repentir !...

Le viveur, l'amant sensuel, le débauché, était vaincu !...

— Lâche-moi ! hurlait Demory. L'enfant ! Il l'emporte !...

Mais non ! Vosset ne l'abandonnait pas ! Ils se crochetaient, roulant sur le sol gras... Tout à coup une des jambes de Demory rencontra la table sur laquelle se trouvaient et la chandelle et la bouteille d'eau-de-vie...

Le pied s'accrocha au bois et la table se renversa...

Le bouteille se brisa, le liquide se trouva en contact avec la flamme et prit feu...

Demory vit cela le premier ; la nappe roulait vers les paillasses qui déjà roussissaient et crépitaient...

Dans un suprême effort, il parvint à appliquer ses deux mains à la gorge du bossu, et il serra, avec la dureté d'un étau de fer...

Vosset eut un râle ; ses mains se détachèrent de son adversaire qui se dressa...

Le bossu était à terre, sur le dos, inanimé, ayant la congestion de la strangulation...

Et la flamme sifflait à travers la paille sèche, qui se tordait... qui retombait sur le corps du misérable...

D'un bond, Demory se trouva debout... et se rua vers la porte...

En une seconde, il fut dehors et retira brutalement à lui le panneau qui se ferma avec un bruit de ferraille...

Vosset était prisonnier, prisonnier de l'ivresse, prisonnier de l'incendie...

Et tandis que Demory fuyait, courant à toutes jambes sur le quai ténébreux, il vit derrière lui une flamme qui jaillissait... la masure de bois flambait...

Et au milieu des cris : au feu ! qui commençaient à se faire entendre, éclatait — à son oreille — une clameur épouvantable qui sortait d'une poitrine humaine...

IX

TRIOMPHE DE LA LOI

Sortant de la masure de Vosset, Tresval se sentait devenir fou.

Ce corps d'enfant qu'il soutenait dans ses bras lui semblait peser plus lourdement que si c'eût été une masse de plomb.

Son sang bouillait dans ses veines, son cerveau était serré comme par un étau.

En un instant, il y avait eu dans l'âme de cet homme une sorte de révélation éblouissante. Il avait vu son infamie, il avait vu son crime. Il avait eu horreur de lui-même. L'enfant, — la petite Lucienne, — il lui semblait que c'était lui qui l'avait tuée!

Jean de Tresval était un de ces êtres inconscients comme en produit la civilisation surchauffée; ce qui lui manquait essentiellement, c'était le sens moral. Dans son monde, — le grand, comme on le qualifie, — il avait entendu tant de fois les millionnaires et les puissants se mettre au-dessus de toutes les lois sociales, qu'il s'était accoutumé à n'admettre point qu'on résistât à ses caprices. Tout lui devait être soumis, la résistance l'irritait en l'humiliant, et de ce qu'il appelait amour, il faisait de la colère et de la haine, trouvant un certain orgueil à faire sentir à qui l'avait dédaigné sa puissance vengeresse.

Mais, au fond de ces consciences gangrenées, reste toujours quelque chose d'humain. Pour la première fois de sa vie, jeté par sa fantaisie méchante dans le monde des criminels, il s'était senti rougir de sa complicité avec de pareils misérables. Sa forfanterie s'était engourdie : il résistait encore par fanfaronnade au dégoût qui l'oppressait.

Puis soudain, apercevant Lucienne écrasée, morte! il avait éprouvé une commotion, singulière, comme celle d'un réveil... Le bellâtre, le vaniteux, le cruel s'étaient évanouis; et tout à coup il s'était retrouvé homme, avec des sentiments d'homme, avec du désespoir, de la pitié, de l'épouvante...

De l'épouvante surtout! Il fuyait à travers la nuit, emportant son fardeau, ne sachant où il allait, obéissant à un instinct qui le contraignait à s'évader de son passé, de son crime, de ses lâchetés !...

— Bourgeois! si vous rentrez à Paris... une voiture!

Il était auprès de la porte de Boulogne. C'était un maraudeur qui l'interpellait.

Il se jeta sur les coussins et donna son adresse ; la voiture partit rapidement.

Lui avait étendu l'enfant sur ses genoux.

Il n'y voyait pas. Seulement il sentait sous ses doigts qui tremblaient l immobilité qui ressemblait si fort à la mort.

Et le sceptique, qui, pour se venger des refus de Claire, n'avait pas hésité à frapper en elle la mère aimante et bonne, Jean de Tresval sentit de grosses larmes rouler de ses paupières gonflées et tomber sur l'enfant...

Oui, il pleurait, ayant au cœur le remords désolé...

Ses lèvres murmuraient des supplications. Il demandait pardon à « petite Lucienne » qui, hélas ! ne l'entendait pas.

Était-ce donc vrai ?... Est-ce qu'il allait avoir cette épouvantable certitude qu'il était un tueur d'enfant, qu'il avait livré cette douce créature à un bourreau payé pour le meurtre ?...

La voiture allait, cahotante, et Jean, ayant passé sa main sous la tête de Lucienne, la soutenait du mieux qu'il pouvait. Il lui semblait qu'elle devait avoir froid ; c'était du moins l'espérance qui lui donnait cette crainte. Si elle souffrait, c'était qu'elle vivait. Il ramena sur le petit corps les pans de son paletot. Et par un geste inconscient, il la berçait, comme s'il eût trouvé qu'elle ne dormait pas assez profondément.

Comme ce voyage lui parut long !... Combien, en cette heure, il vit passer devant ses yeux de tristesses et de douleurs, et aussi que de repentirs !...

Enfin la voiture s'arrêta.

Il jeta un louis au cocher et gravit en quelques bonds l'escalier.

Et dès que son valet de chambre, qui regardait avec stupeur cet élégant, couvert de boue, hagard et échevelé, eut ouvert devant lui la porte de sa chambre :

— Vite, cria-t-il, un médecin ! Va... va...

L'autre obéit, ne comprenant rien, mais effrayé, car il venait d'apercevoir la tête ensanglantée de l'enfant déposé sur le lit.

Quand la porte se fut refermée, Tresval tomba à genoux, sanglotant :

— Infâme que je suis, murmurait-il.

Et il prenait dans ses mains les petites mains de Lucienne, il les réchauffait de ses lèvres, de ses larmes qui étaient brûlantes...

Que faire ? Est-ce qu'il savait, lui ! Il cherchait à se rappeler les soins que lui avait donnés jadis sa mère, une sainte femme !

Tout à coup il se dressa. Était-ce une illusion ?

Il avait entendu un soupir. Il se pencha sur la bouche de l'enfant, et alors de ses lèvres adorables, pâlies et contractées, un mot sortit, faible comme un souffle :

— Maman ! maman !

Ah ! Tresval avait cru, dans sa vie fiévreuse, éprouver de bien grandes joies quand une femme ardemment désirée lui cédait, quand, au jeu, les louis et les billets s'entassaient devant lui !

Mais qu'était donc tout cela auprès de l'ineffable et profond bonheur qui inonda son âme, quand il entendit ce mot à peine murmuré ?

Elle vivait ! Il n'était donc pas un assassin !... Il pourrait donc la sauver...

Il courut à un meuble, y prit des mouchoirs de fine toile qu'il déchira en bandes, puis, infirmier d'instinct, il apporta auprès du lit une cuvette pleine d'eau, et de ses mains, habiles à manier les cartes ou à tracer des billets doux, il se mit à laver les cheveux de l'enfant... oh ! si doucement !...

Les mèches blondes se séparaient, les écailles rouges s'attachaient au linge...

Et, à la fraîcheur de l'eau, Lucienne tout à coup ouvrit les yeux et, voyant ce visage pâle, mais bon, qui était courbé sur elle, se mit à sourire et tendit vers Jean ses petits bras...

Lui, vaincu, se laissa encore glisser à genoux et murmura :

— Pardon! pardon!

La douce tête s'était de nouveau appuyée sur l'oreiller. L'engourdissement reprenait.

S'arrachant à son émotion, Tresval continua son œuvre.

Peu à peu, il arriva à examiner de près la blessure. Le verre avait coupé la peau sur une longueur de trois centimètres environ. Mais quelque organe essentiel avait-il été atteint? C'est ce que ne pouvait deviner Tresval, dont l'inquiétude grandissait à chaque instant.

Enfin, le médecin arriva.

C'était le docteur Launois, celui-là même que nous avons vu naguère accuser Demory d'endormir, par des narcotiques, l'intelligence de sa femme. Le docteur Launois était un grand ami de M. de Tresval père, et, quoiqu'il n'eût pas forte estime pour le fils, cependant, craignant un accident grave, il n'avait pas hésité à se rendre à son appel.

Quand il entra dans la chambre de Jean, celui-ci étanchait doucement sous la batiste les gouttelettes de sang qui s'échappaient de la blessure de l'enfant.

Le docteur ne put réprimer un mouvement de surprise.

Tresval fit signe à son valet de chambre de sortir.

Puis, s'approchant du vieux médecin, dont les cheveux blancs encadraient le visage austère :

— Docteur, lui dit-il, c'est pour cette enfant que je réclame vos soins. Sauvez-la, je vous en supplie, et vous m'aurez épargné une terrible souffrance que je n'avais jamais connue, celle du remords...

Le médecin le regardait étonné. Sur ce front pâle, il devinait des pensées nouvelles. Que s'était-il donc passé? La voix du railleur s'était faite grave, presque solennelle.

Mais sans interroger davantage, le docteur s'approcha du lit et examina soigneusement l'enfant, palpant la blessure avec délicatesse.

— Ce ne sera rien, dit-il en se redressant. Il y a eu un coup donné, ou bien c'est un heurt contre un corps dur. Quoi qu'il en soit, je ne redoute pas de complications.

— Ah! merci, s'écria Tresval avec un accent de joie sincère et en saisissant la main du vieillard, vous ne savez quel bien vous me faites...

— Quel est cet enfant? demanda le médecin.

— Je vous dirai tout dans un instant, mais répétez-moi encore qu'elle ne court aucun danger.

— Aucun, j'en ai la certitude. Je vais écrire une ordonnance, envoyez votre valet de chambre chercher les quelques médicaments que je vais prescrire... Mais, ajouta-t-il en regardant autour de

lui, êtes-vous seul pour soigner cette enfant?...
N'a-t-elle point de mère?...

Tresval comprit que le médecin croyait avoir devant lui l'enfant de quelque maîtresse de lui, Tresval, et il rougit :

— Sa mère n'est pas ici, répondit-il en baissant les yeux.

Le docteur avait écrit.

Les deux hommes restèrent seuls auprès du lit de Lucienne.

— Maintenant, dit Tresval, écoutez-moi, monsieur. Vous êtes lié avec mon père par une amitié ancienne et solide ; permettez-moi donc de vous parler comme je lui parlerais à lui-même... Le voulez-vous? C'est ma confession que je vous supplie d'entendre.

— Puisque vous invoquez le nom de votre père, dit le médecin, je ne puis vous refuser... Parlez.

Alors à voix basse, Tresval, qui avait besoin de soulager son cœur, raconta tout ce qui s'était passé. Il eut le courage de ne pas chercher à pallier ses torts.

— Que voulez-vous, docteur, acheva-t-il, je crois, en vérité, que j'étais fou. Oui, j'ai été sur le point de commettre des crimes, et cela par vanité, par dépit. Ah! c'est une triste éducation que celle que nous recevons dans le monde... mais c'est fini!... Par je ne sais quel miracle, je sens que je ne suis plus le même homme. Cette chère petite créature m'a converti, m'a fait honte de moi-même, et je veux, vous entendez bien! je veux réparer le mal que j'ai fait.

Le médecin l'avait écouté silencieusement, sans l'interrompre.

Il se demandait d'abord si le jeune homme était sincère. Il y avait là une transformation si brusque qu'il avait le droit de douter. Mais l'accent de Tresval était empreint d'une telle franchise, il s'accusait avec tant de loyauté, que M. Launois se sentit touché.

— Je suis tout prêt à vous estimer, lui dit-il, mais c'est à la condition que vos promesses ne seront pas vaines. Vous dites que vous voulez réparer vos fautes; elles sont grandes. Vous avez insulté une honnête femme, et pour vous venger de ses dédains, vous l'avez dénoncée à son mari, que vous déclarez vous-même être un misérable! Vous lui avez volé son enfant!... Il faut, sans perdre une heure, rendre cet enfant à sa mère; il faut le défendre contre celui que vous avez armé contre elle...

— Je suis prêt à tout, dit Tresval.

— Dans votre récit, vous avez omis les noms des auteurs de ce drame... Confiez-les-moi.

— Oui. La pauvre femme — qui est la compagne de Pierre Sarlat — est la femme d'un médecin qui a quitté la France, de Paul Demory!...

— Paul Demory! s'écria le docteur, se levant brusquement.

— Vous connaissez cet homme?

— Oui, une fois déjà j'ai dû intervenir dans sa vie. Vous avez raison. Cet homme est un misérable. Et sa femme... jadis il a tenté de la tuer par les narcotiques.

— En effet, devant moi il a été traité d'empoisonneur...

— Et c'en était un, et de la pire espèce...

— Mais ce n'est pas tout, ajouta Tresval, en baissant la voix; le même accusateur lui a jeté au visage le nom de la marquise de Lustin... qu'il avait assassinée...

— Tout cela est vrai, dit M. Launois, auquel M. Deparcet, le juge d'instruction, avait tout révélé.

— Comment cet homme n'a-t-il pas été dénoncé, puni?...

— Pour éviter un scandale... Mais puisqu'il ose reparaître, puisqu'il recommence ses machinations infâmes, pas de pitié pour lui!...

A ce moment, le domestique rapportait les médicaments prescrits.

— Ainsi, cette petite fille est l'enfant de Claire Demory, murmurait le vieux médecin pendant qu'il achevait le pansement de la blessure; pauvre créature! Faudra-t-il donc que tu souffres des crimes commis par celui que la loi enchaîne à jamais à ta mère!...

Il prit son chapeau.

— La prudence veut, dit-il, que l'enfant ne soit pas transporté avant demain; mais il est impossible de laisser plus longtemps les parents dans l'inquiétude. Je vais moi-même prévenir le père. Quelle est son adresse?

Tresval la lui donna.

— Veillez sur l'enfant, continua le docteur, et songez que vous avez beaucoup à faire pour qu'il vous soit pardonné.

— Du moins, dit Tresval en hésitant, devrai-je tout avouer à... ceux que j'ai offensés?

— Je m'en charge. Soyez tranquille, ce sont d'honnêtes gens, et les braves cœurs sont indulgents.

Le domestique était allé chercher une voiture.

Il était trois heures du matin.

M. Launois se fit conduire rapidement à l'avenue d'Eylau.

Quand il s'arrêta devant la maison, il fut surpris de voir les portes ouvertes. On eût dit qu'elle avait été subitement abandonnée.

Il entra. Personne. Il appela. D'abord nul ne répondit.

Puis, sur son insistance, la vieille Catherine apparut, frissonnante de peur, tenant une lampe dont elle dirigea la lueur sur le visage du visiteur :

— Où est M. Sarlat? demanda le médecin. Où est sa femme?

La vieille femme tremblait, ses dents claquaient et elle ne pouvait articuler un mot.

— Répondez donc! Un crime nouveau a-t-il été commis?

— Oh! oui, un crime, articula enfin Catherine. Le mari de madame est venu avec un commissaire de police, et elle a été forcée de le suivre!

— Quoi! ce Demory!

— Oui... cet empoisonneur!... l'assassin de ma pauvre maîtresse!

— Mais enfin... expliquez-vous!... Comment cela s'est-il passé?

— Voilà, monsieur... car vous avez l'air d'un bien brave homme... je vous dirai tout... Faut savoir que depuis qu'on m'a volé la petite — un chérubin, monsieur — le père et la mère ne sont que dans la désolation... ils pleurent... Tenez, cette nuit-ci même, je les entendais que ça me crevait le cœur... Enfin, il était une heure environ; voilà qu'on cogne à la porte... Oh! mais à grands coups!... et une voix cria comme ça : Au nom de la loi, ouvrez!

« Je n'avais fait qu'un saut en bas de mon lit. Mais monsieur qui ne s'était pas couché — étant resté avec Mme Claire à causer de l'enfant — était déjà descendu et demandait à travers la porte :

« — Qui êtes-vous et que voulez-vous ?

« — Ouvrez, c'est le commissaire de police...

« Monsieur était devenu tout pâle. Il avait bien compris, et moi aussi, que c'était un tour de ce gueux de mari qui avait disparu. Et puis, il n'y avait pas de résistance possible. On ouvrit la porte...

« Alors le commissaire, qui avait son écharpe, et puis quatre grands diables de mouchards se sont précipités dans la maison...

« Et derrière eux, le gredin de Demory ! Oh ! je l'ai reconnu tout de suite avec sa face de démon...

« — Que voulez-vous ? répétait M. Sarlat.

« — Je veux ma femme ! dit Demory en ricanant.

« Oui, monsieur, c'était ça. Il venait rechercher sa pauvre femme, celle qu'il avait voulu tuer... et la loi, les gendarmes étaient pour lui !...

« Si vous aviez vu cela, c'était désespérant. Mme Claire était accourue au bruit ; quand elle avait vu son gueux de mari, elle était devenue plus blanche qu'un linge. Et le commissaire ronronnait un tas de choses, que M. Demory était dans son droit, qu'il aurait pu déposer une plainte en adultère, qu'il se contentait d'exiger que sa femme le suivît... que c'était de l'indulgence dont elle devait le remercier...

« Elle s'est redressée et a crié :

« — Mais c'est un assassin et un voleur!

« Le commissaire a haussé les épaules et a dit:

« — Madame, voulez-vous suivre votre mari de votre plein gré?

« — Et si je refuse ?

« — On vous y contraindra...

« M. Sarlat voulait intervenir. Le commissaire lui a dit qu'il n'avait pas le droit de parler, et qu'il était dans une situation délicate... qu'il l'engageait à se taire...

« M. Sarlat était écarlate. On voyait que s'il avait tenu le Demory, il lui aurait fait passer le goût du pain... Enfin, pour terminer, madame résistait, criait qu'elle ne s'en irait pas, qu'elle refusait de suivre Demory... les argousins ont mis la main sur elle. M. Sarlat s'est jeté sur eux. On l'a entraînée. Et Mme Claire a été jetée dans une voiture, — auprès de Demory!... Voilà! M. Sarlat a couru après la voiture, criant comme un fou, puis je l'ai perdu de vue. Ah! monsieur, c'est atroce!... Il se tuera! Elle aussi, la chère âme! je suis sûre qu'elle est déjà comme morte!... »

Puis, avec un élan de rage, montrant le poing à un ennemi invisible, Catherine s'écria :

— Eh bien, si c'est ça, la loi! elle est propre!

Le récit de Catherine était assez clair pour que nulle explication complémentaire ne fût nécessaire. Demory avait pris ses mesures depuis deux jours, était allé au parquet porter plainte, avait obtenu du juge d'instruction une commission rogatoire transmise à un commissaire de police qui l'avait exécutée aveuglément.

Le Code ne dit-il pas que la femme est forcée de suivre son mari, et qu'il a le droit de la contraindre à réintégrer le domicile conjugal, même *manu militari!*...

En quittant Suresnes, furieux de voir une partie de sa vengeance lui échapper, Demory n'avait pas oublié que des ordres avaient été donnés pour que cette nuit-là même Sarlat et Claire fussent surpris en flagrant délit d'adultère. Du reste, Demory ne réclamait que le droit de contraindre sa femme à le suivre. Il avait réussi.

Encore une fois, la société était sauvée!

Encore une fois, grâce à notre législation brutale qui ne reconnaît pas le divorce, un crime moral — le plus odieux de tous — avait été accompli.

A peine Catherine avait-elle achevé son récit que Pierre reparut, livide, les vêtements en désordre, les yeux hagards.

— Monsieur, lui dit le docteur Launois, ayez confiance!... et vous retrouverez celle que vous aimez comme déjà vous avez retrouvé votre enfant!...

— Mon enfant! Lucienne!...

— Venez, monsieur Sarlat et soyez sûr que les honnêtes gens finissent toujours par triompher des gredins...

Disant cela, il ne se doutait pas que le dénouement fût aussi proche.

X

A LA FRONTIÈRE !

Imaginez un plus terrible supplice !

Une femme jeune, belle, aimante, aimée, arrachée subitement, brutalement à l'homme dont pas un instant le cœur n'a cessé de battre à l'unisson du sien, enlevée par la loi, avec les duretés policières.

Et jetée, — au nom de ce qu'ils appellent le respect du droit social, — au bras de celui qui la hait, qui l'a voulu tuer, au bras d'un voleur, d'un empoisonneur.

La nuit, dans les angoisses des ténèbres, emportée par une voiture, sentant auprès d'elle l'homme qui lui fait horreur, et alors que, dans les affres de sa douleur, elle cherche à se ressaisir elle-même, à comprendre, qui sait? peut-être à supplier son bourreau de l'épargner, se souvenant qu'il y a là, en face d'eux, sur la banquette de devant, un être muet, qui peut-être ricane dans l'obscurité, et cet être est un mouchard dont le mari a requis l'aide pour couper court à toute tentative d'évasion.

Où vont-ils? A la Permanence de la préfecture de police, où le commissaire de police les a précédés. Car il faut que tout se fasse régulièrement. On n'exécute pas sans qu'il soit dressé procès-verbal.

Elle ne dit rien, la pauvre femme. Elle est saisie à la poitrine, à la gorge, au cerveau d'un épouvantement qui l'étouffe!... Ses idées se troublent, ses pensées se confondent. Elle perd la notion du fait, du temps, de l'espace. Seulement, elle entend le roulement sourd des roues, et il lui semble qu'il y a là un écrasement d'elle-même.

On arrive. On est arrivé. On la fait descendre.

Puis elle se trouve dans un bureau sombre où une lampe fait l'effet d'un œil borgne et sale. A un bureau, un homme est assis.

On l'interroge.

— Vous reconnaissez être la femme légitime de M. Paul Demory?

A ce nom, elle se retourne, tressaille. Elle l'a vu, pâle, les traits contractés.

Il lui fait peur. Il a aux mâchoires des agitations de gueule.

— Reconnaissez-vous?... recommence la voix monotone.

Mais c'est qu'elle ne peut pas dire le contraire! C'est atroce, mais c'est vrai!

— Oui ou non, reconnaissez-vous?

C'est la troisième fois qu'on lui demande cela. L'homme assis s'impatiente.

— Vous avez entre les mains l'acte de mariage, dit Demory.

— Mais encore, monsieur, faut-il que madame avoue être née Aubrun, Claire... Voyons, madame, remettez-vous. Vous comprenez bien que toute dénégation est impossible... Vous vous êtes bien mariée le... à M. Demory, Paul, ici présent?

Alors elle crie:

— Qu'importe! Oui, je suis la femme de cet homme!... Mais il a voulu me tuer... comme il avait tué déjà...

— Épargnez-vous ces récriminations inutiles, reprend le magistrat. Il ne s'agit ici que de la constatation d'un fait. Vous êtes la femme de M. Paul Demory, votre devoir est de le suivre partout où il lui plaît de vous conduire; le texte est formel, et, de plus, je me permettrai de vous faire observer que la situation très irrégulière dans laquelle vous vous trouvez pourrait amener pour vous des complications beaucoup plus graves!...

Plus graves! en vérité, elle ne comprend pas et regarde cet homme impassible qui marmotte ces paroles insensées.

— M. Demory consent à ne pas déposer une plainte en adultère. C'est de sa part un acte de condescendance que vous devez reconnaître désormais par une conduite exemplaire, et dès maintenant par une soumission absolue...

— Dites donc, je vous prie, à madame que je puis la faire jeter en prison, elle... et son amant!...

Le commissaire fait un geste. Le dernier mot lui semble de mauvais goût. Il eût employé le terme de complice. Quoi qu'il en soit, l'assertion de M. Demory est exacte... le tribunal n'hésiterait pas à condamner...

— Et si vous consentez de plein gré à me suivre, reprend le médecin, je vous rendrai votre enfant...

— Mon enfant!

Ce cri de la mère jaillit comme une explosion d'amour.

— Oui, continue Demory, cet enfant, conçu dans l'adultère, et que j'aurais le droit de chasser, de désavouer... mais que je vous laisserai aimer, à la condition que vous m'obéirez...

— Mon enfant, où est-il?

— Demain vous l'embrasserez...

Oh! alors Claire n'hésite plus. Son plan est déjà formé. Il lui faut son enfant, d'abord. Puis elle verra, elle réfléchira. Elle trouvera bien le moyen de s'enfuir en emportant son cher trésor...

Et Pierre! Pierre! Mais il lui conseillerait lui-même cette obéissance d'un jour pour retrouver leur Lucienne adorée...

Est-ce qu'elle sait qu'il ment encore, cet homme? Est-ce qu'elle devine qu'il croit Lucienne morte?

— J'obéirai, dit-elle.

Lui se contient pour ne pas laisser échapper une exclamation de triomphe...

Enfin, il la tient donc, cette femme; il se venge d'elle, il se venge de Pierre Sarlat, il bafoue et joue cette société contre laquelle il s'est mis en révolte en la contraignant à lui servir de complice... triomphe du mal et du crime!...

— Veuillez, madame, signer votre interrogatoire...

Elle se hâta d'en finir. Plus tôt elle sortira d'ici, plus tôt elle reverra Lucienne, et alors... oh! alors! dût-elle tuer cet homme, elle saura bien reconquérir sa liberté...

— Un instant, fait le magistrat. Vous n'ignorez pas, madame, que ce procès-verbal de constat comporte contre vous et M. Pierre Sarlat des... présomptions formelles (il est poli !) d'adultère... et que votre résistance ultérieure pourrait amener votre mari à s'en armer contre vous deux.

Elle le sait bien. Elle signe.

C'est fini, n'est-ce pas ? Point. Il fut que le représentant de la loi cause encore. Il a quelques mots à placer.

Des conseils ! A Demory d'user avec douceur, avec délicatesse de l'autorité que la loi lui confère. A Claire de s'efforcer de racheter ses torts. L'union dans le mariage est le *palladium* de la société...

Conclusion : l'empoisonneur emmène de nouveau Claire.

Les voici en voiture. Le jour est venu. Les roues roulent encore. Claire pense à son enfant. Où le reverra-t-elle ? On s'arrête quelques instants devant un hôtel.

Un garçon endormi jette une valise sur la voiture.

Puis on repart.

Chemin de fer du Nord.

— Où me menez-vous ? demanda Claire d'une voix étranglée.

— Où est votre enfant.

— Où est-il ?

— A Londres...

— A Londres ! fait-elle d'une voix qui meurt.

Car elle a tout à coup la vision de l'effroyable éloignement qui la sépare de celui qu'elle aime... l'Angleterre ! La mer à traverser !... elle ne le reverra plus !

— Non ! non ! je ne veux pas !

— Voulez-vous que j'appelle un sergent de ville ? lui dit-il tout bas à l'oreille.

Le peut-il ou ne le peut-il pas faire ?

Est-ce qu'elle sait cela !

Elle est prise. C'est la mouche dans la toile de l'araignée.

— Mais, pourquoi mon enfant est-il à Londres ? Si vous mentiez !

— A Paris, vous l'auriez retrouvé, dit-il sèchement.

C'est vrai. Elle accepte cela.

La foule passe autour d'eux. Elle regarde, éperdue.

Si là il y avait quelqu'un à qui elle pût demander, crier conseil ! secours !

Les indifférents se hâtent, emmitouflés, de peur du froid, se souciant bien de cette femme frissonnante qui pense à Pierre Sarlat, de cette mère qui pleure sa Lucienne.

— Les voyageurs pour Boulogne et la ligne... en voiture !

En tombant au coin d'un wagon, les oreilles déchirées par les coups de sifflet qui lui semblent des cris d'enfant, elle se sent entraînée... Elle tressaille encore nerveusement... puis son cœur se contracte à la faire crier.

Et elle ne sait plus, ne sent plus, tombée sous l'écrasement atroce du désespoir.

Lui, d'un regard lourd, l'enveloppe, la couve, en reprend possession. C'est la main mise du bourreau sur sa patiente.

Que le voyage lui paraît long! il lui tarde d'être hors de France.

Il lui semble que là-bas il sera mieux à l'aise pour la torturer.

Il s'est juré de ne pas lui avouer la vérité ici, en France.

C'est seulement lorsqu'elle aura mis le pied sur le sol de l'Angleterre, c'est seulement quand elle sera toute secouée par l'espérance suprême de revoir Lucienne qu'il lui criera :

— Ton enfant est mort !

Le misérable était un habile tortionnaire.

Et puis mieux que cela!... il trouvera le moyen de tout concilier, car il n'oublie pas Caroline de Lustin qui doit mourir d'impatience.

Il lui a télégraphié :

— Tout va bien !

Mais ce qui est précieux, c'est la combinaison à laquelle il s'est arrêté.

Dans quelques jours, un avis mystérieux parviendra à Pierre.

Cet amant, affolé par la disparition de sa maîtresse acceptera tout, les yeux fermés. On lui apprendra que celle qu'il aime est à Londres, qu'elle l'attend, qu'elle l'appelle, qu'elle a pris toutes les dispositions pour fuir avec lui.

Quoi de plus simple ! les télégrammes ne reproduisent pas l'écriture.

Il n'hésitera pas. Il partira.

Grâce au mari, qui aura pris toutes les précautions, il retrouvera Claire, il lui parlera, il la serrera dans ses bras.

Et Demory, justicier dans son honneur, apparaissant tout à coup, lui brûlera la cervelle !

Qui sait ? Il tuera peut-être Claire, elle aussi, mais du moins après qu'elle aura vu mourir le père de son enfant !... Il faut de la méthode en toutes choses !

Comme tout cela est bien pesé, raisonné.

Demory viendra se constituer prisonnier en France. Là, devant un jury, respectueux de l'institution du mariage, il s'expliquera.

Quoi ! il avait déjà pardonné ! il avait déjà arraché sa femme aux hontes de l'adultère ! il lui avait permis de reconquérir l'estime de tous...

Et voici qu'elle appelait de nouveau son amant ?

Le mari avait tué ! Condamnez-le donc, si vous l'osez !

Oh ! le bel acquittement ! le vrai triomphe du droit marital !

Et grâce au ministère public, grâce au président et à son résumé, grâce aux jurés...

Caroline de Lustin était libre...

Et n'avait plus rien à répondre du crime de bigamie...

Demory, redevenu son amant, puisait à pleines mains dans les millions de l'Anglais imbécile... et si par aventure ce mari-là devenait plus gênant... Parbleu !... il y avait bien encore des alambics pour distiller des poisons et des masques de verre pour les étudier !...

Perspective éblouissante !... Le visage de Demory se détendait ! En vérité, il se sentait moins haineux de Claire, tandis qu'il s'enthousiasmait à ces enivrantes espérances d'avenir...

La liberté ! l'amour ! la richesse ! tout !

Et, certes, qui oserait se jeter en travers de ce beau plan ! d'une réalisation plus certaine à mesure que les stations fuyaient : Breteuil, Amiens, Longpré, Noyelles... Boulogne ! Boulogne enfin !

Dans une heure, la mer. Dans trois heures, l'Angleterre !...

Claire n'avait pas bougé... Il l'appela, en lui secouant le bras...

Elle ouvrit les yeux et jeta un cri. Peut-être avait-elle dans son engourdissement une vision des jours de bonheur...

Il se pencha en dehors de la portière, saisit la poignée de cuivre :

— Monsieur Paul Demory ? dit une voix.

Machinalement, tant il était plein de ses pensées ; il répondit :

— C'est moi !

— Au nom de la loi, je vous arrête !

Deux poignes de gendarmes s'abattirent sur ses épaules...

Tandis que la même voix ajoutait :

— Sous l'inculpation d'assassinat !

— C'est vous qui voyagez sous le nom de Mme Demory ! demandait en même temps un employé du télégraphe à Claire, stupéfiée.

— Oui, monsieur.

— Voici un télégramme pour vous.

Et Claire lut, ayant tant de larmes aux yeux qu'elle pouvait à peine déchiffrer les caractères :

« Revenir aussitôt. — Lucienne retrouvée. — Espérance !

« PIERRE. »

XI

VENGEANCE DE BOSSU

Retournons de quelques heures en arrière, au moment où Vosset, à demi étranglé, sentant la flamme lécher ses vêtements, se tordait dans les convulsions de l'agonie, hurlant au secours, voyant autour de lui le feu saisir la paille sèche du grabat, s'enrouler aux pieds de la table, s'élever, grandir, menaçante, épouvantable.

Il s'était rué contre la muraille, à demi aveuglé par la fumée, qui jaillissait de toutes parts.

La porte! il voulait trouver la porte!... fuir!

Il était retombé.

L'ivrogne était enserré par un cercle de feu; il voyait tout dans les éblouissements d'un rouge ardent.

De ses ongles il arrachait des morceaux du sol, essayant de trouver un point d'appui; puis, lançant ses bras en avant, il grattait la muraille criant toujours, ensanglantant ses mains, tandis que maintenant le feu le mordait largement aux flancs, au dos, aux épaules.

Il râlait.

Des cris venant du dehors répondirent aux siens.

Puis des coups violents ébranlèrent la porte...

Il ne pouvait même plus respirer, tant la suffocation l'écrasait.

Enfin, la porte céda; sous la poussée de l'air, la flamme se rua et fit reculer les arrivants.

— Mais il y a un homme là dedans! cria une voix.

— On ne peut pas pénétrer...

— Il ne peut mourir comme cela!

— Allez-y vous-même!

Tandis que, dans la foule, les exclamations se croisaient, un homme plus hardi que les autres, se jetant à plat ventre, s'avançait en rampant, à travers le feu et la fumée.

Ses mains étendues saisirent un membre humain.

Ces sauveteurs inconnus ont des héroïsmes inouïs.

Sans une hésitation, sachant seulement qu'il y avait là à se dévouer, ignorant même s'il était temps encore de lutter contre la mort, il se mit à ramper en arrière, lentement, avec persévérance, quoiqu'il sentît ses cheveux grésiller et l'atroce chaleur brûler ses membres.

Et hors de la fournaise, il tira Vosset ou plutôt une masse charbonneuse, sanguinolente, dont cependant, par une singulière pitié du hasard, le visage n'avait pas été atteint.

Alors, comme toujours, le dévouement de l'un entraîna l'enthousiaste dévouement des autres.

Tandis que certains couraient à la rivière pour établir une chaîne et arrêter l'incendie de la masure, d'autres improvisaient un brancard sur lequel on étendait le malheureux, inanimé, et dont, sous les doigts, les vêtements s'émiettaient avec des morceaux de chair.

On le porta chez un marchand de vins, qui permit qu'on l'étendît sur le billard.

Pendant ce temps, on courait à la recherche d'un médecin.

Nul ne doutait à ce moment que la cause de l'incendie ne fût l'imprudence de l'ivrogne.

Vosset n'était pas mort, du moins — et peut-être était-ce plus horrible — le repos suprême n'arrêtait pas encore les tortures ressenties par le supplicié, qui avait des rauquements sinistres.

Les yeux étaient fermés, la langue pendait, baignée de sanie jaunâtre.

Le médecin et le commissaire arrivèrent presque simultanément.

Le premier se mit à l'œuvre, détachant les lambeaux de vêtements pour dénuder les plaies et procéder à un pansement que, dès le premier coup d'œil, il déclarait presque inutile.

La mort était certaine, sinon immédiate, du moins à courte échéance.

Elle serait d'ailleurs un bienfait pour ce malheureux.

Ceux qui parlaient ainsi ne savaient pas que ce torturé avait été le plus lâche et le plus cruel des bourreaux.

L'enquête du commissaire paraissait devoir être des plus courtes.

Personne n'avait rien vu.

Ceux qui les premiers avaient couru au feu étaient des passants, des mariniers, des blanchisseuses.

On connaissait Vosset et Irma, dans le voisinage, comme des gens sans foi ni loi et qui n'inspiraient aucun intérêt à personne.

On savait seulement qu'ils mendiaient, s'enivraient et se battaient.

A un des voisins, Irma avait déclaré qu'elle *lâchait* le bossu parce qu'il faisait des choses qui *n'étaient pas à faire*. Elle ne s'était pas expliquée plus clairement. Quant à la présence de l'enfant, nul ne l'avait soupçonnée et, par conséquent, il n'en était même pas question.

— Cet homme, ivre d'eau-de-vie, aura mis lui-même le feu à sa paillasse, dit le commissaire, dont le médecin, qui venait de constater l'état d'ébriété du moribond, confirma immédiatement l'hypothèse.

Il fallait le faire transporter d'urgence à l'hôpital.

Y arriverait-il vivant? C'était peu vraisemblable.

Tous le considéraient d'ores et déjà comme un homme mort, et, à vrai dire, son oraison funèbre n'était pas des plus flatteuses.

Tout à coup un nouveau personnage entra chez le marchand de vins, un homme de haute taille, gros, au visage congestionné.

— Comment! c'est vous, monsieur Legris! dit M. le commissaire en venant à lui la main ouverte.

— Vous savez bien que je demeure à Boulogne, En arrivant, j'ai appris l'aventure et je suis venu voir si vous n'avez pas besoin de moi...

— Les avis du sous-chef de la sûreté sont toujours précieux, dit le commissaire souriant, qui tenait fort à se mettre bien avec cette haute autorité policière. Tenez, voilà l'homme.

M. Legris se pencha vers le mourant :

— Quoi! c'est ce gredin de bossu!

— Vous le connaissez?

— Oh ! fort bien... depuis quelque temps surtout, j'avais l'œil sur lui...

— Avait-il commis quelque crime ?

— Si j'en avais été certain !... mais, voyons, il a mis le feu par accident, me dit-on.

— Cela est évident.

— Rien n'est évident, fit M. Legris content de donner en passant une petite leçon de police. Il n'y a rien que de probable. Je suppose qu'il n'a pas encore raconté l'histoire...

— En effet ; comment pourrait-il parler ?

— Mais, docteur, reprit le policier en s'adressant au médecin, il me semble que les organes atteints sont bien indépendants de la bouche et de la gorge...

— Sans doute, mais il doit y avoir congestion...

A ce moment, et comme s'il eût voulu apporter un argument positif à la discussion engagée, Vosset, les yeux toujours fermés, ouvrit démesurément la bouche et hurla :

— A moi ! Assassin ! tu me brûles !... Gueux !... je me veng...

Le reste se perdit dans un râle.

— Donc il peut parler, dit simplement M. Legris.

Puis, au commissaire :

— Faites évacuer cette salle, dit-il. Restons, le

médecin, vous et moi, auprès de lui... et voyons s'il n'y aurait pas moyen de l'interroger.

Et comme le magistrat le regardait curieusement :

— Vosset le bossu a dû faire partie d'une bande... et quelqu'un de ses complices peut avoir un intérêt à le tuer... N'avez-vous pas entendu qu'il accuse quelqu'un ?

— J'ai à peine distingué ses paroles...

— Moi, je les ai comprises... Suivez mon conseil, faites... faites...

Soumis, le commissaire donna l'ordre que les curieux s'éloignassent.

— Maintenant, docteur, reprit M. Legris, connaissez-vous quelque moyen d'aider la nature ?... Il faut que cet homme parle... distinctement...

La nature s'aidait toute seule sous les lancinantes douleurs qui mettaient des moxas à tous ses membres ; Vosset s'éveillait en quelque sorte à la souffrance, à la rage, au souvenir.

Ses yeux s'ouvrirent, grands, ronds...

— Quel est le nom de l'homme qui a mis le feu chez vous ? demanda nettement le policier.

Et Vosset, grinçant des dents avec un élan de fureur folle qui le secoua en rendant plus âpre la morsure de ses brûlures, cria d'une voix claire :

— C'est le docteur Paul Demory, l'assassin de la marquise de Lustin !

Il y avait huit ans du crime de la rue de l'Ouest. Le sous-chef de la sûreté n'était alors que l'inspecteur Legris ; mais il se souvenait de ce nom de Paul Demory ; il se souvenait du meurtre resté impuni. Donc son instinct de limier ne l'avait pas trompé. Derrière Vosset, il avait deviné des criminels...

Au même instant, un des sergents de ville s'approcha du commissaire :

— Il y a là trois messieurs qui demandent à vous parler et qui peuvent donner des renseignements sur l'affaire...

M. Legris sortit.

Ces trois hommes c'étaient Tresval, le docteur Launois et Sarlat...

Au récit de Tresval, à celui de Sarlat annonçant l'acte de suprême vengeance commis par Demory, ils avaient compris qu'il fallait à tout prix obtenir de Vosset des renseignements positifs... On payerait, il parlerait !...

Ils avaient failli arriver trop tard...

Mais la fureur de vengeance mettait en Vosset une incroyable force de résistance.

Oui, il parla ! oui, sachant qu'il était condamné à mort, il raconte, haletant, les crimes de Demory ; il dit tout, les faux, l'assassinat de la marquise de Lustin, la tentative d'empoisonnement sur sa femme... écumant, hurlant de douleur, il parlait, se hâtant comme s'il eût craint de mourir trop tôt...

Et à neuf heures du matin, des télégrammes lancés sur les lignes du Nord signalaient le misérable...

— Et je ne mourrai pas, avait crié Vosset, avant qu'on ne m'ait mis en face de ce bandit, pour que je lui crache à la face!...

Il tint parole.

Pendant toute la journée, pendant toute la nuit, il se cramponna à la vie :

— Torturez-moi! charcutez-moi! criait-il, mais je veux être vivant demain:

Ce demain arriva...

Et dans la grande salle de l'hôtel-Dieu, Vosset eut cette joie folle de voir apparaître, entre les deux files des lits blancs, gardé par deux agents, accompagné d'un juge d'instruction et de son greffier, Demory, dont les jambes tremblaient...

Non! ce n'était plus le bandit audacieux qui, jadis, faisait tête au crime, impudent, cynique; toujours prêt à riposter au hasard...

Il était pris. Il avait senti la griffe justice se poser à son épaule.

Pourquoi? qui l'avait dénoncé? Il ne le savait pas encore.

Mais il était lâche! il avait peur, peur jusqu'aux moelles!...

Il était déjà saisi par cet affaissement qui est une sorte de décomposition morale.

Il allait trébuchant, le regard troublé...

Le coup qu'il avait reçu en plein cerveau, alors qu'il se croyait si hautement vainqueur de la destinée et que la fatalité s'était brutalement dressée devant lui — l'avait hébété, abruti, c'est le mot...

Et voilà qu'il se trouvait devant Vosset, devant l'implacable qui avait aux mâchoires le hideux et ricanant rictus de la mort.

Il tourna la tête comme il eût cherché une issue.

— Approche donc, canaille! fit Vosset dont la voix sifflait dans une sorte de gloussement hideux; as pas peur, je ne te ferai pas de mal... c'est la guillotine qui fera ton affaire... Je n'ai qu'un regret, c'est que je serai pas là. Houp! dans le son la belle tête... Hé! hé! ne mets donc pas comme ça la main à ton cou... tu escomptes le plaisir.

— Mais imposez-lui donc silence! cria Demory.

— Me faire taire!... ousche; ces messieurs veulent que je bavarde, et je vais m'en payer une vraie tranche! Ça... il y a des magistrats... des plumes... de l'encre... Écrivez... écrivez...

Et tandis que Demory se tassait sur lui-même, écrasé, Vosset, — la langue nette, l'œil froid, la voix redevenue claire, — dictait lentement, soigneusement l'histoire de Demory, disant tout, en détail, accumulant les preuves.

— Que répondez-vous? demanda le magistrat à Demory.

Le médecin fit un effort pour parler, et ce fut plutôt un cri qu'un mot qui sortit de sa gorge :

— Rien! râla-t-il.

— Alors, vous avouez?

— J'avoue...

Et il s'affaissa, stupide, presque fou.

— Ah! mais, lui aussi il faut qu'il vive! cria Vosset. Il faut qu'il aille faire son petit voyage là-bas, à la Roquette... Ah! tu as voulu me brûler!... Ah! je meurs pour toi! tonnerre de D... Qu'est-ce qu'on pourrait donc bien te faire? en me le disant d'avance, pour que je crève content!

— Allons, assez! fit l'un des magistrats... Cette scène est répugnante!... la justice est éclairée.

— Non, cria Vosset... D'abord, je n'ai pas signé ma déposition... Je veux la signer...

— Vous ne pouvez pas, dit un médecin en lui montrant ses mains enveloppées de linge et de ouate sanglants...

— Si, si... je peux... tenez...

Et, dans un paroxysme de vengeance furieuse, il arracha avec ses dents les linges, le coton, les bandes, et montrant cette horrible chose tuméfiée qui était un membre brûlé, il l'appliqua, grosse, lourde, rouge sur la feuille de papier, que le greffier tenait, la relisant.

Il y eut un cri d'horreur.

Et Vosset, poussant un formidable éclat de rire, ayant au cerveau un craquement suprême, s'abattit sur son lit, mort!...

Quand, le lendemain, on entra dans la cellule de Demory, la congestion l'avait foudroyé...

Il était mort de lâcheté, mort de peur!...

Mais, avant de mourir, le misérable avait tracé avec les ongles sur le mur de sa cellule, ces mots qui étaient une infamie :

— Dites à Pierre Sarlat que sa femme est vivante!

Il cherchait encore à se venger.

XII

DE L'UTILITÉ DES ANGLAIS

A quelques jours de là, plusieurs personnes étaient réunies dans la petite maison de l'avenue d'Eylau.

C'était Pierre Sarlat et Claire, et, au milieu

d'eux, Lucienne encore un peu pâle, mais souriante, se penchant vers sa mère pour lui donner son front à baiser, ce front sur lequel on voyait la trace d'une cicatrice.

Puis Valebrègue, puis Chaylas qui se taisaient, heureux de la délivrance de ceux qu'ils aimaient...

Le docteur Launois entra :

— Monsieur Sarlat, dit-il, et vous aussi, madame, je viens au nom d'un coupable solliciter un pardon.

— De qui parlez-vous? demanda Pierre.

Claire avait baissé les yeux, ayant compris.

— M. Jean de Tresval, dit le docteur d'une voix grave, a commis des fautes que ne peut racheter un repentir passager.

— C'est à lui, s'écria Pierre, que je dois d'avoir retrouvé mon enfant.

— C'était par lui que vous l'aviez perdu. N'ayons pas de ces indulgences qui sont des faiblesses. M. de Tresval est là, il est venu avec moi, je veux qu'il s'accuse lui-même et que lui-même se condamne à l'expiation.

Et avant que Pierre eût eu le temps de protester :

— Entrez, monsieur, dit le vieillard en ouvrant la porte.

Valebrègue et Chaylas poussèrent un cri de surprise.

C'est qu'il était devenu presque difficile de reconnaître l'élégant viveur, le sceptique débauché, en cet homme pâli par le remords, vêtu maintenant avec une simplicité presque grossière, de reconnaître le rieur méchant en cet homme qui, des larmes roulant sous ses paupières, plia le genou devant Claire Sarlat :

— Oui, je veux mériter mon pardon, dit-il. Je pourrais dire que j'ai été fou ; non, j'étais méchant... Je veux, je dois être bon. Voici ce que j'ai résolu. Je donne toute ma fortune au docteur Launois, qui voudra bien l'employer à la fondation d'un asile pour les enfants sans mère... Je me suis réservé dix mille francs. Avec cette somme, je pars pour l'Amérique. Là, par mon travail, par ma probité, je veux ressaisir le droit à l'estime... et, en vérité, ajouta-t-il avec un sourire, je me demande si c'est là un châtiment que je m'inflige. Je ne suis plus le même aujourd'hui, et je sens que j'ai toujours été trop malheureux, ne croyant pas à l'honneur des autres, pour ne pas attacher un grand prix à celui que, moi, j'aurai su conquérir...

— Bien ! monsieur, dit Pierre de sa voix franche et honnête ; vous prenez le bon chemin, et si je puis vous aider en quelque chose, c'est, je crois, en vous donnant par avance le pardon d'une innocente que vous avez fait souffrir. Lucienne, embrasse M. Jean de Tresval...

Claire, saintement émue, poussa son enfant vers le jeune homme.

Lui, pleurant, toujours à genoux, appuya ses lèvres sur la blessure à peine fermée :

— Merci ! dit-il. Vous avez le bonheur. Moi, je vais m'efforcer de le mériter...

— Eh bien, c'est décidément un charmant garçon ! s'écria Valebrègue au moment où Jean de Tresval eut disparu.

— Vous nous restez, docteur Launois, dit Claire en prenant la main du vieillard.

— C'est que je suis bien occupé...

— Bah ! fit Pierre, sacrifiez-nous cette soirée.

Puis, se penchant à son oreille :

— Il faut que je vous parle. Vous êtes homme de bon conseil, et je voudrais causer avec vous.

— Je suis à vos ordres. De quoi s'agit-il ?

— Vous savez que ce misérable Demory, en mourant, nous a lancé la flèche du Parthe... Vous n'ignorez pas que je suis marié. Où est ma femme ? Je l'ignore... sans doute traînant mon nom dans la boue... Mais je n'en suis pas moins rivé à elle... Je ne puis réhabiliter devant la société celle que j'aime du plus profond de mon cœur... Je ne puis lui donner la joie du foyer régulier, respecté de tous... N'est-il aucun moyen de sortir de cette impasse...

Ils s'étaient approchés de la fenêtre, et là, tranquilles, dans l'embrasure, causaient.

— Aucun! dit le médecin en hochant la tête. Nos lois, absurdes et cruelles, lient en quelque sorte un être vivant à un cadavre, car l'absence, c'est la mort...

— L'absence... Vous prononcez ce mot... ne peut-on la faire prononcer par les tribunaux?...

— Cela ne sert à rien, au point de vue qui vous occupe... La loi ne s'est occupée que des questions d'argent... Si vous aviez des successions à recueillir, une dot à recouvrer, oui, l'absence déclarée vous mettrait en possession... Mais votre liberté est aliénée à jamais...

— Si bien qu'il n'est d'autre issue...

— Que la mort!...

— Mais encore, saurai-je jamais si cette femme est vivante ou morte!... Elle doit avoir changé de nom!...

— Que voulez-vous! cela est ainsi, et tant que vous ne produirez pas l'acte légal de son décès, tout mariage nouveau vous est interdit...

— Pauvre Claire! murmura Pierre.

A ce moment, la vieille Catherine entra.

— Il y a là, dit-elle à Pierre, un monsieur qui demande à vous parler...

— Son nom?

— Voici sa carte...

Elle tendit un morceau de bristol à Pierre qui lut :

— Lord Stanfield? murmura-t-il; je ne connais personne de ce nom.

— Un lord d'Angleterre, fit le docteur en souriant, ne doit pas attendre...

— Si tu veux que nous nous retirions! dit Valebrègue.

— Non.

Puis à Catherine :

— Priez ce monsieur d'entrer.

Lord Stanfield entra, grave, grand, mince, froid.

Il parut d'abord surpris de se trouver en si nombreuse compagnie. Mais avec cette suprême aisance qui caractérise les Anglais, il s'inclina devant Pierre, qui était venu au-devant de lui :

— C'est bien à monsieur Pierre Sarlat que j'ai l'honneur de parler? fit-il avec un léger accent.

— Oui, monsieur.

— Vous êtes marié, n'est-il pas vrai?

Pierre tressaillit.

Était-ce donc un nouveau malheur qui fondait sur lui?

Il adressa à Claire un léger signe. Elle se dirigea avec l'enfant vers la porte.

— Oui, monsieur, dit enfin Sarlat, dont la voix tremblait un peu.

— Eh bien ! monsieur... vous êtes veuf...

— Quoi ! cette femme ? s'écria Pierre.

— Je l'ai tuée, dit froidement lord Stanfield.

Et, à un geste de Pierre :

— Oh ! un peu sans le vouloir... Toujours est-il qu'elle est morte... Seulement, comme je tiens à ce que ma conscience soit absolument en repos, veuillez, je vous prie, jeter un regard sur cette photographie...

— C'est bien elle ! s'écria Pierre. Oui, c'est bien Caroline de Lustin !

— Elle a voulu vous empoisonner, n'est-ce pas ?

— Quoi ! vous savez ?

— Oh ! je savais beaucoup de choses... puisque je vous dis que je l'ai tuée... presque

— Mais, monsieur, expliquez-vous... de grâce.

— Volontiers, dit l'Anglais en s'asseyant, toujours calme. J'étais devenu amoureux, amoureux fou de cette... créature, qui m'avait dit se nommer Martha de Lustin.

— Mais ce nom de Martha est celui d'une sœur qu'elle n'a jamais connue.

— Je le sais, vous dis-je. Je continue. Donc, j'aimais assez cette... dame pour me décider, malgré l'opposition de ma famille, à lui donner mon nom.

— Oh! monsieur!

— Oui! oui! je sais que c'était une sottise... Mais, que voulez-vous? je suis très passionné.

Rien ne saurait rendre l'étrange contraste qui existait entre ce ton monotone, absolument froid, et ce mot brûlant', auquel l'accent anglais prêtait des sonorités presque comiques.

Lord Stanfield continua :

— Très passionnée; elle est... elle était du moins, très belle... et j'étais décidé, oh! tout à fait décidé... Je l'avais emmenée dans mes terres d'Écosse, et le jour du mariage était déjà fixé... mais voici qu'un jour, il y a de cela trois jours... oui, trois jours, comme j'étais dans le parc de Rothdale — c'est le nom de ma terre — revenant de parler à des fermiers, j'entendis, dans une allée parallèle à celle que je suivais, un bruit de voix... Oh! Je n'écoutais pas... c'est contre mon caractère... mais j'entendais... malgré moi... et, en vérité, les premiers mots m'ont cloué sur place...

— Et ces mots?

— C'étaient ceux-ci : « Prenez-y garde! Si vous ne me donnez pas la somme que je vous demande, j'avertis Pierre Sarlat, votre mari, et vous êtes à jamais perdue! »

— Quel était le personnage qui prononçait ainsi mon nom?

— Oh! bien peu de chose, monsieur... je l'ai su depuis... un jésuite... un certain père Grapet. Il paraît qu'il avait reconnu cette... femme et que, sachant qu'elle se préparait à commettre le crime de bigamie, il la menaçait simplement de la dénoncer.

— Deux misérables! murmura Pierre.

— J'ai encore entendu autre chose: « Vous avez beau vous faire passer pour Martha de Lustin, disait le jésuite, vous êtes Caroline de Lustin... Je veux dix mille livres sterling ce soir même (cela fait deux cent cinquante mille francs de votre argent de France); sinon, je révèle tout à votre mari et à cet... il a dit un mot très désagréable pour moi!... à cet imbécile de lord Stanfield...» Alors...

— Alors?

— J'ai fait mon apparition... D'un coup de poing... je suis très fort... j'ai assommé le jésuite, qui est tombé en faisant ouf!... puis j'ai pris cette femme par la main et je l'ai entraînée jusqu'à la porte du parc... Je dois vous dire qu'il faisait nuit... grande nuit... j'ai ouvert cette porte... et je l'ai mise dehors... tout doucement... comme cela...

Et il faisait le geste d'éconduire quelqu'un.

— Mais sa mort?

— Nous y arrivons... Je dois vous dire encore que mon parc domine une vallée... avec des... comment appelez-vous cela?... des précipices... et que, juste en face de la porte que j'avais ouverte, il y en avait un, très profond, ma foi ! Elle y est tombée !... Voilà !...

En vérité, ce sang-froid était étourdissant.

— Et si je suis venu, acheva lord Stanfield, c'est que j'avais l'inquiétude de m'être trompé... Maintenant, je sais que cette femme était bien la vôtre, que par conséquent j'ai eu raison de la mettre dehors... et que je n'ai rien à me reprocher. Voici le petit acte de mort; peut-être pourra-t-il vous être utile... Maintenant, monsieur, mille pardons de vous avoir dérangé... Si jamais vous venez en Écosse, je vous montrerai le précipice; il est très profond, très profond !

. . . .

Que désirez-vous savoir de plus ?

Pierre Sarlat et Claire sont mariés, sont heureux : Lucienne est belle et grandit...

Et tant que la loi sur le divorce ne sera pas votée, il faudra compter sur le bourreau ou sur un Anglais flegmatique pour rompre les *Mariages maudits*.

FIN

TABLE DES MATIÈRES

PROLOGUE

LA NUIT TRAGIQUE

I.	— Caroline de Lustin.....................	1
II.	— Le meurtre..........................	10
III.	— Le Médecin..........................	19

PREMIÈRE PARTIE

LA FIANCÉE ROUGE

I.	— Protectrice et protégés................	26
II.	— La vision d'une folle..................	41
III.	— Le faussaire........................	52
IV.	— L'habile policier.....................	65
V.	— Le manuscrit de la marquise...........	77
VI.	— Jésuite et jésuitesse..................	100
VII.	— Vingt-quatre heures après.............	110
VIII.	— Comédie............................	119
IX.	— Quelques pièces.....................	135
X.	— Au café de la Porte-Montmartre........	141
XI.	— Toile d'araignée.....................	154
XII.	— Deux forces.........................	162
XIII.	— Le testament........................	185
XIV.	— Six mois après......................	196

DEUXIÈME PARTIE

L'EMPOISONNEUSE

I.	— Confession d'un fils à sa mère..........	197
II.	— Instruction officieuse...................	214
III.	— L'Amour d'un monstre................	226
IV.	— Causeries d'assassins..................	241
V.	— Idées de bossu......................	258
VI.	— La pitié d'une martyre................	278
VII.	— Entre amis.........................	305
VIII.	— Stratégie de femme...................	315
IX.	— Après la valse.......................	331
X.	— Cryptographie.......................	340
XI.	— Six millions de gagnés................	364

TROISIÈME PARTIE

LES FORÇATS DE LA LOI

I.	— Chapitre immoral....................	377
II.	— Dangers............................	395
III.	— Haines qui se rencontrent.............	418
IV.	— Malheur............................	439
V.	— Français et Anglais..................	467
VI.	— Cynisme...........................	485
VII.	— La haine marche....................	504
VIII.	— Les bourreaux d'enfants..............	519
IX.	— Triomphe de la loi...................	542
X.	— A la frontière.......................	557
XI.	— Vengeance de bossu..................	568
XII.	— De l'utilité des Anglais...............	579

IMPRIMERIE D. BARDIN, A SAINT-GERMAIN.

NOUVELLE ÉDITION

DE LA

FRANCE ILLUSTRÉE

PAR

V.-A. MALTE-BRUN ✱ ✠ ❀

Secrétaire général honoraire et ancien Président de la Commission
centrale ou Conseil de la Société de Géographie de Paris

avec la collaboration

d'éminents Professeurs, d'après les documents
officiels les plus récents

ILLUSTRATIONS

PAR LES PREMIERS ARTISTES

CARTES & PLANS

dressés avec les plus grands soins
Sous la direction de V.-A. MALTE-BRUN

NOTICE EXPLICATIVE

PARIS
JULES ROUFF, ÉDITEUR
14, CLOITRE SAINT-HONORÉ, 14

La nouvelle France Illustrée se trouve chez tous les libraires

NOUVELLE ÉDITION

DE LA

FRANCE ILLUSTRÉE

PAR V.-A. MALTE-BRUN

Monsieur,

J'ai l'honneur de vous adresser une brochure explicative, destinée à faire connaître la nouvelle édition de la France illustrée, dont j'ai entrepris la publication.

J'ose vous prier instamment, Monsieur, de vouloir bien lire cette brochure; elle vous convaincra, je n'en doute pas, de l'utilité et de l'importance de cette œuvre vraiment nationale et patriotique, indispensable à tous ceux qui aiment la France et qui veulent la connaître sous tous les points de vue, dans tous les détails.

Veuillez agréer, Monsieur, l'expression de mes sentiments respectueux,

Jules BOUEE, Éditeur,
14, Cloître-Saint-Honoré, Paris.

MODE DE PUBLICATION

L'ouvrage paraît

En Livraisons Illustrées à 15 centimes

le lundi et le jeudi de chaque semaine.
La SÉRIE, c'est-à-dire un département,
avec une *Carte coloriée* : **75** centimes,
le 1ᵉʳ et le 15 de chaque mois.
Quelques départements forment deux séries.

L'Ouvrage complet
formera 5 volumes in-4°, dont un pour l'Atlas

SE TROUVE :

*Chez tous les Libraires et Marchands
de Journaux*

SOUSCRIPTION PERMANENTE.

L'Ouvrage sera complet, avec les cartes coloriées,
en **100** séries ou **4** volumes in-4° de **800** pages
et un Atlas de **100** cartes.

La quatrième livraison de chaque série renferme hors texte **une belle carte coloriée**, et la livraison sera vendue **30** centimes. C'est une prime que nous offrons à nos 50,000 premiers souscripteurs.

Pendant le cours de la publication la carte seule sera vendue **30** centimes.

L'ouvrage terminé, la carte sera vendue séparément **50** centimes.

Jules ROUFF, Éditeur,

14, CLOITRE SAINT-HONORÉ, A PARIS.

NOTICE

SUR LA NOUVELLE

FRANCE ILLUSTRÉE

Un des désirs les plus légitimes de l'homme est de connaître la terre qu'il habite, en particulier le pays qui l'a vu naître. Ce désir est devenu pour l'homme moderne une nécessité impérieuse. L'étude de la géographie répond à ce besoin, satisfait à cette heureuse et féconde curiosité.

Nous n'avons pas l'intention de remonter ici aux origines de cette science si attrayante, et ce n'est pas le lieu d'énumérer les innombrables services qu'elle a rendus et qu'elle rend encore tous les jours.

Contentons-nous de faire remarquer que, chez nous, après avoir été trop longtemps négligée, elle commence à prendre la place d'honneur et à occuper dans les préoccupations publiques le rang élevé qu'elle mérite. On comprend de plus en plus et de mieux en mieux son incontestable utilité. Les esprits se sont éveillés, et, regrettant enfin sa longue indifférence à cet égard, le public se tourne avidement vers les études géographiques.

Un des premiers initiateurs à ces études dans notre pays, celui qui en a été le plus habile vulgarisateur et qui en est resté le maître le plus populaire, c'est sans conteste CONRAD MALTE-BRUN, qui, dès 1803, apportait une collaboration active à la *Géographie mathématique, physique et politique de toutes les parties du monde* et commençait, en 1810, son *Précis de géographie universelle*.

M. VICTOR-ADOLPHE MALTE-BRUN, son fils, suivant la carrière que lui avait tracée son illustre père, a mérité de lui succéder dans l'estime des savants et des érudits. Il a donné à la jeunesse et à la nation plusieurs ouvrages appréciés. Parmi ceux-ci, il convient de distinguer la *France illustrée* (1852-1855).

La *France illustrée* est le premier et le seul ouvrage de ce genre qui ait été conçu et exécuté sur un plan aussi clair aussi attrayant et aussi complet. Cet ouvrage avait été accueilli avec faveur par le public, car il s'en est vendu jusqu'à ce jour plus de cent mille exemplaires.

Mais, en géographie comme en toute autre chose, — en géographie surtout, — les livres vieillissent vite.

Un intelligent éditeur de Paris, M. Jules Rouff, l'a compris. Se rendant bien compte du courant qui entraîne les esprits, partageant lui-même cette soif de savoir qui s'est emparée des masses, cette saine curiosité qui nous porte à connaître *à fond* notre pays et toutes ses ressources, il n'a pas hésité à entreprendre de remanier et de refondre la *France illustrée* sur le plan primitif, mais en mettant à profit les documents les plus récents et les plus sûrs.

M. V.-A. MALTE-BRUN a bien voulu se charger de cet immense travail, auquel il consacre depuis plusieurs années une notable partie de son temps.

La nouvelle *France illustrée*, en effet, avec ses annexes nécessaires (l'Algérie et les colonies françaises dans les diverses parties du monde), n'est pas une réimpression ni même une édition revue et corrigée, — suivant la formule consacrée. A proprement parler, c'est un ouvrage nouveau. La partie historique seule n'a subi que d'insignifiantes modifications, tout au moins pour ce qui regarde les événements antérieurs à 1852; car les faits dignes d'être notés qui se sont produits depuis cette époque ont été soigneusement relevés et consignés.

Pour que le lecteur puisse se rendre un compte à peu près exact de l'importance et de l'utilité de cet ouvrage, il est nécessaire que nous entrions dans quelques détails.

La *France illustrée* est le tableau actuel et vivant de notre patrie; c'est la description détaillée et complète, à tous les points de vue, des départements qui forment le territoire de la République française, et, à ce titre, c'est, si nous osons le dire, une œuvre d'utilité publique, une œuvre nationale et patriotique.

Chaque département, divisé en cinq livraisons au minimum, comprend trente-deux pages de texte; trois gravures dans le texte et une hors texte, représentant les vues des villes et des monuments les plus remarquables ou des faits historiques, des scènes empruntées aux mœurs et aux coutumes des habitants, ou à leurs travaux habituels, éclairent et illustrent le texte.

La cinquième livraison est consacrée à la carte coloriée du département. La teinte est différente pour chaque arrondissement.

Nous avons donc à considérer dans cette publication: le *texte*, les *illustrations*, les *cartes*.

I. Texte. — Comme nous l'avons dit, chaque département comprend le plus souvent trente-deux pages de texte et de gravures. Quelques départements très importants, la Seine, Seine-et-Oise, la Seine-Inférieure, le Rhône, les Bouches-du-Rhône, la Gironde, la Côte-d'Or, l'Eure, par exemple, exigent de plus amples développements et demandent un texte double et même triple.

Le texte est partagé en cinq divisions principales :

Description physique et géographique;
Histoire du département;
Histoire et description des villes, bourgs et châteaux les plus remarquables;
Statistique;
Bibliographie.

1° DESCRIPTION PHYSIQUE ET GÉOGRAPHIQUE. — Sous cette rubrique sont traitées les matières suivantes :

Situation, limites;
Nature du sol, montagnes et vallées;
Hydrographie; Fleuves, rivières, etc., etc.;
Voies de communication;
Climat;
Productions naturelles;
Industrie agricole, manufacturière et commerciale;
Division politique administrative, judiciaire et militaire.

Un soin tout particulier a été apporté à l'énumération et au classement des voies de communication. Les lignes de chemin de fer qui traversent le département ont spécialement attiré l'attention; la distance kilométrique du chef-lieu du département à Paris est indiquée. Les routes nationales et départementales et la longueur de leur parcours sont mentionnées.

Sous le titre PRODUCTIONS NATURELLES, on a passé en revue toutes les richesses que produit le sol du département :

Productions minérales, eaux minérales;
Récoltes en céréales, en vins, etc.;
Arbres fruitiers, forêts;

Animaux domestiques, animaux sauvages, gibier à plume ou à poil.

Les détails les plus circonstanciés, puisés aux sources les plus sûres et tirés des documents les plus récents, sont condensés sous la rubrique *Industrie agricole, manufacturière et commerciale*.

Nous en dirons autant pour ce qui concerne la *Division politique et administrative*, qui, dans ces dernières années, a subi pour certains départements de notables changements. On y trouve les renseignements suivants : nombre d'arrondissements ; désignation de la région à laquelle appartient le département; sa situation au point de vue religieux, judiciaire, universitaire, militaire (corps d'armée, réserve, armée territoriale, gendarmerie), minéralogique, forestier et financier.

Les tableaux statistiques placés à la fin de chaque département complètent ces renseignements généraux par des chiffres scrupuleusement exacts.

2° HISTOIRE DU DÉPARTEMENT. — Cette histoire comprend les événements dignes d'intérêt qui se sont passés depuis l'époque romaine jusqu'à nos jours. Elle a été rédigée, pour chaque département, sur les documents locaux et résumée d'après les ouvrages de nos historiens les plus illustres : Guizot, Michelet, Henri Martin, Augustin Thierry, Vaulabelle, Thiers, etc. Les personnages célèbres nés dans le département sont rappelés. Les faits récents y sont sommairement racontés, notamment ceux qui ont trait à la guerre franco-allemande de 1870-1871. Les pertes éprouvées par chaque département envahi sont notées.

3° HISTOIRE ET DESCRIPTION DES VILLES, BOURGS ET CHATEAUX LES PLUS REMARQUABLES. — Le titre même de cette division indique suffisamment le sujet qui y est abordé.

Mais ce qu'il ne peut dire, c'est l'intérêt général du récit, l'exactitude des descriptions, le soin minutieux avec lequel sont données les indications relatives à la situation, au chiffre de la population, aux curiosités locales naturelles ou artistiques, aux stations de chemin de fer, à l'industrie et au commerce; en un mot, tout ce qui peut instruire et renseigner, et même amuser le lecteur, se rencontre dans la Description des villes, bourgs et châteaux. Les villes d'eaux, les stations maritimes balnéaires, etc., etc., y trouvent naturellement leur place.

4° STATISTIQUE. — Ce titre comprend trois statistiques différentes :

**La statistique générale ;
La statistique communale ;
La statistique morale ;**

La STATISTIQUE GÉNÉRALE donne le rang du département au point de vue de la superficie, de la population et de la densité de celle-ci. Elle indique :

**La superficie du département en kilomètres carrés et en hectares ;
Le chiffre total de la population ;
Le chiffre total suivant les sexes ;
Le nombre des arrondissements, celui des cantons et des communes ;
Le chiffre du revenu territorial et celui des contributions et revenus publics ;**

La STATISTIQUE COMMUNALE forme plusieurs tableaux qui comprennent :

**Les divers arrondissements du département, avec le nom de chaque canton et le chiffre de sa population ;
Le nom de chaque commune et le chiffre de sa population ; la distance de chacune d'elles au chef-lieu d'arrondissement.**

Ces tableaux sont la reproduction intégrale de ceux qui sont publiés par le ministère de l'intérieur. Ils donnent de plus que ces derniers les distances au chef-lieu d'arrondissement.

La STATISTIQUE MORALE constitue un tableau très intéressant. Ce tableau comprend, pour chaque département :

La **religion** (nombre des catholiques, des protestants, des israélites ; clergés des différents cultes).

Le **mouvement de la population** (naissances, mariages, décès, durée moyenne de la vie) ;

Instruction (nombre de jeunes gens sachant lire, écrire et compter, sur 100 jeunes gens maintenus sur les listes de tirage ; nombre des établissements d'enseignement secondaire ; nombre des écoles primaires, publiques ou libres) ;

Crimes contre les personnes : cours d'assises (rapport du nombre des accusés au chiffre de la population ; nombre total des accusés) ;

Infanticides (rapport du nombre des infanticides à celui des enfants naturels ; nombre total des infanticides) ;

Suicides (rapport du nombre des suicides au chiffre de la population ; nombre total des suicides) ;

Crimes contre les propriétés (rapport du nombre des accusés au chiffre de la population ; nombre total des accusés) ;

Tribunaux correctionnels (nombre des affaires, nombre des prévenus, nombre des condamnés) ;

Procès (nombre des affaires civiles, nombre des affaires commerciales, nombre des faillites) ;

Paupérisme (rapport des indigents au chiffre de la population, nombre total des indigents ; bureaux de bienfaisance, hôpitaux, hospices ; nombre des aliénés à la charge du département ; sociétés de secours mutuels) ;

Enfin :

Contributions directes (foncière, personnelle et mobilière, portes et fenêtres).

En outre, le **rang** du département par rapport aux autres est donné pour chacune de ces rubriques (la religion exceptée) ; il l'est à trois points de vue différents pour l'instruction. Des chiffres en caractères gras inscrits dans chacune des trois petites colonnes du tableau indiquent ce rang relativement à la mention devant laquelle ils sont placés. De nombreuses notes accompagnent, éclairent et complètent ce tableau. Elles sont relatives aux diocèses : nombre de cures, de succursales et de vicariats, de congrégations et communautés religieuses d'hommes et de femmes. Par rapport à l'instruction, elles indiquent le nombre et le siège des Facultés, écoles préparatoires, écoles pour l'enseignement supérieur ; lycées, collèges, établissements libres, pour l'enseignement secondaire ; écoles normales primaires d'instituteurs et d'institutrices, cours normaux, etc. Au point de vue judiciaire, on y trouve l'indication de la cour d'appel à laquelle ressortit le département, le nom des villes où siègent les cours d'assises, les tribunaux de première instance, les tribunaux de commerce et les conseils de prud'hommes. Au point de vue financier, le nombre des percepteurs, des receveurs particuliers et le siège du trésorier-payeur général sont consignés.

Cette STATISTIQUE MORALE, dressée avec des précautions minutieuses d'après les documents officiels émanés des ministères de la justice, de l'intérieur, de l'instruction publique, de l'agriculture et du commerce, n'existe dans aucune autre publication. Elle a exigé des recherches considérables. Elle se distingue en particulier par le classement de chaque département auquel un *rang*, nous l'avons dit plus haut, est attribué pour dix rubriques différentes.

5° BIBLIOGRAPHIE. — La bibliographie n'a pas été traitée avec moins d'attention. Elle donne la liste d'un nombre considérable d'ouvrages relatifs au département, publiés depuis la découverte de l'imprimerie jusqu'à nos jours : documents généraux, documents locaux, mémoires, annuaires et cartes. Elle permettra à ceux qui voudraient approfondir l'histoire des localités qui les intéressent de diriger à coup sûr leurs recherches.

II. **Illustrations.** — Les dessins, qui représentent des vues de villes, de châteaux ou autres monuments historiques, ou qui ont pour sujet des faits puisés dans les annales du département, les mœurs ou les coutumes des habitants, ont été confiés aux artistes les plus en renom de notre époque et gravés avec la perfection qu'a atteinte aujourd'hui la gravure sur bois.

Une série, c'est-à-dire un département, renferme une grande gravure hors texte qui donne la vue de la localité principale ; d'autres gravures sont consacrées aux lieux les plus remarquables.

III. **Cartes.** — Les cartes, *entièrement refaites*, sont dressées sous la direction spéciale de M. Malte-Brun, d'après les relevés les plus récents ; nous n'avons pas besoin d'ajouter qu'elles sont scrupuleusement exactes. Il suffira de les comparer à celles de l'ancienne édition de la *France illustrée* pour se convaincre de leur importance et des améliorations qui y ont été apportées. N'oublions pas de dire que toutes les voies de communication : chemins de fer, routes nationales, départementales, grands chemins vicinaux, canaux, y sont soigneusement indiqués.

L'exécution matérielle n'est point indifférente quand il s'agit d'ouvrages du genre de la *France illustrée*. Aussi rien n'a été négligé à cet égard : l'impression a été confiée à la maison Vve P. Larousse et Cie, qui s'est rendue si justement célèbre par l'édition monumentale du *Grand Dictionnaire universel du XIXe siècle*. La correction a été l'objet des plus grands soins; le texte, les illustrations, dues à nos premiers maîtres, sont dignes de ce grand ouvrage; les cartes, tirées et coloriées d'après les procédés les plus nouveaux et les plus perfectionnés, présentent une clarté rare, qui en rend la lecture facile à tous. L'ensemble, en un mot, répond pleinement au but, à l'utilité incontestable et à l'importance capitale de la publication.

On peut donc le dire sans crainte d'être contredit : la nouvelle

FRANCE ILLUSTRÉE

doit se trouver dans toutes les mains ; car

c'est un livre d'étude et de bibliothèque, de renseignement et d'instruction.

On le rencontrera dans le cabinet du savant, dans le bureau du chef d'industrie, sur la table de l'instituteur, du professeur, du fonctionnaire public, de l'officier ministériel, du commerçant, de l'agriculteur, du soldat, aussi bien qu'entre les mains du curieux ou dans le salon de l'homme du monde, à l'atelier comme à la ferme.

SERVICE ET CONDITIONS
DES ABONNEMENTS

L'ouvrage sera complet en **100** *séries ou* **4** *volumes in-4º de* **800** *pages et un Atlas de* **100** *cartes coloriées.*

Les Abonnés recevront régulièrement et FRANCO la série complète avec cartes les 1er et 15 de chaque mois, aux conditions suivantes :

En souscrivant **10 fr.**	En souscrivant **20 fr.**
Pour recevoir les fascicules parus jusqu'au 1er avril 1880, le versement du deuxième semestre échu le 1er avril (10 fr.) se fera sur les indications du souscripteur.	Pour recevoir les fascicules parus au 1er avril 1880 et payement du deuxième semestre.
1er octobre 1880. 10 fr.	1er octobre 1880. 10 fr.
1er avril 1881. 10 fr.	1er avril 1881. 10 fr.
1er octobre 1881. 10 fr.	1er octobre 1881. 10 fr.
1er avril 1882. 10 fr.	1er avril 1882. 10 fr.
1er octobre 1882. 10 fr.	1er octobre 1882. 10 fr.
1er avril 1883. 15 fr.	1er avril 1883. 15 fr.

Chaque série contient quatre livraisons de texte, avec gravures et une carte coloriée du département

Les Souscripteurs de l'Ouvrage complet recevront EN PRIME, franco, avec la 50e série, une grande **Carte générale de la France**, magnifiquement coloriée et dressée avec les soins les plus minutieux et les plus détaillés, sous la direction de **M. V.-A. MALTE-BRUN.**

La dernière série sera accompagnée également d'une PRIME GRATUITE du **Dictionnaire général des Communes de France, de l'Algérie et de nos Colonies.**

AVIS IMPORTANT

Les Souscripteurs qui verseront le montant total de l'abonnement en souscrivant jouiront d'une remise de 10 fr., soit à verser **75 francs** au lieu de 85 francs.

Pour les abonnements, s'adresser directement à **M. Jules ROUFF**, Éditeur, 14, cloître Saint-Honoré, à Paris et chez les principaux Libraires